명사성 구의 유형론적 연구

本书的翻译及出版得到中华社会科学基金(Chinese Fund for the Humanities and Social Sciences) 资助

이 책은 중국 국가 사회과학기금 학술 외역 프로젝트(19WYYB011)의 최종 성과물이며 중화사회과학 기금의 출판 지원을 받아 출판되었음.

명사성 구의 유형론적 연구

발행일	1판 1쇄 2024년 5월 31일
지은이	劉丹靑·唐正大
옮긴이	백련화
감수	목정수
펴낸이	박영호
기획팀	송인성, 김선명
편집팀	박우진, 김영주, 김정아, 최미라, 전혜련, 박미나
관리팀	임선희, 정철호, 김성언, 권주련
펴낸곳	(주)도서출판 하우
주소	서울시 중랑구 망우로68길 48
전화	(02)922-7090
팩스	(02)922-7092
홈페이지	http://www.hawoo.co.kr
e-mail	hawoo@hawoo.co.kr
등록번호	제2016-000017호

ISBN 979-11-6748-138-2 93700

값 40,000원

명사성 구의 유형론적 연구

劉丹靑 주편 唐正大 부주편 지음   백련화 옮김 목정수 감수

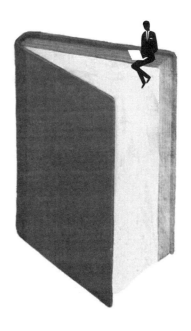

도서
출판 眞咘

서문

한국언어유형론학회 회장인 목정수(서울시립대 국문과 교수)입니다. 이번에 白蓮花 교수가 번역한 劉丹靑&唐正大 편집의 《名词性短语 的类型学研究(명사성 구의 유형론적 연구)》를 감수하는 일을 맡았습니다. 그에 더해 서문을 쓰게 되는 영광 또한 가지게 되었습니다.

저는 중국어나 중국어학을 잘 모릅니다. 다만, 2017-2018년에 상해 복단대(复旦大学)에서 객좌교수로 근무한 경험 덕분에, 그리고 주변 선생님들로부터 들은 바를 토대로 중국 언어학계의 일반 동향이 어떤지는 대강 파악할 수 있었습니다. 촘스키의 변형생성문법 계열의 연구의 열기는 다소 식은 것 같고, 인지언어학과 언어유형론 쪽으로 연구의 방향과 관심이 쏠리고 있는 분위기를 느낄 수 있었습니다. 특히 언어유형론 연구가 활발한 것은 중국은 56개의 민족의 언어가 있고, 중국의 면적이 넓은 관계로 방언권이 매우 다양하게 분화되어 있는 상황이 유형론 연구에 적합한 환경이 되고 있기 때문이 아닐까 나름 생각해 본 바 있습니다. 한국의 유형론 연구는 비교적 늦은 시기에 시작되었습니다. 2014년에 한국언어유형론학회가 정식 창립되어, 주로 외국에서 이루어진 연구 성과를 소개하고 있습다. 주로는 서구와 일본의 작업성과를 많이 참조하고 있는 실정입니다. 반면, 중국에서의 유형론 연구는 활발히 수용되고 있다고 할 수는 없을 것 같습니다. 최근 들어, 중국어에 대한 유형론 연구로 강병규 교수의 《중국어 어순의 지리적 변이와 유형학적인 의미》, 백은희 교수의 《세계 언어 속의 중국어》라는 서적이 간행된 바 있어 한국에서 언어유형론을 공부하는 데 큰 도움이 되고 있습니다. 또한 일찍이 류단칭 교수의 《어순 유형론과 개사 이론》이 번역 출간되었고, 이어 진리신 교수의 《언어유형론이란 무엇인가》, 루빙푸와 진리신 편저의 《중국어 연구자를 위한 언어유형론》도 번역 소개되어 중국 언어학자들의 유형론 연구의 수준을 가늠해 볼 수 있습니다.

이러한 상황에서 이번에 상해상학원의 백련화 교수가 번역 출간하는 류단칭과 당정다 교수 편집의 《명사성 구의 유형론적 연구》는 몇 가지 점에서 특별한 의의를 갖는다고 생각합니다. 우선, 앞의 연구서나 번역서들이 서구 유형론의 연구 성과를 소개하는 쪽에 편중되어 있는 느낌을 주는 데 비해서, 본 《명사성 구의 유형론적 연구》에 실려 있는 글들은 서구 유형론의 성과를 참조하되, 중국어 또는 중국 방언들을 대상으로 명사성 구(nominal phrases)의 구조를 깊이 있게 연구하고 있습니다. 그래서 중국어 명사구의 실체를 잘 보여 주고 있을 뿐만 아니라 중국의 언어유형론적 연구의 수준과 실제도 직접 체감할 수 있게 해 줍니다. 둘째, 각종 중국어의 방언 자료를 동원하여 중국어 명사성 구의 유형론적 연구의 깊이와 넓이를 추구한 점은 우리에게 많은 것을 시사합니다. 또한, 북경 구어 자료를 바탕으로 한 실제 말뭉치를 분석하고 또한 문법이론 중의 지시사와 관사의 구별 기준과 비교 대조하여, 그중에 양사를 첨가하지 않고 명사 앞에 쓰이는 '這/那' 특히 '這'는 더 이상 지시사로 분석할 수 없고 정관사로만 분석할 수 있다는 점을 제시한 것 등은 실제 구어 자료를 대상으로 한 유형론적 연구 성과의 한 단면을 보여 주었다는 점에서 매우 인상적인 연구라 할 수 있습니다. 마지막으로, 명사성 구 관련 구조가 어떤 변화의 모습으로 전개되고 있는지를 기술하고 이것이 유형론적 일반성/보편성과 어떻게 연결되어 설명될 수 있는지를 논한 것도 역사언어학과 유형론의 시너지를 보여 주는 데 크게 기여하고 있습니다.

본 번역 작업을 한 백련화 교수는 이미 상해외대에서 《语言类型学视角下的韩汉语语序对比研究 (유형론적 관점에서 본 한중 어순 대조 연구)》라는 논문으로 박사학위를 취득한, 중국 언어유형론학계에 정통한 실력자입니다. 중국어 원문을 정확히 이해하고 이를 한국어로

명사성 구의 유형론적 연구

매끄럽게 잘 번역했습니다. 백 교수가 조선족 출신이라 초벌에 조선족 말씨가 남아 있었지만, 수정, 윤문 과정을 거쳐 표준 한국어로서 재탄생한 만큼, 한국의 독자들이 읽기에 어려움이 하나도 없을 것으로 생각됩니다. 언어유형론에 관심이 있는 한국의 언어학자, 국어학자, 그리고 대학원생들의 일독을 적극 권합니다.

2024년 4월에
배봉산 기슭 연구실에서
감수자 목정수 적음

목차

제1장 중국어 명사성 구의 문법 유형 특징

제2장 명사구의 통사적 구조에 관한 조사 연구 방법

명사성 구의 유형론적 연구

제6장 중국어 구어의 후치 관계절에 관한 연구

명사성 구의 유형론적 연구

제11장 "양사+명사" 구조와 양사의 규정어 표지 기능

제12장 인칭대명사 복수형식 단수화의 유형론적 의의

제13장 연계자원칙 및 "裏"의 규정어표지 기능

제14장 병렬구조의 통사적 제약 및 이에 대한 기초적인 해석

0.
머리말

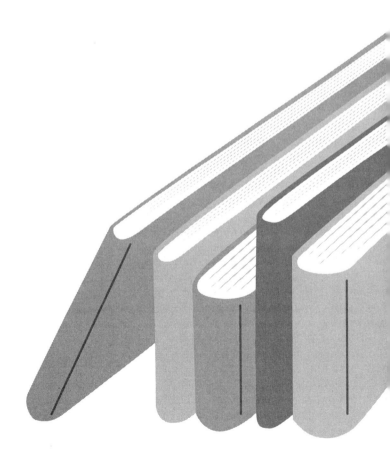

0.
머리말

01. 명사성 구의 정의 및
이 책의 연구범위

이 책은 국가사회과학기금 중점 프로젝트인 "명사성 구 통사구조의 유형 비교"의 연구 성과물로 이루어졌고 그중 논문 시리즈 부분이다. 과제 성과물에는 따로 출판된 저서와 박사학위 논문이 여러 종류 있지만 이 책에는 수록하지 않았다. 머리말에서는 우선 연구성과에 대해 간략하게 총괄하고 필요 시에는 이 책에 수록되지 않은 저서와 학위논문도 언급한다.

본 과제의 주요한 특색은 언어유형론에 입각한 것이지만 그래도 우선은 이 책의 명칭인 "명사성 구"의 정의부터 논의할 필요가 있다고 생각한다. 우리는 명사성 구를 다음과 같이 정의한다.

명사성 구란 통사 구조에 있어 논항을 담당하는 것을 기본적인 기능으로 하는 문법 범주이다.

주요한 실사성(중국 언어학계에서는 "實詞"라 불리고 있으며 단독으로 문장의 주요성분으로 되는 단어를 가리킨다)적인 문법 범주 중에서 이 정의는 한편으로는 술어를 담당하는 것을 기본기능으로 하는 동사성 구와 구별이 되고 또 다른 한편으로는 규정어를 담당하는 것을 기본기능으로 하는 형용사 구와도 구별이 된다.

구조 유형별로부터 보면 명사성 구에는 다음과 같은 것들이 포함되어 있다. 명사; 대명사(인칭대명사, 대체 기능을 갖고 있는 지시사와 의문대명사); 명사를 중심어로 하는 구문(명사가 기타 문법 범주의 수식 또는 한정을 받는 구문); 여러 개의 명사 또는 대명사가 병렬하여 이루어진 구문; 핵이 없는 명사구 즉 핵어명사가 생략되어 형성된 통사기능이 명사와 비슷한 구문인데 일반적으로 의미가 보다 허사화(虛化)된 품사(규정어 표지에 해당하는 조사, 양사, 지시사 등)가 명사를 대체하여 수식과 한정을 받는 중심어에 해당한다. 그리고 이상의 문법 범주로부터 확장된(규정어를 수반하거나 혹은 병렬) 기능이 비슷한 구조도 포함된다. 구체적으로 말하자면 다음과 같은 유형과 하위분류를 포함한다.

  ⑴ 명사
  ⑵ 대명사
    ① 인칭대명사
    ② 단독으로 논항이 될 수 있는 지시사와 의문대명사(這[이], 那[그], 哪[어느], 誰[누구], 什么[무엇]……)

(3) "규정어+명사"구

① 한정성분(지시성분, 양화성분)+핵어명사(這本書[이 책], 張三的 椅子[잠상의 의자], 所有人[모든 사람]······)

② 수식성분(내포성 규정어)+핵어명사

(4) 병렬항이 명사 혹은 대명사인 병렬구조

(5) 무핵명사구

① "的"자구문

② "수사+양사"구(수식을 받은 후 단독으로 논항을 담당할 경우)

③ "지시사+양사"구문(수식을 받은 후 단독으로 논항을 담당할 경우)

(6) 확장형 명사성 구(예를 들면 규정어를 가진 두 개의 명사구가 병렬 하여 구성된 구문 등)

위에 열거한 단위들을 포괄하기에는 "명사성 구"(nominal phrase)가 "명사구"(noun phrase)보다 더 적절한 용어일듯 싶다. 이는 이 책 명칭 설정의 이유이기도 하다.

동사, 형용사, 절 등은 논항으로 될 수는 있으나 이들의 기본적인 기능은 논항을 충당하는 것이 아니라 술어, 규정어 등 성분을 충당하는 것이기 때문에 논항으로 이루어지는 용법은 유표적인 현상이며 보다 많은 제한이 따르기 마련이다. 때문에 가령 이러한 성분이 논항을 충당하여도 이 책에서 가리키는 명사성 구에는 포함되지 않는다.

"구(短語)"에 대해서 광의적으로 말하면 단어도 "구"의 일종의 특례로 볼 수 있기 때문에 하나의 명사와 명사성을 띠는 단어도 이 책의 연구범위에 속한다. 이와 같은 광의적인 해석은 실은 현대 언어학에서의 관례이다. 하지만 이 책의 연구 분야는 통사적 범주이고 단어에는 어휘를 형성하는 구조 외에 통사적 구조가 존재하지 않기 때문에 우리는 여전히 두 개 이상의 단어로 구성된 명사성 구에 연구 중점을 둔다.

이 책은 언어유형론에 입각하여 중국 국내의 언어들의 문법을 연구하고자 하는 장기적인 목표에 있다. 명사성 구에 대한 유형론적 고찰은 이 거대한 작업의 시작점이라 볼 수 있다. 통사구조에 있어 술어를 중심으로 하는 구조와 비교해 볼 때 논항은 내부가 꽤 긴밀하고 간단한 성분으로 술어의 지배를 받는 성분에 속한다. 이에 논항 충당을 본직으로 삼는 명사구도 전반적으로 비교적 정태적(靜態)이어서 연구의 출발점으로 정하기에 편하다. 다른 한편으로는 명사성 구는 확장할 수 있을 뿐더러 언어 순환성(recursiveness) 원칙의 작용 하에 작은 내용이 큰 내용을 포괄하는 현상이 나타난다. 즉 작은 단위 내부에 큰 단위가 포함되어 있는 것이다. 예를 들면, 관계절은 명사성 구의 내부가 관계화라고 하는 절차에 의해 절을 포함한다. 따라서 명사성 구의 통사구조에 관한 연구도 더 크고 한층 복잡한 단위로 적당히 확장할 수 있다.

이 책 각 장절의 테마는 다음과 같은 세 가지 경우를 고려하여 작성하였다. 첫째, 범언어·범방언적인 언어유형론에 입각하면 여러가지 새로운 현상을 발굴해 낼 수 있다는 점이다. 둘째, 선행연구 성과가 빈약하여 연구의 여지가 비교적 크게 남아 있다는 점이다. 셋째, 통사 구조와 연관된 것이 비교적 많다는 점이다. 이러한 점을 감안하여 이 책은 어순유형, 관계절, 규정어 표지 유형, 지시사 및 이와 관련된 조합, 양사 및 이와 관련된 조합을 중점적인 연구주제로 하였다(일부 연구주제가 중첩됨). 그중 어순유형과 관계절은 위에서 언급한 세 측면에 완전히 부합된다. 지시사와 양사에 관한 연구주제는 기존 연구에서 미흡한 부분과 방언과 언어 간 통사적 표현에 있어 차이가 비교적 크고 비교 가치가 있는 언어 현상을 주로 다룬다. 규정어 표지 유형은 통사적 결합과 밀접한 관련이 있을 뿐더러 연구가 적용된 어종의 범위가 좁았다. 연구 실천과 성과를 보면 이러한 연구 주제는 확실히 깊이 연구할 가치가 있다고 생각한다.

효과적인 비교 연구를 위해 서로 다른 언어·방언 자료 간의 비교 가능성을 높이려면 반드시 언어 다양성과 보편성을 동시에 고려한 문법의 틀을 선택해야 하는데 국내 학술계에 익숙히 알려져 있는 연구방법은 주로 표준어 연구에서 발전되어 왔기 때문에 부족한 면이 많다. 이 프로젝트의 책임자는 이와 연관시켜 『語法調査研究手冊』(劉丹靑2008)을 편찬하였고 조사연구의 방법론을 확립하는 논문을 여러 편 발표하였는데 그중 명사성 구와 관련된 몇 편의 논문을 이 책에 수록하였다. 즉 제1장부터 제4장까지(이 책 3장)의 내용이다. 이 책의 기타 장절의 기술과 분석은 대체적으로 이 몇 개 장절이 설정한 연구방법을 채택하였다.

명사성 구의 확장은 주로 수식과 병렬 두 가지 통사적 실현 방식이 있고 일부 복잡한 명사성 구는 이 두 가지 확장 수단을 겸하고 있다. 수식적 확장은 주로 수식한정성분을 증가시키는 것에 의해 실현되고 병렬적 확장은 병렬항의 증가에 의해 실현된다. 전자는 단위 길이의 증가를 초래할 뿐더러 구조의 복잡도도 선명히 증가된다. 이는 명사성 구의 복잡화의 주된 원인이라 말할 수 있다. 후자는 주로 단위 길이를 증가하는데 가령 모든 병렬항이 동일한 층차에 있다면 전반 구조는 길지만 단순형으로 복잡도를 증가하지 않는다. 따라서 이 책의 명사성 구에 대한 연구는 주로 "규정어+명사"구조를 중심으로 전개한다. 하지만 소수의 병렬구조에 대한 연구도 언급된다. 예를 들면 제22장(이 책 14장)에서는 주로 중국어의 병렬구조가 받는 통사적 제약에 대해 검토한다. 이론적으로 어휘항목이 같은 것은 모두 병렬할 수 있다. 실은 현대 중국어의 병렬구조는 직접병렬이든 접속사를 이용한 병렬이든 모두 일정한 제한을 받는다. 제22장에서는 초보적으로 명사성 구와 동사성 구가 병렬구조 면에서 받는 제한에 대해 기술하였으며 그 제한의 원인을 해석하였다.

다음은 몇 가지 연구내용을 요점으로 새로운 견해를 간략적으로 소개함으로 독자들이 선택하여 읽을 수 있도록 한다.

02. 명사성 구의 어순유형: 중국어와 중국 국내 민족어의 상이(相異)한 현황

어순은 당대언어유형론의 출발점이자 장기적으로 주목을 받는 중심적인 연구과제이기도 하다. 그것은 어순이 통사적 구조에 영향을 미치는 특징에 속하는데다가 형태가 발달하지 못한 언어에서 더욱 그러하기 때문이다. 어순특징은 중국어와 소수민족언어의 명사성 구에 지대한 영향을 미치는 유형론적 특징이다. 명사성 구의 어순에 있어 중국어와 친족어를 포함한 소수민족언어는 일부 공통점이 있는가 하면 확연한 차이성을 띠고 있는데 이러한 특징들은 각자 언어의 명사성 구의 전반 유형 특징에도 아주 큰 영향을 미치고 있다.

0.2.1 중국어 명사성 구의 어순유형 및 통사

0.2.1.1 중국어 명사성 구 어순유형의 근본적인 특징-규정어의 일률적인 전치

제1장 "중국어 명사성 구의 통사 유형 특징(漢語名詞性單語的句法類型特征)"은 이 책의 여러 연구성과에 기초하여 유형론적 배경과 범언어 비교의 토대 위에 중국어 명사성 구의 기본적인 유형 특징을 개괄하였다. 이는 이 책의 내용을 부분적으로 총괄하는 성질을 띠고 있다. 그중 어순유형 특징 및 그 통사적인 영향에 대한 검토는 본 장의 가장 많은 부분을 차지한다.

제1장에서 지적한 바와 같이 중국어 명사성 구의 유형 특징은 모든 규정어가 핵어명사 앞에 놓이는 것이다. 여기에서 규정어는 내포성 규정어 즉 생성문법에서 수식성분이라 여기는 규정어를 포함하고 또 외연성 규정어 즉 지시와 양화 속성을 명시하는 성분도 포함한다. 후자의 성분은 전통문법과 기술언어학에서는 규정어라고 간주하지만 생성문법에서는 핵어(hade)라고 보고 있다. 이는 간단한 현상처럼 보이지만, 중국어의 특징에 관한 선행연구에서는 거의 언급되지 않은 부분이기도 하다. 가령 주목을 받았다 하더라도 OV언어의 특징을 나타내고 있을 뿐 VO언어가 지니고 있는 특징에는 해당하지 않는다고 생각했을 것이다. 이러한 인식이 형성될 수 있는 이

유는 OV언어에 대한 이해가 전면적이지 못하기 때문이다. 제1장에서는 범언어적인 연구를 통해 모든 규정어의 일률적인 전치는 세계의 VO언어에서는 유일무이하며 설사 OV언어에 있어서도 결코 보편적인 것이 아니라는 점을 지적하였다. 이 특징에 대해서는 본 프로젝트의 연구성과물인 『中國南方民族語言語序類型研究』(李云兵 2008)에서 제공한 자료와 개괄한 사실을 비교해 보면 확실하게 알 수 있을 것이다. 중국어와 친족관계가 있는 민족어로 말하자면, 이 특징은 OV언어 유형과 같은 계열에 속하는 壯侗語(규정어가 대부분 후치)와는 현저한 차이가 있고, OV언어에 속하는 苗瑤語(일부 몇몇 규정어가 후치, 전치와 후치가 모두 가능한 규정어는 후치가 고정적인 어순임)와도 다소 차이가 있을 뿐더러 VO언어 유형에 속하는 藏緬語(형용사, 수량사 등 규정어는 흔히 후치하고 지시사에도 후치하는 것이 있음)와도 거리가 멀다. 언어유형론의 경향(단지 경향일 뿐 필연적이 아님)에 의하면 규정어 전치는 핵어후치와 조화를 이룬다. 하지만 중국어에서 규정어의 일률적인 전치는 VO언어의 핵어전치 유형과 조화롭지 못하다. 반면 壯侗語, 苗瑤語의 규정어 배열이 중국어에 비해 더 조화롭게 보인다. 규정어 전치는 유형론적 경향에 있어 OV언어의 핵어후치와 조화를 이룬다. 때문에 일본어, 한국어, 알타이언어 등 OV언어들이 이 특징을 지니는 것은 매우 정상적인 현상이다. 하지만 이 경향성은 매우 강한 것이 아니기 때문에 藏緬語 등 OV언어에서 규정어가 일률적으로 전치하지 않고, 몇몇 유형의 규정어후치도 허용하고 있다.

0.2.1.2 규정어가 일률적으로 전치하는 다항(多項) 통사 유형의 영향

규정어가 일률적으로 전치하는 간단하고 "극히 자연스러운"(중국인에 한해서) 언어 현상은 실은 세계 언어의 유형 분포에 있어 매우 특이한 것이고 VO언어에 있어서는 유일무이한 것이다. 따라서 이에 대한 연구는 아주 큰 유형론적 가치가 있다. 또한 이 특이한 현상의 유래는 탐구적 가치가 크기 때문에 동아시아와 동남아시아의 언어계통 및 언어접촉사를 연구하는 학자들이 관심을 갖고 연구할 가치가 있다고 본다.

제1장에서의 중점적인 논의는 이 유형 특징의 중국어 특유의 구체적인 표현 및 이에 따른 일련의 통사적 영향이다. 일부 관련적인 현상은 본 프로젝트의 기타 성과에서 보다 상세하게 검토되었다. 이러한 현상을 통해 모든 규정어가 전치하는 이와 같은 특징은 중국어 통사론 연구에서 결정적인 역할을 하고 있음을 명시해준다. 제1장에서 제시한 어순에 관한 특징으로는 주로 다음과 같은 두 가지를 들 수 있다.

1) 관계절 전치이다. 이는 VO언어에서는 거의 유일한 현상이다. 하지만 OV언어에서도 관계절이 후치하는 언어가 많다(Dryer 1992, 2003). 그것은 관계절이 각종 규정어 중 가장 강한 후치 경향성을 띠고 있기 때문이다.

2) 속격 규정어가 지시사와 함께 핵어명사의 한 측에 놓인다.

통사적인 영향으로 본다면, 1)과 2) 두 항목에 그치지 않는다. 이

명사성 구의 유형론적 연구

두 항목의 특징은 구체적인 통사적 의미의 결과를 많이 초래하였다. 간략하게 서술하면 다음과 같다.

　모든 규정어가 앞에 놓이는 VO언어에서만이 관계절이 전치한다. 왜냐하면 관계절은 모든 규정어 중 후치하려는 경향이 가장 강하기 때문이다. 가령 VO언어에서 어떤 규정어는 전치, 어떤 규정어는 후치(이는 보편적인 현상이고 또한 후치하는 규정어의 종류는 전치하는 규정어보다 많다)하는 것을 허용한다면 관계절은 언제나 후치하려는 경향이 있다. 다만 모든 규정어가 일률적으로 전치하는 VO언어에서 관계절마저도 전치하는 현상이 출현한다. 지금까지의 유형론적 고찰에 의하면 이와 같은 현상은 오직 중국어 및 주변의 중국어 영향을 깊이 받은 일부 苗瑤語 그리고 극소수의 壯侗語에만 존재한다(苗瑤語와 壯侗語에 대해서는 李云兵2008을 참조).

　VO언어 유형과 관계절 전치의 드문 조합은 일련의 특수한 통사적 결과를 초래한다. 이러한 현상은 관계절이 후치하는 언어에서도 찾아볼 수 없고, 관계절과 모든 규정어가 일률적으로 전치하는 언어에서도 찾아볼 수 없다. 가장 선명한 것은 "咬死了獵人的狗"[사냥꾼의 개를 물어 죽였다/사냥꾼을 물어 죽인 개]처럼 "술어+목적어/규정어+명사"구조가 모두 가능한 중의성 구문이다. 중국어를 제외한 다른 VO언어에서는 관계절이 후치하기 때문에, "咬死了獵人"은 관계절로 핵어명사 앞에 놓일 수 없다. 따라서 이와 유사한 구조는 "규정어+명사"라 해석할 수 없게 된다. OV언어에서 "咬死了獵人"은 목적어로서 술어 뒤에 놓일 수 없으므로 따라서 이와 유사한 구조는 "술어+목적어"로 해석할 수 없다.

VO유형은 관계절을 포함한 모든 규정어를 V와 O 사이의 내포성분으로 하는데 그중 관계절은 일반적인 규정어보다 길고 복잡한 구조를 가지고 있어 특히 내포의 정도가 비교적 심한 성분으로 되어 VO조합의 기억부담을 가중화시키고 있다. 따라서 이러한 조합은 관계절의 길이와 복잡도를 제한함으로 중국어 특히는 구어의 관계절의 길이와 복잡도가 꽤 낮은 평균치를 유지하도록 하고 있다(제8(이 책 6장), 9(이 책 7장), 12장(이 책에는 수록하지 않음) 참조).

관계절 자체의 잠재적인 길이와 복잡도 외에도 모든 규정어가 핵어명사 앞에 놓일 때의 어순 특징에도 유의해야 한다. 이러한 어순배열은 다항규정어가 동시에 출현할 경우 관계절이 다른 규정어와 함께 핵어명사 앞에 "한데 모여" 단기기억 부담을 더욱 가중화시킨다. 이와 같은 현상에 대한 반응으로 중국어의 명사성 구 역시 관계절의 복잡도를 제한하고 있다. 왜냐하면 관계절은 규정어 중 확장이 가장 활발한 단위이기 때문이다.

관계절이 앞에 놓이는 것은 관계절의 일부 기능도 제한하고 있으므로 구어에서는 후치관계절의 생성을 촉진하고 있다. 관계절은 제한적일 수 있다. 즉 핵어명사의 외연을 제한하기 위해 사용되어 전반 구문으로 하여금 외연을 가일층 축소시켜 원 핵어명사의 하나의 부분적 집합이 되게 함으로 청자가 이 대상을 인식하기 쉽게 한다. 이런 관계절은 전치할 수도 있고 후치할 수도 있다. 관계절은 보충적일 수도 있다. 즉 이미 확정된 대상 범위에 정보보충을 제공해 줄 수 있지만 문장의 중요한(전경) 정보가 되지 못하고 명사 핵심의 외연을 제한할 수 없다. 정보보충은 핵어명사 뒤에 놓이는 것이 적합하다.

영어의 핵어명사 뒤에 휴지를 첨가한 관계절이 바로 보충적 관계절인데 일반적으로 "비제한적 관계절"이라고 불린다. 중국어는 관계절을 포함한 모든 규정어가 앞에 놓이기 때문에 보충적 관계절의 구축에 이롭지 못하다. 이러한 배경 하에 북경말 구어에는 아직 형성과정에 처해 있는 후치관계절이 출현하여 관계절의 커뮤니케이션 압력과 커뮤니케이션 수요를 충족시키고 있는데 이에 관한 내용은 이 책 제8장에서 주로 다루고 있다. 하지만 이러한 후치관계절은 구조가 비교적 느슨하고 앞에 오는 명사와의 결합도가 비교적 낮기 때문에 여전히 어느 정도의 절 독립성을 보존하고 있어 표준적인 통사성 규정어라 볼 수 없고 형성과정 중에 처한 규정어 종속절이라 보는 것이 합당하다. 전반적으로 아직 중국어의 "규정어가 일률적으로 전치"하는 위치에 영향을 미치지 못한다.

이 점과 관련하여 관계절을 포함한 모든 규정어가 앞에 놓인다면 규정어의 두 가지 분류, 즉 제한적 규정어와 비제한적 규정어의 차이를 구분할 수단이 없어진다. 만일 규정어가 앞에 놓일 수도 있고 뒤에 놓일 수도 있다면 이론적으로 제한적 규정어와 비제한적 규정어를 각기 한 쪽에 위치하는 것이 가능하다. 영어에서는 아직 완전히 거기까지 이르지 않았지만 부분적으로 전후의 규정어의 분업을 이용하여 어느 정도 이 두 유형을 구분하고 있다.

> I like nice teachers.
> 나는 친절한 선생님을 좋아한다.
> I like teachers, who are very nice.
> 나는 선생님을 좋아한다. 그는 매우 친절하다.

앞 문장은 전치하는 형용사 규정어 nice를 사용하고 있다. 이 규정어는 우선적으로 제한적으로 이해된다. 여기서 화자는 자기가 좋아하는 것은 선생님들 중 친절한 선생님들이라고 중점적으로 강조하는데 청자는 화자가 어떤 부류의 선생님들을 좋아하는지는 알고 있을 수 있지만 어느 선생님들을 좋아하는지는 모른다. 반면에 뒤의 문장은 후치하는 형용사 규정어 nice를 사용하여 목적어의 비제한적 관계절을 충당하는데 이때 화자가 중점적으로 강조하고자 하는 건 자기가 선생님들을 좋아한다는 사실이고 "친절함"은 다만 이 주요한 정보에 대한 보충일 뿐이다. 이 두 종류의 규정어를 굳이 중국어의 규정어로 번역한다면 오직 하나의 공통된 번역 "我喜歡親切的老師們(나는 친절한 선생님들을 좋아한다)"로만 번역될 뿐 위에서 열거한 구별은 서로 다른 어순의 규정어로 표현할 수 없고 구별할 필요가 있을 경우 다른 방식(위에서 언급한 문법화정도가 높지 않은 후치관계절을 포함)으로 실현된다. 제한적과 비제한적 규정어가 중국어에서의 합병과 구분은 제10장, 제11장(이 책의 8, 9장)에서 더 상세하게 논의되고 있다.

규정어가 일률적으로 전치하는 현상이 낳은 또 다른 결과는 중국어 규정어 표지의 통사적 속성에 영향을 미치는 것이다. 제1장에서 중국어는 단일한 전문적인 규정어 표지(표준어의 "的")를 사용하여 여러 종류의 다른 성질을 띤 규정어(속격, 속성, 관계절 등)를 표시한다고 지적하였다. 다항규정어가 병존할 경우 중국어는 수사적인 면에 있어 여러 개의 규정어에 전문적인 규정어 표지를 연속 사용하는 것을 회피하는 책략을 취한다. 이로 인해 일부 규정어에 첨부한 표지 더욱이는 명사 바로 옆에 놓인 규정어 뒤에 첨부한 표지를 삭제하여 중국어의 규정어 표지로 하여금 강제성 혹은 통사성을 낮추고 선택가능성 혹은 화용성을 증가시켰다. 여기서 주의해야 할 점은 제1장에서 제시한 바와 같이 다항규정어란 조건 하에 삭제 가능한 혹은 삭제하고자 하는 경향이 있는 규정어 표지들은 일반적으로 단일 규정어 조건 하에서는 삭제가 어렵고 일정한 강제성과 통사성을 지닌다. 이는 중국어의 전용적인 규정어 표지(예를 들면 "如") 자체가 일정한 통사성을 지님을 의미한다. 하지만 다항규정어가 핵어명사 앞에 병존하는 통사적 환경과 수사학적으로 중복 출현을 회피하는 상황은 규정어 표지의 통사적 속성을 낮추고 화용적 속성을 증가하게 했음을 의미하고 있다.

규정어의 일률적인 전치로 인해 핵어명사 앞에 놓이는 규정어의 유형이 자연적으로 더욱 다양해졌는데 그 결과 중국어에서 다른 유형의 규정어 간의 관계가 유형에 따라 중심어 양측에 놓이는 언어에 비해 더 복잡하고 다양하게 되었다. 따라서 기타 일련의 요인의 상호 작용으로 중국어의 일련의 유형특징이 형성되었다. 예를 들면 속격 규정어와 한정사가 일부 언어에서는 각기 중심어 양측에 놓여 소유성을 지닌 "규정어+명사"구조 중 원칭 지시, 근칭 지시, 유정, 무정 등 다른 정황을 표현함에 편리하도록 하였다. 영어의 a friend of mine이 바로 그러하다. 중국어에 있어 속격수식어와 한정사가 동시 출현한다면 모두 명사 앞에 놓이고 "지시사+속격수식어" 어순인 "這本我的書"[이 나의 책] 혹은 "속격수식어+지시사" 어순인 "我的這本書"[나의 이 책] 두 가지가 있는데 후자가 우세적인 어순이다.

제1장에서는 중국어의 이 두 유형의 속격 수식어가 동시 출현할 경우 나타내는 유형특징에 대해 분석하고 "很暗的那小屋"[아주 어두운 작은 방]과 "賣蔬菜的這些親戚"[채소를 파는 이 친척들]처럼 중국어에 있어 속격 수식어는 지시사의 앞(바깥)에 놓이는 경향이 있을 뿐만 아니라 기타 규정어도 지시사의 앞(바깥)에 놓일 수 있다는 점을 강조하고 있다. 이는 많은 언어에서 지시사가 규정어의 가장 바깥층에 위치하는 현상과 아주 다르다. 게다가 중간 위치에 있는 지시사는 규정어 표지 대체 역할이 있기 때문에 속격 수식어와 핵어명사의 유정성(animacy) 등의 속성이 같을 경우 지시사가 중간에 위치하는 명사성 구는 "규정어+명사"구조와 "등위구조"라 하는 두 해석을 고려해야 한다. 이것은 또 다른 하나의 중국어 명사성 구의 어순 특징으로 인한 특유의 중의성 구조이다. 예를 들면, "張偉這個助手"는 "규정어+명사"구조로 분석하여 "張偉的這個助手"[장위의 이 조수]라는 의미를 나타낼 수 있을 뿐만 아니라 "등위구조"로 분석하여 "장위가 바로 이 조수이다"라는 의미도 나타낼 수 있다. 그 외에 제5장 (이 책 4장)에서는 중국어에 있어 일부 관계절 유형이 주어가 아닌 우선적으로 목적어를 관계화하는 특이한 현상에 대해 어순이론을 응용하여 해석하고 있다. 왜냐하면 모든 규정어가 전치하고 관계절도 언제나 전치할 경우 목적어를 관계화하면 원문 위치를 이동할 필요가 없고 오직 일정한 관계절표지만 첨가하면 되기 때문이다.

관계절과 같은 복잡한 규정어에 대해서도 지시사가 앞에 놓이는 어순과 뒤에 놓이는 어순이 존재한다. 예를 들면 "賣菜的這些親戚"[채소를 파는 이 친척들]과 "這些賣菜的親戚"[이 채소를 파는 친척

명사성 구의 유형론적 연구

들]이다. 따라서 이와 같은 두 유형의 어순배열의 통사적 차이와 의미적 분업에 관한 중국어 특유의 문제가 나타나게 된다. 제7장에서 제11장에서는 이 두 종류의 어순의 통사적 표현과 의미적 작용에 대해 심도있는 연구를 전개하였다.

제7장(이 책에 수록되지 않았음)에서는 언어유형론 분석을 토대로 북경말과 關中방언의 구어자료를 활용함과 동시에 이를 문어 자료와 대비를 하였다. 또한 최적성(optimality) 이론의 방법을 참조하여 언어처리와 통사분석의 시각에서 두 종류의 어순이 갖고 있는 다른 조건에 대해 살펴보고 이와 관련된 현상을 새로운 시각에서 재조명해 주었다. 이 장절에서는 최초로 구어와 문어에서 이 두 종류의 어순 선택에 있어 표현의 차이점 즉 구어에서는 "지시사+관계절"형식을 적게 사용하는 것과 주어와 목적어 위치에 있어 이 두 종류의 어순에 대한 서로 다른 경향 즉 주어 자리에는 지시사가 앞에 놓이는 어순배열을 선택하고 목적어 자리에는 관계절이 앞에 놓이는 어순배열을 선택하는 현상을 주목하고 있다. 이 두 종류의 어순에 대한 여러 가지 다른 표현에 관해 저자는 "중의성을 반드시 배제", "반드시 경제적", "가능한 빨리 핵심 확인" 등 제한 조건을 제기하였고 최적화 이론을 이용하여 서로 다른 원칙이 여러 어체에서 어떻게 작용하는지에 대해 평가를 실시하였다.

제11장(이 책 제9장)에서는 지시사 연구의 시각에서 출발하여 지시사와 기타 규정어(관계절을 포함)가 동시에 출현하는 두 가지 어순배열 문제에 대해 심도있는 연구를 전개하였다. 저자는 우선 지금까지 많은 학자들이 규정어 자체의 문법범주와 성질에 근거하여 규정어의

제한성(제한적~비제한적/묘사성)을 판단하였는데 이는 근본적으로 확실성이 없는 것이라고 지적하였다. 왜냐하면, 제한성 여부는 본질적으로 화용론적 기능의 하나로 문맥에 의해 결정되는 것이기 때문이고, 규정어의 문법범주와 제한성 간에는 결정적인 관련이 없고 표지가 있는지 여부와 관련이 있을 뿐이기 때문이다. 이를 기초로 하여 저자는 지시사의 위치가 규정어의 제한적을 확정하는 데에 작용한다고 지적하였다. 관계절에 대해 살펴본 결과, 지시사 앞에 놓이는 종속절의 규정어는 예외없이 제한적 기능을 가지고 지시사 뒤에 놓이는 관계절은 기능 면에서 비제한적에 강하게 치우친다. 그 외 지시사의 전치하거나 후치하는 규정어, 예를 들면 형용사 규정어, 속격수식어 등도 유사한 표현이 있지만 경향의 강약에 있어 다소 차이가 있다. 이 연구는 이론과 실천으로부터 趙元任과 呂叔湘 등의 어감에 의한 판단이 실제와 일치한 점을 증명해주고 있다.

0.2.1.3 규정어의 일률적인 전치로 인한 의미적·화용론적 영향

앞서 규정어의 일률적인 전치로 인한 통사적 영향에 대해 중점적으로 서술하였지만, 실은 의미적·화용론적 영향도 일부 포함되어 있다. 간략하게 개괄하면 다음과 같다.

규정어의 일률적인 전치와 VO어순의 희소한 조합은 "咬死了獵人的狗"[사냥꾼의 개를 물어 죽였다/사냥꾼을 물어 죽인 개]와 같은 중국어 특유의 중의성 구문을 초래한다. 하지만 VO어순과 조화로운 전치사 및 규정어가 일률적으로 전치하는 유형도 위와 같이 유사한 희소 조합에 속하기 때문에 "對售貨員的意見"[점원의 의견에 대해/점원에 대한 의견]과 같은 중국어 특유의 중의 현상을 초래한다. 이 두 중의 현상은 모두 다른 언어에서는 보기 드문 현상이다.

모든 규정어가 앞에 놓일 뿐더러 규정어 표지도 생략 가능하기 때문에 지시사가 있음에도 불구하고 "張偉這個助手"[장위 이 조수]라는 중국어 특유의 "규정어+명사"/등위구문을 형성한다.

모든 규정어가 명사 앞에 놓이기 때문에 중국어에 있어 제한적 규정어와 비제한적 규정어를 구분하는 수단이 감소되었다. 제한적 규정어는 구정보로 명사의 지시범위를 한정해 주는 규정어고, 비제한적 규정어는 명사의 지시에 대해 묘사(구정보일 수도 있음) 혹은 보충 설명(흔히는 신정보를 사용)해 준다. 제한적인 시각에서 볼 때, 중의 현상에 속하는 규정어도 적지 않다. 예를 들면, "吃螃蟹的毛利人"[게를 먹는 모리인]은 모든 모리인은 다 게를 먹는다(비제한적)는 의미를 표시할 수도 있고 모리인 중 게를 먹는 일부분을 가리킬 수도 있다(제한적). 하지만 중국어에는 일련의 제한성 중의구문을 감소시키는 수단도 있다. 제8장(이 책 6장)에서 분석하고 있는 구어의 후치관계절은 바로 정보를 보충해 주는 관계절을 나타내는 데에 전문적으로 쓰이고 있어 제한적 규정어를 나타낼 가능성이 큰 동사 앞에 놓이는 관계절과 구별이 되고 있다.

제16장(이 책 11장)에서는 핵어명사의 앞 또는 뒤의 어순 대립으로 제한적 규정어와 비제한적 규정어를 구분할 수 없을 경우 중국어는 명사 앞에 놓이는 지시사와 기타 규정어의 상대적인 위치로 제한성과 비제한성을 구분한다. 물론 이러한 어순의 사용은 명사 앞 또는 뒤의 위치의 사용에 비해 보다 많은 중량(길이+복잡도)의 제약을 받는다.

0.2.2 중국 국내 민족어의 명사성 구의 어순 특징

중국 국내 민족어는 북방 민족어의 유형이 단일하고 남방 민족어의 유형이 복잡한데 이는 중국어의 북방 방언이 간이하고 남방 방언이 혼잡한 현상과 비슷하다. 삼북(화북, 동북, 서북)지역의 민족어는 개별적인 몇 개 인구어와 藏緬語를 제외하고는 대부분이 알타이어에 속하므로 모두 SOV언어로 명사성 구는 규정어가 일률적으로 전치하는 기본구조를 지닌다. 이는 SOV유형과 일치성을 이루는 특징으로 중국어가 SVO언어이면서 규정어가 일률적으로 전치하는 드문 현상과는 다르다. 명사성 구의 어순배열이 복잡한 것은 남방의 각 민족어이다. 본 프로젝트 성과인 『中國南方民族語言語序類型研究』(李云兵2008)는 중국 국내 처음으로 남방 민족어 어순유형에 대해 전문적인 연구를 실시한 저서이다. 이 책은 명사성 구의 어순을 핵심으로 하고 있지만 유형론적 가치를 체현하기 위해 남방 민족어 중의 기타 주요한 어순유형론 매개변수도 포함하고 있다. 다음의 논의는 李云兵(2008)의 고찰과 총괄을 토대로 하였다.

李云兵의 책에서 조사한 중국 남방의 민족어에는 남방 중국어 외의 민족어 전부(최소한 어족등급까지 언급)가 총망라되었다. 그중에는 藏緬語族(티벳-버마 어족)의 언어, 侗臺語族(캄타이어족) 언어, 苗瑤語族(묘요어족)의 언어, 仡央語群(흘앙어족)의 언어, 孟高棉語族(몬크메르어족)의 언어, 越芒語族의 언어, 臺灣南島語 등 98개의 민족어가 포함되어 있을 뿐만 아니라 명사성 구와 직접 관련이 있는 구조도 포함되고 명사성 구의 어순과 유형론에서 관련 있는 구조도 포함되었다. 명사성 구에는 주로 다음과 같은 성분으로 구성된 "규정어

+피규정어"(偏正)구조의 구문을 다루었다. 구체적으로는 명사와 명사, 명사와 대명사, 명사와 형용사, 명사와 수사, 명사와 양사, 명사와 "수사+양사"구조, 명사와 지시사, 양사와 지시사, 명사와 "양사+지시사"구조, 명사와 "수사+양사+지시사"구조, 대명사와 양사, 대명사와 "수사+양사"구조, 대명사와 "수사+양사+지시사"구조, 형용사와 양사, 형용사와 "양사+지시사"구조, 명사와 관계절이 있고, 그 밖에 동격구조도 포함하고 있다. 그 외에, 어순유형의 구조에는 다음과 같은 것이 포함된다. 동사와 목적어, 동사와 양태부사, 동사와 부정부사, 형용사와 정도부사, 형용사와 부정부사, 전치사와 후치사이다. 저자는 광범위하게 어순 현상을 수집·보충하고 부족한 자료에 대한 대량의 조사를 개괄·총괄하였다. 여기서는 李云兵(2008)의 연구성과의 고찰 결과를 간략하게 분석한다.

0.2.2.1 절의 기본어순 유형과 전/후치사 유형의 일치성

중국 남방 민족어는 절의 기본성분의 논리적인 배열순서에 있어 각기 SOV, SVO와 VSO라는 세 가지 유형에 속하는데 이는 어종 수의 합계에 의한 세계 언어의 절대 다수를 점하는 세 가지 어순 유형이다. 어순 유형의 각 매개변수에 있어 "介詞"(전/후치사, 이하 "介詞"라 한다)는 이상적인 일치적 어순에 부합된다. 중국 경내의 白語를 제외한 藏緬語는 모두 SOV언어에 속하고 이들은 모두 이와 일치성을 띠는 후치사를 사용하고 있다. 侗臺語, 苗瑤語, 仡央語群 언어와 오스트로아시아족 언어는 SVO형 언어에 속하고 이들은 모두 이와 일치성을 띠는 전치사를 사용(이러한 언어에 있어서는 설령 아직 介

詞로 문법화하지 않은 방위사마저도 명사 앞에 놓이고 있다)하고 있는데 이러한 현상은 중국어와 비교했을 경우 보다 일치성을 띠고 구조가 단일해 보인다. 중국어는 비록 SVO형 언어에 속하지만 절대적인 전치사언어가 아니고 전치사와 후치사가 병존하는 언어이다. 대만 南島語는 VSO형 언어에 속하지만 전치사만 사용하고 어순 일치성과도 부합된다. 기타 구조에는 모두 어순유형 일치성에 예외가 되는 것이 일부 존재한다.

0.2.2.2 명사성 구의 어순

상술한 기본적인 어순유형을 배경으로 하여 남방 소수민족 언어에 있는 명사성 구의 어순을 고찰한 결과 전반적으로 각 언어는 중국어에 비해 더 강한 어순 일치성을 나타내고 있어 어순 보편성 또는 경향성에 보다 부합되고 있다. 하지만 일치성에 부합되지 않는 어순유형도 일부 존재하는데 그중에는 중국어와 관련된(중국어 영향을 받은) 현상도 포함되어 있다. 명사성 구의 각종 어순 표현에 있어 전반적으로 이러한 언어는 중국어에 비해 SOV, SVO, VSO의 보편성 원칙과 함의적 보편성을 더 준수한다. 또한 일부 동일 유형 내부에 존재하는 어종 간의 일치하지 못한 복잡한 상황은 본디 보편성에 어긋나는 것이 아니고 언어유형론에 있어 흔히 볼 수 있는 둘 다 가능한 현상이다. 하지만 일부 매개변수는 언어 보편성 또는 경향성의 예외가 될 수도 있고 그리고 어떤 매개변수는 거의 대부분이 보편성 또는 경향성에 부합되는 전제 하에 소수 몇몇 언어에 있어서는 예외가 된다. 서로 다른 매개변수의 어순유형 간에는 지역적인 일치성이 거의 존재하지 않고 설령 같은 매개변수의 어순유형일지라도 지역적인 일치성이 거의 존재하지 않는다.

壯侗語, 仡央語群 및 苗瑤語는 모두 SVO유형이고 기본적으로 중심어 전치 유형에 속하며 규정어가 후치하는 것과 일치한다. 실은 대부분 壯侗語와 仡央語群이 이 어순일치성에 상당히 부합되고 있어 각 항 규정어가 거의 모두 중심어에 후치하기 때문에 중국어의 모든 규정어가 중심어에 전치하는 현상과 선명한 대조를 이룬다. 복잡한 현상으로는 주로 다음과 같은 몇 가지가 있다.

1) 수사(1보다 큰 경우)와 양사가 보편적으로 명사 앞에 놓이고, 지시사는 보편적으로는 뒤에 놓이지만 몇몇 언어에서는 앞에 놓인다. 이런 매개변수는 기존의 유형론 성과에서 그 자체가 "동사+목적어" 구조와의 일치도가 낮아 설령 앞에 놓인다고 하더라도 보편성 또는 경향성을 위반하지 않는다.

2) 어떤 언어는 속격수식어가 명사 앞에 놓이지만, 어떤 언어는 앞과 뒤 어느 쪽에 놓여도 무관하다. 어떠한 상황이든 속격수식어가 명사 앞에 놓일 경우 중국어(방언을 포함)로부터 차용된 규정어 표지를 첨가해야 하지만 절대 대부분 언어는 속격수식어가 뒤에 놓이고 표지를 첨가하지 않고 있다. 속격수식어가 명사의 앞과 뒤 어느 쪽에 놓여도 무관한 언어에 있어서도 뒤에 놓일 경우 표지를 첨가하지 않는다. 이로 보아 속격수식어 후치가 壯侗語와 仡央語群의 고정적인 어순이고 속격수식어 전치는 중국어로부터 차용된 후에 생성된 어순이며 규정어 표지와 함

께 전체 구조가 차용된 것임을 알 수 있다.

3) 관계절 또한 壯侗語와 仡央語群에 있어 후치하는 것이 우세적인 분포이고 거의 모든 壯侗語와 仡央語群 언어에는 후치하는 관계절만 존재한다. 게다가 대부분은 관계화표지가 존재하지 않고 소수 언어만 관계절이 전치하거나 후치할 수 있는데 뒤에 놓일 경우 표지를 첨가하지 않지만 앞에 놓일 경우에는 반드시 중국어로부터 차용된 표지를 첨가해야 한다. 개별적인 몇몇 언어에는 관계절이 전치하는 경우만 존재하고 동시에 중국어로부터 차용된 표지를 첨가한다. 이는 壯侗語와 仡央語群에 있어 관계절의 고정적인 어순은 뒤에 놓이는 것이고 명사 앞에 놓이는 어순은 후에 생성된 것이며 관계화표지와 함께 중국어로부터 차용된 것임을 말해 준다. Dryer(1992, 2003)의 대규모적인 통계에 의하면, 속격수식어는 VO언어에서 후치하려는 경향이 강하고(아직 절대적 보편성의 정도에는 이르지 못하였음) 관계절은 VO언어에서 후치하는 것이 절대적 보편성에 속하지만 다만 중국어를 포함한 극소수 개별적인 예외가 존재한다. 소수 壯侗語와 仡央語群에 있어 속격수식어와 관계절이 명사에 전치하는 어순은 일종 언어 보편적 경향을 위반하는 현상으로 위와 같은 언어의 고유적인 어순이 아니라 중국어의 영향을 받은 것임이 분명하다. 게다가 이러한 현상과 관련있는 언어로 보든 매개변수로 보든 지금까지 그 영향의 작용범위가 아주 제한적이며 중국어의 규정어의 일률적인 전치와 같은 VO언어에 있어서는 보기 드문 전반적인 유형 구성과는 여전히 거리가 멀고 중

명사성 구의 유형론적 연구

국어 명사성 구의 어순 유형보다는 더 조화로운 편이다. 苗瑤語는 VO언어이고 규정어가 전치할 수 있을 뿐 후치할 수도 있어 壯侗語의 상황과 대체적으로 비슷하다. 단지 전치하는 규정어의 종류가 壯侗語보다 많고 중국어의 영향을 보다 심하게 받았다. 그 구체적인 표현으로는 지시사가 명사의 앞에 놓이는 언어의 수가 더 많고 속격수식어는 기본적으로 앞에 놓이며 형용사가 앞 또는 뒤에 모두 놓일 수 있는 두 가지 어순을 갖는 언어가 꽤 많고 관계절이 뒤에 놓이는 어순이 대체적인 추세를 이루는 중에서도 앞에 놓이는 경우가 壯侗語보다 훨씬 많다. 제20장(이 책에 수록하지 않았음)에서는 苗瑤語의 어순에 있어 중국어의 영향요인에 대해 보다 심도 있는 분석을 하였다. 苗瑤語의 어순배열에 있어 기존의 보편성에 어긋나는 것은 속격수식어와 형용사의 어순배열이다. 유형론적으로 속격수식어는 형용사보다 목적어 등 종속성분과의 조화를 훨씬 더 준수하고 있다(Hawkins 1983과 Dryer 1992의 통계를 참조하기 바람). 하지만 苗瑤語에 속해 있는 절대다수의 언어는 속격수식어가 앞에 놓이는 경우만 존재하는 반면에 그중 많은 언어는 또한 형용사가 뒤에 놓이는 경우도 있다. 즉 형용사 규정어가 속격수식어에 비해 VO-전치사 언어의 중심어가 종속어에 전치하는 어순원칙을 더 준수하고 있는데 이는 상당히 이례적인 것이다. 이러한 현상은 단순히 중국어의 영향을 입은 것이라고 해석하기 어렵다. 왜냐하면 중국어는 규정어가 일률적으로 전치하기 때문이다. 왜 언어접촉에서 일치성을 띠는 어순 관계에서 보다 쉽게 벗어날 수 있는 형용사가 중국어의 영향을 보다 적게 받아 전치하지 못하고 반면에 후치하는 일치성 배열을 보다 강하게 지켜야 할 속격수식어가 오히려 더욱 많이 전치하는가? 이는 우리가 매우 진지하게 대면하고 해석해야 할 현상이다. 일부 苗瑤語는 관계절전치와 관계절후치 두 가지 어순이 모두 존재하는데 이 또한 강한 보편성에 어긋나는 것이다. 하지만 이 현상은 중국어의 영향으로 해석할 수 있다. 두 가지 어순이 존재하고 모두 관계화표지를 취하는 언어는 관계절이 뒤에 놓일 경우에는 본 민족어로 표기하고 앞에 놓일 경우에는 중국어로부터 차용된 표지를 사용한다. 이는 전치하는 관계절이 중국어의 영향을 입어 생성된 것이라는 점을 확연히 설명해 주고 있다. Dryer(1992, 2003)은 중국어를 세계에 있는 VO언어에서 유일하게 관계절이 전치하는 언어라고 간주하고 있지만 만일 제 21장(이 책에 수록하지 않았음)의 고찰을 더하게 되면 Dryer의 결과는 응당 약간의 조정이 필요할 것이다. 하지만 이 몇몇 VO언어의 관계절전치는 모두 중국어의 어순을 차용하여 본래의 고정적인 어순을 변화시킨 것으로 그 기원은 오직 하나 즉 규정어가 일률적으로 전치하는 중국어이기 때문에 여전히 이러한 언어들의 관계절전치가 VO언어의 유일한 예외라고 간주해도 무방하다.

대만의 각 종 南島語은 거의 모두 VSO언어이고 그중의 일부가 VOS어순을 겸하고 있다. 광의적으로 VO언어에 속하는 南島語의

명사성 구의 유형론적 연구

명사성 구의 어순은 壯侗語와 비슷한 면이 있지만 후치하는 규정어도 적지 않다. 후치하는 규정어로는 속성명사 규정어, 지시사, 속격수식어, 형용사 규정어 등이 있다. 이와 같은 규정어는 거의 대부분이 동시에 전치하는 규정어도 존재하는데 상대적으로 앞에 놓일 경우가 더 유표적이고 뒤에 놓일 경우가 더 기본적이다. 왜냐하면 전치할 경우 규정어 표지(지시사도 규정어 표지를 첨가할 것을 요구함)를 첨가하는 것이 일반적이지만 후치할 경우 표지를 첨가하지 않는 것이 일반적이기 때문이다. 속격수식어는 전치하거나 후치할 경우 모두 표지를 첨가해야 하지만 전치할 경우 속격수식어와 중심어에 이중으로 표기해야 하는 반면에 후치할 경우에는 속격수식어에만 표기하기 때문에 여전히 후치하는 쪽이 더 무표적이라 할 수 있다. 보다 무표적이고 기본적인 후치규정어를 놓고 볼 때, 南島語의 명사성 구의 어순은 여전히 기본적인 어순유형과 일치를 이룬다고 할 수 있겠다. 이와 동시에 VSO/VOS언어로 대만 南島語에는 VO유형과 그리 일치하지 못하거나 심지어는 아주 일치하지 못하는 일련의 어순배열도 존재하고 있는데 그 일치하지 못한 정도는 심지어 壯侗語를 초과하고 있다——하지만 인류 언어의 총체적인 상황은 VSO언어가 SVO언어보다 OV유형과 대립을 이루는 어순 특징을 더욱 많이 지니고 있다(Greenberg 1963). 고로 이와 같은 언어에서 일치성을 띠지 못하는 어순배열은 큰 관심을 갖고 연구할 필요가 있다. 그중에서 가장 돌출적인 현상으로는 다수의 언어가 관계절전치의 어순을 갖고 있다는 점이다. Hawkins(1983)와 Dryer(1992)는 일찍이 관계절이 모든 언어에서 뒤에 놓이려는 경향이 가장 크다는 사실을 발견하였다. OV유형에 속하는 언어마저도 상당한 비례의 언어가 후치관계절을 사용하고 있고 VO언어는 거의 예외없이 후치관계절을 취한다. 때문에 南島語가 VSO언어이면서 본디 우세적인 어순에 속하지 않는 관계절전치를 갖고 있는 점은 언어 보편성과 경향성에 아주 어긋나는 현상일 뿐더러 대만지역 밖의 南島언어와도 다르다. 앞서 언급했듯이 苗瑤語와 壯侗語에 있는 후치관계절은 모두 후에 생성되었고 중국어로부터 유입된 성분이라고 판단할 수 있으며 지금까지도 전반 어족 내에서 우세적인 위치를 점하지 못하고 있다. 하지만 南島語의 전치관계절은 자료가 결핍한 관계로 중국어의 영향을 입었는지 여부에 대해 판단짓기 어렵다. 만일 중국어의 영향을 받은 것이 확실하다면 南島語가 壯侗語보다 중국어의 영향을 더 많이 받았음을 말해 준다. 이는 아직 더 파헤쳐야 할 분야이다.

중국 경내의 藏緬語는 白語를 제외하고 모두 SOV-후치사 언어이다. 이 유형과 일치성을 이루는 규정어의 어순은 핵어명사에 전치해야 하는 것이다. 藏緬語의 실제적 표현으로는 유효적인 매개변수--속격수식어와 관계절은 모두 명사 앞에 놓이나 가변성이 강하고 유형론적으로 흔히 "동사+목적어"구조의 배열과 일치성을 띠지 않는 형용사 규정어는 전치 또는 후치 두 가지 어순이 존재하며 각기 다른 역할을 한다. 앞에 열거한 두 규정어의 위치는 보편성에 매우 부합되지만 형용사 규정어의 표현 역시 유형론적 경향을 위반하지 않는다. 내부 차이는 주로 지시사, 수사, 양사 및 "수사+양사"조합, "지시사+양사"조합 등 성분에 체현된다. 예를 들면 수사, 양사와 관련된 어순으로는 "명사+수사", "명사+양사+수사", "명사+수사+

양사" 등을 들 수 있다. 이와 같은 지시와 양화를 나타내는 한정성분의 어순은 본디 절의 기본어순과 강한 일치성 제약이 존재하지 않지만 이러한 다양한 표현 또한 보편성에 어긋나지 않는다. 하지만 이전의 유형론적 연구는 양사가 존재하는 언어에 대해 관심이 많지 않았기에 양사와 관련 있는 어순 보편성 문제는 여전히 파헤칠 부분이 많이 남아 있다. 제16장에서는 그중 복잡한 상황을 집중적으로 전개하고 있어 양사 매개변수가 개입 후 "수사+양사" 규정어와 관련된 어순 보편성과 유형 탐구를 고찰하는 데 기반을 굳건히 하였을 뿐더러 파헤쳐야 할 연구과제도 제기하였다.

　유의해야 할 점은 藏緬語가 SOV-후치사 언어로 전반적으로 중심어후치 언어에 속하기에 명사 뒤에 놓일 수 있는 형용사, "수사+양사"구, 지시사 등 규정어도 OV언어 유형의 총체적 경향에 어긋나지 않는다. 하지만 이러한 후치하는 규정어는 SVO언어이면서 전치사를 주로 하는 중심어가 앞에 놓이는 유형에 속하는 중국어의 규정어 일률 전치하는 상황과 여전히 매우 강한 대비를 이룬다. 바꾸어 말하면, 가령 이론적으로 중심어가 뒤에 놓이는 언어의 이상적인 상황을 규정어의 일률적인 전치라고 설정한다면 중국어는 친족언어인 藏緬語보다도 SOV언어의 규정어의 이상적인 모델에 더 부합되지만 중국어는 일종 SVO언어이면서 전치사를 주로 하는 언어이기 때문에 보다 많은 규정어후치가 있어야 한다. 이 대비는 적어도 중국어의 규정어가 일률적으로 전치하는 것은 중국어·藏緬語의 동원관계 및 이른 시기의 가능한 SOV유형으로 간략하게 기인할 수 없음을 말해 주고 있다.

이상을 종합하면 중국어, 藏緬語, 壯侗語, 苗瑤語의 각 언어 간에는 어순유형 면에 있어 관계가 매우 복잡하여 현재로서는 단순히 동일 어원 또는 접촉 이론으로는 명확하게 해석할 수 없다. 이들 사이에 있는 어순유형 차이의 진정한 원인은 학계에 많은 과제를 남기고 있다.

03. 관계절

관계절은 명사성 구에 있어 가장 복잡한 구성성분인 동시에 기존 중국어 연구에서 많이 전개되지 못한 부분이기도 하기에 이 책에서 가장 많은 지면을 할애해 다룬 주제이다. 앞서 명사성 구에 있는 관계절의 어순문제에 대해 이미 간략하게 언급하였지만 관계절에 관한 문제는 단순 어순으로만 끝나는 것이 아니다. 이에 본 장절에서는 이 책이 관계절 연구 면에서의 주요한 연구성과에 대해 중점적으로 소개할 것이며 위에서 언급하지 않은 부분도 중점적으로 열거할 것이다.

0.3.1 관계절의 문법적 위계와 판단기준

본 과제가 진행되기 전까지 관계절은 중국 국내 중국어문법 학계에서는 상대적으로 중시를 받지 못했다. 관계절과 관련된 현상은 "구문" 본위란 문법적 관념의 영향 하에 모두 일종의 구문("단어결합"이라고도 함)으로 간주하여 주술구문, 동빈("동사+목적어")구문 등이라 불리고 있으며 구문이란 자격으로 고찰되고 있다. 따라서 많은 중국어문법에 관한 저서에는 관계절이란 개념이 전혀 없다. 이와 같은 처리는 어느 정도 이해할 수 있다. 왜냐하면, 중국어에 있어 술어동사에는 한정과 비한정의 대립이 명료하게 존재하지 않고 구문과 절 사이에 명확한 경계선이 없기 때문에 관계절을 구문으로 간주하여도 안 될 것이 없지 않기 때문이다. 하지만 관계절은 언어유형론에 있어 중요한 보편적으로 적용되는 매개변수이고 형식문법, 기능문법 등 각 이론에서는 관계절을 중요한 연구대상으로 보고 있다. 우리는 연구가 심화함에 따라 일부 문법 현상 및 문법 연구는 반드시 절의 범위 내에서 그 명시와 해석이 쉽고 종속절의 개념(보족어/논항절, 관계절 및 상황어절이 포함된다)의 결핍은 문법연구의 추진을 제약한다는 점을 절실히 느꼈다. 예를 들면, 관계절 논항의 선택범위와 규칙에 대한 연구는 반드시 절의 범위 내에서 진행되어야지 단지 구구조 개념에 의하면 효과적으로 개관할 수 없다. 고로 이 책은 관계절이란 개념을 사용할 뿐만 아니라 관계절을 중점적인 과제로서 연구한다. 이는 또한 지금까지 중국어연구에 있어 관계절에 대한 관심의 결여를 보완하기 위해서이기도 하다. 제5장(이 책 4장)부터 제12장(이 책에 수록하지 않았음)까지의 8개 장은 모두 전문적으로 관계절을 검토하고 있다. 그 외에 제3(이 책에 수록하지 않았음), 4, 16, 20(각기 이 책 3, 11, 13장) 등 4개 장에서도 관계절에 대한 내용을 언급하고 있다.

중국어학계에는 지금까지도 구를 중시하고 절을 소홀히하는 경향이 있다. 중국 국내의 문법학계에서 이와 관한 현상에 대한 이해와 주목을 불러일으키기 위해 제3장(이 책에 수록하지 않았음)에서는 관계절의 개념을 포함한 세 가지 절의 개념에 대해 상세한 설명을 한다. 특히 그들이 중국어에 있는 관련 구 개념과의 관계에 대해 소개한다.

중국어 동사는 제한적과 비제한적이라는 명확한 구분이 없기 때문에 중국어에 있어 관계절을 확정짓는 것은 그리 쉬운 일이 아니다. 주어를 관계화시키는 관계절은 "동사+목적어"구가 규정어로 된 것("買書的學生"[책을 산 학생])이라고 분석할 수 있고 목적어를 관계화시키는 관계절은 "주어+술어"구가 규정어로 된 것("學生買的書"[학생이 산 책])이라고 분석할 수도 있다. 게다가 단일 논항만 관계화시킬 수 있는 자동사나 형용사 규정어로 구성된 관계절은 하나의 술어가 규정어로 된 구문과 구조 상에서 별반 차이가 없다("孩子聰明"[아이가 총명하다]& "聰明的孩子"[총명한 아이]). 그 밖에 중국어는 주어와 목적어의 생략이 다른 언어보다 자유롭기 때문에 설령 타동사가 단독으로 규정어로 될 경우일지라도 논항이 생략된 관계절로 분석될 수 있다("買(書)的學生"[(책을) 산 학생], "(學生)買的書"[(학생이) 산 책]). 비록 이와 같이 구문, 단어, 관계절의 관계를 확정짓기 어려운 상황이 존재하지만 제5장(이 책 4장)에서 살펴본 결과 종속절과 원형술어가 규정어로 될 경우 확실히 조건이 다른 상황이 있음을 명시하고 있다. 이는 적어도 전형적인 관계절과 규정어가 원형술어인 구조가 일정한 차이가 있음을 말해 준다. 그 예로 蘇州방언에서는 양사로 규정어 표지를 표시할 경우 규정어의 형식에 대해 일정한 복잡도의 요구가 있고 하나의 동사 혹은 하나의 성질형용사를 배척한다. 이는 일반 규정어와 구별되는 관계절이 존재하고 있음을 증명해 주고 있다.

명사성 구의 유형론적 연구

0.3.2 관계절과 술어유형의 관계

唐正大(2005)의 『漢語關係從句的類型學研究』는 중국 국내의 중국어 학계에 있어 비교적 일찍이 전면적으로 관계절에 대해 검토한 박사학위논문이다. 이 논문에는 많은 중요한 발견이 포함되어 있다. 그중의 하나가 관계절과 술어유형의 관계(주로 제4장[이 책의 3장] 및 이 연구를 심화시켜 펴낸 제7장[이 책에 기재하지 않음])인데 이는 아마도 중국 국내에서는 술어유형이 관계절의 여러 면에 지대한 영향을 미치는 요인으로서 주목을 한 최초의 연구성과일 것이다.

술어유형의 하나의 기본적인 분류는 "장면층위 술어"와 "개체층위 술어"인데 영어 술어 원문은 각기 "stage-level predicate"와 "individual-level predicate"이다. "장면층위"란 술어가 서술하는 내용과 시간이 밀접히 관련됨을 표시하고 他看了書[그는 책을 읽는다]와 같이 시간 흐름 중의 일정한 계단에 위치하는 어떤 상황을 나타낸다. 이와 같은 상황은 하나의 사건이라고 볼 수 있기 때문에 "사건술어(事件謂語)"라고 의역할 수 있다. "개체층위"란 他愛看書[그는 책 읽기를 좋아한다] 혹은 他勤奮好學[그는 근면하다]와 같이 술어가 주로 주어가 가리키는 개체 대상이 지니는 영구적인 속성과 관련 있음을 표시하고 시간 제약을 받지 않기 때문에 "속성술어(屬性謂語)"라고 의역할 수 있다.

제7장(이 책에 수록하지 않았음)에서는 關中방언에 대한 고찰을 통해 절의 장면층위 술어와 개체층위 술어의 대립을 주목하고 있는데 관계절구조의 각종 표현을 분석함에 있어 매우 중요하다. 이와 같은 표현은 北京語 구어에도 어느 정도 존재하지만 문어의 영향을 심하

게 받은 관계로 關中방언 구어처럼 단순하지 않다. 기타 일부 방언에서도 보여지고 있다. 주요한 표현으로는 다음 몇 가지가 있다.

1) 종속절 술어의 의미유형이 표기되는 규정어 표지와 관련이 있을 경우

關中방언에 있어서는 오직 개체층위 술어의 관계절만이 지시사와 결합하지 않고 "的"으로 접속할 수 있다. 이와 같은 술어는 통상적으로 개체가 아닌 총칭성분 혹은 비지시성분을 표시하는 데에 쓰인다.

> 看古書的老師~愛看古書的老師~看過古書的老師~*看了古書的老師
> [고적을 읽고 계시는 선생님~고적을 즐겨 보시는 선생님~고적을 보신 적이 있는 선생님~*고적을 읽은 선생님]

장면층위 술어의 관계절은 모두 지시사(關中방언의 "兀" 등)를 사용하거나 혹은 "的"과 공기하거나 혹은 "的"을 대체하여 단독으로 관계절표지로 쓰이는데 이 경우 주절의 술어에 대해 유형 제한이 없고 개체층위 술어와 장면층위 술어가 다 가능하다.

> 愛學生兀老師是北京人. (주절 개체층위 술어)
> 학생을 사랑하는 선생님은 북경인이다.
> 愛學生兀老師夜來到北京領獎去了. (주절 장면층위 술어)
> 학생을 사랑하는 선생님은 저녁에 북경으로 상 받으러 떠났다

2) 종속절 술어의 의미 유형이 주절 술어의 의미 유형과 관련이 있을 경우

"的"이 붙는 관계절은 종속절의 술어가 개체층위 술어이어야 할 뿐만 아니라 주절의 술어가 개체층위 술어인 문장에 출현할 것을 강하게 요구하는 경향이 있어 종속절과 주절 술어와의 조화를 이루고 술어가 장면층위 술어인 주절은 배척한다.

> 愛學生的老師走到哪裏都受歡迎。
> (개체층위 종속절, 개체층위 주절)
> 학생을 사랑하는 선생님은 어디에 가도 인기 있다.
> *愛學生的老師走到412敎室去了。
> (개체층위 종속절, 개체층위 주절)
> 학생을 사랑하는 선생님은 412교실로 갔다.
> *看古書的老師是個研究生。
> (장면층위 종속절, 개체층위 주절)
> 고적을 읽고 있는 선생님은 대학원생이다.

3) 관계절이 문장에서의 어순 위치와 관련이 있을 경우

관계절이 지시사와 공기할 경우 두 가지 어순이 존재한다.

어순I: 지시사+관계절+的+핵어명사: 那個念書的人[그 책을 읽는 사람]

어순II: 관계절(+的)+지시사+핵어명사: 念書的那個人[책을 읽는 그 사람]

제7장 및 제12장의 關中 永壽방언에 대해 조사한 결과 장면층위로 구성된 관계절은 어순Ⅱ로만 표현된다. 어순Ⅰ로 구성된 명사성 구는 총칭 의미만을 나타내지만 총칭성분은 주로 개체층위 술어에 적합하다.

兀愛學生的老師了_{話題標記}, 肯定不罵學生。(어순Ⅰ, 개체층위 술어 관계절)

학생을 사랑하는 선생님이기 때문에_{주제표지}, 절대로 학생을 꾸짖지 않는다.

他給我這書破咧。(어순Ⅱ, 장면층위 술어 관계절)

그로부터 받은 책이 파손되고 말았다.

0.3.3 정보구조원칙과 언어처리책략의 중국어 관계절 및 관계절의 보편성에 대한 제약

제8장(이 책 6장)에서는 정보구조의 원칙으로부터 북경 구어에 있는 후치관계절의 존재를 증명하고 있다. 제6장(이 책 5장), 제7장(이 책에 수록하지 않음)에서는 언어처리책략으로부터 중국어 관계절에 관련된 현상 및 인류 언어에 있는 관계절의 어순 보편성과 경향성을 설명하고 있다. 이러한 것들에 대해서는 위 글의 어순 분석에서 이미 간략하게 소개를 하였지만 다음 각 부분에 대해 더 심도있게 분석을 한다.

0.3.3.1

유형론적 통계(Dryer 1992, 2003)에 의하면 중국어를 제외한 VO언어

명사성 구의 유형론적 연구

에서는 관계절이 전부 후치하지만 중국어는 VO언어이면서도 관계절이 전치하는 언어이다. 이러한 예외적인 상황은 당연히 주목 받는 대상이다. 하지만 제8장(이 책 6장)에서 제시한 내용을 통해 우리는 적어도 북경 구어에 있어 일종의 의미 상의 후치관계절이 쓰이고 있음을 알 수 있다. 그중에 흔히 쓰이는 관계대명사는 "他"[그 사람]이다.

> 你比如說你跟著那種水準不高的英語老師, **他根本不知道那個純在的英語發音,** 他英語語法也不怎麼樣, 你就全完了.
> 당신은 예를 들어 당신이 정확한 영어 발음도 전혀 모르고 영어 문법도 별로인 그런 수준이 낮은 영어 교사한테서 배운다면 당신은 완전 망하게 된다.
> 你站在大街上總能看見那種不管不顧的人, 他看見紅燈就不認得似的, 照直往前騎, 你當警察要愛生氣得氣死.
> 당신이 길거리에서 언제나 목격하는 빨간 신호등을 보고도 못 본 척하고 앞으로 질주하는 주변을 고려하지 않는 사람은 당신이 만약 경찰이라면 항상 노발대발할 것이다.

왜 고정적인 전치관계절이 존재하고 있는 상황임에도 후치관계절이 필요한가? 제8장(이 책 6장)에서는 관계절의 분류이론 및 정보구조이론에 있는 "단일신정보의 원칙"을 사용하여 해석하고 있다. 어떤 관계절이 신정보를 제공하지 않는 것은 핵어명사를 변별하기 쉽게 하기 위해서이다. 이러한 것들은 흔히 술어의 형식을 약화하고 형식적으로 비교적 간결하다. 또한 정보를 증가하기 위한 관계절도 있다. 게다가 정보단위와 문법단위와의 관계에서는 "단일신정보의 원칙"이 존재한다. 즉 억양단위는 하나의 정보만을 표시하는 경향이 있는데 후치된 관계절은 독립적인 억양단위가 되는 조건이 있고, 새로운 정보를 소지하는 데에 적합하다. 게다가 "他"가 관계대명사의 방향으로 허사화하는 것도 문법화의 관례에 부합된다.

0.3.3.2 관계절의 보편성 및 그 뒷면의 처리원칙

제7장(이 책에 수록하지 않았음)에서는 두 종류의 북경말의 구어성을 철저하게 조사한 문헌을 통해 하나의 중요한 발견을 획득하였음을 알 수 있다. 지시사와 관계절이 동시에 출현할 경우 두 종류의 어순은 관계화한 대상의 종류와 밀접한 관계가 있다. 구체적으로 말하면 "지시사+관계절"(那個垂死的老花花公子[그 죽음에 직면한 연로한 바람둥이])의 어순은 주어 혹은 주제전치에 적합하다("那個老花花公子垂死"[그 연로한 바람둥이는 죽음에 직면하였다]로부터 생성되었다). 또한 "관계절+지시사"라는 어순(예를 들면 "他愛的那個人"[그가 사랑하고 있는 그 사람])은 목적어를 관계화시킴에 적합하다("他愛那個人"[그는 그 사람을 사랑하고 있다]로부터 생성되었다). 만일 관계화된 성분이 어떤 종속절의 주어와 다른 종속절의 목적어라면 두 종류의 어순이 동시에 출현하는 상황이 발생한다. 즉 지시사의 앞과 뒤 어느 쪽에도 관계절이 위치하고 앞쪽은 목적어를 관계화시키는 관계절("관계절+지시사"의 어순을 형성)이고 뒤쪽은 주어를 관계화시키는 관계절("지시사+관계절"의 어순을 형성)이다. 예를 들면, "剛才您說的那些個迷信的事[방금 전 당신이 말한 그런 미신을 믿는 일]"의 "事"[일]은 "您說"[당신이 말한]의 목적어일 수도 있고 "迷信"[미신을 믿는 일]의 주어일 수도 있다.

명사성 구의 유형론적 연구

제7장(이 책에 수록하지 않았음)에서는 관계절의 이해과정으로 이에 대해 해석하고 있다. 주어/주제를 관계화시킬 경우 관계절은 술어성분을 문두에 두는데 예를 들면, "參加過最近兩次戰役的(老兵)" [최근 두 차례 전역에 참전한 (노병사)]의 문두 부분에는 중국어의 어떠한 관계절표지도 존재하지 않기 때문에 청자는 이 종속절의 문법적 위계를 이해하기 어렵다. 다만 종속절이 종결되고 규정어 표지의 "的"이 출현해야만 이것이 하나의 관계절임을 명확히 알 수 있다. 이 때 종속절의 전방에 지시사를 첨가하면 즉시 그 뒤에 놓인 종속절이 독립술어가 아닌 하나의 명사성 구의 일부임을 이해할 수가 있다. 하지만 목적어를 관계화시킬 경우 관계절은 "嫌疑犯留下的脚印" [용의자가 남긴 발자국]과 같이 명사성의 주어로부터 시작되는데 이 때 만일 핵어명사를 가리키는 지시사를 문두에 놓으면 "這几個嫌疑犯留下的脚印"[이 몇 사람의 용의자가 남긴 발자국]과 같이 아마도 청자는 우선적으로 다음과 같이 이해하고 있을 것이다. 즉 "這几個" [이 몇 개]는 주어를 한정하여 "這几個嫌疑犯"[이 몇 사람의 용의자]를 구성하고 "這几個脚印"[이 몇 발자국]이란 이해를 획득하기 어렵다. 지시사가 관계절의 후방에 위치하는 것이야말로 그 작용영역이 핵어명사라는 것을 명확히 할 수 있기 때문에 이상적인 어순은 "嫌疑犯留下的這几個脚印"[용의자가 남긴 이 몇개의 발자국]와 같이 "관계절+지시사"이다. 이로부터 두 종류의 어순과 두 종류의 통사적 성분과의 관련은 분포 면에서 충분한 이론적 근거가 있고, 이와 같은 배치만이 청자로 하여금 구문의 의미를 최대한 정확하게 이해할 수 있도록 한다. 이와 같은 해석은 현저한 보편적인 의미가 있고 중

국어에만 적용되는 것이 아니다.

실은 제6장(이 책의 5장)에서는 인류 언어에 있는 관계절의 어순 보편성에 대한 조사·총괄을 토대로 유사한 3가지 언어처리원칙을 이용하여 이러한 보편성에 대해 충분한 해석을 하고 있다. 이 부분은 비교적 전형적이고 대규모적인 언어자료(말뭉치)에 기초한 유형론적 연구로 계통적 균등성도 고려한 샘플이 되는 언어자료(지금까지의 연구성과와 비교해 볼 때 예전 비율이 낮은 아시아 언어를 보다 많이 수록하였다)를 구축하였다. 이 말뭉치에는 208개 언어의 관계절 및 관련된 어순유형 자료가 포함되어 있고 그 절의 기본어순에 관한 자료도 포함되어 있다. 이 말뭉치에 대한 관찰과 통계를 통해 기존의 유형론적 성과에서 이미 발견된 언어보편성과 경향성을 재차 검증할 수 있었을 뿐더러 일련의 새로운 관찰결과를 획득하였다. 기존 연구성과에 의하면 관계절은 한편으로는 VO/OV, 전치사/후치사와 일치관계가 존재하는데 즉 VO-전치사유형은 관계절후치와 일치를 이루고 OV-후치사유형은 관계절전치와 일치를 이루며 다른 한편으로는 관계절의 우세적인 어순은 후치이다. 즉 중국어를 제외한 모든 VO언어는 관계절이 뒤에 놓이지만 OV언어에 있어서는 관계절이 전치하는 것과 후치하는 어순의 비율이 비슷하다. 중국어는 이 두 가지 면에 있어 예외적인 성질을 나타내고 있다. 관계절은 모두 전치하고 VO어순은 전치사유형과 일치하지 못하며 관계절후치의 경향과도 일치하지 않는다. 그 밖에 이 장에서는 언어사실 면에서 SOV언어의 관계절은 흔히 접속표지를 사용하고 있지만 SOV언어의 관계절이 전치할 경우 흔히 표지를 사용하지 않아도 됨을 발견하였다.

명사성 구의 유형론적 연구

제6장에서는 우선 다음 두 가지 처리원칙으로 관계절의 일치성과 후치현상을 해석하고 있다.

원칙 I: 주어의 중심어를 되도록이면 빨리 확인한다.
원칙 II: 목적어의 중심어가 되도록이면 동사에 근접한다.

지금까지의 문헌에서는 목적어와 술어동사의 위치에 관심을 두었고 주로는 절의 기본어순의 시각으로부터 양자가 되도록이면 가까이 위치한다는 추세에 주목하였다. 따라서 양자가 근접하는 SVO언어와 SOV언어인 이 두 유형은 각기 인류언어의 40% 이상을 점하고 총수는 90%에 임박하였다. 반면에 양자가 분리되는 VSO언어는 오직 약 8~9%에 불과하다. 하지만 지금까지의 연구에서는 목적어의 중심어가 동사에 근접해야 한다는 조건을 제기한 연구는 존재하지 않았다. 다만 기존의 논의에서도 규정어(관계절을 포함)가 동사와 목적어의 중심어를 분리시키는 작용을 주목한 연구는 있었고 동사와 목적어 사이에 삽입된 규정어의 길이가 너무 길면 언어를 이해하는 데 영향을 미치기에 배척당한다고 주장하였다. 이러한 점은 원칙 I과 일치한다.

하지만 제6장(이 책의 5장)에서 명시하고 있는 것과 같이 OV언어에서 관계절전치는 목적어의 중심어와 동사 사이에 삽입되는 현상을 초래하지 않지만 이러한 어순은 언어분포에 있어 관계절후치보다 더 우세적인 분포(45:37)를 차지하지 않는다. 즉 관계절을 명사에 후치하여 목적어 O와 동사 V 사이에 삽입시키는 언어도 상당수(37) 존재하기 때문에 삽입제약으로 관계절후치가 우세적인 어순이라는 현상을 충분히 설명할 수 없다. 제6장(이 책의 5장)에서 지적한 바와 같이 기존의 삽입성 연구의 문제점은 목적어의 위치만 주목하고 주어의 위치를 소홀히 한 것이다. 주어의 중심어도 되도록이면 빨리 확인받기를 원하기 때문에 원칙I을 제기하였다. 그렇지 않으면 그 전치하는 규정어에는 관계절의 통사성분까지 포함되어 있어 미해결 상태로 남게 된다. 관계절은 가장 "무거운" 규정어이기에 주어의 핵어명사에 후치하려는 경향이 있다. 이렇게 되면 주어의 중심어가 되도록이면 일찍이 출현할 수 있게 된다. 이 두 원칙의 상호 작용으로 관계절후치가 우세적인 분포를 이루는 현상을 충분히 설명할 수 있다. VO언어를 놓고 볼 때, 관계절이 모두 후치하는 것은 동시에 원칙I과 원칙II에 부합되기 때문에 VO언어에 있어 관계절은 거의 모두 후치한다. OV언어를 놓고 볼 때, 원칙I에 치우치게 되면 관계절이 후치하고 원칙II에 치우치게 되면 관계절이 전치한다. 따라서 두 유형의 분포는 우열을 가릴 수 없으므로 양자의 상호작용을 반영하고 있다. 이는 제6장(이 책의 5장)에서 관련된 연구의 주요한 추진력이 된다.

OV언어에 있어 관계절이 전치할 경우 표지를 붙이지 않아도 되지만 기타 위치에 놓이는 관계절은 흔히 현저한 표지를 첨가한다. 제6장(이 책의 5장)에서는 세 번째 원칙으로 해석하고 있다.

원칙III: 관계절 구조와 주절 구조에는 다소 차이가 있다.

관계절은 명사구 내부에 삽입된 절이지만 명사구 자체는 주절에서 논항을 충당하기 때문에 만일 종속절에 특정적인 표지가 없을 경우 종속절구조가 주절구조와 얽히기 쉬워 중의성 또는 이해 난이도

명사성 구의 유형론적 연구

를 증가시키는 대소로문을 형성하게 된다. 예를 들면, OV언어에서는 어떠한 문장이든 술어동사를 문미에 놓기에 가령 관계절이 후치하고 명사구 전체가 목적어로 될 경우 "[핵어명사+관계절]+주절V" 구조를 형성할 가능성이 있다. 그중 관계절도 V로 마무리될 수 있어 두 개의 V가 어떠한 관계인지, 핵어명사와 두 동사 사이는 또한 어떠한 관계인지가 명료하지 않게 된다. 때문에 관계절에 표지를 붙여 그 관계절의 지위를 명확히 할 필요가 있다. 기타 배치 역시 각자 헷갈릴 가능성이 존재하겠지만 유독 OV언어의 전치관계절은 설령 표지를 붙이지 않더라도 중의적인 해석이 발생하지 않는다. 왜냐하면, OV언어의 절은 모두 동사가 맨마지막에 놓이므로 동사 뒤에 명사가 밀접할 경우 그 명사는 절을 수식하는 핵어명사로만 이해될 뿐 다른 해석이 있을 가능성이 없기 때문이다. 따라서 표지를 붙이지 않아도 종속절구조와 주절구조를 충분히 구분지을 수 있다. 범언어적인 고찰에 의하면, OV언어에 있어 표지를 붙이지 않는 관계절은 오직 관계절이 전치하는 어순배열에서만 출현한다고 한다.

제6장(이 책의 5장)으로부터 얻은 새로운 발견은 대규모적인 언어 샘플의 조사통계와 언어처리의 시점으로 해석하는 방법을 결합시킨 방법론의 위력을 잘 보여 주고 있으며 또한 이로부터 얻은 원칙은 매우 강한 범언어적 분포의 검증가능성을 띠고 있다.

0.3.4 관계절의 의미적 범주 및 화용론적 기능

관계절에는 여러 가지 의미와 화용론적 기능이 있다. 본 프로젝트의 일부 논문은 여러 시각으로 관계절의 의미범주 및 화용론적 기능에 대해 연구하였다.

0.3.4.1 관계절 기능의 문체적 차이

제9장(이 책 7장)에서는 실제 구어 코퍼스를 통해 관계절의 의미·화용론적 기능과 문체와의 관련성을 논증하고 있다. 이는 중국 국내에서 지금까지 전개되지 않은 연구출발점이다. 규정어(관계절을 포함)의 의미·화용론적 기능에 대한 연구는 통상적으로 서로 다른 문체의 규정어를 하나의 전체적인 것으로서 보지 않고 있다. 하지만 이장에서 명시하고 있는 것과 같이 설령 동일한 구어일지라도 서사체와 대화체에서는 현저한 차이를 보인다. 본 장의 연구배경은 해외 학자가 실시한 관계절이 서사체에서 하는 기능에 대한 조사이다. 또한 이를 기초로 하여 수집한 대화의 언어자표를 분석하고 있다. 그리고 서사체에 관한 연구성과와 대비하여 중요한 발견을 획득하였다. 주로는 다음과 같은 두 가지로 귀납할 수 있다.

1) 의미속성 면으로 볼 때, 관계절의 세 종류의 의미유형이 보여주는 서사체에서의 빈도는 "시간지시〉인물지시〉사물지시"이지만 대화체에서의 빈도는 "사물지시〉시간지시〉인물지시"이다. 이 부분에 관해서는 과정성과 현장성의 대립 및 스토리성과 평론성의 대립으로 이 차이에 대해 해석을 하였다.
2) 정보속성 면으로 볼 때, 관계절이 수식하는 핵어명사에는 세 종류의 정보속성이 있다. 그 출현빈도는 "유일한 언급〉그 다음 언급〉최초 언급"이다.

상술한 두 가지 측면의 뒷면에는 관계절이 정보구조 중에서 갖는 텍스트 기능이 있다. 선행연구가 명시하고 있는 것처럼 관계절이 갖고 있는 서사체에서의 여러 기능을 출현빈도에 따라 배열하면 "추적〉도입〉명명"이다. 하지만 이 부분에 관하여 대화체에서의 여러 기능을 조사하여 상응한 빈도에 의해 배열하면 "명명〉추적〉도입"이다. 그중 "명명"은 전반 관계절의 예 전체의 62.7%를 독점하고 있지만 임시 명명이 필요한 개념은 흔히 주제연속성이 없는 우현적인 정보이다. 관계절이 표시하는 시간과 주절이 표시하는 시간과의 관계에 있어서도 두 종류의 문체는 차이가 있다. 특히, 대화체에 미래시점(超時: 주절 시간이 미래)관계가 있을 경우 그러하다. 이는 두 문체에서의 관계절의 기능 차이로부터 해석할 수 있겠다. 제9장(이 책의 7장)에서는 실제 언어자료와 문체 분류가 관계절의 연구를 심화함에 있어 중요한 가치가 있다는 점을 명시하고 있다.

0.3.4.2 관계절의 제한적 용법과 비제한적 용법

관계절이 규정어로 될 경우, 의미 면에서 핵어명사가 가리키는 것을 비교했을 때 제한적과 비제한적이라는 차이가 있다. 전자는 핵어명사의 본래의 외연을 축소시킬 수 있지만 후자는 핵어명사의 외연을 변화시키지 않는다. 하지만 규정어가 일률적으로 전치하는 어순 유형의 영향으로 중국어 관계절은 전반적으로 통사론에 의해 제한적 용법과 비제한적 용법으로 구별될 수 없고, 실제는 제한적 용법과 비제한적 용법 두 가지 이상의 해석이 발생하는 중의성 구조가 많이 존재한다. 예를 들면, "吃螃蟹的毛利人"[게를 먹는 모리인]에서 관계절 "吃螃蟹"[게를 먹는]는 두 가지 해석이 가능하다. 이 문제에 대한 언어학계에서의 기존연구는 여기까지만 그치고 있다. 실은 총체적으로 제한적 용법과 비제한적 용법을 구분하기 어려운 통사유형의 조건 하에 언어자료에 대한 심도있는 고찰·분석은 세부적인 면에서 이 두 종류의 관계절이 중국어에 있어 어떤 차이가 있는지를 발견할 수 있게끔 한다. 이에 대해 제10장(이 책의 8장)에서는 초보적인 시행을 거쳐 다음과 같은 약간의 의미있는 결과를 총괄해 냈다.

1) 성질형용사가 규정어가 될 경우는 제한적과 비제한적이란 두 종류의 작용이 있다. 한편, 상태형용사가 규정어가 될 경우 핵어명사 내의 하위분류를 획분하는 데에 쓰일 수 없으므로 비제한적이다.

2) 고유명사 중심어를 수식하는 관계절은 일반적으로 비제한적이다. 하지만 관계절이 장면층위 술어의 속성을 가질 경우 그 관계절은 제한적이다. 또한 장면층위 술어는 총체적으로 관계절로 하여금 비제한적 종속절로 이해하는 데에 있어 어려움을 더해 주는데 이는 고유명사에 한해서만 그런 것이 아니다.

3) 비(非)고유원형명사를 중심어로 하는 관계절은 자체가 중의적이지만 어떤 통사적조합으로 그 제한성을 감별할 수 있는데 그 중 일부는 주어 위치를 테스트하기에 적합하고 일부는 목적어 위치를 테스트하기에 적합하다.

4) 구어에서 현재 형성되고 있는 후치관계절은 비제한적이다.

04. 지시사 및 관련 명사성 구의 연구

0.4.1 "지시사"의 용어 및 판정 기준

범언어적인 시각에서 볼 때, 지시사는 순수한 문법 표준에서 획분한 개념이 아니다. 가령 술어("這樣"[이와 같은], "那樣"[그와 같은]), 부사("這么"[이렇게], "那么"[그렇게/저렇게]), 전치사구(here[여기], there[거기/저기])에 해당하는 지시사를 배제한다고 해도 독립어로서의 기본적인 지시사에는 가장 보편적인 것도 적어도 다음과 같은 세 가지 기본적인 유형이 있다.

1) 대명사를 겸하는 지시사는 단독으로 논항이 될 수 있다. 많은 사람들이 익숙히 알고 있는 표준어의 "這"[이것]과 "那"[그것] 및 영어의 "this[이것], that[그것/저것], these[이런], those[그런/저런]"이 이 유형에 속한다. 게다가 많은 사람들이 이 부류의 단어를 지시사를 대표하는 단어로 간주하지 않고 지시사를 "지시대명사"라고 부르고 있다. 하지만 실은 이 부류의 단어가 규정어가 될 경우 대명사의 성질을 띠지 않는다. 예를 들면, "這個人"[이 사람]의 "這"[이]는 그 어떤 단어도 가리키지 않고 다만 핵어명사 "人"[사람]의 지시를 한정하기 위해 쓰인다.

2) 이른바 "指示形容詞"(지시형용사)란 대명사를 겸하지 않고 다만 한정어(determiner)로서의 지시사로 되는 것만 가리킨다. 예를 들면, 粤語의 "呢"[이], "嗰"[그/저]와 蘇州방언의 "埃"[이], "畏"

[그/저]이다. 이 유형의 단어는 대명사의 성질을 전혀 구비하지 않고 있기에 "지시대명사"(指示代名詞)라고 일컫을 수 없기 때문이다.

3) 대명사로만 실현되고 제한적 규정어로 될 수 없는 지시사가 즉 진정한 지시대명사이다. 비교적 흔한 것들로는 시간과 장소를 나타내는 지시사이고 이 유형에 속하는 기본적인 지시사는 우리들에게 잘 알려져 있는 언어에서는 찾아보기 힘들다.

이 세 유형을 전부 포괄할 수 있는 순수한 통사법은 존재하지 않지만 이 세 유형 모두를 포괄하는 개념은 필요하다고 생각된다. 따라서 지시사의 정의는 그 의미·화용론적 기능에만 근거한다. 한편으로 지시사가 동일한 유정 지시 작용이 있는 정관사(전치지시사—협의의 관사와 후치관사를 포함)와 구별되도록 유의해야 할 것이다. 이러한 관계로 우리는 그 직시(deixis)기능으로부터 지시사를 다음과 같이 정의할 수 있다.

지시사는 주로 직시(직접지시), 경우에 따라 전방조응에 사용되는 단어이다.

상대적으로 말하면, 정관사는 주로 전방조응에 쓰이고 게다가 반드시 명사와 함께 출현하는 단어이다. 무정관사(학교문법에서 말하는 무정관사)는 지시사와 충첩되는 부분이 없다.

상술한 정의는 동사성, 부사성 등의 기타 기능이 있는 지시사도 포함하지만 우리는 명사를 한정하는 작용을 갖는 단어를 기본적 지시사라고 볼 수 있다. 예를 들면, "這"[이것], "those"[그런]이 그

명사성 구의 유형론적 연구

러하다.

이상의 판단 기준은 보편성을 갖지 않는 "지시대명사"를 보편적인 개념으로서 사용하는 폐단을 회피할 수 있다. 이는 지시사의 유형론적 연구의 기반이 된다. 본 과제의 연구성과의 하나인 『漢語指示詞的類型學研究』(陳玉洁2010)은 그 연구대상의 기본 용어를 "지시대명사"가 아닌 "지시사"로 정하고 있다.

명사성 구의 통사구조에 대한 연구로부터 보면, 기본적인 지시사가 통사구조에 출현하는 지위는 다음과 같이 크게 두 가지로 나뉜다.

기본 지시사 자체가 명사처럼 논항을 담당할 경우, 그 자체는 하나의 명사성 구를 구성하고 명사성 규정어의 하위분류로서 본 과제의 연구대상으로 된다. 예를 들면, "這是小王"[이 쪽은 왕선생이다]에 있는 "這"[이]이다.

명사의 한정사로 될 경우 기본적 지시사는 명사성 구의 일부이고 속격수식어, 관계절, 형용사 규정어처럼 명사성 구의 구성부분으로서 본 과제의 연구대상이 된다.

지시사에 관한 연구는 본 과제의 중점 항목의 하나로 陳玉洁(2010) 및 이 책의 관련 장절에서 개괄하여 구체적으로 기술한다.

0.4.1.1 지시사의 통사적 기능, 의미등급 및 화용론적 기능

지시사는 의미 및 화용에 있는 집합류이지 통사적 기능이 일치한 문법 범주가 아니고 많은 품사에 있는 윗글의 지시사의 정의에 부합하는 성분을 포함하고 있다. 지시대명사, 지시형용사, 지시부사를 제외하고 陳玉洁은 어떤 통사적 기능이 독특한 지시·지시감탄사를 중점적으로 소개하고 있다. 지시감탄사는 연구자가 중국어 방언에 있는 어떤 특수한 언어 현상에 대해 제기한 신개념이다. 이는 언어에서의 기능이 감탄사에 유사한 것을 가리키지만 동시에 지시사의 정의에 부합하고 어떤 지시 특징을 구비한 성분이기도 하다. 예를 들면, 粵語의 "呢"[이것]와 "嗰"[그것], 黃崗방언의 "絕"[tɕiɛ³¹][여기]와 "啵儿"[pər¹⁴][거기] 등인데 이와 같은 단어들은 흔히 직시에 쓰이고 또한 흔히 손동작 등 신체 언어를 보조로 하여 독립문의 형식으로 문장의 문두에 사용된다. 이것은 청자의 주의력을 어떤 사물로 유인하기 때문에 그 뒤에 놓이는 성분과는 통사적인 관련성이 존재하지 않는다.

陳玉洁(2010)은 지시사의 화용론적 기능은 크게 지시기능과 담화표지기능 두 가지로 나뉠 수 있다고 주장하고 있다. 그중 지시기능은 기본적인 기능으로 담화표지기능은 이로부터 발전되어 온 것이다. 언어유형론적 시각에서 볼 때, 지시사의 전형적인 지시기능은 주로 직접지시, 전방조응, 공감(by sympathy)지시, 텍스트 지시 등이 있다. 중국어 지시사는 규정어에 의해 확립된 지시에도 사용된다. 陳玉洁(2010)은 呂叔湘의 『近代漢語指代詞』(1985)의 호칭을 답습하여 이를 "助指"라고 일컫는다. "助指"란 일종의 비교적 허사화된 지시이고 유정 지시의 의미를 보다 강조할 뿐 지시 기능을 하지 않는다.

陳玉洁(2010)은 또한 지시 기능 외에 중국어 지시사는 담화표지 기능도 있는데 후자는 전자로부터 발전되어 온 것이라고 지적하였다. 지시사는 최초 윗글의 사건을 전방조응하기 위해 사용되고, 전후 두 개의 사건 사이의 관계를 명시한다. 지시사의 의미는 아주 구체적이지만 그 후 점차적으로 발전하여 두 사건의 관계를 명시하는 표지 즉 담화표지가 되었다. 중국어 "這"[이것]과 "那"[그것, 저것]의 담화표지 기능에는 주로 "추리를 명시하고", "화제를 전환하며", "청자의 주의력을 불러일으키고 신정보를 도입하며", "평가의 어기를 표시하고", "화제를 도입하며", "사유의 공백을 메우는" 6가지 유형이 있다.

陳玉洁(2010)은 여러 개의 의미 특징이 지시사의 의미계통에 편입될 수 있다고 지적하고 있다. 예를 들면, 지시범위를 확립하는 특징(지시사가 유정 지시를 표시) 및 지시 중심에 대한 지시대상의 거리, 높고 낮음 등이다. 유정 지시의 특징은 지시사의 기본적인 의미 특징이다. 거리, 높고 낮음 등 의미적 특징이 지시사의 의미계통에 편입된 후 언어 중에 지시계통의 등급을 형성할 수 있다. 언어에는 등급1, 등급2, 등급3, 등급4란 지시계통이 존재하는데 등급3 이상의 지시계통은 흔히 거리 외의 기타 의미특징이 관여하고 동일 언어에 있어서도 대상범주의 지시등급이 다를 가능성도 있다. 陳玉洁(2010)은 중성지시사와 중성지시 용법의 개념을 중점적으로 언급하고 있다. 중성지시란 거리의 원근을 구분할 필요가 없는 지시이고, 중성지시사란 언어에 있어 단독으로 하나의 언어성분을 사용하여 중성지시현상을 표시하는 지시사를 말한다. 등급1에 속하는 지시사는 모두 중성지시사이다. 대다수의 지시현상은 중성지시에 속하는데 직접지시, 전방조응, 텍스트 지시, 공감지시 혹은 "助指"를 막론하고 거리의 의미를 구분할 필요가 있는 것은 일반적으로 직접지시이고 두 개(또는 두 개) 이상의 대상이 대비되는 상황이다. 고로 중성지시사가 존재하는 언어에 있어 중성지시사의 사용빈도가 가장 높고 또한 정관사로 문법화하기 쉽다. 한편으로 중성지시사가 존재하지 않는 언어에 있어서는 인간은 각 종류의 지시에 대해 원근선택을 하지 않으면 안 된다. 하지만 시간, 방위 등 각종 원근 요인을 그 위에 가하는 것은 지시사의 선택에 영향을 끼쳐 지시사의 통제 요인을 총괄함에 있어 어려움을 한층 더해 준다.

제15장(이 책에 수록하지 않았음)에서는 유형론적 이론에 입각하여 상해 崇明방언에 있는 복잡한 지시계통을 기술하고 그 방언에 있는 지시사의 화용론적 기능, 의미 그리고 관사화 등에 대해 상세하게 논술을 한다.

0.4.1.2 지시사의 명사성 구에서의 어순 및 그 유형론적 의의

陳玉洁(2010)은 명사성 구에 있는 지시사와 기타 수식성분과의 어순문제에 대해서도 언급하고 있다. 이 문제는 제7장(이 책에 수록하지 않았음), 제10장(이 책 5장)에 중첩되는 내용이 있고 이러한 연구성과의 일부를 수용한 것이다. 하지만 연구범위가 더욱 광범위하고 지시사가 각종 유형의 명사 규정어와 동시에 출현하는 경우의 어순도 연구하였으며 관계절에 국한되어 있지 않다. 여러 유형의 말뭉치에 대한 폭넓은 통계 분석을 통해 규정어의 기능과 어순배열 간의 연관성을 고찰하고 지시사의 어순과 화용론적 기능 간의 연관성도 고찰하였다. 제11장(이 책 9장)에서는 통계분석을 통해 지시사의 어순이 규정어의 기능과 비교적 강한 상관성이 있음을 밝히었고 이러한 상관성(지시사 앞에 놓이는 규정어는 언제나 한정성을 띠고 지시사 뒤에 놓이는 규정어는 일반적으로 비한정성을 띤다)은 呂叔湘의 『近代漢語指代詞』 (1985)와 趙元任의 『漢語口語語法』(1968)에서의 관찰과 일치하고 있음을 보여 주고 있다. 뿐만 아니라 지시사의 화용론적 기능이 어순 배열과도 직접적인 관계가 있음을 지적하였다. 즉 기타 규정어 뒤에 놓이는 지시사는 절대적으로 우세인 기능이 助指인 반면에 규정어 앞에 놓이는 지시사는 기능 면에서 복잡한 상황을 띠는데 지시기능을 주로 하고 혹은 助指 혹은 총칭을 나타낼 수 있다. 이는 지시사 기능이 어순형식과 일치하지 않는 상황이 존재하고 제한적/비제한적 대립과 어순의 대응관계를 파괴하고 있는 듯 싶다. 이 점은 바로 제 11장(이 책 9장)에서 중점적으로 소개하고 있는 새로운 발견이다.

陳玉洁은 더 나아가 이 파괴요소 뒷면에 내재하고 있는 요인을 발견하였다. 즉 지시사의 형식이 단일 형태소의 형식 혹은 복수나 총칭의 의미를 나타낼 경우 지시사는 규정어 앞에 놓일 수 있다고 지적하고 있다. 이 요인은 제6장(이 책 5장)에서 총괄한 원칙으로 해석할 수 있다. 다시 말해, 되도록이면 빨리 NP를 인식하려는 요구가 지시사로 하여금 복수 혹은 총칭 의미를 나타낼 경우 전치할 것을 촉진하고 있다. 지금까지 陳玉洁은 전통적인 관점(呂叔湘1985, 趙元任 1968)과 유사한 견해를 보여 줌과 동시에 또한 제6장(이 책5장)에서의 전통적인 관점에 대한 질의에 합리적인 해석을 하였다.

陳玉洁은 또한 수많은 언어를 결부하여 몇 가지 보편적인 언어유형 원칙을 제기하였다. 예를 들면, 양사가 있는 언어에 있어 지시사와 양사는 NP성의 통사적 성분을 구성할 가능성이 있다고 지적하고 있다. 이 성분은 통사적으로는 중심어와 수식 또는 병렬 관계를 형성하지만 의미적으로는 "지시사+양사"구조는 핵어명사를 수식 또는 한정하는 성분이기 때문에 일부 언어에 있어 "지시사+양사"구조의 어순이 비교적 자유로울 수 있다고 생각한다. 게다가 지시사는 NP를 표기해 주는 기능을 갖고 있어 NP의 제일 바깥층에 놓이려는 경향이 있다고 한다. 이러한 어순 원칙은 적용 범위가 넓고 후에 열거한 원칙은 중국어 지시사의 어순에 직접적으로 적용된다.

0.4.2 인칭대명사의 연구

인칭대명사는 언어 보편성을 가지는 품사로 유형론 연구에서도 중요한 분야에 속한다. 그동안 중국어 인칭대명사에 대한 연구가 충분히 이루어졌지만 대개는 한 가지 언어 또는 한 가지 방언 중의 인칭대명사 계통에 대한 간략한 기술이었다. 근래에 일부 학자들은 생성문법이론을 바탕으로 중국어 인칭대명사에 대해 연구하기도 하였다. 종합적으로 볼 때, 이 분야는 현대언어학이론의 배경 하에 아직도 크나큰 발전 공간이 있다.

제14장(이 책에 수록하지 않았음)에서는 언어유형론에 입각하여 關中방언에 있는 제3인칭의 지시 형식에 대해 연구하였다. 關中방언에서 "他"는 무표지로 제3인칭을 지시할 수 없다. "他"는 화자가 제3인칭의 지시에 대해 주관적인 평가를 할 때만 쓰인다. 지시대명사 "兀"는 關中방언에서 무표지의 제3인칭의 지시 형식으로 쓰이고 또 하나는 이와 마찬가지로 주관적인 평가를 표시하고 "他"와 대립되는 "人家"이다. 關中방언에 있는 3인칭의 지시 형식의 표지성 등급서열은 "兀〈人家〈他"이다(우측 성분의 표지성이 좌측보다 높다).

제18장(이 책 12장)에서는 주로 중국어의 속격구조에서 시작된 인칭대명사의 복수 형식의 단수화 현상에 대해 논의하였다. "복수 소유어+핵어명사"는 두 가지 해독이 가능하다. 하나는 복수를 구성하는 각 개체가 갖고 있는 대상의 합을 나타내는데 복수소유는 개체소유로 분해할 수 있다. 다른 하나는 여럿이 한(일부) 대상을 공유하는데 이(일부) 대상은 일반적으로 어떤 일부 사람들에게 전문 소속되어 있는 것이 아니라 집체 공유되어 있기 때문에 복수 소유는 개체소유로 분해할 수 없다. 다만 복수의미2로 해석할 수 있는 구조만이 단수화가 발생한다. 소유구조의 지시는 기정되어 있는데 이 기정 대상은 집단 소유로 이해할 수도 있고 어떤 특수 환경 하에 한 사람 소유로 이해할 수도 있기 때문에 복수의미2는 복수형식 단수화의 의미기초이다.

　복수형식의 단수의미는 소유어 위치에서 주어와 목적어 위치로 점차적으로 확장한다. 핵어명사의 사유화 또는 공유화 정도는 단수화에 영향을 미치는 핵심적 요소이다. 소유구조에서 유래된 단수화는 다음과 같은 등급서열을 준수한다.

　1) 핵어명사의 의미 특징

　　집체단위〉일반호칭, 친족호칭〉일반명사

　2) 복수 인칭대명사 자체의 특징

　　제1인칭, 제2인칭〉제3인칭

　소유어에서 유래된 단수화는 Grice가 제기한 "대화 협력의 원칙"

등 화용원칙으로 해석할 수 있다.

그 외에 언어에는 제2인칭대명사 복수에서 존칭단수로의 단수화도 존재한다. 제18장(이 책 12장)에서는 "체면위협이론"으로 설명·분석한다.

언어유형론 이론을 응용하여 중국어 방언에 있는 인칭대명사의 통사, 의미, 화용적 표현을 고찰하는 것은 계속하여 심도 있게 파헤칠 가치가 있는 연구과제이다.

0.4.3 양사의 연구

양사의 문제는 일반적으로 언어에 있는 명사의 분류 메카니즘의 문제를 가리킨다. 어느 유형의 언어일지라도 명사를 여러 부류로 나누는 수단이 한 종류 혹은 여러 종류가 존재한다. 양사 혹은 양사와 기타 언어성분의 조합은 흔히 언어에 있는 의미역할의 성분을 담당할 수 있기 때문에 명사성 구의 연구에 있어 중요한 분야에 속한다. 제16장(이 책 11장)에서는 독립 사용되는 "양사+명사"구조와 양사의 규정어 표지 기능 간의 관련성을 검토하고 다음과 같이 지적하고 있다. 양사발달형 언어·방언에 있어 중성지시의 언어환경 하에서는 지시사는 탈락할 수 있기 때문에 "양사+명사"구조가 독립적으로 사용될 수 있고 양사는 유별관사라고 일컬을 수 있다. 따라서 다음과 같은 함의관계가 존재한다.

양사가 규정어 표지가 된다. ⊃ 양사가 유별관사가 된다.

유별관사로서의 양사는 중성지시사로 될 가능성이 있기 때문에 언어에 있는 지시계통으로 진입하여 중성지시사로부터 거리 구별의 의미를 가지는 지시사로 발전할 가능성이 있다.

제17장(이 책에 수록하지 않았음)에서는 유형론에 입각하여 苗瑤語 양사의 유형론적 특징에 대해 논의하였다. 苗瑤語의 개체양사는 유별사의 기능을 갖고 있고 동량사를 제외한 양사에는 중첩, 음성적인 굴절, 부가접두사 세 종류의 형태 변화가 있고 의미 범주는 양, 호칭, 명사화라고 생각한다. "양사+지시사"구조, 속격수식어와 관계절의 양사구의 어순은 언어의 영향을 받아 이중 어순유형을 가진다. 통사구조에 있어 명사의 양사에 대한 선택은 반드시 강제적이지 않다. 하지만 苗瑤語에 있는 양사는 단독 쓰임, 주제로 되는 총칭 명사와 고유명사 앞의 관사, 규정어 표지, 수식된 표지와 명사화표지의 기능을 갖고 있다. 이상의 검토로부터 苗瑤語의 양사 기능은 표준어 등 북방 중국어의 양사보다 더 다양화하고 어떤 기능은 吳語, 粤語 등 남방방언의 양사 기능과 유사하다는 점을 알 수 있다.

0.4.4 기타 명사성 구

본 과제에서는 비교적 특색 있는 NP구조 및 NP구조에 있는 규정어 표지에 대해서도 고찰하였다. 제13장(이 책 10장)에서는 중국어에 있는 특수한 어순인 N1VN2(NP)구조("服裝加工企業"[의류가공기업]) 으로부터 출발하여 의미제한과 연계자가 중앙에 위치한다는 기능 요소가 이와 같은 형식의 형성 과정에서 보여 주는 작용을 논증하였다. 이 장에서는 N1VN2(NP)구조는 총칭을 표시하는 호칭성이 아주 강한(명명성이 강하다) 명사성 구조이고 바로 그 총칭성 의미가 N1,

N2 위치의 명사 형식의 범위를 제한하였다고 생각한다. 명명성 구조의 요구 하에 원래의 연계자가 사라지고 "연계자 어중" 원칙이 동사로 하여금 구조 중의 새로운 연계자로 되게 하였다. 제20장(이 책 13장)에서는 중국어사와 방언의 시각으로부터 고찰한 결과, 河南話에 있는 규정어 표지, 상황어 표지, 어기사 용법을 겸한 "里(裏)"는 방위처소를 나타내는 명사 "里(裏)"[안]에서 왔다고 밝혔다. 중앙에 위치하는 것은 "里(裏)"가 규정어 표지로 되도록 촉진하는 가장 중요한 조건이다. 이를 근거로 하여 "里(裏)"는 앞서나가 종속절표지와 어기사의 기능으로 발전하였다. 西南官話에 있는 규정어 표지는 河南話에 있는 "里(裏)"와 유래가 같을 가능성이 높다.

방위사에 관한 연구로는 제19장(이 책에 기재하지 않음)에서도 서술하고 있다. 이장에서는 기술언어학의 방법과 현대 문법이론을 결부하여 花苗苗語의 방위사 및 그 결합관계, 방위구문의 구조, 통사관계와 어순유형론적 특징에 대해 기술과 분석을 하였다. 花苗苗語의 방위사는 위치 방위사, 처소 방위사와 원거리 지시 방위사 3가지로 나눌 수 있으며 명사, 지시사, 양사, 처소·방위구조, 방위지시구조, "양사+지시사"구조, 양사구조와 결합하여 방위사를 중심어로 하는 방위구조의 기본 형식과 방위사를 규정어로 하는 방위구조의 확장형식을 구성한다. 통사적 구조 면에서 방위구조는 처소주어, 처소목적어, 주제, 초점 등을 담당할 수 있다. 어순유형론적 특징 면에서 방위구조 중의 방위사는 전, 후 두 가지 어순이 있다. 방위구조의 통사적인 기본어순은 S와 O로 관계절과 도입 방위구조는 전치사를 사용하고 방위구조가 후치한다.

05. 명사와 명사성 구의 의미 범주 연구

여기서 말하는 의미 범주는 품사와 문법 범주에 있는 형태·통사론 행위에 구체적으로 체현되는 의미 부류를 가리킨다. 본 과제의 연구 성과는 다음과 같은 범주 면에 존재하는 형태-통사론 행위가 검증할 수 있는 이원적 대립 혹은 다원적 대립 계통을 중점적으로 검토하고 파헤친다.

0.5.1 내포과 외연

내포규정어와 외연규정어는 의미 기능으로부터 명사성 구 내의 규정어에 대해 실시한 분류이다. 제1장에서는 명확하게 판단기준을 정하고 있다. 이와 같은 분류는 인류 언어에 있어서는 보편적으로 존재하고 그 자체가 형태-통사 부류가 아니어도 상관없다. 제1장에서는 중국어의 표준어에 있어 이 두 부류에는 통사적 대립이 있다고 지적하고 있다. 모든 내포규정어에는 모두 규정어 표지 "的"을 첨가할 수 있지만(실제로 출현할 경우 반드시 첨가할 필요는 없다) 모든 외연규정어는 모두 규정어 표지 "的"을 첨가할 수 없다. "수사+양사" 구조가 외연규정어로 될 경우 "的"을 첨가해서는 안 되지만 특수한 상황 하에 "수사+양사" 구조 뒤에 "的"을 첨가할 수는 있다. 하지만 통사적인 테스트가 명시하는 것과 같이 이 경우의 "수사+양사" 구조는 이미 내포규정어로 전환하였다. 내포규정어와 외연규정어의 통사적 대립은 그 외의 방언에 있어서도 기본적으로 동일하다. 내포규정어의 내부에는 실은 규정어 표지("的"과 지시사, 양사 등 겸용 규정어 표지를 포함)를 첨가하는지 아니면 첨가하지 않는 지에 의해 호칭성과 비호칭성으로 나뉜다. 전자는 표지를 첨가하지 않고 후자는 이미 첨가하고 있다. 때문에 중국어에 있어 내포와 외연 및 내포 내부의 호칭성과 비호칭성은 규정어의 통사적 근거가 있는 의미 범주에 속한다. 이 분류 계통은 기타 규정어 분류와 비교했을 경우 더 직접적으로 의미와 통사의 대응 관계를 체현하고 있다.

0.5.2 성질과 상태

朱德熙는 성질형용사와 상태형용사의 대립을 최초로 제기하였다. 沈家煊(1977)는 이를 근거로 하여 형용사의 성질-상태의 대립을 다음과 같이 여러 등급으로 발전시켰다.

비술어(非謂)	단음절성질	이음절성질	이음절성질	형용사B상태	술어로만(唯謂)
형용사	형용사	형용사A	상태형용사을	형용사갑	형용사
"大型"	"大"	"普通"	"大方, 黑今今"	"黝黑"	"盎然"
[대형(의)]	[큰]	[보통의]	[시원시원한, 어두컴컴한]	[새까만]	[충만하다]

제1장에서는 이 기초 상에 내포-외연의 규정어 범주 계통을 결부하고, 관련 규정어의 통사적 표현에 근거하여 내포규정어의 다음과 같은 성질-상태라는 다등급서열을 제기하였다.

성질규정어 ◀————————————▶ 상태규정어

명사-구별사-단음절형용사-이음절성질A-이음절성질B/형용사 구/상태사(狀態詞)A-상태사B

0.5.3 지시범주: 총칭과 개체

중국어는 영어에서와 같은 체계적인 유정/무정 관사 계통이 없기 때문에 명사성 구에 엄격한 유정/무정 범주를 확립하기 어렵다. 중국어에는 지시사가 존재하고 지시사는 모두 유정의 명사성 구에 사용되지만 지시사의 주요한 기능은 직시, 추종, 전방조응 등이다. 유정은 거기에 수반한 특징이고 게다가 유정과 대응되는 무정도 통일적인 형식 표지가 없기 때문에 유정/무정의 계통적인 범주를 구축하기 어렵다. 하지만 중국어의 특징은 개체양사가 존재한다는 점이다. 제1장에서는 선인들의 양사 기능에 대한 분석을 비교하고 양사의 남북 방언에서의 통사적 표현 및 그 의미를 표시하는 기능을 종합적으로 고려하여, 중국어에 있는 양사의 주요한 기능은 개체를 표시하지만 그것에 대응하는 양사를 첨가하지 않는 명사성 단위는 총칭을 표시한다고 지적하고 있다. 고로 중국어의 명사성 구에 현저하게 존재하는 것은 유정/무정의 범주의 대립이 아니라 개체 지시와 총칭의 범주의 대립이다. 또한 제1장에서는 중국어 양사와 지시사의 지시 작용에 관한 해외의 연구를 포함한 명사성 구의 지시에 관한 연구에 대해 문제점을 지적하였다.

0.5.4 공간과 비공간

영어에 있는 방위·장소 전치사인 at, in, on, from은 흔히 명사성 구의 앞에 직접 놓인다. 반면에 중국어의 일반적인 명사는 "在, 從, 往"[……에서, ……으로부터, ……로/으로] 등의 방위·장소 전치사 뒤에 직접 놓일 수 없고 방위명사 또는 방위후치사를 첨가해야만 방위·장소 전치사 뒤에 놓일 수 있다. "在桌子"는 비문이므로 "在桌子上"이라고 말해야 한다. 하지만 지명 등은 오히려 언제나 방위·장소 전치사 뒤에 직접 놓이고 게다가 방위사를 배척한다. 예를 들면, "在北京"[북경에서]이라고 말하지만 "在北京裏/上"이라고는 말하지 않는다. 하지만 "在學校(裏)"[학교 (안)에서]와 같이 어떤 단어는 두 가지 표현이 다 가능하다. 이에 제1장에서는 중국어의 명사에는 공간명사와 실체(비공간)명사의 대립이 존재하고 "學校"라는 유형의 명사는 공간과 실체를 겸하는 명사라고 지적하고 있다.

0.5.5 범주의 내부의 차이와 고금의 변천

제1장에서는 상술의 범주의 내부 차이와 예로부터 지금까지의 변천을 간략하게 분석하였다. 예를 들면, 양사는 吳語, 粤語 등 남방방언에서는 그 작용이 보다 발달되고 있지만, 지시사는 북방방언에 있어 그 작용이 보다 발달되고 있다. 따라서 명사구의지시 범주에 대해서는 남방에서는 양사가 우선이고 북방에서는 지시사가 우선이라는 차이가 존재한다. 하지만 고대중국어에 있어서는 양사가 수사와 명사 사이의 사용이 강제적이지 않다. 고로 고대중국어에는 절대적인 총칭과 개체 지시의 대립이 아직 존재하지 않았고, 이 범주의 대립은 중국어 양사가 발전함과 함께 점차적으로 형성된 것이다. 또한 예를 들면 고대중국어에 있는 방위사의 개사구에서의 사용도 강제적이지 않기 때문에 공간—실체의 범주 대립도 중국어의 방위사의 강제성이 형성됨과 함께 점차적으로 발전된 것이다.

명사성 구의 유형론적 연구

06. 여론

이 책 및 관련 저서와 학위논문은 언어유형론 연구성과를 배경으로 하고 중국어의 방언에 있는 횡단적인 자료와 소수민족 언어의 언어 횡단적인 자료를 주요한 언어 자료로 삼아 명사성 구의 총체적인 주목과 부분적 현상에 대한 중점적인 고찰을 통해 중국 국내의 언어 특히는 중국어의 명사성 구에 대해 연구를 전개하였다. 한편으로는 중국어와 소수민족 언어는 어순, 문법 범주 및 그 음성과 어법 구조, 구·통사구조, 종속절, 형태-통사 행위가 체현하는 의미 범주 등 여러 면에서의 유형특징을 밝히고 또 다른 한편으로는 이러한 유형 특징의 뒷면에 내재하고 있는 인류 언어에 공통적인 메카니즘을 탐구한다. 이는 국내에서 처음으로 유형론적인 시각으로 명사성 구에 대해 대규모로 계통적인 고찰을 진행한 것이다. 우리는 이러한 집단적인 노력 하에 중국어와 소수민족 언어의 명사성 구의 유형 특징에 대한 인식을 심화하고, 인류 언어에 관한 과제인 일반언어학의 연구 특히 유형비교연구를 풍부히 하며, 중국 언어에 근거하여 새로운 성과를 내는 일에 기여할 것을 희망한다. 또한 범위가 넓고 방법이 비교적 새로운 과제이기 때문에 이 책 및 본 과제에 관한 저서 중에서 적지 않은 관련 연구과제가 아직 연구에 미치지 못하고 있고, 현존 성과도 불충분하다. 때문에 우리는 앞으로 이 영역에 있어 더 연구를 심화하고 유형론적 방법을 기타 새로운 연구영역으로 넓혀감과 동시에 이 분야의 전문가와 광범위한 독자들이 이러한 성과의 불충분한 부분을 비판하고 협력하여 언어학 학술이 과학 영역이라는 궤도에서 끊임없이 앞으로 나아갈 수 있기를 진심으로 바라 마지않는다.

陈玉洁2010.《汉语指示词的类型学研究》,中国社会科学出版社。

李云兵2008.《中国南方民族语言语序类型研究》,北京大学出版社。

刘丹青2008.《语法调调查研究手册》,上海教育出版社。

吕叔湘(著)、江江蓝生(补)1985.《近代汉语指代词》,学林出版社。

沈家炫1997.形容词句法功能的标记模式,《中国语文》第4期。

唐正大2005.《汉语关系从句的类型学研究》,中国社会科学院研究生院博学位论文。

赵元任1979/1968.《汉语口语语法》,吕叔湘译,商务印书馆,1979年。

Dryer, Matthew S. 1992. The Greenbergian word order correlations. *Language*68.1:43−80.

_____1998 Aspects of word order in the languages of Europe. In Anna Siewieska(ed.) *Constituent Order in the Languages of Europe*. Berlin/New York: Mouton de Gruyter. pp. 283−319.

Greenberg, Joseph H. 1963. Some universals of grammar with particular referenceto the order of meaningful elements. In J. H. Greenberg(ed) *Universal of Language* (second edition). Cambridge MA: MIT Press.

Hawkins John A. 1983. *Word Order Universals*. New York: Academy Press.

제 **1** 장

중국어 명사성 구의
문법 유형 특징

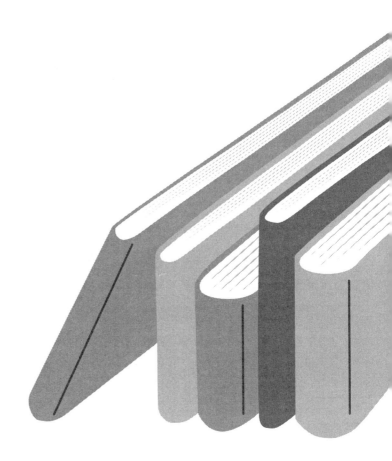

제1장.
중국어 명사성 구의 문법 유형 특징

1.1. 서론

1.1.1

본 장은 유형론적인 시각으로부터 "명사성 구의 문법구조의 유형
론적 비교" 연구팀의 최근 몇 년 간의 연구성과를 참조하여 중국어
(현대중국어 중의 표준어)의 명사성 구의 문법 유형 특징에 대해 초보
적으로 총괄한다. 단어와 구의 차이를 강조하지 않을 경우 명사성
구는 "명사어(名詞語)" 또는 NP라고 약칭한다.

중국어 명사어의 특징에 대해 기존의 연구는 다양한 시각에 입각
하여 연구(예를 들면, 다음 각 소절에 열거된 문헌들인데 여기서는 생략한
다)하였기에 계발성과 참고가치가 있다. 하지만 그중의 일부 연구는
유형론적인 시각으로부터 볼 때 몇몇 인구어(印歐語)와의 비교에만
국한되었기에 유형론적 기초가 상대적으로 빈약하고, 게다가 많이

는 표준어 연구에 집중되었기에 중국어 변이체 간의 차이를 고려하지 않았다. 이에 본 장은 유형론의 연구성과를 배경으로 하고 다음 두 측면으로부터 연구노선을 설정한다. 1) 매개변수의 비교이다. 우선 유형론 연구에서 비교적 중요한 매개변수를 선택한 후 어순, 표지, 범주 3가지로 명확히 분류한다. 그 다음 중국어에서 비교적 현저하게 표현되거나 혹은 기존연구에서 충분한 주목을 받지 못한 명사어의 유형 특징에 대해 중점적으로 고찰한다. 2) 범위의 비교이다. 비교 범위를 넓혀 중국어 명사어의 유형특징을 찾아낸다. 본 장의 관찰은 다음 내용들의 비교를 토대로 이루어졌다. 즉 유형론에 관한 기존의 중요한 연구성과, 우리들에게 잘 알려져 있는 어종, 동일한 SVO형에 속하는 언어, 인접해 있는 친족어, 고대중국어와 방언 간의 비교이다.

1.1.2 규정어는 NP의 복잡성을 초래하는 주요한 요인이다.

규정어(attributive/modifier)에 대한 견해는 전통문법의 광의적인 이해와 현대언어학의 연구성과를 결부하고 부분적으로 陸丙甫(1988)의 논의를 참조하여 크게 내포규정어(內涵定語)와 외연규정어(外延定語) 두 부류로 분류한다. 본 장은 이러한 분류법이 중국어 NP의 각종 유형 특징을 인식함에 있어 매우 중요하다는 것을 설명한다.

내포규정어는 실사성/개방성 어휘범주로 이루어지는데 전체 명사어에 어휘성 의미 요소(즉 내포)를 더해 주는 규정어이다. 내포규정어에는 묘사성 규정어와 한정성 규정어가 포함되고 주로 명사, 구별사, 형용사, 동사, 전치사구, 속성절(Attributive Clauses: 영어와 같은 언어에서는 일부 부사도 포함된다) 등으로 이루어진다. 예를 들면, "木頭桌子[나무 책상], 慢性疾病[만성 질병], 吃的点心[먹는 디저트], 修車工具[차 수리 공구], 他買的書[그가 산 책], 看門的老頭兒[문지기 할아버지]" 등 명사어의 규정어이다. 이와 같은 규정어는 각 학파에서도 공인하는 규정어이다. 통사적인 면에서 내포규정어는 대부분 핵어명사의 부가어(adjunct)로 아무리 많이 첨가하여도 전체 구조의 원형명사어(bare NP)의 성질을 변화시키지 않는다. 생성문법의 시각에서 볼 때 내포규정어는 핵어명사의 관할을 받고, 내포규정어와 핵어명사로 구성된 명사구는 DP의 핵심 즉 한정사 D의 보족어로 D의 관할을 받는다. 중국어의 모든 내포규정어에는 다 "的"을 붙일 수 있다.[1]

외연규정어는 지시와/혹은 양화성분으로 이루어지는데 명사어에 지시, 양화 속성을 부여하여 그것이 진실 세계 또는 존재 가능한 세계에서의 구체적인 지시범위를 나타낸다. 즉 내포 속성을 변화시키지 않는 전제 하에 그 외연을 지시하는데 지시사, 관사, "수사+양사", 양화사(전량 또는 부분량)로 이루어진다. 이 부류의 규정어를 생성문법에서는 규정어로 간주하지 않을 뿐더러 한정사구 DP의 핵심 D 혹은 양화명사어 QP의 핵심 Q와 같은 NP를 관할하는 성분으로 분석하고 있다. 예컨대, "這人[이 사람], 那支笔[그 필], 三本書[책 세 권/세 권의 책], 所有人[모든 사람], 一些商店[일부 상점], 上述人員(상술한 인원)" 등의 구에 있는 규정어이다. 이들은 중국어에서 모

---

[1]　직시성실사(直指性實詞)(예를 들면 "上述"[상술한]과 "下列"[이하 열거한], 영어의 following 따위)로 이루어진 규정어는 형용사성을 띤 규정어로 외연규정어의 의미를 나타내고 통사적인 면에서 진정한 외연규정어와 다르다.

두 "的"을 붙일 수 없다. 본 장은 DP방법론을 부분 흡수하고 전반적으로 채택하는 것이 아니기 때문에 여전히 규정어라고 일컫는다.

속격 수식어의 지위에 대해서는 전문적인 설명이 필요하다. 왜냐하면, 그 속성이 언어마다 다르기 때문이다. 영어, 아일랜드어 등 언어에 있어 속격 수식어는 한정사의 위치를 차지하고 지시사, 관사와 동시에 출현할 수 없으며 유정의 해석만 가능하다. 이와 같은 언어를 Lyons(1999:23-26)에서는 한정성 속격언어(determiner-genitive language)라고 지칭하는데 본 장의 용어에 따르면 외연속격언어라 부를 수 있고 생성문법에서 말하는 D의 위치를 점한다. 반면에 이탈리아어, 희랍어 등 언어에 있어 소유성분은 형용사 규정어와 같은 유형의 수식어의 위치를 차지하는데 속격구조 자체가 유정, 무정의 정보를 지니지 않으므로 인해 유정 혹은 무정을 표시하려면 반드시 한정사를 첨가해야 한다. 이와 같은 언어는 형용성 속격언어(adjectival-genitive language)에 속하는데 본 장의 용어에 따르면 내포속격언어라고 부를 수 있다. 이와 같은 소유어는 생성문법에서 말하는 D의 위치를 점하지 않는다. 중국어의 속격구조는 화용론적으로 유정으로 해독되기 쉽지만 실은 고정적인 지시 속성이 없고 한정사를 통해 그 지시 예를 들면 유정(我那本書丟了[나의 그 책이 없어졌다]), 무정(我的一本書丟了[나의 책 한 권이 없어졌다])과 총칭(我的書很多[나의 책이 많다])을 결정할 수 있다(劉丹靑 2002를 참조). 때문에 중국어는 Lyons가 말하는 형용성 속격언어에 해당되고 소유어는 내포규정어이다. 내포규정어인 소유어는 일반적으로 핵어명사의 부가어이지만, 만일 핵어명사가 "관계명사"일 경우(劉丹靑 1983을 참조) 소유어는 핵어명사가 생략 불가능한 보족어(complement)로 된다. 예를 들면 "于福的老婆"[여복의 마누라], "小芹的媽"[소근의 어머니] 중의 규정어이다.

1.2. 어순 특징

1.2.1 전치사를 위주로 하는 SVO언어에서 모든 규정어는 핵어명사에 전치한다.

이는 중국어 명사구의 가장 기본적인 어순 특징이다. 예를 들면 다음과 같다(내포성은 i로 표시하고 외연성은 e로 표시한다):

(1) [我]i[那件]e[昨天下午買的]i[很厚的]i[棉麻]i襯衫
    [나][그][어제 오후에 산][매우 두터운][면마]셔츠
    (어제 오후에 산 매우 두터운 나의 그 면마 셔츠)

　　중국어 사용자가 아주 습관적으로 간주하는 이러한 언어 현상은 실은 인류 언어에 있어서는 매우 독특한 유형 특징에 속한다.

　　중국어의 이러한 현상은 Greenberg(1963)의 어순유형론 논문이 발표된 후 국내외학자들의 주의를 불러일으켰고, 이러한 현상과 기타 일련의 특징(후치사 존재와 같은)을 예로 들어 중국어의 SVO언어의 속성을 부정하거나 또는 의심하는 견해를 갖는 학자들도 있었다(Li & Thompson 1978 및 참고문헌 참조). 하지만 그들의 관점은 보편적인

호응을 얻지 못하였다. Li & Thompson은 "언어샘플에서 보여지듯 VO는 OV보다 수가 더 많으나 수식어는 반드시 중심어 앞에 놓여야 한다. 후자(수식어가 중심어 앞에 놓이는 것)는 OV언어의 상관적인 특징이다"라고 언급한 바 있다. 본 장은 규정어 일률 전치가 SVO-전치사 언어에서 어느 정도로 특수한 것인가를 보다 정확히 검증하고자 한다. 구체적인 분석은 Hawkins(1983)의 세계 각 대륙의 357개의 언어를 포함한 데이터베이스에 근거한다. 이 책의 284페이지에 나열된 SVO-전치사 언어 중 소유어와 형용사가 모두 앞에 놓이는 언어는 7개뿐이고 이 두 규정어가 모두 후치하거나 그중의 하나가 후치하는 언어는 70여 개, 3개 어족에 달한다. 129페이지의 관계절 어순에 대한 상세한 소개를 보면, 이 7개 언어 중의 5개 언어(호주 Maung어, "오-태어족" Kiriwinan어, 인도-게르만어족 리투아니아어, 덴마크어, 스웨덴어)는 모두 관계절 후치 어순을 취하고 있어 규정어가 일률 전치하는 것만은 아니고 2개 언어(호주 Tiwi어와 원시시베리아어족 Kamchadel어)만이 여러 규정어 전치의 어순을 취한다. 하지만 우리는 다음의 경우를 유의할 필요가 있다. 첫째는 이 두 언어의 관계절 자료가 결여되어 있는데 관계절은 모든 규정어에서 후치 경향이 가장 높은 규정어(2.2참조)라는 점을 감안한다면 이 두 언어는 모든 규정어가 일률 전치임을 확정지을 수 없게 된다는 것이다. 둘째는 이 책 부록의 어순분류 총 목록에 이 두 언어는 모두 SOV/SVO언어로 표기되어 있다는 점이다. 즉 이 두 언어는 모두 순수한 SVO언어가 아니라 SVO를 주로 하고 SOV의 특징도 지니고 있음을 말해 준다. 다시 말해, 이 방대한 언어 데이터 베이스에 중국어를 제외하면 진정

으로 SVO-전치사 언어이며 동시에 모든 규정어가 전치하는 언어는
존재하지 않는다.

사람들이 흔히 잘 알고 있는 SVO-전치사 언어에는 규정어 후치
어순을 갖고 있는 언어가 적지 않다. 예를 들면, 영어의 분사, 개빈
(개사+목적어), 종속절 등의 규정어, 프랑스어의 형용사 규정어, 러시
아어의 명사 속격수식어 등이 바로 그러하다. 특히 중국어와 관계가
가장 밀접한 SVO언어인 壯侗語도 각종 규정어가 주로 후치한다. 그
리고 중국어의 영향을 적게 받은 언어일수록 규정어가 후치하는 경
우가 많다(梁敏·張均如1996:844-867을 참조). 동시에 이러한 SVO언어
에는 또 보편적으로 몇 개의 전치 규정어도 존재한다. 중국어의 NP
어순과 가장 일치를 보이는 것은 일본어, 한국어, 알타이언어 등 주
변에 인접해 있는 SOV언어이다. 하지만 이러한 현상은 중국어와 藏
緬語의 동원관계(同源關係)와는 무관하다. 藏緬語는 비록 SOV언어
이지만 규정어 후치가 보편적이고 이 또한 장한(藏漢) 혼합지역에 분
포된 사천 "倒話"에 영향을 미치었다. 다음은 藏語와 倒話의 예이다.

藏語　ribong　dkarpo　gsumpo　de
　　　兔　　白　　三　　那 (那三只白兔)
　　　토끼흰　세　　그　　(그 세 마리의 흰 토끼)
倒話　a. 布　黃黃　di　個 (一塊黃黃的布)
　　　　천　누런　개(누런 천 한 장)
　　　b. 牛三個 (三頭牛)
　　　　소 세 개(소 세 마리)

명사성 구의 유형론적 연구

OV언어에서 藏緬語와 같이 규정어가 양측에 놓이는 언어 유형의 수가 일본어 혹은 한국어와 같이 규정어가 한 쪽에 치우치는 언어 유형의 수보다 적지 않다. 때문에 규정어 전치를 OV언어의 상관 특징이라는 견해는 적절하지 못하다. Dryer(1992)이 열거한 OV언어에서 관계절 전치와 후치의 비는 26:37이고 형용사 전치와 후치의 비는 55:77이며, 소유어 전/후치의 비는 112:12, 지시사 전/후치의 비는 79:32이다. 이로 인해 상당수의 OV언어에는 후치하는 규정어가 존재하고, 관계절과 형용사가 후치할 것을 요구하는 언어가 꽤 많음을 짐작할 수 있다. 또한 규정어의 전/후치의 어종 비율이 차이가 큰 점으로부터 규정어가 한 쪽에 놓이지 않는 언어가 많다는 것을 알 수 있다.

다음은 상황어를 비교해 보도록 하자. 중국어는 전반적으로 상황어 전치가 위주이지만 일부 상황성 성분이 후치하는 경우도 있다.(중국어 학계에서 보어(補語)라고 여기지만 실은 본질적으로는 상황어에 속한다. 다만 모든 보어가 모두 상황어의 성질을 갖는 것은 아니다. 劉丹靑2006을 참조) 예를 들면, 일부 전치사구("走在大路上|定在30號|取材于農村"[큰 도로 위에서 걷는다|30일로 정하였다|농촌에서 취재하였다]), 일부 정도부사("好得很"[아주 좋다])와 방식부사("走得慢点兒"[천천히 걷는다]) 등이다. 따라서 규정어 일률 전치는 상황어 전치보다 더 뚜렷한 중국어의 어순 특징이라고 말할 수 있다.

규정어 어순의 이와 같은 고도의 일치성으로 인해 내포규정어와 외연규정어가 중국어에서 동일한 어순으로 표현되기 때문에 이 두 유형의 규정어의 구별점이 돌출되지 못하고 중국어 사용자 및 모국어 연구자들에게 규정어가 언제나 앞에 놓인다는 어감을 강화시켜 주었다. 한편으로 규정어 일률 전치는 중국어 NP의 통사에도 많은 영향을 미치었는데 여기서 우선 한 가지를 예로 들어 설명하겠다. 명사 앞과 뒤에 모두 규정어가 분포되는 SVO언어에 있어 동작명사를 핵심으로 하는 NP는 SVO어순을 모방하여 타동적인 사건을 표현할 수 있다. 예로 Chomsky(1970; Bernstein 2000:540를 재인용함)에서 열거한 영어 예문을 제시하면 다음과 같다.

⑷a. NP: Rome's destruction of Carthage (罗馬對迦太基的毁滅)
　　　　　로마의 카르타고에 대한 파멸/카르타고에 대한 로마의 파멸
　b. 문장: Rome destroyed Carthage (罗馬毁滅了迦太基)
　　　　로마의 카르타고를 파멸했다.

예문(4a)의 중국어 번역문과 같이 중국어의 행위자와 수동자 두 논항이 규정어를 충당할 경우, 함께 NP 중심어인 "毁滅"[파멸]의 앞에 놓일 수밖에 없으므로 타동구문의 어순을 모방할 수 없게 된다. 뿐만 아니라 행위자가 소유어일 경우, 수동자는 오직 전치사 "對"를 사용하여 관계화하고 뒤에 또 규정어 표지 "的"을 첨가해야 하기에 전반적인 표현이 간결치 못하게 된다. 중국어 절은 절을 표기하는 표지 없이도 직접 논항으로 될 수 있기에 이런 "동작명사" 구조보다도 직접 절이 논항을 충당하는 편이 구조적으로 더 간결하다. 다음의 예문을 비교해 보면 다음과 같다("〈"는 우세를 표시하는데 좌측이 우측보다 그 정도가 낮음을 표시한다).

(5)a. 他們目睹了王兵對張利的毆打。〈 b.他們目睹了王兵毆打張利。

　　?그들은 **왕병의 장리에 대한 구타**를 목격했다 〈 그들은 **왕병이 장리를 구타하는 것**을 목격했다.

또한 다음 예문과 같이 절적한 전치사가 결핍한 탓으로 일부는 전환이 불가능하다.

(6)a. 我知道陳偉看見了他。 ~ b.*我知道陳偉對他的看見。

　　나는 진위가 그를 목격한 것을 알고 있다.

(7)a. 我知道陳偉認識他。 ≠ b.我知道陳偉對他的認識。

　　나는 진위가 그와 안목이 있음을 알고 있다.

1.2.2 관계절 전치

이는 위에서 언급한 규정어 일류 전치의 구체적 표현의 하나로 단독으로 장절을 할애하여 서술할 필요가 있을까라고 생각되겠지만 실은 그렇지 않다. 규정어 일류 전치는 비록 기타 VO언어에 존재하지 않지만 구체적인 규정어 유형을 놓고 보면 기타 VO언어에서도 동일하게 전치하는 예를 쉽게 찾아낼 수 있다. 예를 들면 소유격, 지시사, 수사, 양화사, 형용사 등 규정어는 영어에서 모두 전치하고 있다. 유독 관계절만이 특이하다. Dryer(1992, 2003)의 연구에 따르면, 625종(1992)과 910종(2003) 언어를 포함한 언어샘플 데이터 중 관계절이 전치하는 언어는 오직 중국어 및 중국어와 친족관계에 있는 언어뿐이라고 한다. Dryer의 연구에서 제시한 바에 의하면, 관계절은 인류 언어에서 후치하는 것이 절대적인 우세이고 OV언어에서도 약 59%에 달하는 언어가 관계절 후치의 어순을 취하고 있으며 후치 비율은 OV언어의 기타 어떠한 규정어를 초과한다고 한다. 때문에 중국어 관계절 전치는 기타 규정어 전치보다 더욱 독특한 특징을 지니고 있는 것이 분명하다. 그리고 관계절 전치는 중국어 문법에도 일련의 중요한 영향을 미치었다. 다음에 그 이유를 요약하여 설명하겠다.

1.2.2.1

일련의 중국어 특유의 중의적 구조를 초래하였다. 우선 흔히 언급되는 구조로는 "咬死獵人的狗"[사냥꾼을 물어 죽인 개/사냥꾼의 개를 물어 죽였다](朱德熙 1979)와 같은 중의성 구문이다. 이와 같은 중의성 구문의 성립 조건은 목적어가 동사 뒤에 놓이고, 관계절이 핵어명사 앞에 놓여야 하는 것이다(劉丹靑 1999). 이 조건에 부합되는 언어는 Dryer 통계에 따르면 오직 중국어뿐이다. 따라서 이는 중국어 유형 특징을 집중적으로 반영할 수 있는 중의성 구조라 할 수 있다. 그 외, 중국어의 전치사는 동사에서 유래된 것이 많은데 그중 개사 어순과 관련된 중의성 구조 유형 "對營業員的意見"[점원에 대한 의견/점원의 의견에 대하여]도 이 유형과 관련이 있다.[2] 그리고 규정어 일률 전치로 인해 소유어와 관계절이 결합된 구조도 중의성을 초래할 수 있다.

---

2   물론 이 종류의 다의성 구조는 동시에 전치사와 관계절구조라는 조화롭지 못한 현상도 반영하지만 이는 아주 보기 드문 어순배치이다.

(8)a. [他昨天買的]襯衫　　　～　　　b. [他][昨天買的]襯衫

　　　그가 어제 산 셔츠　　　　　　　그의 어제 산 셔츠

　예문 (8)은 일반적인 경우에는 a로 해석된다. 이는 성립될 뿐더러 우선적인 해독일 것이다. 그러나 예문 (8)b도 통사적으로 확실히 성립된다. 이때 "他"가 소유어를 충당하는데 이는 중국어에서 기타 규정어 앞에 놓이는 소유어는 "的"을 첨가하지 않아도 되기 때문이다 (상세한 논의는 3.2를 참조). 만약 지시사나 "수사+양사"구를 삽입하면 예문 (8)b의 성립은 더 명확해진다.

(9)a. 他那件昨天買的襯衫　　　～　　　b. 他三件昨天買的襯衫

　　　그의 그 어제 산 셔츠　　　　　　그의 어제 산 셔츠 세 벌

　"他那件/三件昨天買"는 관계절로 이루어질수 없기 때문에 "他"는 소유어로 분석될 수밖에 없다. 예문 (8)과 같은 통사적 중의성 구조는 진리값으로서의 의미를 변화시키지 않는 것이 보편적이다. 그것은 예문 (8)b의 소유어는 우선적으로 "買"의 행동주로 이해되기 때문이다. 하지만 실은 진리값으로서의 의미를 변화시킬 수도 있는데 이때 (8)a의 "他"는 단지 물건을 구매하는 사람이고 소유인은 다른 사람으로 이해 가능하기 때문이다. 다시 말해 예문 (10)a처럼 그는 다른 사람을 위해 옷을 사러 간 것이라고 해독할 수 있다. 그리고 예문 (8)b는 예문 (10)b처럼 "他"는 소유인을 나타내고 물건을 구매하는 사람이 따로 있음을 나타낸다.

(10)a. 他昨天買的(兒子的)襯衫

　　그가 어제 산 (아들의) 셔츠

　b. 他(那件)(女朋友)昨天買的襯衫

　　그의 (여자친구가) 어제 산 (그) 셔츠

1.2.2.2

관계절의 길이를 제한하였고 여러 겹으로 안긴 중심부가 긴 문장을 감소시키는 문법적 책략을 초래하였다. 관계절은 일반적으로 규정어 중 가장 "무거운"(길고 복잡한) 단위이다. 왜냐하면 관계절은 문장으로 이루어지나 기타 규정어는 단어 또는 구로 이루어지기 때문이다. 가령 중국어에서 관계절을 임의로 확장시키면 동사와 목적어 중심어 사이의 간격은 아주 멀어지게 되어 이른바 "배 큰 문장(大肚子句)[3]"을 형성하게 된다(기타 VO언어는 관계절이 동사에 후치하기 때문에 중심부가 길어질 우려가 없다). 예를 들면 다음과 같다.

(11) 我看了一部[描寫現代舊時代一對戀人衝破封建家庭的重重束縛追求幸福生活的]電影。

　　나는 한편의 [구시대에 한 쌍의 연인이 봉건적인 가정의 속박에서 벗어나 행복한 생활을 추구하는 내용을 그린] 영화를 봤다.

배 큰 문장은 Dik(1983)가 제출한 "중심어근접원칙"과 Hawkins(1994:제3장)의 "직접성분 확립원칙"을 위반하여 서술어의 핵심인 동

3　역자 주: 중심부가 긴 문장을 일컫는 말, 이하 "배 큰 문장"이라고 한다.

명사성 구의 유형론적 연구

사와 목적어의 핵심인 명사의 거리가 멀어지게 한다. 그리고 핵어명사가 출현하기 전에는 동사와 목적어의 직접성분 관계가 확정받지 못하여 아직 핵어명사와 결합하지 않은 여러 항의 규정어들이 모두 단기기억에 저장되어야만 하기 때문에 기억 부담을 가중시킨다(陸丙甫 1986을 참조). 이 외, 중국어의 "모든 규정어가 일률 전치"하는 독특한 규칙에 의해 기타 규정어도 관계절과 함께 목적어와 서술어 사이에 끼이게 되어 단기기억에 더 큰 부담을 준다.

관계절은 목적어만 꾸미는게 아니라 주어도 꾸며 준다. 唐正大(2006a)는 범언어적인 비교를 통해 관계절 어순을 제약하는 또 하나의 원칙인 "주어의 중심어를 되도록이면 빨리 확인하는 원칙"을 제기하였다. 그러나 관계절 전치는 주어 중심어의 확인을 지연시키는 작용이 있으므로 이 또한 인류 언어의 관계절이 후치하는 경향을 띠는 원인 중의 하나이기도 하다.

관계절(특히는 목적어 위치에 있는 관계절) 전치가 문장 해독에 어려움을 주는 현상에 대해 중국어 및 중국어 방언의 구어에는 이러한 복잡성을 억제하는 일련의 책략이 뒤따르고 있다.

첫 번째 책략은 구어에 있어 관계절의 평균 길이를 제한시키는 것이다. 方梅(2004)는 대량의 北京話 구어 말뭉치에 근거하여 전치하는 관계절에는 "간단한 구조"의 제한이 존재한다고 지적하였다. 唐正大(2005:§6.1.1)도 이에 대해 통계를 낸 바 있다. 그는 王朔의 소설 『過把癮就死』에 나오는 北京話 대화문 도합 59133자를 조사하여 77개의 관계절을 수집한 결과 관계절을 구성하는 글자의 수가 1 글자인 관계절이 4차례, 2-3글자가 46차례, 4-5글자가 19차례, 6-7

글자가 6차례, 8글자가 1차례, 8글자 이상이 1차례 출현한다고 지적하였다. 다시 말해, 5글자 이내의 관계절의 출현 빈도가 89.6%를 점하고 있고 반수 이상의 관계절이 1–3글자로 구성되었으며 8글자에 달하는 관계절은 아주 드물다는 것이다. 關中방언의 몇몇 실제 대화문에 관한 통계에서도 이와 비슷한 결과를 얻었는데 5글자 미만의 관계절은 각기 82.1%에서 92.3% 사이였다. 절을 구성하는 글자의 수가 5글자(즉 2개 또는 3개의 단어)라는 건 확실히 매우 간결한 것이다.

두 번째 책략은 목적어가 복잡한 관계절의 꾸밈을 받을 경우, 처리의 난이도를 감소시키기 위해 목적어 전체를 주제화하여 문두 위치에 놓는 것이다. 그 이유는 문두에 놓게 되면 단기기억 중에 아직 타 성분이 저장되어 있지 않을 때 목적어 전체를 우선 발화하여 하나의 덩어리를 이룬 후 다른 성분들을 말할 수 있기 때문이다. 머튜스(Matthews)과 楊月英(2003)은 粵語에 대한 심리언어학실험을 통해 주제화가 복잡한 목적어의 처리 난이도를 감소할 수 있음을 증명하였다. 관계절 전치의 유형 특징으로 인한 목적어 위치에 있는 규정어가 지나치게 긴 현상에 대해서도 머튜스(Matthews) 등은 粵語 주제화 동인의 하나로 보고 있다. 이러한 분석은 중국어 기타 방언 분석에도 적용된다.

1.2.2.3

구어 중의 후치관계절의 사용을 초래하였다. 길이와 복잡성의 제약을 받아, 중국어 구어의 명사 앞에는 기껏해야 목적어의 지시대상

에 대해 필요한 한정을 하는 간결하고 짧은 한정성 관계절만 배치된
다. 관계절의 또 다른 흔한 기능은 핵어명사에 대한 보충성 해석(비
한정적 관계절)인데 중국어에서는 후속절의 형식으로 표현할 수밖에
없다. 그중의 일부는 方梅(2004)의 분석에 의하면 이미 후치관계절
의 성질을 띠고 있다고 한다. 이는 관계절전치의 유형 특징 및 그 기
능의 국한성에 의해 초래된 현상임이 분명하다. 하지만 이런 구어 중
의 후치관계절은 문법화 정도가 그리 높지 못할 뿐더러 핵어명사와
의 정합도도 아직은 비교적 낮은 수준에 그치고 있다.

1.2.3 속격 수식어는 지시사와 공기(同現)할 수 있으며 흔히 지시사의 앞(=밖)에 놓인다

속격 수식어와 유정 한정사(지시사, "지시사+양사"구, 정관사 등)가
한 측에 공기할 수 있는 것은 소수 형용성 소유어형 언어의 특징이
다. 영어처럼 소유어가 한정성을 띨 경우, 소유어와 기타 유정 한정
사가 동현하는 것을 허용하지 않는다. 그 이유는 소유어가 이미 한
정사의 위치를 점하였고 유정을 표시(1.2 참조)하기 때문이다. 가령
소유어가 형용성을 띠고, 소유어와 한정사가 한 측에 놓이지 않을
경우 소유어와 한정사의 어순 문제도 언급되지 않는다. 그리고 동시
에 한 측에 놓이는 언어에서 흔히 볼 수 있는 상황은 한정사가 가장
바깥 층에 놓여 소유어를 포함한 기타 여러 규정어를 통괄하는 것이
다. 다음의 예를 들 수 있다.

(12) 武鳴壯語(梁敏·張均如1996:863)

fa:k^8 mit^8 ai^{6}po^{6}lu^2 kauŋ^1 *han^4*

把　刀　快快 伯父 我 那

(양사 칼　아주 잘 드는 큰아버지　나 그)

(我伯父那把特快的刀)　(나의 큰아버지의 그 아주 잘 드는 칼)

(13) 포르투갈어(王鎖瑛·魯晏賓1999:102)

o　　　meu　　pai

(정관사)　나의　아버지

(나의 아버지)

　　반면, 예문(12)와 같이 원작자가 번역한 "我伯父那把特快的刀"[나
의 큰아버지의 그 아주 잘 드는 칼]에서처럼 중국어는 속격 수식어
가 한정사에 전치하는 것이 보편적이다. 만약 어순을 바꾸어 "那把
我伯父的特快的刀"[그 아주 잘 드는 나의 큰아버지의 칼]이라 말하
면 상용도와 자연도가 많이 떨어지게 된다. 일찍이 呂叔湘(1985:209)
은 근대중국어(용례에는 현대중국어도 포함)에 대해 논의할 때 "속격
수식어와 같이 쓰일 경우 "這, 那"는 예외 없이 뒤에 놓인다"라고 언
급한 적이 있다. 이는 중국어가 소유어를 한정사보다 더욱 바깥층
위치에 배치하는 경향이 있음을 뜻한다. 중국어의 소유어를 바깥층
에 배치하는 것은 영어의 소유어처럼 지시사의 한정어로서의 위치를
강점 및 대체함을 뜻하지는 않는다. 왜냐하면 "我(的)這把刀"[나(의)
이 칼]은 유정을 나타내고 "我的一把刀"[나의 한 자루의 칼]은 무정

을 나타내는 것처럼 중국어 전체 NP가 유정을 나타내는지 아니면 무정을 나타내는지는 지시사에 의해 결정되기 때문이다. 이는 관사가 NP의 지시성을 결정하는 포르투갈어와 유사하다. 하지만 포르투갈어의 정관사는 소유어의 바깥 층에 놓인다. 예를 들면 다음과 같다.

(14) meu   filho (예문 출처는 예13과 같음)

    我的   兒子

    나의 아들 (화자가 이 아들 외 또 다른 아들이 있음을 나타낸다)

(15) o   meu   filho

    (冠詞)   我的兒子

    (정관사)   나의 아들 (화자에게 이 아들 하나만 있음을 나타내거나

               또는 이 아들이 화자가 가장 아끼는 아들임을 나타낸다)

중국어에서 소유어가 앞에 놓이고 바깥층에 놓이는 특징은 일종의 중국어 특징을 지닌 중의성 구조를 형성하였다. 왜냐하면, "他(的)很多的財産"[그(의) 아주 많은 재산]과 같이 중국어는 소유어 뒤에 다른 규정어가 놓일 경우 "的"을 생략할 수 있고(3.2참조) 이때 만약 소유어와 핵어명사가 생명도 등 속성이 같을 경우 "的"을 생략한 전체 NP는 등위구문과 표현형식을 같이 하게 되기 때문이다.

(16) 張偉這個助手: a. 張偉的這個助手　　b. 張偉＝這個助手

　　　　　　　　　　　장위의 이 조수　　　　　장위라는 조수

(17) 茅臺這種酒:　a. 茅臺(公司)的這種酒　b. 茅臺＝這種酒

　　　　　　　　　　모타이(회사)의 이런 술　　모타이라는 술

(18) 他們那些親戚: a. 他們的那些親戚　　b. 他們＝那些親戚

　　　　　　　　　　그 사람들의 그 친척들　그 사람들이라

　　　　　　　　　　　　　　　　　　　　하는 그 친척들

소유어가 한정사의 바깥층에 놓이는 것과 관련하여, 중국어 한정
사도 소유어보다 그 앞에 다른 내포규정어가 놓이는 것을 더욱 허용
한다.

(19) 很暗的那小屋 ～ ^{??}很暗的我的小屋 ～ 我的很暗的小屋

　　매우 어두운　　　매우 어두운　　　나의 매우 어두운

　　그 작은 방　　　나의 작은 방　　　작은 방

(20) 賣菜的這些親戚 ～ ^{??}賣菜的小張的親戚 ～ 小張的賣菜的親戚

　　채소 파는　　　　채소 파는 소장의　소장의 채소 파는

　　이 친척들　　　　친척　　　　　　친척

"他這脾气(그의 이 성질)", "我們那些朋友(우리의 그 친구들)", "坐着
那人(앉아 있는 저 사람)"와 같이 중국어 지시사는 비교적 쉽게 내포
규정어 표지의 기능을 겸할 수 있다. 이는 중국어 한정사가 안쪽에
놓이는 특징의 통시적인 결과의 하나이다.

1.2.4 외연규정어가 내포규정어에 비해 지니는 표이성과 외연규정어 내부의 어순 고정성

다항규정어의 어순에 관해서는 비록 계발성 있는 연구성과(陸丙甫1988,1993:92-97, 方希2002 및 참고문헌 참조)가 많이 발표되었지만 내포규정어와 외연규정어의 차이점을 다룬 연구는 찾아볼 수 없다. 만약 이 두 규정어의 차이에 착안하여 연구한다면 중국어 규정어 간의 어순의 근본적인 특징을 귀납할 수 있다.

외연규정어가 내포규정어에 비해 어순이 상대적으로 자유롭고, 외연규정어 내부는 어순이 매우 고정적이다. 내포규정어에 "的"을 붙이면 각 항 외연규정어는 모두 위치 이동할 수 있다.

(21) 三本新的書　　　　～　　　新的三本書
　　　세 권의 새 책새　　　　　세권의 책

(22) 我看過的所有電影　～　　所有我看過的電影
　　　내가 본 모든 영화　　　　모든 내가 본 영화

(23) 這張紅木的桌子　～　紅木的這張桌子
　　　이 마호가니 책상　　　마호가니로 만든 이 책상

(24) 一些/那些正在散步的休閑的老人～正在散步的一些/那些休閑的老人～正在散步的休閑的一些/那些老人
　　　몇몇(일부)/저 몇몇 산책을 하고 있는 한가한 노인네들～
　　　산책을 하고 있는 몇몇/저 몇몇 한가한 노인네들～
　　　산책을 하고 있는 한가한 몇몇/저 몇몇 노인네들

외연규정어 간의 어순배열을 살펴보면 다음과 같다.

(25)a. 這三張桌子　　　～　　b. 三張這桌子

　　　이 세 개의 책상　　　　　세 개의 이 책상

(26)a. 三張這種類桌子　　～　　b. 這種類三張桌子

　　　세 개의 이런 종류의 책상　　이런 종류의 세 개의 책상

(27)a. 所有這些書　　　　～　　b. 這些所有書

　　　모든 이런 책　　　　　　　이런 모든 책

(28)a. 所有(的)一百名參賽者 ～　b. 一百名所有的參賽者

　　　모든 백명의 참가자　　　　백명의 모든 참가자

소유어는 본질적으로 내포성과 외연성을 겸하고 있기 때문에 일부 언어에서는 외연규정어에 속하지만 중국어나 포르투갈어 등 언어에서는 내포규정어에 속한다. 중국어 소유어는 전반적으로 내포규정어의 일반적인 특징에 부합되는데 이 또한 그 내포성을 몇 걸음 더 앞서나가 검증한 셈이다.

(29)a. 三本我的書　　　　～　　a. 我的三本書

　　　세 권의 나의 책　　　　　나의 세 권의 책

　　b. 所有我的書　　　　～　　b. 我的所有書

　　　모든 나의 책　　　　　　나의 모든 책

　　c. 這本我的書　　　　～　　c. 我的這本書

　　　이 나의 책　　　　　　　나의 이 책

범언어적으로 볼 때, 외연규정어의 내부 어순이 고정적인 것은 비교적 보편적인 언어 현상이지만 외연규정어의 위치 이동은 보기 드문 현상이다. Greenberg(1966)이 제시한 보편적 원리를 보면 다음과 같다.

보편적 원리20: 일부 또는 전부의 지시사, 수사, 서술적 형용사가 명사 앞에 올 때, 항상 이와 같은 어순을 가진다. 이것들이 명사 뒤에 올 때는 순서가 동일하거나 정확히 반대가 된다.

이 보편적 원리는 한 개의 전형적인 내포규정어(형용사A)와 두 개의 외연규정어(지시사D, 수사Num)의 상대적인 어순관계를 내포하고 있다. 이 세 가지 성분이 모두 명사 앞에 놓일 경우 논리적으로는 6가지 배열: DNumA, DANum, NumDA, NumAD, ADNum, ANumD이 가능하지만 위의 보편적 원리에 의하면 DNumA 이 배열만이 성립된다. 마찬가지로 이 세 가지 성분이 모두 명사 뒤에 놓일 경우 논리적으로 역시 6가지 배열이 가능하지만 위의 보편적 원리에 의하면 DNumA와 ANumD 두 가지 어순만 성립된다(그 후에 DANum과 ADNum 어순을 갖는 언어가 존재한다는 것이 밝혀졌으므로 도합 4개 언어이다. 陸丙甫1993:90-91의 소개를 참조하기 바란다). 논리적으로는 가능한 12 가지 어순배열 중 5가지만 성립되는 것은 여러 언어에 있어 외연규정어는 내포규정어에 비해 어순이 매우 고정적이라는 점을 설명해 준다. 특히 모두 명사 앞에 놓일 경우 논리적으로 가능한 6가지 배열 중 한 가지만 성립되는 것을 감안하면 개별 언어 내부에서는 더욱 고정적일 것이 분명하다. 만일 외연규정어가 흔히 위치 이동한다면 상술한 보편적 원리를 귀납할 수 없었을 것이다. 우리가 파악한 상황을 놓고 봐도 역시 그러하다. 영어의 "these three big tables"에서 세 개의 수식어가 모두 명사 앞에 놓이는데 오직 이러한 어순만이 성립이 되고, 기타 "*three big these tables" 혹은 "*big these three table"은 모두 비문이다. 또한 SVO언어인 藏緬어족 仙島語(戴慶厦 등 2005:112)과 SOV언어인 壯侗어족 泰語(梁敏 등 1996:865)에서 이 세 가지 규정어는 모두 명사 뒤에 놓이고 그 어순배열은 명사 앞에 위치할 때의 유일한 어순 DNumA의 경상(鏡像)인 ANumD이다.

(30)a. 仙島: tsi³¹ ŋjau³⁵ sum³¹ tuŋ⁵¹ xai⁵⁵(這三件緑衣服)

　　　　 옷　초록색　세　　벌　　이

(31)b. 泰: ma⁴ khaːu¹thi³　　suɰ⁴ ma² mai⁵ sɔŋ¹tuə² ŋan(新買來的那兩匹白馬)

　　　 말　하얀 색(조사)　사다 오다 새　두 마리　그

戴慶厦 등(2005:113)은 仙島語에서 "지시대명사, 형용사, '수사+양사'구와 '的'자구문(핵어명사에 우선 규정어 표지가 붙는 관계절–인용자)"이 동시에 명사의 수식어로 될 경우, 이들의 어순배열은 "'的'자구조+명사 중심어+형용사+'수사+양사'구+지시대명사"라고 지적하고 있다. 이는 어순이 고정적이며 위치 이동을 하지 못함을 설명해 준다.[4]

4　양사가 존재하는 藏緬(戴慶厦·傅愛蘭2003), 壯侗(梁敏·張均如1996) 등 언어에 있어 실제로 출현하는 어순분포는 확실히 보편적 원리20에서 귀납한 몇몇 종류에 그치지 않는다. 이는 양사가 일부 언어에서는 명사의 한정성분

명사성 구의 유형론적 연구

때문에 외연규정어가 위치 이동할 수 있는 점은 중국어의 아주 돌출한 유형 특징이라 할 수 있다. 물론 위치 이동으로 인해 지시 의미와 정보 속성의 미세한 차이(구체적인 견해가 다른데 趙元任 1979/1968:148; 呂淑湘1985:214; 唐正大2007; 陳玉洁2007제9장을 참조) 등이 있을 수 있지만 여기서는 상세히 밝히지 않겠다. 내포성규정어 간의 어순에는 고정성도 있지만 일정한 유연성(더욱이는 "的"이 붙는 규정어)도 존재한다. 그 배열순서는 주로 의미, 인지와 화용 등 여러 측면의 제약을 받는다(상세한 논의는 앞서 열거한 陸丙甫1988, 1993; 方希2004 등을 참조). 운율적인 제약이 비교적 중국어의 특징을 반영한 것을 제외하고는 기타 제약조건은 많이는 인류언어의 보편성을 체현하고 있다. 하지만 외연규정어의 위치 이동은 비교적 강한 중국어 개별성을 띤다.

1.3. 표지 특징

1.3.1 규정어 표지 "的": 내포규정어와 외연규정어의 기본적인 경계

명사성 구의 확장은 등위접속 외에 주로는 규정어 첨가에 의해 실현되기 때문에 규정어가 어떠한 형식으로 표기되는가도 한 언어의

이 아니라 진정한 문법적 핵심(영어 "a cup of tea" 중의 "cup"처럼)인 관계로 복잡한 현상이 초래되었을 가능성이 있다. 하지만 이러한 언어에 있어 지시사, 수사가 위치 이동할 수 있다는 주장은 본 적이 없다.

NP의 유형 특징에 속한다. 중국어는 "수식어+명사" 관계 면에서 부가어 표기 언어에 속한다. 즉 만일 표지를 사용하려면 모두 규정어에 첨가해야 한다. 이는 헝가리어(예문은 顧宗英 등 1989:88-89를 참조)나 오른쫀어(예문은 胡增益 2001:77-78을 참조)처럼 핵어명사에 표기하는 일부 언어와 다르다. 여러 언어와 비교했을 때, 중국어의 규정어 표지는 다음과 같은 현저한 기본 특징이 있다.

1) 표지가 단일하고 전용적인 규정어 표지는 "的" 하나뿐이다. 이 후치성 조사는 소유어, 명사/구별사 속성규정어, 형용사 규정어(성질형용사와 상태형용사), 동사 및 관계절로 이루어진 규정어 등과 같은 여러 가지 종류의 규정어에 쓰일 수 있다. 이러한 규정어는 다른 언어에서는 아마도 형태와 성질이 다른 몇몇 표지를 사용하여 표기될 것이다. 예를 들면, 영어의 소유격 접미사 -s, 형용사를 파생하는 접미사(명사를 형용사로 바꾸는 -al 등), 분사 형태 -ing와 -ed, 전치사 of, 관계대명사 that와 who 등이 있다. 중국어의 비(非)전용적인 겸용의 규정어 표지에 관한 상세한 논의는 3.2를 참조하기 바란다.

2) 내포규정어에는 다(하지만 필수적인 것이 아니다) "的"이 붙을 수 있지만 "*三張的桌子, *這的人, *那個的城市"와 같이 외연규정어에는 "的"이 붙지 못한다. 표지 사용 면에서의 가장 큰 경계선은 두 유형의 규정어 사이에 있다. 이는 어순 표현 면에서 영역과 일치하는데 이 두 유형의 규정어를 구분할 중요성을 재차 설명해 준다.

명사성 구의 유형론적 연구

3) 규정어 표지는 순 통사적이 아니라 화용적(광의) 특성도 겸하고 있다. 거의 모든 규정어의 뒤에 붙는 "的"은 강제적이 아니고 모두 일정한 조건 하에 생략할 수 있다. 이러한 조건에는 통사, 화용, 운율 등이 포함된다.

1)과 3)에 관해서는 다음의 문장에서 구체적으로 분석하기로 하고 여기서는 우선 2)에 대해 살펴보겠다.

각종 내포규정어에는 모두 "的"이 붙을 수 있고, "我(的)姐姐[나의 동생], 木頭(的)桌子[나무(의) 의자], 慢性(的)肠炎[만성(의) 장염]" 등과 같이 일반적으로 "的"을 첨가하지 않아도 되는 자리에도 "的"을 수시로 삽입할 수 있다.

외연규정어에 "的"이 붙을 수 없는 이유에 대해 위에서 이미 예를 들어 설명한 바 있지만 더 자세한 분석이 필요한 복잡한 현상이 있다.

외연규정어 중의 전칭양화사 "所有"[모든]는 때로는 "的"이 붙을 수 있는데 이는 예외적인 것으로 이들의 실사의 기원과 관련 있을 가능성이 크다. 呂叔湘 주편(1980)에서는 "所有"[모든]이 형용사성을 띤다고 주석하고 동시에 "一切"[전부]는 "지시사 작용을 하며" "的"이 붙을 수 없다고 주장하고 있다. 같은 전칭양화사에 속하는 "每(個)[매개]"와 존재양화사(원문에서는 부분양화사라는 용어를 사용하였음)인 "一些[일부]"는 모두 "的"이 붙을 수 없다. "有的"은 단어로 "有"는 "的"과 분리할 수 없고 양화사는 "有的"이 전체이다. "所有"의 약간 불규칙적인 상황을 제외하고는 내포규정어와 외연규정어는 "的"이 붙는지 여부에 따라 아주 정확하게 구분된다. 뿐만 아니라 소유어가 중국어에 있어 내포적이라는 것을 재차 검증해 주고 있다.

표준어에서 "수사+양사"구가 외연규정어로 될 경우 때로는 "的"이 붙을 수 있는 듯하다. 일부는 전체류인데 예를 들면 계량어(척도양사와 용기양사)에는 "的"이 붙을 수 있다. 실은 "的"이 붙는지 여부에 따라 전반 규정어의 성질이 완전히 달라진다. "수사+양사"구에 "的"이 붙으면 "수사+양사"구가 아닌 묘사성 규정어로 된다. 척도양사는 다음과 같이 명확한 통사적 증거가 있다.

(32)a. 三斤肉 | 五尺線   b. *一塊三斤肉 | *兩段五尺線
    고기 세 근 | 실 다섯 자
(33)a. 三斤的肉 | 五尺的線   b. 一塊三斤的肉 | 兩段五尺的線
    세 근의 고기 | 다섯 자의 실   한 덩어리 세 근의 고기 | 두
                       토막의 다섯 자의 실

하나의 명사는 오직 하나의 수량 한정성분의 수식을 받는다. "三斤[세 근], 五尺[다섯 자]"는 수량 한정사이기에 더는 수량 한정사의 수식을 받을 수 없다. 반면에 "三斤的[세 근의], 五尺的[다섯 자의]"는 수량 한정사가 아니라 묘사성 규정어이기에 앞에는 진정한 수량 한정사가 놓일 수 있다. Cheng & Sybesma(1999)는 "的"이 붙을 수 있는지 여부를 계량사와 개체양사를 구분하는 통사적 근거로 삼았다. 실은 "的"의 첨가 여부는 양사 유형과 관련 있는 것이 아니라 규정어 유형(내포/외연)과 관련 있다. 개체양사가 일반적으로 "的"이 붙을 수 없는 원인은 묘사성 내포규정어로 되는 의미조건이 결핍되어 있

명사성 구의 유형론적 연구

기 때문이다. 하지만 수량이 커서 주관 대량을 체현하기에 충족하다면 개체양사도 "的"을 붙여 계량성분이 아닌 묘사성 규정어로 전환할 수 있다. 이는 단위양사와 같다.

(34)……橋前約250平方公尺的小河口灘地, 聚集着 <u>108只的白鷺鷥</u>, (*……5只的白鷺鷥)(報)

　　……다리 앞의 약 250평방 미터의 갯벌에는 108마리의 백노가 모여 있다.(신문)

(35)……所以一般的繁育者都是在維持<u>10-20只的繁殖猫</u>。(*……1-3只的繁殖猫)(報)

　　……때문에 일반적인 번식자는 모두 10-20마리의 번식용 고양이를 유지하고 있다.(신문)

　이와 같이 "的"이 첨가 가능한 개체양사는 동시에 진정한 계량성분의 꾸밈도 받을 수 있지만 반면에 "的"을 첨가할 수 없으면 계량성분의 꾸밈도 받을 수 없다.

(36) a. 一群108只的白鷺鷥　　　　　b. 一群108只白鷺鷥
　　　한 무리의108마리의 백노

　중국어의 범용적인 규정어표지 "的"은 내포규정어와 외연규정어의 경계선을 상당히 명확하게 획분하였다. 이는 중국어와 마찬가지로 범용적인 규정어표지를 갖는 일본어와 대조를 이룬다. 일본어의

の(no)는 소유어와 형용사 뒤에 쓰여 내포규정어를 표기하고 양사와
지시사 뒤에 쓰여 외연규정어를 표기한다.

(37) 내포성: a. neko   no   mimi   b. midori   no   hane
　　　　　　고양이 의   귀　　　　녹색　　의　 깃털
(38) 외연성: b. sam biki no neko   b. ano   hito   c. kono hon
　　　　　　세   마리 의 고양이   그 (의) 사람   이(의) 책

　　예문(38 b-c) 중 ano와 kono는 습관적으로 no를 지시사에 적어 넣
지만 no는 여전히 규정어표지이며 전문적으로 한정사 위치에 쓰인다.
지시사가 대명사로서 단독으로 논항을 충당할 경우 그 어형은 각기
are와 kore이고 no는 쓰이지 않는다. 이로 보아, no가 내포와 외연을
넘나들고 있음을 알 수 있다. 반면에 관계절과 같이 일부 내포규정어
는 규정어표지를 첨가하지 않고도 직접 핵어명사와 결합할 수 있다.

(39)a. e-o　　　　　　kai-ta　　　　　gaka
　　　 그림(목적격)　　그리다　　　　화가 (그림을 그린 화가)
　b. gaka-ga　　　　　kai-ta　　　　　e
　　　 화가(주격)　　　그리다　　　　　그림(화가가 그린 그림)

　　때문에 우리는 중국어가 규정어에서 나타내는 특징1과 특징2를
귀납하여 "범용적인 규정어표지를 사용하되 이 표지는 내포성규정
어에만 사용한다"란 중국어의 현저한 특징으로 설정할 수 있다. 이

명사성 구의 유형론적 연구

렇게 하면 규정어표지 수단을 사용하는 대량의 언어와 구별되는 동시에 규정어표지가 내포와 외연 두 유형의 규정어를 넘나드는 그러한 언어와도 구별된다.

하지만 "的"은 어감 중에서 어떤 한 규정어가 내포성인지 아니면 외연성인지를 테스트하는 데 쓰일 수는 있으나 실제로 말뭉치에 있는 규정어가 내포성인지 아니면 외연성인지를 판단하는 데는 쓰일 수 없다. 왜냐하면, "的"의 가장 큰 특징의 하나가 비(非)강제성이기 때문이다(상세한 논의는 다음 장절을 참조).

1.3.2 각종 어휘 부류로 구성된 내포규정어의 뒤에 놓이는 "的"은 모두 강제성을 지니지 않는다

규정어 뒤 "的"의 은현(隱現)규칙을 다룬 연구성과는 많지만 여전히 일치된 견해를 가져 오지 못하였다(陸丙甫 2003을 참조). 난점은 규정어의 어휘 부류 혹은 간단한 통사규칙으로는 "的"의 출현 여부를 예측하기에 충분하지 못하기 때문이다. 실은 이 현상 자체가 일종의 유형 특징이다. 지금까지 밝혀진 사실을 놓고 볼 때, 중국어의 내포규정어에는 모두 "的"이 붙을 수 있지만 실제로 사용에 있어 모두 "的"이 붙는 것이 아니고 "的"이 생략될 수 있을 뿐만 아니라 쉽게 생략되는 경우가 많다. 이로 인해 "的"이 순수한 통사적 표지로 되기 어렵게 되었다. 다음에 요점을 골라 분석하겠다.

여러 겹으로 안긴 규정어(규정어 자체가 내포규정어의 NP)와 다항규정어(여러 개의 수식어가 핵심을 수식하는 구조)는 모두 "的"이 하나의 명사성 구문에 여러 번 출현하는 것을 배척하는 경향이 있다. 두 가지 구조는 "되도록이면 앞에 놓이는 '的'을 생략"하는 공통적인 경향성을 지니고 있다. 즉 위치에 있어 앞쪽에 놓이는 규정어 더욱이는 규정어 맨 앞자리에 놓이는 소유어는 "的"이 가장 쉽게 생략되고 반면에 핵어 명사에 가장 가까이 위치한 소유어는 "的"을 생략할 수 없다. 그 외, 다항규정어에서 명사, 구별사 등으로 구성된 비(非)소유속성을 지닌 규정어가 핵어명사의 바로 앞에 놓일 경우 "的"을 흔히 생략한다.

(39) 여러 겹으로 안긴 규정어:

    a. 辦公室 (?的) 王主任 (的) 要好朋友 (的) 外甥* (的) 同學~

       사무실(?의) 왕주임(의) 제일 친한 친구(의) 외조카*(의) 동창~

       사무실 왕주임의 제일 친한 친구 외조카의 동창

    b. 辦公室王主任* (的) 朋友

       사무실 왕주임* (의) 친구

       사무실 왕주임의 친구

    c. 要好朋友* (的) 外甥

       가장 친한 친구*(의) 외조카

       가장 친한 친구의 외조카

(40) 王主任(的)年紀很輕(的)在湖北老家經商*(的)遠房(?的)親戚

    왕주임(의) 젊은 나이(의) 호북 고향에서 장사를 하*(는) 먼 일

    가(?의) 친척

    왕주임의 호북 고향에서 장사를 하는 젊은 나이의 먼 친척

예문(40)에 따르면 다층소유어로서, 맨 앞에 출현하는 "辦公室"[사무실] 뒤의 "的"은 화용론적 측면으로 볼 때 반드시 삭제해야 하고 삭제하지 않으면 어색한 중국어 표현이 되는데 같은 소유어지만 제일 마지막에 중심어와 가장 가까이 위치한 "外甥"[외조카]는 반드시 "的"을 붙여야 한다. 주의해야 할 점은 이러한 "的"을 생략할 수 있는 소유어가 만약 단독으로 핵어명사를 직접 수식할 경우에는 "的"을 붙이는 것이 일반적이고 그렇지 않으면 예문(40)b-c와 같이 비문을 형성하게 된다는 것이다. 예문(41)에서 제시한 바와 같이, 다항규정어로서 앞에 놓이는 두 개의 규정어 특히는 맨 앞의 규정어의 "的"은 삭제하려는 강한 경향(허나 단독으로 핵어명사를 꾸며줄 때는 "的"이 필수적이다)이 있지만, 꺼꾸로 두 번째에 놓인 규정어 "在湖北老家經商"[호북 고향에서 장사를 한다]는 "年紀很輕"[나이가 아주 젊다]와 동일한 묘사성 규정어에 속하지만 반드시 "的"을 첨가해야 하고 맨 마지막에 놓인 속성 규정어 "遠房"[먼 일가]는 또 거의 "的"을 강제적으로 삭제한다.

　　여기서 작용을 일으키는 규칙은 주로 화용성이다. 규정어가 다른 규정어 앞 또는 뒤에 놓일 경우 통사적 속성은 별반 차이가 없기에 통사적으로 이러한 삭제 규칙을 해석하기 어렵다. 뿐만 아니라 삭제 가능한 "的"은 통사적으로 모두 보충해 넣을 수 있다. 다만 첨가한 후 중복적이고 번거로운 느낌을 주는데 "중복"과 "번거로움"은 화용적 측면의 결함이지 통사적 문제가 아니다. 영어의 속격 접미사 -s, 규정어를 꾸며주는 전치사 of 등과 같이 규정어를 연결해 주는 순 통사적 표지는 몇 개의 층 또는 몇 개의 항의 규정어가 있든 다 자유롭게 은현(隱現)할 수 없다.[5] 품사성 등 어휘 부류의 속성이 결정짓는 규정어의 은현규칙은 통사적 규칙이다. 하지만 중국어의 규정어표지 "的"의 생략은 규정어 어휘 부류와 관계가 미흡하여 "漂漂亮亮(的) 一件衣服[예쁜 옷 한 벌]"처럼 단어 내부 접미사로 분석되는 상태형용사 뒤에 붙는 "的"(朱德熙가 말하는 "的2")마저도 생략할 수 있기에 기타 어휘 부류 뒤에 붙는 "的"은 더욱 그러하다. 이는 "的"의 비(非)통사성의 일면을 강화하였다. 화용 수사적인 영향 외에 "的"의 은현규칙은 운율적인 영향도 받고 있다.

(42) a. 木頭方(*的)桌子　　b. 方*(的)木頭桌子　　c. 正方(的)木頭桌子
　　 나무로 된 네모 책상　　 네모난 나무 책상　　 사각으로 된 나무 책상

예문(42)a중의 "方" 뒤에는 "的"이 놓일 수 없고 예문(42)b중의

---

5 陸丙甫(2003)은 의미적인 규칙으로 "的"의 은현 규칙과 어순 상관성을 개괄하였는데 그는 "的"의 기본적인 작용은 묘사성인데 규정어가 뒤에 위치할수록 묘사성이 강하고 "的"의 첨가가 더 필수적이며, 규정어가 앞에 위치할수록 변별성이 강하고 묘사성이 약하며 "的"을 생략하는 경향이 높다고 지적하였다. 이와 같은 설명은 일정한 해석력이 있지만 명사, 구별사 등으로 이루어진 속성규정어 문제를 설명하기엔 부족하다. 우선, 이와 같은 규정어는 핵어명사에 가까이 놓이려는 경향이 있고 가장 뒤에 위치한다. 하지만 陸丙甫의 논문에서도 이와 같은 규정어가 묘사성이 약하고 변별성이 강하다고 인정하고 있다. 이는 뒤에 위치할수록 묘사성이 강하다는 예측과 어긋난다. 그 다음, 이와 같은 규정어가 뒤에 놓일 경우 흔히 "的"을 붙이지 않지만 앞으로 이동하면 반드시 "的"을 붙여야 한다. 예를 들면, "遠房*(的)在湖北老家經商的親戚", "那張木頭樑子~木頭*(的)那張的樑子"인데 이는 앞에 위치할수록 묘사성이 강하고 "的"을 첨가할 수 없다는 예측에 어긋난다. 기타 의미적인 면에서 그 은현규칙을 개괄하는 각종 관점에도 여러 문제점이 있는데 여기서는 자세히 다루지 않기로 한다.

명사성 구의 유형론적 연구

"方" 뒤에는 반드시 "的"이 놓여야 하는데 이러한 현상은 위치에 의해 결정되는 것 같지만 실은 예문(42)b의 "方"을 이음절인 "正方"으로 바꾸면 "的"은 있어도 되고 없어도 되는 것을 보아 작용을 일으키는 것은 규정어의 음절수라는 것을 알 수 있다. 여기서 운율 조건이 통사·의미적인 조건에서 독립하여 "的"이 음절수를 조절하는 수단으로 되었다. 이는 "的"이 단순적인 통사적 표지가 아님을 설명해 준다.

종합적으로, "的"은 통사적·화용적·운율적인 기능을 겸한 규정어표지로 중국어 규정어표지의 선명한 특징을 반영한다. "(你看好)小張的行李[소장의 짐을 잘 지켜라]"와 같이 어떤 통사적 조건 하에는 "的"이 필수적이고 생략해서는 안 되므로 통사성을 지닌다. 하지만 다른 조건 하에는 "的"의 출현 여부가 화용적 혹은 운율적 등의 요인에 의해 결정되기 때문에 비통사성을 지닌다.

"的"이 흔히 생략되는 또 다른 원인은 중국어에는 허사화가 진행되고 있거나 또는 완전히 허사화가 되지 않은 일련의 겸용 규정어표지가 존재하기 때문이다. 이러한 기능을 지니는 것들로는 "他這書[그의 이 책], 小王那技術[소왕의 그 기술]"과 같은 북방방언 구어 중의 지시사(呂叔湘,1985:209; 張伯江·方梅, 1996:157-158 참조), "王平他爹[왕평의 아버지], 小丽她奶奶[소려의 할머니]"와 같은 제3인칭 단수 대명사, "他這本書[그의 이 책]"와 같은 "지시사+양사"구, "他三本書[그의 세 권의 책], 厚厚三本書[두꺼운 세 권의 책], 干干净净兩間屋子[깨끗한 두 칸의 방]"와 같은 "수사+양사"구 등이 있는데 이와 같이 항을 연결해 주는 작용을 가지는 겸용 규정어표지는 생략하기 어렵고, 생략할 경우 반드시 "的"자를 삽입해 넣어야 한다. 이들을 "겸용"표지라 하는 이유는 규정어를 연결해 줄 때 모두 본래의 지시 또는 양화 의미를 보존하고 있고 핵어명사의 지시양화속성에 대해 엄격한 선택 제한을 하고 있기 때문이다. 대체적으로 지시양화성분을 겸용하는 규정어표지는 전문적인 규정어표지 "的"을 대체("我那位同學"처럼)할 수 있고, "的"과 공기("我的那位同學"처럼)할 수도 있는데, 공기할 경우 규정어표지의 기능을 갖지 않고 순수한 지시양화성분으로 된다. 하지만 규정어 뒤에 놓이는 지시양화성분 중의 일부는 "的"을 대체할 수는 있지만 "的"과 공기하기는 어려운데 동일성 수식어라 하는 즉 핵어명사의 보족어 종속절이 그러하다.

(43)a. 張明獲勝的消息　b. 張明獲勝這條消息　c. *張明獲勝的這條消息
　　　장명이 이겼다는 소식　장명이 이겼다는 이 소식
(44)a. 病從口入的說法　b. 病從口入這個說法　c. *病從口入的這個說法
　　　병은 입으로 들어간다는 견해　병은 입으로 들어간다는 이 견해

그것은 보족어의 수식을 받는 핵어명사의 앞에 지시사가 놓일 경우, 앞의 보족어는 통사적으로 규정어가 아닌 등위어로 되고 따라서 "的"을 가질 수 없기 때문이다. 이러한 특성으로 명사의 보족어와 기타 내포규정어의 구별을 테스트할 수 있다. 의미적인 면에서 기타 내포규정어는 명사의 일부 속성만 나타내지만, 보족어는 중심어의 전체 속성을 나타낼 수 있기에 통사적으로 보다 쉽게 등위어로 실현될 수 있다. 하

명사성 구의 유형론적 연구

지만 지시사가 규정어의 연계자의 역할을 하는 동시에 여전히 한정사의 기능을 보존하고 있기 때문에 "수식어+명사"구조와 등위구문의 중의성은 불가피하다. 앞에서 열거한 예문(16-18)이 바로 그러하다.

1.3.3

NP의 등위표지 "和" 등은 경우에 따라 생략되는데 이로 인해 소유구조와 중의성을 초래할 수 있다. 이러한 현상은 병렬접속사와 속격표지가 모두 생략 가능한 언어에서만 나타난다. 때로는 심지어 등위호칭어구조와 삼중 중의성을 형성하는데 앞에서 제시한 유형 조건 외에 "고유명사+보통명사"의 등위어 어순을 만족시켜야 한다. 삼중 중의성을 가지는 예는 다음과 같다.

(44) 大明舅舅也去了 : 大明和舅舅/大明的舅舅/名為大明的舅舅也去了
대명과 삼촌/대명의 삼촌/대명이라 부르는 삼촌도 갔다

(45) 張慧組長不同意 : 張慧和組長/張慧的組長/名為張慧的組長不同意
장혜와 팀장/장혜의 팀장/장혜라고 부르는 팀장이 동의하지 않는다

1.4. 범주의 특징

다음은 중국어 NP의 통사 유형 특징과 밀접히 관련된 일련의 문

법 범주 특징에 대해 중점적으로 논의한다.

1.4.1 범주의 합병 또는 동질화

중국어 NP내부에 규정어가 일률 전치하는 이 본질적인 어순 특징은 몇 개 범주의 중국어에서의 합병 또는 동질화를 조장하였다.

1.4.1.1 단어 및 구문성 규정어와 속성절(Attributive Clauses)의 동질화

중국어는 다음과 같은 유형 특징을 지니고 있다.

1) 각종 규정어가 모두 좌측에 "끼여 있고" 게다가 사용되는 표지가 단일하다.
2) 서술어가 규정어로 될 때와 직접 서술어로 될 때 형태상(한정적·비한정적인 범주의) 명확한 구별이 없다.
3) 문장에서 논항 생략이 허용된다. 때문에 단어, 구문, 관계절이 규정어로 될 때 문법 상에서 동질화 현상이 발생한다.

목적어를 수반하지 않는 술어(不及物謂詞)가 단독으로 규정어를 충당할 때에도 관계절로 분석할 수 있다. 예를 들면, "學生聰明"[학생이 총명하다]을 관계화하면 "聰明的學生"[총명한 학생]이 된다. 이와 같은 규정어의 형식은 정상적인 형용사 규정어와 같다. 마찬가지로 "游泳的孩子"[수영하는 어린이] 역시 "孩子游泳"[어린이가 수영한다]의 관계화로 분석할 수 있다(劉丹靑 2005를 참조). 만일 영어처럼 형용사 수식어가 앞에 놓이고 관계절은 뒤에 놓이거나, 혹은 대부분 藏緬語처럼 기본적인 형용사가 뒤에 놓이고 관계절이 앞에 놓이거나, 또는 남도어계 Kwamera어처럼 비록 형용사와 관계절이 모두 뒤에 놓이지만 표지 사용의 존재 등 통사적인 표현이 다르다면 형용사 규정어와 관계절의 구분이 쉽다. Kwamera어의 예를 구체적으로 들 수 있다(Lindstrom & Lynch, 1994:31).

(47)a. 형용사 규정어 nimwa　　vi　　te （영어의 the new house에 해당된다）
　　　　　　　　　　 집　　새롭다　유정 표지

　　　b. 관계절 nimwa　te　 sa-vi （영어의 the house that is new에 해당된다）
　　　　　　　　　 집　 유정 표지　관계화표지-새

　그 외에, 타동사가 단독으로 규정어로 될 경우에도 절이 주어와 목적어를 비교적 자유롭게 생략하는 관계로 여전히 관계절로 분석될 수 있다. 예를 들면, "買的書"[산 책]은 주어가 생략된 절 "買書"[책을 사다]를 관계화한 것이라고 해석할 수 있고, "複習的學生"[복습한 학생]은 목적어가 생략된 절 "學生複習"[학생이 복습하다]을 관계화한 것이라고 해석할 수 있다.

　하지만 중국어에는 전형적인 관계절과 일반적인 VP 규정어의 변별에 작용을 하는 일련의 테스트 항목이 있다(상세한 논의는 劉丹靑 2005을 참조).

　1) 중국어에 있어 "的"이 붙는 규정어의 어순규칙은 정상적인 절과

같다. 하지만 "的"이 붙지 않는 내포규정어의 어순규칙은 정상적인 절과 다르므로 진정한 절이 아니고 관계절이라고도 말할 수 없다.

(48)a. 魚塘守護人員 ～ b. 守護魚塘*(的)人員
　　　양어장을 지키는 사람

예문(48)a은 "的"이 없고 수동적인 수식어가 동사에 전치한다. 하지만 예문(47)b의 수식어는 절인 VO와 같고 반드시 "的"이 있어야 한다. 顧陽과 沈陽(2001)에서는 呂淑相이 언급한 "起詞(주어)를 端語(중심어)로 하는" 복합어 중 "飛机乘客[비행기의 승객]"과 같이 동사와 목적어의 관계를 내포하고 있는 규정어는 동사(서술어)와 止詞(목적어)의 순서를 도치함으로 구의 어순과 구별이 있음을 제시하였다. 이로 보아, 예문(48)은 구조와 어순에 있어 구가 아닌 복합어에 더 가깝고 관계절구조가 존재하지 않고 있다. 예문(48)은 중국어에서 관계절은 반드시 연계자를 사용해야 함을 말해 주고 있는데 더 나아가서는 "大房間[큰 방], 聰明孩子[총명한 아이], 學習資料[학습 자료], 住宿旅客[숙박여객]" 등과 같은 조합은 모두 관계절을 내포하지 않고 있다.

2) 일부 관계절은(吳語 중 양사가 연계자를 겸하는 관계절과 같은) 용언의 복잡도를 전제로 하고 원형동사를 배척한다. 蘇州語을 비교해 보면 다음과 같다.

(49)a. 我看本書(我看的那本書)
　　　내가 읽은 그 책

b. 看三遍本書(看三遍的那本書)

　세 번 읽은 그 책

c. *看本書(看的那本書)

　읽은 그 책

이러한 대립은 전형적인 관계절과 일반적인 VP수식어(혹은 비전형적인 관계절)의 구별로 볼 수 있다.

1.4.1.2 제한적 관계절과 비제한적 관계절의 통합

중국어의 제한적 관계절과 비제한적 관계절은 통사적 실현에 있어 완전히 일치한다. 唐正大(2006)에서는 다음 예문을 열거하였다(예문 번호를 재배열하고 의미 해석을 다소 조절하였다).

(49) 吃螃蟹的毛利人

　게를 먹는 모리인(제한적: 게를 먹는 모리인과 게를 먹지 않는 모리인이 존재한다)

(50) 吃螃蟹的毛利人

　게를 먹는 모리인 (비제한적: 모리인이라면 다 게를 먹는다는 사실에 근거하여 한 말이다)

이와 같은 "제한적–비제한적"의 범주의 통합은 중국어의 규정어가 일률 전치하는 유형 특징과 관련 있다. 전치하는 규정어는 긴밀한 조합만 선택 가능하고 규정어와 핵어명사 사이에 휴지가 있을 수 없기에 규정어의 긴밀함과 느슨함에 근거하여 "제한적–비제한적"을 구분지을 수 없다. 반면에 영어의 관계절은 후치하는데(거의 모든 VO 언어와 대부분 OV언어의 관계절도 후치한다) 후치하는 규정어에는 긴밀함과 느슨함이란 두 조합이 모두 존재하기에 영어처럼 "제한적–비제한적"을 쉽게 구분지을 수 있다. 중국어는 일부 언어처럼 제한적 관계절만 존재하는 것도 아니다(예를 들면 남도어계 토켈라우어, Hooper 1996:40). 제한적 관계절만 있는 언어는 "제한적–비제한적" 통합이 존재하지 않는다. 方梅(2004)의 연구에 의하면, 北京語 구어에는 핵어명사에 후치하는 비교적 느슨한 관계절이 존재하는데 이러한 관계절은 모두 비제한적 관계절이라고 한다. 우리는 이러한 관계절은 수식어로서의 문법화 정도와 핵어명사와의 정합도가 모두 비교적 낮은 관계로 규정어 일률 전치라는 대세를 동요하지 않는다고 추론한다. 뿐만 아니라 北京語 구어일지라도 여전히 제한적·비제한적을 효율적으로 구분할 수 없다. 왜냐하면, 명사에 전치하는 비제한적 관계절이 여전히 존재하기 때문이다.

1.4.2 범주의 대립: 어휘 부류 간의 차이, 규정어표지 간의 차이 또는 규정어표지 유·무 간의 차이가 규정어의 대립 범주를 증가시킨다

1.4.2.1 호칭성 규정어(융합 규정어)와 비(非)호칭성 규정어(조합 규정어)의 차이

중국어 내포규정어의 대다수는 "的"을 붙이거나 붙이지 않아도 무방하다. 때문에 "的"이 붙는지 여부는 중국어에서 의미적·화용적 기능이 구별화된 규정어 유형을 형성하였다. 呂叔湘(1979)은 이미 "大樹"[대나무]와 "大的樹"[큰 나무]가 "문법 상에서 아주 큰 차이가 있다"고 지적한 바 있다. 朱德熙(1982)은 점합식 "수식-피수식"구조 (명사, 구별사와 성질형용사로 된 규정어에 "的"을 첨가하지 않는 경우)와 조합식 "수식-피수식"구조(규정어에 "的"을 첨가하거나 혹은 지시사, "지시사+양사"구, "수사+양사"구일 경우)를 정식으로 획분하였고 점합식 구조는 하나의 단어에 해당하다고 지적하고 있다. 陸丙甫(1993:40)는 朱德熙의 융합 규정어를 "호칭성 규정어"라고 일컫고 있고 분류 기능이 있다고 지적하였으며, "的"이 붙는 것은 비(非)호칭성 규정어이라고 지적하였다. 張敏(1998)도 융합식/호칭성 규정어가 분류성이 있다는 관점에 동의하고 "개념적인 면에서 핵어명사의 분류의 근거로 되"며 전체 융합식 "수식어+명사"구조는 "작용이 하나의 총칭을 나타내는 명사와 같다"고 지적하고 있다. 陸丙甫와 張敏은 본 장에서 말하는 외연규정어의 Generic에 대해서는 명확히 밝히지 않고 주요한 대비는 "的"이 붙는 내포규정어와 "的"이 붙지 않는 내포규정어이며 외연규정어는 기본적으로 언급하지 않고 있다.

"的"이 붙을 수 있는지 여부에 의하여 구분된 융합식/호칭성 규정어와 조합식/비호칭성 규정어는 아주 의미있는 분류이다. 하지만 본 장에서 이미 제시한 바와 같이 내포성와 외연성은 규정어 내부에 있어 구분이 가장 큰 두 부류이기 때문에 외연규정어를 조합식 규정어에 포함시키면 내포와 외연의 차이(그 당시에는 이와 같은 구분을 제기하지 않았다)를 체현할 수 없을 뿐만 아니라 조합식 규정어에 "的"이 붙는 경우와 "的"이 붙지 않는 경우라는 두 가지 상황이 출현하게 되어 융합과 조합의 획분 기준이 모호해진다. 이는 가능하게 陸丙甫와 張敏이 융합과 조합의 차이를 논의할 때 외연규정어를 얘기하는 것을 피한 원인의 일부일 것이다. 본 장은 보완 후의 구분을 다음과 같이 제기한다.

(52)A. 외연규정어("的"이 붙을 수 없고, 경우에 따라 "的"을 대체하며, 구문을 구성한다):

這人[이 사람], 三頭猪[돼지 세 마리], 那五間房[그 방 다섯 칸], 這六十斤大米[이 60근의 쌀]

B. 내포규정어("的"이 붙을 수 있다):

B1. 호칭성 규정어("的"이 붙을 수 있지만 첨가하지 않은 것이다. 복합어 혹은 "구문으로 형성된 어휘(短語詞)"를 구성한다)

大樹[큰나무], 我姐姐[우리 누나], 木頭枪[나무총], 免洗大米[무세미(씻지 않아도 되는 쌀)], 聰明孩子[총명한 어린이], 魚塘守護人員[양어장을 지키는 사람]

B2. 비호칭성 규정어("的"이 붙을 수 있는 규정어에 이미 "的"을 첨가하였거나 외연규정어로부터 유래된 겸용 표지를 첨가한 것이다. 구문을 구성한다.):

大的樹[큰 나무], 我這姐姐[나의 이 누나], 木頭的房子[나무로 된 집], 圓圓的眼睛[동그란 눈], 守護魚塘的人員[양어장을 지키는 사람], 出差那位經理[출장간 그 경리]

이와 같은 분류는 규정어의 통사 범주의 분류 기준을 보다 명확

명사성 구의 유형론적 연구

히 할 수 있다. "的"이 붙을 수 있는지 여부에 근거하여 통사적인 면에서 규정어를 크게 내포와 외연이란 두 가지 부류로 획분할 수 있고, 규정어표지를 첨가하였는지 여부에 근거하여 내포규정어를 다시 호칭성과 비호칭성이라는 두 부류로 나눌 수 있다. 동시에, 이 분류는 기존의 "的"은 붙지 않지만 겸용의 규정어표지가 붙는 신분이 확실치 못한 현상도 포함하였다.

상기 문법범주 시스템의 존재는 다음의 특정적인 유형적 조건을 필수로 한다. 1) 내포규정어와 외연규정어는 표기 형식 면에서 대립을 이룬다. 일본어와 같은 언어는 규정어표지 の가 내포과 외연 두 부류를 모두 관할하는 데다가 내포규정어에는 표지를 사용할 수 없는 것도 포함되어 있기에 이와 같은 조건이 존재하지 않는다. 2) 각종 내포규정어는 단일한 규정어표지를 사용할 수 있다. 목전까지 우리는 기타 언어에서 이와 같은 현상을 발견하지 못하였다. 영어와 같은 언어는 내포규정어의 표기 방식이 다양하다(3.1을 참조). 藏緬, 壯侗 등 인접해 있는 친족언어에서도 이러한 통일적인 표지를 찾아보지 못하였다(우리는 李云兵(2005)이 열거한 모든 민족어의 "수식어+명사"구조에 관한 자료를 살펴보았다). 3) 내포규정어의 표지는 흔히는 사용해도 되고 사용하지 않아도 무방하며 이로 인해 같은 품사로 이루어진 규정어의 "점합"과 "조합"의 차이를 초래하였다. 이와 같은 현상도 흔한 것은 아니다. 이상의 매 한 가지 조건을 갖춘 언어도 찾아보기 어려운데 세 가지를 모두 구비한 언어는 더더욱 찾아보기 힘들다. 때문에 상술한 규정어 범주의 분류는 마땅히 중국어 NP의 아주 특수한 현상이어야 한다. 이로 보아, 규정어의 융합/호칭성과 조

합/비호칭성의 구분은 극히 풍부한 독창적인 견해를 갖고 있음과 동시에 중국어 문법학이 보편문법이론에 대한 특수한 기여라 할 수 있겠다.

1.4.2.2 성질규정어와 상태규정어

이는 규정어의 각도에서 朱德熙(1956)가 처음으로 제시한 성질형용사와 상태형용사의 구분을 참조하여 귀납한 범주의 대립이다. 성질형용사와 상태형용사 내부는 통사적 표현에 있어 완전히 동질적이 아니고 각기 일부 하위범주가 정도부동하게 상대편으로 접근하고 있기 때문에 沈家煊(1997)은 형용사의 종류를 다음과 같이 연속적인 등급으로 확장하고 있다.

비술어(非謂)	단음절성질	이음절성질	이음절성질형용사B	상태	술어로만(唯謂)
형용사	형용사	형용사A	상태형용사을	형용사갑	형용사
"大型"	"大"	"普通"	"大方, 黑兮兮"	"黝黑"	"盎然"
[대형의]	[큰]	[보통의]	[시원시원한, 어두컴컴먼]	[새까만]	[충만하다]

위의 등급에서 왼쪽으로 접근하면 할수록 "성질"에 가깝고, 오른쪽으로 접근하면 할수록 "상태"에 가깝다. 규정어의 각도에서 볼 때, 상기 하위범주는 모두 영구적 또는 임시적인 "속성"을 나타내지만 가장 오른쪽에 위치한 술어로만 되는 형용사는 규정어로 될 수 없기에 응당 배제해야 한다. 반면에 "木頭椅子, 心理障碍"[나무의자, 심리장애] 등과 같이 명사에 의해 이루어진 비소유의 속성규정어도 속

성을 나타내기 때문에 마땅히 포함시켜야 한다. 그 밖에 이음절형용사에 비해 상태형용사에 더 가까운 정도수식이 붙는 성질형용사구도 포함시켜야 한다. 내포규정어 중의 소유어와 관계절은 주로 관계를 표시할 뿐 속성을 나타내지 않기에 포함시키지 않는 것이 타당하다. 이렇게 되면 우리는 위의 등급서열을 수정하여 중국어 내포규정어의 "성질–상태" 등급서열에 적용시킬 수 있다. 다음과 같이 표화한다("성질", "상태" 뒤에는 "형용"을 생략하기로 한다).

(53) 성질규정어 ◄―――――――――――――► 상태규정어

명사–구별사–단음절형용사–이음절성질A–이음절성질B/형용사구/상태사(狀態詞)을–상태사갑

유형론적 시각에서 보면, 성질과 상태라는 문법 범주의 대립은 영어 등 인구어에 있어서는 드물지만, 藏緬語(戴慶廈·徐悉艱(1992)에서 열거한 景頗語의 상태사), 壯侗語(張敏·張均如(1996)에서 논의한 聲貌詞), 알타이언어(特可圖(1980)에서 서술한 몽고어의 상태사), 일본어(의성의태어) 등 동아시아 언어에 있어서는 광범위하게 분포되어 있다. 때문에 성질–상태의 대립 자체는 여러 동아시아 언어에서 보여지는 공통적인 지역 유형적 특징으로 그 중국어 특색이 본 장에서 논의하는 기타 범주보다 농후하지 못하다. 하지만 이와 같은 대립이 형태·통사 면에서 구체적으로 어떻게 표현되고 있는지는 언어마다 다르다. 중국어는 (53)에서와 같이 다급적인 계통을 보이고 있고, 景坡語에서는 형용사와 구별되는 다른 품사로 표현되고, 壯侗語에서

는 전문적으로 서술어를 수식하는 聲貌詞로 표현된다. 때문에, 중국어의 속성규정어의 유형적 특징은 그 돌출한 표현이 성질과 상태의 구별에 있는 것이 아니라, (53)과 같은 통사적 근거가 존재하는 범주의 등급서열이다.

1.4.2.3 개체와 총칭

개체양사와 도(度)양사는 중국어에서 통사적 표현이 꽤 일치하므로 "양사"라고 통칭하는데 이 또한 대부분 양사 언어의 공통적인 특징이기도 하다(Greenberg1974). 하지만 개체양사가 붙는 NP에 있어 수량 정보는 수사에 의해 체현되고 개체양사는 NP에 수량 정보를 증가해 주지 않으며 그 자체가 수량 범주에 속하지 않기 때문에 "양사"라는 명칭은 적합하지 않다. 물론 세계적으로 상당수의 언어에는 개체양사가 존재하지 않기 때문에 개체양사는 중국어로 하여금 문법 범주 면에서 어떠한 특징을 띠게 할 것이 분명하다. 명확한 범주 속성은 기타 언어와의 비교를 통해 귀납할 수 있다. 현대중국어에서 양사는 수사와 명사 사이에 강제적으로 사용되는데 藏緬語 등 양사 사용에 있어 강제성이 존재하지 않는 언어와 다르다. 이는 이 품사가 수량 범주를 표현하지는 않지만 수량 범주와 어떤 관계가 있음을 설명해 준다. 서방 언어학계에서는 개체양사를 classifier(분류사)라고 부르는데 壯侗語처럼 양사로서 인류와 사물의 계통을 분류하는 것(梁敏 등 1996:889를 참조)과 비교했을 때 중국어의 양사는 분류 기능이 그리 강하지 못하고 다만 소수 몇 개의 명사만 분류하고 대부분의 명사는 분류 기능이 없는 통용적인 양사 "個"[개]를 사용한다

명사성 구의 유형론적 연구

(Erbaugh 2002). 게다가 통사적 테스트를 통해서도 중국어 양사의 분류 기능이 의심스러운 면이 있음을 알 수 있다.

(54)a. 他買了五條鯽魚和鯿魚。|他買了兩條鯽魚, 三條鯿魚, 一共五條。

그는 다섯 마리의 붕어와 방어를 샀다.|그는 두 마리의 붕어와 세 마리의 방어 도합 다섯 마리를 샀다.

b. *他買了五條毛巾和魚。|*他買了兩條毛巾, 三條魚, 一共五條。

그는 다섯 개/마리의 수건과 고기를 샀다.|그는 두 개의 수건과 세 마리의 고기 도합 다섯 개/마리를 샀다.

오오코우치(1993/1985)는 "개체화"라는 용어로 중국어 양사의 근본적인 기능을 개괄하였고 중국어 양사의 가장 본질적인 작용을 지적하였다. Lyons(1977; Rijkhoff2002:50에서 재인용)도 각종 언어에 존재하는 이런 개체양사를 일종 개체화 표지(a kind of individualizer)로 보고 있다. 수사 뒤에 놓이는 양사가 필수적이기 때문에 이것으로 양사의 표의 작용이 무엇인지를 판단하기 어렵다. 하지만 지시사 뒤에 놓이는 양사는 선택 가능하기에 "這本書"[이 한 권의 책]와 "這些書"[이 책들]는 "這書"[이 책]에 비해 개체성이 선명히 증가된다. 그 외, 동사 뒤에 수사가 놓이지 않을 경우, 양사 또한 필수적인 성분이 아니므로 "買了本書"[책 한권을 샀다]와 "買了些書"[책을 좀 샀다]는 "買了書"[책을 샀다]에 비해 개체성이 선명히 증가된다. 이와 같은 개체성은 통사적으로 검증할 수 있다.

(55)a. 我招了個/些學生很聰明。　～　b. *我招了學生很聰明。

나는 똑똑한 학생을 모집했다.

예문(55)a에서 목적어 명사는 양사의 꾸밈을 받아 개체성을 가진다. 때문에 동일한 구문에서 뒤에 접속하는 서술어에 의해 영 조응주어로 진술할 수 있다. 예(55)b는 양사의 꾸밈을 받지 않아 총칭적인 의미에 더 가깝다. 때문에 개체성 대상으로서 동일한 구문에서 조응하고 진술할 수 없다. 아마도 이는 수 범주의 은현의 차이라고 생각하는 사람도 있을 것이다. "個"[개]와 "些"[약간]은 각기 단수와 복수를 명시하지만 "這書"[이 책]과 "買了書"[책을 샀다]는 수 범주를 부각시키지 않는다. 이 해석으로 "他是醫生"[그가 의사이다]와 "他是個醫生"[그는 한 명의 의사이다]의 차이를 설명할 수 없다. 왜냐하면, "醫生"[의사]는 여기서 오직 단수로 이해될 수밖에 없기 때문이다. 따라서 오직 "개체성"만이 보다 많은 언어 사실에 적용된다. 양사가 붙는 NP가 양사 또는 수량사가 붙지 않는 NP에 비해 담화에서 더 중요성 혹은 주관성 등 텍스트 기능을 가지는 것(예를 들면, 孫朝奮 1994/1988, 張伯江·李珍明 2002)에 대해서는 개체성 의미로부터 파생된 화용적 기능이라고 볼 수 있다. 때문에 개체양사의 존재는 중국어NP에 주로 개체성을 부여하고 있는데 이는 중국어 원형명사의 자체의 총칭성과 관련이 있고(Krifka 1995, Chierchia 1998, Rijkhoff 2000, 劉丹靑 2002를 참조), 이로 인해 개체와 총칭의 범주 대립을 형성한다. 중국어의 소수 명사에 대해서 양사는 분류의 작용을 부차적으로 가지고 있다.

명사성 구의 유형론적 연구

1.4.2.4 처소성 명사, 비처소성 명사와 양측을 다 겸하는 명사

중국어 "수사–명사" 조합이 모두 양사를 첨가하여 개체성을 증가하는 것처럼 중국어 일반적인 NP는 기본적인 처소 전치사와 결합할 경우 방위명사 혹은 더 허사화된 방위 후치사(흔히 이 둘을 합해서 방위사라 부르는 경우가 많다)를 첨가해야 한다. 儲澤祥(2006)은 이는 현대중국어의 명사 자체가 특징이 있음을 반영하는데 상대적으로 독립적인 처소사가 존재한다는 것은 일반명사가 공간성이 없음을 의미하며 이러한 제한이 없는 언어와 다르다고 지적하고 있다. 이에 근거하여 우리는 중국어 명사를 세 가지로 분류할 수 있다. A. 지명 등 처소명사로 방위사를 배척한다(*上海裏|*尖沙嘴上). B. 보통 명사로 공간 전치사의 지배를 받을 경우 강제적으로 방위사를 첨가한다(在桌子上/*在桌子). C. 양측을 다 겸하는 명사로 방위사는 첨가해도 좋고 첨가하지 않아도 무방하다(在郵局/在郵局裏)(劉丹青 2003:163을 참조). 이로 인해 중국어 명사의 범주 대립인 A류 공간 명사, B류 실체(비공간) 명사, C류 공간 겸 실체 명사––방위사 첨가 시는 실체명사이고 직접 공간 전치사 뒤에 쓰일 경우는 공간명사를 형성하였다. 비록 공간 명사의 비처소성은 동아시아 언어에 있어 정도부동하게 존재하고 있지만 대부분 언어에서의 표현은 중국어처럼 돌출하지 않고 명사가 직접 공간 전치사/후치사와 결합하는 편이 중국어 명사보다 흔하다. 예를 들면, 일부 苗瑤語에 있는 공간 전치사는 "這/那"에 해당하는 지시사를 직접 지배할 수 있고(李云兵 2005:§5.1.6 표준어의 "在這/那"는 "在這兒/那兒"의 줄인 말로 여전히 처소형태소를 가진다) 仡央어군에는 "從塘, 在山, 在田"에 해당하는 조합이 있으며(상

동, §6.1.5) 佤語 등 남아시아 언어에는 "于樹枝, 于眼, 于脚, 于桌子, 于田" 등에 해당하는 조합이 있고(상동, §7.1.6), 藏語에는 "天/這山/飯鍋/江" 등에 해당하는 NP+방위·처소 후치사의 조합이 있다(상동 §3.1.6). 영어와 같은 언어에는 이와 같은 공간/비공간의 범주 대립이 존재하지 않는다.

1.5. 내부의 차이

위의 중국어 NP유형 특징에 대한 분석은 주로 표준어 자료에 근거하였으나 실은 어느 정도 중국어 NP의 전체적인 특징을 대표한다. 위에서 귀납한 여러 특징은 범시대성과 범방언성을 지닌다. 그러나 자세히 살펴본다면 고금과 방언 간 NP에는 약간의 유형 차이가 존재한다. 이 문제에 대해서 전문적인 논의를 전개할 필요가 있으나 다만 여기에서는 줄거리만 요약하여 소개하겠다.

1.5.1 개체성 범주와 공간성 범주의 고금 차이

선진 중국어의 명사는 직접 수사의 한정을 받을 수 있고 개체양사가 그리 발달되지 않아 통사적으로 필수적인 성분이 아니었다(王力 1980:234). 때문에 그 당시에 개체양사를 매체로 하는 NP의 개체성 범주가 아직 완전히 형성되지 않았다. 현대중국어의 여러 방언은 수사와 명사 사이에 강제적으로 양사를 첨가하는 것이 보편적인 규칙으로 되었는데 이는 수천년간 점진적으로 발전한 결과이다.

선진 중국어의 공간 전치사는 명사를 직접 지배할 수 있고, 방위사를 첨가할 필요가 없다(당시는 방위명사만 존재하였고 후치사로 기능이 변화되지 않았다). 예로부터 계속 사용해 온 "于"는 지금까지도 이 규칙을 따르고 있다. 그 후에 방위사의 통사적 강제성이 점차적으로 강해짐에 따라 상대적으로 후에 나타난 공간 전치사는 현대중국어에 있어 지배하는 비처소명사에 반드시 방위명사 또는 방위 후치사를 첨가할 것을 요구하고 있다(李崇興 1992, 劉丹青 2003, 儲澤祥 2006). 비교의 예로 "臥于床~躺在床*(上)"[침대 위에 눕다]를 들 수 있다. 이는 방위 후치사의 강제성을 특징으로 하는 NP의 공간 특징(공간 명사 비공간 명사 양측을 다 겸비한 명사의 대립)의 확립 또한 고금 중국어 변천의 산물이지 고대중국어의 고유의 특징이 아니라는 것을 설명한다.

Rijkhoff(2002:50)의 명사유형 분류를 참조하면 (현대)중국어, 태국어 등의 언어에 있는 명사는 종류명사(sort nouns)에 속하고 기타 언어에 있는 단독명사(singular object nouns, 영어), 범칭명사(general nouns, 마야어 등), 집합명사(set nouns, Oromo어 등)와 다르다. 이로 인해, 중국어 명사가 양사의 도움을 받아 개체성을 획득하는 종류명사로 될 때와 방위사의 도움을 받아 공간성을 획득하는 실체명사로 될 때의 두 갈래의 변천 경로는 관련이 있을 가능성이 높다. Rijkhoff(2002, §2.4)의 연구에 의하면, 단독명사는 형태속성과 개체 불연속성을 띠고, 양사를 첨가해야만 개체를 나타내는 명사는 종류만 표시하고 형태성과 불연속성을 포함하지 않는다고 한다. 따라서 형태와 불연속을 띤 개체만이 공간을 점유하고 형태성이 없는 추상 종류는 공간을 점유하지 않을 것으로 예측된다. 이로부터 중국어에 있어 예로부터 지금까지의 명사의 공간 범주의 형성과 개체 범주의 형성은 우연적이 아님을 추측할 수 있다. 儲澤祥(2006)은 양자가 관련이 있다는 관점에 찬성하고 있다. 하지만 양자의 발전 정도는 동일한 것이 아니다. 吳語의 양사의 강제성은 北京話보다 강하기에 지시사와 명사 사이에는 반드시 양사를 첨가해야 하고 "這書"[이 책]이라는 말은 일반적으로 성립 안 된다. 게다가 방위 후치사의 강제성도 北京話보다 강하기에 "在邮局/圖書館/學校/百货店/宾館"[우체국/도서관/학교/백화점/호텔에서] 등은 吳語에서는 적격적이지 못하고 "在邮局裏" 등으로 말해야 한다. 이는 양자의 일치하는 면을 체현한다. 한편으로, 粵語 양사의 강제성이 吳語보다 강하기 때문에 표준어와 吳語의 유정 주어 "人走了"[사람이 갔다]를 粵語로 바꾸어 말하면 "個人(那個人)/啲人(那個人)走咗喇"이라고 해야 한다. 하지만 粵語의 후치사의 강제성은 吳語에 미치지 못하기 때문에 "喺邮局"이라고 말할 수 있다. 명사의 개체 범주와 공간 범주의 관계에 관해서는 심도있는 연구가 필요하다.

1.5.2 지시사 발달과 양사 발달

명사구를 놓고 볼 때, 북방 중국어는 지시사 발달 유형에 해당되고, 吳語와 粵語를 대표로 하는 남방방언은 양사 발달 유형에 해당된다(劉丹靑 2000, 2002, 2005). 이러한 대립 현상은 NP의 문법 구조에도 일련의 영향을 미치었다. 北京話 지시사는 단독으로 쓰일 수 있고 양사와 결합하지 않고도 직접 명사를 한정(這是新車[이는 새 차다], 那朋友[그 친구])할 수 있지만 吳語, 粵語 등 방언은 지시사가 반드시 양사와 결합한 후 단독으로 쓰이거나 명사를 한정할 수 있다. 지시사는 직시성과 유정성을 나타내지만 양사와 결합하기 전에는 개체성을 나타낼 수 없다. 양사는 개체성을 띠고 있다. 이를 통해 남방방언이 보다 전형적인 양사 강제성을 특징으로 하는 종류명사 언어이고, NP의 개체성은 양사로 표현된다는 것을 알 수 있다.

그 밖에 北京話 지시사는 관사와 비슷한 기능(呂叔湘 1985:206; 方梅 2002)이 있고, 규정어표지의 작용도 겸하고 있는데(呂叔湘 1985:209; 張伯江·方梅 1996:157-158) 이러한 용법은 吳語와 粵語에서는 모두 양사로 표현된다(石汝杰·劉丹靑 1985, 劉丹靑 1986, 2000, 2005a). 지시사 발달과 양사 발달의 유형적 차이를 다시금 체현하고 있다. 陳玉洁(2007a 제6장; 陳玉洁 2007b을 참조)은 지시사의 유관사 용법은 원근 구별이 없는 "중성지시사" 기능으로부터 허사화되어 온 것이라 논증하였다. 지시사가 규정어표지를 겸할 경우 유관사의 유정의 기능을 여전히 보존하고 있으나 개체성을 나타내지 않는다. 반면에 남방방언의 양사는 규정어표지를 겸할 경우 유관사의 유정의 기능을 보존하고 있는 동시에 개체성 의미도 가진다(예를 들면, 廣州語의 개체양사는 단수 개체를 표시하고, "啲"은 복수 개체를 표시한다). 이 또한 남방방언의 NP가 양사 개체성 범주를 두드러지게 하는 유형 특징을 보다 구비하고 있음을 설명해 준다.

일부 연구는 이와 같은 남북 차이의 유형론적 의의를 과소평가하고 있는 듯하다. 예를 들면, Cheng & Sybesma(1999)은 중국어에 있어 논항으로 되는 원형명사는 모두 Ø양사를 가지는 양사구 CIP이고, N이 CI의 위치로 이동해야만 논항을 충당할 수 있고 양사는 기타 언어에서 수 형태로 실현되는 명사어의 수 범주 및 한정사에 의해 실현되는 지시 범주를 실현하도록 돕는 역할을 한다고 주장하고 있다. 이 해석에 근거하면 粵語를 아주 잘 설명할 수 있고, 吳語를 어느 정도 설명할 수 지만, 北京話/표준어는 설명하기 어렵다. 왜냐하면, 첫째, 이 해석은 논항 위치에 출현하는 비 총칭 원형명사어는 오직 양사가 생략(무정)되거나 혹은 지시사가 생략(유정)된다고 설정하고 있는데 수사와 지시사가 붙지 않는 "양사+명사"구는 粵語와 吳語에서만이 성립되고 北京話에서는 성립이 안 되므로 양사의 생략으로 보기 어렵기 때문이다. 둘째, 이 해석에 의하면, 비 총칭을 나타내는 원형명사어는 양사가 체현하는 셀 수 있는 것과 셀 수 없는 것의 대립을 포함하고 있고 기타 언어에서의 수 범주의 의미를 나타낸다고 하면서 근대중국어에서 당대 北京話에 이르기까지 대량으로 존재하는 "지시사+명사" 명사어(이들은 吳語와 粵語에서는 성립이 안 된다)를 소홀히 하였다. 이 조합은 셀 수 있는 단위와 셀 수 없는 단위를 구분하지 않기에 "這水, 這苹果, 那學生"[이 물, 이 사과, 그 학생]이라고 말할 수 있다. 뿐만 아니라 단수와 복수를 구분하지 않는데 즉 유정을 표시할 때 수 범주를 따지지 않기에 "這個苹果坏了"[이 사과는 상했다]와 "把那書都扔了"[그 책을 모두 버렸다]는 단수를 가리킬 수도 있고 복수를 가리킬 수도 있다. 가령 여기에 수 범주 작용을 하는 숨은 양사가 존재한다면 이와 같은 단·복수가 불분명한 의미 해석이 있을 수 없을 것이다. Cheng & Sybesma(1999)의 표준어와 粵語 명사어 구조와 지시를 비교한 연구는 "這/那+명사"와 같은 표준어에서는 흔히 사용되지만 粵語에서는 용인하지 않는 조합에 대해 언급하지 않고 있는데 이러한 부주의가 이 논문의 논증이 불충분하다는 것의 관건적인 원인일 것이다. 양사의 돌출로 인한 개체범주가 발달한 언어에 있어 北京話가 粵語에 비해 전형적이지 못한 관계로 표준어에 있어 원형명사가 논항을 충당하는 것은 N위치에서 CI위치로 이동하였다고 말하기보다는 N위치에서 지시사에 의해 충당된 D위치로 이동하였다고 말하는 것이 더 사실에 부합된다.

Rijkhoff(2002)의 명사 분류를 참조하면 지시사가 명사를 직접 한정하는 언어에 있어, 명사는 순수한 종류명사(sort noun)가 아니라 다소 집합명사(set noun)의 속성을 띠고 있다는 것을 알 수 있다. 왜냐하면, 명사는 양사의 꾸밈을 받아 개체화를 나타내지 않고서도 논항으로 될 수 있기 때문이다. Rijkhoff(2002:148-155)의 분류에 대한 관찰에 의하면, 집합명사를 사용하는 언어의 명사는 흔히 복수 혹은 집단과 관련 있는 표지를 수반하지만, 종류명사를 사용하는 언어에는 표준어의 "們"[들]과 같은 표지만 붙는다고 한다. 우리의 관찰에 의하면, 粵語의 명사에는 이와 같은 접미사가 없고 복수대명사 "我哋, 你哋, 佢哋, 人哋(人家)" 중의 "哋"는 기타 명사에 쓰이지 않는다. 吳語의 대명사 복수 접미사도 비(非)고유명사에 사용되는 경우가 극히 적다. 이와 같은 상황은 이러한 남방방언이 보다 전형적인 양사 강제성을 특징으로 하는 종류명사 언어라는 것을 방증한다. 때문에 표준어와 粵語 등 남방방언의 명사어의 문법 구조에 대해서는 완전히 통일적인 유형 분석을 하는 것은 적절하지 않다.

1.6. 결론

명사성 구는 주로 등위접속과 규정어첨가란 두 가지 방식으로 이루어진다. 규정어의 기본적인 분류는 내포규정어와 외연규정어이다. 이 분류는 중국어 NP의 유형적 특징을 인식함에 있어서의 중요한 기초이다.

중국어 NP가 어순 면에서 표현되는 가장 돌출한 특징은 내포규정어와 외연규정어를 포함한 모든 규정어가 핵어명사에 전치하는 것이다. 이는 세계 상의 SVO-전치어 언어에서 찾아보기 드문 현상이다. 이와 같은 특징은 중국어의 기타 유형 특징에도 심각한 영향을 미치었다. 그중 관계절 전치 현상은 SVO-전치어에서 가장 보기 드문 것이다. 이와 같은 독특한 유형적 배치는 중국어 특유의 일련의 중의성 구조를 초래하였다. 중국어에서 소유어는 내포규정어에 속한다. 소유어는 한정사 등 외연규정어와 공기할 수 있고 공기할 경우에는 보통 소유어가 한정사 앞(밖)에 놓이는 것이 보편적이다. 이는 중국어 한정사가 규정어표지로 발전하는 기회를 제공해 주었다. 중국어 외연규정어 내부의 어순은 비교적 고정적인 편이지만 내포규정어와 비교했을 때 외연규정어의 위치는 이동성을 지닌다. 내포규정어 사이의 어순은 주로 의미, 인지, 화용과 운율 등으로 결정되는데 운율적 제약을 제외한 나머지는 모두 인류 언어의 보편성을 체현하고 있다.

중국어의 규정어표기는 규정어의 내포와 외연의 구별을 두드러지게 한다. 각 내포규정어는 모두 "的"을 사용할 수 있는 반면 외연규정어는 "的"을 붙일 수 없다("수사+양사"구에 "的"을 붙이면 내포규정어로 변한다). 한편으로 각종 어휘 부류로 이루어진 외함규정어는 모두 일정한 조건 하에 "的"을 생략할 수 있고 여러 겹으로 안긴 규정어와 다항규정어일 경우 더욱 그러하다. "的"의 은현 규칙은 화용론적, 운율적 등 영향을 많이 받는다. 따라서 "的"은 순수한 통사적인 표지가 아니라 통사, 화용, 운율 작용을 겸비한 것이다. 중국어 NP의 병렬표지인 "和" 역시 통사적 강제성을 띠지 않기 때문에 접속사를 생략한 병렬구문은 때로는 규정어표지가 생략된 "수식어+명사"구나 표지를 사용하지 않는 등위구문과 중의문 혹은 삼중 중의문을 형성하기도 한다.

중국어 NP에는 일련의 특색을 띠는 범주의 합병과 범주의 분화가 존재한다. 규정어의 일률 전치 및 단어와 절의 통사적 대립의 결핍으로 인해 중국어에 있어 단어/구문으로 이루어진 규정어가 종속절과 통사적인 면에서 일치하고, 중국어의 제한적·비제한적 관계절이 통사적인 면에서 하나로 합치도록 하였다. 중국어에는 여러 동아시아 언어에 공통으로 존재하는 성질 어휘와 상태 어휘의 차이가 있어 내포규정어 내부의 성질−상태의 대립을 초래하였다. 중국어의 특징은 성질규정어와 상태규정어가 단지 하나의 이차원의 대립이 아닌 여러 등급으로 나누어진 범주의 등급서열을 형성하고 있는 것이다. 중국어 개체양사의 존재는 중국어 명사 자체가 단지 종속명사일 뿐 단독명사 혹은 집합명사가 아님을 나타낸다. 개체명사의 가장 큰 기능은 명사로 하여금 개체성을 띠게 하는 것이다. 중국어 개체양사는 본질적으로 개체성 범주에 속하고 수량 범주(이른바 "양사")도 아니고 분류 범주(이른바 classifier)도 아니다. 현대중국어의 일반명사는 공간 속성을 띠지 않기에 공간 전치사의 지배를 받을 경우 방위명사 혹은 방위 후치사를 첨가해야 하는데 이에 근거해 비공간 명사, 공간 명사와 둘 다 겸한 명사 세 가지로 나눌 수 있다.

중국어 NP의 각 이형체의 통사 유형에는 같은 점도 있지만 다른 점도 있다. 양사 강제성을 특징으로 하는 개체성 범주와 방위사 강제성을 특징으로 하는 공간/비공간 범주는 선진시대에 모두 형성되지 않았고 기나긴 역사적 변천의 산물이다. 개체성범주의 형성은 공간성 범주의 형성과 관련 있을 가능성이 있다. 北京話/표준어는 지시우선 유형에 속하지만 반면에 吳語, 粤語 등 남방방언은 양사우선 유형에 속한다. 이들은 일련의 통사적 차이로 표현되고 일정한 유형적 차이를 초래하였다.

명사성 구의 유형론적 연구

참고 문헌

陈玉洁 2007a《指示词的类型学考察》，中国社科院研究生院博士学位论文。

_____ 2007《量名结构与量词的定语标记功能》，《中国语文》第6期。

储泽祥 2006《汉语处所词的词类地位及其类型学意义》，《中国语文》第1期。

大河内康宪 1993 /1985《量词的个体化功能》，靳卫卫译，载大河内康宪主
　　　编《日本近、现代汉语研究论文选》，北京语言学院出版社。原文1985
　　　年。

戴庆厦、傅爱兰 2002《藏缅语的形修名语序》，《中国语文》第4期。

戴庆厦、徐悉艰 1992《景颇语语法》，中央民族学院出版社。

方梅 2002《指示词"这"和"那"在北京话中的语法化》，《中国语文》第4期。

_____ 2004《汉语口语后置关系从句研究》，载《庆祝〈中国语文〉创刊50周
　　　年学术论文集》，商务印书馆。

方希 2002《黏合式多重定名结构的语序》，《语言学论丛》第二十五辑，商
　　　务印书馆。

顾阳 沈阳 2001《汉语合成复合词的构造过程》，《中国语文》第2期。

顾宗英 龚坤余 1989《匈牙利语语法》，外语教学与研究出版社。

胡坦 1999《藏语语序及其变异》，载王尧主编《贤者新宴》第一集，北京出
　　　版社。

胡增益 2001《鄂伦春语研究》，民族出版社。

李崇兴 1992《处所词发展历史的初步考察》，载胡竹安、杨耐思、蒋绍愚编
　　　《近代汉语研究》，商务印书馆。

李云兵 2008《中国南方民族语言语序类型研究》，北京大学出版社。

梁敏、张均如 1996《侗台语概论》，中国社会科学出版社。

刘丹青 1983《汉语关系名词初探》，《语文研究》第4期。

_____ 1986《苏州方言定中关系的表示方式》，《苏州大学学报》第2期，人
　　　大复印资料《语言文字学》第6期。

_____ 1999《语序共性与起义结构–汉语歧义的类型学解释》，载石峰、潘悟云编《中国语言学的新拓展–庆祝王士元教授六十五岁华诞》，香港城市大学出版社。

_____ 2000《粤语句法的类型学特点》，香港《亚太语言教育学报》第2期。

_____ 2002《汉语类指成分的语义属性与句法属性》，《中国语文》第5期。

_____ 2003《语序类型学与介词理论》，商务印书馆。

_____ 2005《汉语关系从句标记类型初探》，《中国语文》第1期。

_____ 2006《小句内句法结构:〈语法调查研究手册〉节选》，《世界汉语教学》第3期。

吕叔湘 1979《汉语语法分析问题》，商务印书馆。

吕叔湘(著)、江蓝生(补) 1985《近代汉语指代词》，学林出版社。

吕叔湘主编 1980《现代汉语八百词》，商务印书馆。

陆丙甫 1986《语句理解的同步组块过程及其数量描述》，《中国语文》第2期。

_____ 1988《定语的外延性、内涵性和称谓性及其顺序》，《语法研究和探索(四)》北京大学出版社。

_____ 1993《核心推导语法》，上海教育出版社。

_____ 2003《"的"的基本功能和派生功能–从描写性到区别性再到指称性》，《世界汉语教学》第1期。

马诗帆(Stephen Matthews)、杨月英(中译文) 2003《广东话话题化的处理动机》，载徐烈炯、刘丹青主编《话题与焦点新论》，上海教育出版社。

沈家煊 1997《形容词句法功能的标记模式》，《中国语文》第4期。

石汝杰、刘丹青 1985《苏州方言量词的定指用法及其变调》，《语言研究》第1期。

唐正大 2005《汉语关系从句的类型学研究》，中国社会科学院研究生院博士学位论文。

_____ 2006a《与关系从句有关的三条语序类型原则》，《中国语文》第5期。

_____ 2006b《汉语关系从句的限制性和非限制性解释的规则》，《语法研究和探索(十三)》，商务印书馆。

_____ 2007《关系化对象与关系从句的位置–基于真实语料和类型分

명사성 구의 유형론적 연구

析》,《当代语言学》第2期。

特克图 1980《蒙古语的状态词》,《民族语文》第1期。

王力 1980《汉语史稿》中册,中华书局。

王锁瑛、鲁晏宾 1999《葡萄牙语语法》,上海外语教育出版社。

意西微萨·阿错 2004《倒话研究》,民族出版社。

张伯江、方梅 1996《汉语功能语法研究》,江西教育出版社。

张伯江、李珍明 2002《"是NP"和"是(一)个NP"》,《世界汉语教学》第3期。

张敏 1998《认知语言学与汉语名词短语》,中国社会科学出版社。

赵元任 1979 /1968《汉语口语语法》,吕叔湘译,商务印书馆。英文原版
　　　1968年。

朱德熙 1956《现代汉语形容词研究》,《语言研究》第1期。

＿＿＿ 1979《汉语句法中的歧义现象》,《中国语文》第2期。

＿＿＿ 1982《语法讲义》,北京大学出版社。

Bernstein, B. Judy 2000 The DP Hypothesis: identitfying clausal properties
　　　in the nominal domain. In Mark Baltin & Chris Collins (eds.) *The
　　　Handbook of Camtemporary Syntactic Theory*. Blackwell Publishing Ltd.

Cheng, Lisa & Rint Sybesma 1999 Bare and not-so-bare nouns and the
　　　structure of NP. Linguistic Inquiry 30/4.

Chierchia, Gennaro 1988 Reference to kinds across languages. *Natural Language
　　　Semantics*, Vol. 6, No. 4.

Dik, Simon C. 1983 Two constraints on relators and what they can do for us. In
　　　Simon C. Dik(ed.), *Advances in Functional Grammar*. Foris Publications.

Dryer, Matthew S. 1992 The Greenbergian word order correlations.
　　　languages, Vol. 68, Numl:43−80.

＿＿＿2003 Word order in Sino−Tibetan languages from a typological and
　　　geographical perspective. In Graham Thurgood and Randy J. Lapolla (ed.):
　　　The Sino-Tibetan languages. Richmond: Curzon Press.

Erbaugh, Mary S. 2002 Classifiers are specification: Complementary functions
　　　for sortal and general classifiers in Cantonese and Mandarin. *Cahiers de*

*Linguistique Asie Orientale*31:1.

Greenberg, J. 1996/1963 Some universals of grammar with particular reference to the order of meaningful elements. In Greenberg (ed.) *Universals of language*. Mass Cambridge: MIT Press.

_____1974 Numeral Classifiers and Substantival Number: Problems in the genesis of a linguistic type. In L. Heilmenn(ed.) *Proceedings of the Eleventh International Congress of Linguistics*. Bologna: Societ Editrice il Mulion.

Hawkins John A.1983 *Word Order Universals*. New York: Academic Press.

_____1994 *A performance theory of order and constituency*. Cambridge University Press.

Hooper, Robin 1996 Tokelauan. München & Newcastle: Lincom Europa.

Krifka, Manfred 1995 Common nouns: A contrastive analysis of Chinese and English. In G. Carlson and J. Pelletier (eds.) *The Generic Book*. Chicago: University of Chicago Press.

Li, Charles N. & Sandra Thompson 1978 An exploration of Mandarin Chinese. In Lehmann(ed.) *Syntactic Typology*. Austin: University of Texas Press.

Lindstorm, Lamont & John Lynch 1994 *Kwamera*. München & Newcastle:Lincom Europa.

Lyons, John 1999 *Definiteness*. Cambridge: Cambridge University Press.

Rijkhoff, Jan 2002 The Noun Phrase.Oxford: Oxford University Press.

저자: 劉丹靑
《中國語文》2008년 제1기에 게재하였음.

명사구의 통사적 구조에 관한
조사 연구 방법

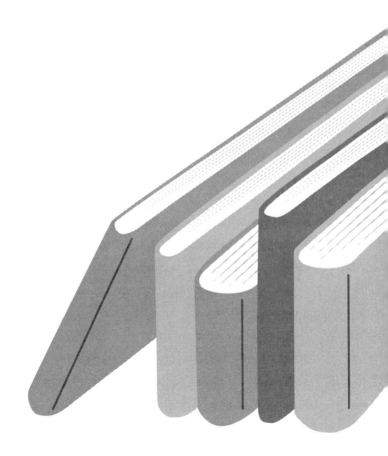

제**2**장.
명사구의 통사적 구조에 관한 조사 연구 방법

2.1. 명사구란 무엇인가?

명사구란 현대중국어 문법에서는 명사성의 구조를 가리키는데 명사를 중심어로 하고 통사적 표현 형식이 명사에 해당되는 구문과, "的"자구문과 같이 명사를 중심어로 하지는 않지만 통사적 표현 형식이 명사에 해당되는 구문, 그리고 하나의 명사 또는 명사성 대명사에 의해 구성된 단위를 포함한다. 하지만 생성문법에서는 DP(한정사)가설이 생성문법의 주된 관점으로 자리매김함에 따라 관련 전문 용어도 일련의 복잡성을 띠게 되었고, 게다가 문자 표면 상의 뜻이 전통적인 이해와 확연히 모순되고 있어 생성문법의 새로운 이론을 익숙히 알고 있지 않은 사람들에게 곤혹을 불러일으키는 일이 종종 있기 때문에 여기서 간략히 설명하고자 한다.

Abney가 1987년에 제기한 DP가설에서는 명사성 구(nominal phrase)

명사성 구의 유형론적 연구

의 핵어는 관사와 지시사 등 한정사(determiner, 즉 DP의 "D")이고 명사는 그 구문에 있는 한정사의 논항이라고 설명하고 있다. 이와 같이 현대 생성문법에 있어서 진정한 명사성 구는 한정사구이지 명사성 구가 아니기 때문이다. 명사성 구의 통사적인 특징은 주어나 목적어(명사성 술어를 포함하지 않음) 등 논항을 충당하는 것이지만, 원형명사(bare noun)와 원형명사구(형용사 등의 규정어는 있지만 한정사가 출현하지 않는 명사구)는 흔히 술어의 일종이라고 간주하는 명사성 술어(판단동사 "분"가 지배하는 명사)만 충당할 수 있기 때문에 술어적 성질을 지니지만 논항을 충당할 수는 없다(소수 논항으로 되는 명사는 "영한정사구조"라고 볼 수 있다). 이로 인해, 생성문법에서는 "명사구(noun phrase/NP)는 명사성 구(no-minal phrase)가 아니다"라는 명제가 나오기도 했다. 이는 전통문법의 시각에서는 이해하기 어렵다. 구체적으로 말하면, DP이론에서는 지시 작용을 하는 것은 그 한정사이고 한정사는 어느 한 성분으로 하여금 논항의 주요성분이 되도록 하고, 한편으로 원형명사구는 그 지시속성을 묘사하는 종속성분이라고 주장한다. 예를 들면, the drive의 the는 어떤 유정의 지시성분이라는 것을 표시하지만 drive는 그 성분이 "운전수"란 속성을 가지고 있다는 것을 표시한다. "the drive" 전체는 기능사이고, the에 투사된 산물이다. drive 자체는 영어에서 논항으로 될 수 없고 반드시 the 또는 a 등과 함께 쓰이거나 최소한 복수표지를 가져야만 논항으로 될 수 있다(Bernstin 2000 참조). 그 외에 수량성분, 양화사("所有[모든], 一些[일부]" 등)도 명사성 구의 핵어라고 볼 수 있다.

　"명사구"란 내부구조에서 획분해낸 것이고, "명사성 구"란 구문 전체의 통사적 성질 면에서 확정 지은 것이다. 비생성문법 체계에서 이 양자는 대부분이 중합되고 "的"자 구조와 같은 성분만이 명사구로 간주하지 않고 명사성 구라고 간주한다. 생성문법에서 양자의 차이는 큰데 명사구는 기본적으로 명사성 구문이 아니다. 본 장절의 근거인 "설문조사(問卷)"(Comrie & Smith 1977, 이하 동문)에서 주장하는 유형론 형식의 문법조사와 그 기술은 생성문법에서와 같은 정의를 채택하지 않고 전통적인 명칭을 채용하여 명사구를 여전히 명사성 구문으로 보고 있지만 관련된 개념을 언급할 경우에는 현재 영향이 있는 새로운 관점에 대해 어느 정도 이해를 표시할 수 있어야 한다.

어떤 언어를 놓고 볼 때, 명사구를 묘사하는 출발점은 명사라는 품사 자체에 명확한 위치를 부여하는 것이고, 우선 되도록이면 명사라는 품사의 조작적 정의(operational definition)를 모색해야 한다. 왜냐하면 모든 언어에는 다 명사가 존재하지만 조작적 정의는 같지 않기 때문이다. 예를 들면 중국어 명사의 조작적 정의에는 양사가 언급될 수 있지만 인구어는 양사가 언급되지 않는다. 또한 명사성단위의 기본적인 작용은 문장구조에서 논항을 충당하는 것이고 지시작용을 지닌다. 영어는 확실히 명사성 성분과 절만이 논항으로 될 수 있고 기타 품사가 논항으로 되자면 어떤 명사화 수단이 필요하다. 때문에 논항(주로는 주어, 목적어이고 보어를 포함하지 않는다. 왜냐하면 형용사도 보어가 될 수 있기 때문이다)을 충당하는 것은 적어도 영어에서는 명사의 조작적 정의의 하나이다. 하지만 이 관점을 중국어에 그대로 적용하기 어렵다. 왜냐하면 중국어는 각종 문법범주가 논항을 충당하는 것이 영어보다 훨씬 자유로워 이를 기준으로 명사를 획분해 낼 수

명사성 구의 유형론적 연구

없기 때문이다. 그 외, 일부 언어의 명사의 조작적 정의에 적용되는 후보 요소로는 "관사를 가짐", "수범주가 있음", "격범주가 있음", "부사의 수식을 받을 수 없음" 등이 있다. 종합적으로, 구체적인 언어와 방언의 실정에 근거하여 명사를 정의하는 데 능숙해야 하는데 이 전제 하에 조작적 정의를 기타 언어의 명사의 정의에 되도록이면 접근시키도록 유의해야 한다. 왜냐하면, 명사라고 일컫는 이상, 여러 언어의 명사 간에는 여전히 통사 표현에 있어 중요한 공통성이 존재하고 있기에 그 정의는 언어 사실을 존중하는 전제 하에 이러한 공통성을 반영해야 하기 때문이다.

구문의 핵심으로 되는 또는 구문의 통사적 속성을 체현하는 명사 외에도, 많은 성분들이 명사구에 출현할 수 있다. "설문조사"에 언급된 것으로는 형용사(劉丹青 2005a), 관계절(劉丹青2005b), 속격"형용사", 관사, 지시"형용사", 양화사 등이 있다. 본 장절에서는 기존연구에서 논의되지 않은 뒤에 열거한 몇 부류의 성분들에 대해 중점적으로 논의를 전개하기로 한다.

2.2. 속격"형용사"

일부 언어에는 속격수식어를 충당하는 어휘에 전문적인 어형이 존재한다. 가령 이와 같은 규정어가 명사로부터 격 변화를 거쳐 형성된 속격 형식이라면 일반적으로 "소유격"(genitive 또는 possessive, 領格, 屬格, 所有格이라고 번역되기도 함)이라 일컫는다. 명사의 주요 기능은 논항을 충당하는 것이고, 형용사의 주요 기능은 규정어를 충당하는 것이기 때문에 일부 문법서에서는 명사의 속격 형식을 "속격형용사"에 포함시키고 있다. "설문조사"의 인용부호로 인용된 "형용사"는 저자 또한 이러한 호칭법을 완전히 찬성하지는 않고 있음을 말해 준다. 영어의 my, the teacher's 등은 모두 속격 형식을 취한다. 영어의 속격은 대명사, 사람을 지칭하는 명사 및 제한된 종류의 사람을 지칭하지 않는 명사에 국한되어 있고 그 외 기타 명사의 속격 의미는 the owner of this farm과 같이 속격 의미를 나타내는 전치사 of로 표시할 수 있지만 이는 분석적 수단에 속하므로 속격"형용사"라고 말할 수 없다.

　중국어의 "我的(書), 敎師的(建議)"[나의 (책), 선생님의 (건의)]의 기능은 영어의 my에 가깝지만 "的"과 같은 속격 표지를 일정한 독립성을 띤 "구조조사"로 간주하고 있고 관계절 등 여러 유형의 규정어에 적용되고 속격명사에 국한하지 않으며 게다가 "我爸爸"와 같이 명사성 성분 앞에 놓이는 일부 속격수식어는 아무런 표지도 첨가하지 않기 때문에 중국어 문법학계에서는 "我的, 敎師的"와 같은 성분을 속격에 포함시키지 않는다. 하지만 일부 중국어 방언에서 속격수식어로 되는 성분(대부분은 인칭대명사에 국한되었음)이 확실히 명사성 성분의 원형과는 구별되는 형식을 형성하고 있고, 이것을 일종의 속격 형식이라고 인정할 수밖에 없다. 다음은 梅縣(梅州)의 客家話의 예이다(林立芳 1997:66 성조기호는 성조의 종류를 표시한다).

ŋai² ～ ŋa¹ n² ～ ŋia¹ŋie¹ŋe¹| ki² ～ kia¹ kie¹ke¹ i a
나　　　나의 너　　　너의　　　그　　　그들의

이 중의 제1인칭의 단·복수 변화는 뚜렷한 내부굴절($\eta ai^2 \sim \eta a^1$)이 있지만, 제2·3인칭은 유사한 규칙에서 i(a)운의 내부굴절($n^2 \sim \eta ia^1$, $ki^2 \sim kia^1$)로 변화하는 외에 규칙적인 변형중첩(성모중첩, 운모는 ie와 e로 변화)이 첨가된다. 일부 학자들에는 중국어의 $\eta ai \sim \eta a$과 같은 변화는 진정한 내부굴절이 아니라 일종의 음결합 현상에 불과하다고 주장하는 사람도 있다. 합성음의 어원과 융합과정은 비교적 확실한 것도 있지만 확실하지 않은 것도 있어 학자들 사이에 견해의 차이를 보이고 있다. 예를 들면, 客家방언 대명사의 속격의 유래에는 "대명사+ia(근칭대명사)", "대명사+家", "대명사+代" 등 여러 가지 견해가 있지만, 실은 문법화이론의 각도에서 보면, 음결합 현상과 내부굴절은 모순되지 않는다. 음결합 현상이란 통시적인 유래로부터 서술한 것이고 음결합도 문법화 중에서 겪을 수 있는 일종의 흔히 보이는 과정이다. 한편, 굴절은 일종의 공시적인 문법성질과 수단의 자리매김이다. 문법화의 본질이란 바로 해당 성분의 문법적 성질을 개변할 수 있는 것이기 때문에, "재분석"의 개념을 가지고 있다. 음결합에서 굴절까지는 일종의 재분석이다. 오늘날의 客家 사람들은 인칭대명사의 속격이 음결합이라고 느끼지 않고 있기 때문에 같은 客家話을 말하는 방언 전문가임에도 불구하고 그것이 어느 두 개 단위의 음결합인지에 대한 견해가 각기 다르다. 가령 이러한 성분이 공시적인 측면에서 여전히 음결합의 성질이 있다면, 오늘날의 客家話 사용자는 응당 음결합이 아닌 형식을 쉽게 환원할 수가 있을 것이고 따라서 客家話의 속격 형식은 공시적인 문법수단에서 내부굴절이라고 분석할 수 있으며 전용적인 속격 형식에 속할 것이다. 客家話의 속격은 단수 인칭대명사에 국한되어 있고 복수로 확장할 수 없고 명사로는 더더욱 확장할 수 없는 점에 주의해야 한다. 중국어 방언 중의 속격은 흔히 같은 제한이 있지만 일부 방언의 속격 형식은 최소한 부분적인 명사로 확장할 수도 있는 것을 배제하지 않는다. 어떤 언어에는 명사란 품사 전체가 계통적인 속격 형식을 갖고 있는 것도 있다. 예를 들면 격 체계가 발달된 러시아어는 대명사, 명사 심지어는 속격 명사를 수식하는 형용사에 모두 형태 변화를 통해 구성된 속격 형식이 있다.

그리고 어떤 언어에는 확실히 형용사에 속하는 속격어 형태가 있다. 예를 들면, 러시아어는 대명사·명사의 속격의 의미를 표시하는 두 종류의 형태가 있다. 하나는 속격이고 다른 하나는 대명사와 명사의 어근이 일정한 변화를 하여 구성된 소유의 의미를 나타내는 형용사이다(중국 국내의 러시아어학계에서는 "物主代詞(물주대명사)", "物主形容詞(물주형용사)"라고 일컬음). 속격형용사는 의미적으로는 속격에 해당하나 기타 형용사와 같이 형용사의 품사성을 충분히 구비하고 있고, 기타 형용사와 동일하게 수식하는 명사에 의해 성·수·격의 변화가 발생하는데 이는 속격형용사가 일반명사의 속격과 구별되는 중요한 특징이다. 러시아어와 같은 언어에서는 "我的書"(단수)를 표시할 경우 속격인 книга меня라고 말할 수 있을 뿐더러 속격형용사를 사용하여 моя книга(книга는 여성명사이기 때문에 속격형용사는 여성형식의 моя사용해야 한다)라고 말할 수도 있는 것처럼 소유관계를 나타낼 때에는 두 가지 형태가 선택 가능하다. 명사가 소유어로 될 경우에도 역시 그러한데 кабинет брата와 братов к

명사성 구의 유형론적 연구

абинет는 모두 "형/동생의 사무실"을 나타낸다.

러시아어에서는 두 종류의 소유어의 어순도 다른데 속격 명사는 중심어 뒤에 놓이지만, 소유형용사는 중심어 앞에 놓인다. 따라서 제3인칭대명사의 속격과 속격형용사의 어형이 같고, 게다가 그 속격 형용사에는 성·수·격의 변화(명사가 변형한 속격형용사에는 여전히 이와 같은 변화가 있다)가 없지만, 사용할 경우 여전히 어순에 의해 구별된다. 표현에 있어 속격과 속격형용사는 미세한 차이가 있지만 다른 언어로 번역할 경우 이러한 차이점은 쉽게 반영될 수 없다. 때문에 조사에 있어 형태와 통사적 표현이 속격 명사가 아닌 형용사에 귀속시킬 수 있는 소유어 유형이 존재하는지 여부를 분명히 할 필요가 있다. 설령 하나의 소유형태만 존재할지라도 계통 내부의 비교를 통해 이러한 형식이 형태와 통사적 표현에 있어 명사(혹은 이에 가까운)의 격에 속하는지 아니면 형용사에 속해 있는지를 명확히 해야 한다.

소유의 형태를 표시하는 외에, 많은 언어에는 명사 어근으로 성질 형용사를 구성하는 형태가 존재하고 있다. 러시아어 문법학에서는 이와 같은 형용사를 관계형용사라고 일컫는다. 예를 들면, рабочий стол (테이블, 작업용 책상) 중의 형용사 рабочий은 바로 명사 работа(작업)에서 파생되었다. 이와 같은 형용사는 일반적으로 핵어 명사의 속성과 특징을 나타내는데 사용되고 소속관계를 표현하지 않기 때문에 "속격형용사"에 포함시킬 수 없다. "관계형용사"는 형용사의 기본적인 통사적 특징을 갖고 있지만 러시아어의 "관계형용사"는 일반 성질형용사처럼 정도부사의 수식을 받을 수 없는 것과 같이 전형적인 형용사의 어떠한 특징을 갖고 있지 않을 가능성이 있다.

영어에서는 sentential subject(문주어) 중의 형용사 sentential이 명사 sentence(문장)에서 파생된 것과 같이, 명사로부터 파생된 형용사 중 대부분이 이 부류에 속한다. 이 구문은 문장의 주어(소유의미)를 표시하는 것이 아니라 문장(절) 형식이 충당한 주어(속성의미)를 표시하고 있다는 점을 유의해야 한다. 영어에서 국명, 민족명, 지명 등으로부터 파생된 형용사도 이 부류에 속한다. 예를 들면, Japanese food란 일본이 소유하고 있는 음식을 가리키는 것이 아니라 일본 풍미의 음식인 초밥, 장어 구이 등을 나타낸다. 이로 보아 Japanese는 속성을 표시한다는 것을 알 수 있다. 하지만 어떤 조합 혹은 문맥에 있어 속성규정어는 소유관계로도 해석이 가능하다. 왜냐하면 소유관계도 결국은 속성의 일종이기 때문이다. 예를 들면 Japanese government는 "일본의 정부"로 이해할 수 있는데 여기에는 소유관계가 함의되어 있다. 하지만 전반적으로 이러한 형용사는 속성, 특징을 나타내는 것을 위주로 하고, 소유를 나타낼 경우 the government of Japan처럼 다른 더 명확한 형식을 사용할 수도 있다. 때문에 이와 같은 형용사는 본 소절에서 조사하는 "속격형용사"에 포함되지 않는다.

어떠한 수단(어순, 형태, 통사)을 사용하여 속격수식어를 표시하더라도 소유관계 자체의 작은 범주(小類)가 속격수식어의 통사 형식에 주는 구별에 주의해야 한다. 그중에서 가장 중요한 것은 불가양도·가양도 소유관계의 대립이다. 전자는 핵어명사와 속격수식어가 현실세계에서 분리할 수 없는 관계라는 것을 표시하고 후자는 현실세계에서 분리 가능한 관계이라는 것을 가리킨다. 예를 들면, "小張的手[장 씨의 손]"의 "手"는 "小張"의 신체 중 분리할 수 없는 일부로 의미적인 면에서 불가양도 관계에 속하고, "小張的房子[장 씨의 집]"는 분리할 수 있는데 "房子"은 "小張"의 생명에 따라 존망할 리 없기에 의미적인 면에서 가양도 관계에 속한다. 어떤 언어의 방언에서 두 종류의 소유관계의 "규정어+중심어"구조에는 서로 다른 통사 표현이 있을 것이고 전자가 구조면에서 더욱 밀접히 연결되어 있다.

張敏(1998:229)의 인용한 서술에 의하면, Greenberg는 다음과 같은 보편성을 제시한 적이 있다. "모든 언어에 있어, X 와 Y가 불가양도의 소유관계를 나타낼 경우 언어거리는 가양도의 소유관계를 나타낼 경우보다도 더 길다(떨어져 있다)." 여기에서 말하는 이른바 "언어거리"에는 다음과 같은 일련의 구체적인 표현이 있다. 예를 들면, 속격어가 독립적인 대명사일 경우가 속격어가 핵어명사의 교착접사일 경우보다 거리가 길고, 속격어에 접사를 사용하여 속격 표지로 되는 편이 직접 조합(혹은 어순만에 의해)보다 거리가 길며, "규정어+중심어"에서 독립적인 접속성 허사(중국어의 구조조사)를 사용하는 편이 속격어에 교착한 접사를 사용하는 것보다 거리가 길다(張敏1998). 그 외에 가양도와 불가양도는 간단하게 2분할 수 있는 것이 아니라 하나의 연속체에 속하는데, 그중에서 보편적인 의미를 가지는 등급서열은 "신체부위〉친족관계〉일반물건"으로 앞에 위치할수록 불가양도적이다(張敏1998:230). 그는 동시에 중국어에는 "친족관계 혹은 신체부위〉일반물건"의 순서를 나타내는 것도 있는데 친족관계는 가장 쉽게 "的"의 첨가 필요없이 직접 조합하여(다시말해 언어거리가 작은) 소유관계로 되는 점에 주목하고 있다. 확실히 중국어에서 "我媽[나의 어머니], 他姐姐[그의 누나]"는 "我手[나의 손], 他眼睛[그의 눈]"보다 더 자연스럽고 "我钢笔[나의 펜], 他表格[그의 표]" 등 표현보다 더 자연스러운 것은 말할 나위도 없다. 북방중국어에서 친족관계에는 일종의 특수한 전문적인 수단이 있는데 "小張他媽"처럼 반허사화의 "他"(구어에는 "他~她"의 구별이 없다)로 접속할 수 있지만 "小張他手"이라고 표현하기 어렵고 "小張他钢笔"이라고 표현할 수 없다. 따라서 소유관계를 조사할 때 설문조사에 출현하는 문장에는 각종 하위분류의 속격어와 핵어명사를 포함시켜야 할 뿐더러 특히 양도성에 관한 등급이 다양한 각종 소유관계를 포함시켜야 한다.

2.3. 관사

관사(article)는 중국어 문자 그대로 말하면 명사구 앞에 놓이는 것으로 영어의 the와 a(n) 등과 같은 것을 일컫는다. 하지만 일부 언어에서 동일한 기능을 지닌 허사는 명사 뒤에 놓이기도 한다. 발칸반도지역 대부분 언어의 정관사는 모두 명사 끝부분(숫자 "1"에서 유래된 부정관사는 명사 앞에 놓임)에 놓이는데 이러한 후치 article를 "관사"라고 일컫은 것은 적합하지 못하다. 중국학자들이 초기에 article를 번역할 때 영어 등 개별 언어만 고려하였고 유형론적 시각이 결핍하였기에 전치 의미를 가지는 "관사"란 명칭을 사용하였으므로 명사 뒤에 오는 "관사"를 지칭함에 있어 난처함을 겪게 되었다. 楊順禧(1993:34)에서는 루마니아어의 "관사"를 해석할 때 " '관사'란 번역법은 루마니아어에는 적합하지 못하다. 그것은 루마니아어에는 명

명사성 구의 유형론적 연구

사 앞에 놓이는 관사(부정관사--인용자)도 존재하지만, 명사 끝부분에 첨가하는 관사(정관사--인용자)도 존재하기 때문이다"라고 언급한 적이 있다. 또한 이로 인해 尹世良·季兵(1988:32-33)에서는 알바니아어의 명사 뒤에 놓이는 정관사를 "후치정관사"라고 불렀다. 위치에서 출발하면, 후치하는 article를 "殿詞" 또는 "尾詞"라고 일컫는 것이 바람직하겠지만 "冠詞"와 "尾詞"가 기능 면에서 일치성을 보인다는 점을 감안한다면 어떤 학자들과 같이 습관과 전통을 고려하여 여전히 "冠詞"라는 술어로 article을 총칭하여 "冠詞"와 "殿詞" 두 개의 큰 종류를 포함하시키고, 필요 시에는 더 적절한 표현법인 "殿詞" 혹은 "后冠詞"를 사용하기로 한다.

관사는 일종 지시표지이고 명사구의 유정·무정 등 속성을 표시하고 있다. 성·수·격 범주가 있는 언어에 있어 관사는 그것이 속해 있는 명사구가 지니는 성·수·격과 일치를 필요로 할 것이다. 또 일부 언어에서는 명사의 형태가 모두 쇠퇴하였고 관사가 보다 많은 형태를 가지고 있어 명사구의 일부 형태범주를 관사에 의해 표현해야 하기 때문에 관사가 문법체계에서 보다 많은 기능을 담당하고 있다. 독일어 명사구의 격범주는 많은 경우에 명사의 어형 변화가 보이지 않게 되었기 때문에 관사의 변화에 의해 표현되고 있다. 예를 들면, 남성명사 Vater(아버지)의 단수의 격변화 형식은 정관사와 같이 사용하면 각각 der Vater(주격), des Vaters(속격), dem Vater(여격), den Vater(목적격)인데 속격명사의 어미만 변화가 있고 그 외 세 개 격은 모두 Vater이지만 네 개의 격의 관사는 각기 다르다. 분명히 관사의 작용은 이미 지시표지의 범위를 벗어나 성·수·격 표지의 작용을 겸하고 있다. 그 외에 관사는 명사화 표지의 작용을 겸할 수도 있는데 영어에서 the rich는 "부유한 사람"을 가리키고 the poor는 "가난한 사람"을 가리키는 것처럼, 형용사 앞에 관사를 첨가하면 명사성성분이 된다. 스페인어에서는 더욱이 "모든 품사 심지어는 문말에도 관사를 첨가하여 명사화하면 명사가 지니는 모든 기능을 한다"(董燕生 1990:150).

관사의 유무는 언어 사이에 있어 중요한 유형적 차이이다. 동일한 인구어에 속하는 영어, 독일어 등 현대게르만어족 언어에는 관사가 존재(게르만언어는 역사상 관사가 없었음)하지만 러시아어, 폴란드어, 체코어 등 슬라브언어에는 관사가 존재하지 않는다. 동일한 인구어계 라틴어족에 속하는 프랑스어에는 명사 앞의 관사만 존재하고 루마니아어에는 명사 앞의 관사(무정)와 명사 뒤의 관사(유정)가 모두 존재하고 있다. 따라서 관사의 유무는 문법조사에 있어 중요한 내용으로 된다. 하지만 관사가 존재하는지에 대해서는 일부 언어에서는 그리 선명하지 않다. 왜냐하면 관사가 본디부터 존재하였던 허사가 아니라 문법화된 산물이고 그 근원을 밝힐 수 있을 뿐만 아니라 일부는 그 근원과 형식을 같이하여 병존하고 있기 때문이다. 영어의 the가 지시사 that에서 유래된 것처럼 정관사는 주로 지시사에서 발전되어 온 것이고, 영어의 a (n)이 one에서 유래된 것처럼 부정관사는 주로 "하나"를 나타내는 수사에서 발전되어 온 것이다. 독일어 관사는 문법계통에 있어 매우 중요하지만 모든 독일어 관사는 지시사 혹은 수사를 겸하고 있다. 독일어의 기본적인 지시대명사(주격 형식)에는 der(남성), die(여성), das(중성), die(복수)가 있고, 정관사(주격)에는

der(남성), die(여성), das(중성), die(복수)이 있다. 두 부류 어휘의 격 변화 형식에는 공통적인 면도 있고 다른 면도 있다. 예를 들면, 지시대명사의 속격은 단음절 형식인 des(남성), der(여성), des(중성), der(복수)일 수도 있고 이음절 형식인 dessen(남성), deren(여성), dessen(중성), derer(복수)일 수도 있지만 정관사의 속격은 상술한 단음절 형식(張才堯 1994:72, 170)만 취한다. 부정관사 ein과 "일"을 나타내는 기수사 ein는 동형일 뿐더러 격 변화 방식도 완전히 동일하다. 때문에 언어와 방언 중에 관사가 있는지 여부에 대해 고찰할 경우, 단지 단어의 형태만 갖고 분석해서는 안 되고 그 의미·담화 기능과 통사적 표현도 함께 고찰·분석할 필요가 있다. 상술한 요인들을 고려한다면, 중국어를 무관사언어라고 단언지을 수 없을 것이다.

선인 학자들은 이미 일찍이 현대중국어에 "一個[한 개]"와 "一種[한 가지]"를 대표로 하는 "一+양사"가 진정한 수량성분을 나타내지 않고 부정관사에 해당한다고 지적한 바 있다. 呂叔湘(1984[1944]:157)에서는 "'(一)個'는 수량과 무정을 겸하여 나타내는 관사이다"라 지적한 적이 있고, 王力(1989: 327-329)에서는 "一個, 一種"은 비록 중국어에서 일찍부터 존재했지만 관사에 대한 서방언어학의 영향을 받아 그들이 중국어에서의 용도가 점점 확대되었다고 언급하였다. 또한 그는 "당연히 우리는 중국어 문법에 있어 무정관사란 품사(이와 조합을 이루는 유정관사가 존재하지 않으므로 무정관사도 성립할 수 없다)를 따로 설정할 필요는 없지만 다만 이와 같이 관사 기능을 하는 '一個', '一種' 등은 '5·4' 이전의 중국어에는 없었다는 점을 지적하고자 한다"라고 설명하였다. 이와 동시에 王力은 여전히 이들을 "무정관사성을 띠는 것"이라고 정의하고 "이와 같이 무정관사성을 띠는 '一個' 혹은 '一種'은 중국어 문법의 발전에 아주 큰 작용을 일으킨다"고 서술하였다. 최근에는 方梅(2002)에서는 또한 북경 구어 자료에 대한 담화기능분석을 통해, "你还不能算一坏人"(당신은 나쁜 사람이라 할 수 없다)와 "我這貨好销, 一老外昨天從我這兒買走好几條[나의 이 물건을 판로가 좋은데 어제 외국인 한 명이 나한테서 몇 개나 사 갔다]"와 같이, "一個"의 "個"(개)가 탈락 후 제2성으로 읽는 "一"은 문법화 정도가 보다 높은 부정관사이라는 점을 명시하고 있다. 그는 이와 같은 용법의 "一"이 기타 수와 대비를 이루지 못하는 점에 주목하면서 "我就带了一帮手兒, 可是他领了仨"(나는 조수를 한 명 데리고 왔지만 그는 셋을 데리고 왔다)라고 말할 수 없기 때문에 무정관사이지 수를 나타내는 기능을 하지 않음을 명시한다고 하였다. 이 외에 이와 같이 전부 제2성으로 발음하고 양사와 결합할 수 없는 "一"의 앞에는 지시사가 놓일 수 없다는 것을 발견할 수 있을 것이다. 方梅의 고찰에 의하면 이와 같은 "一"은 북경 구어에서 후에 생성(20세기 60년대 이래)된 문법화 현상이라고 한다. 이상 몇몇의 관점을 종합하면, 중국어의 "一個", "一種" 등의 수량성분은 근대중국어이후부터 이미 부정관사로 발전하는 추세가 있고 "5·4운동"이래 외국어의 영향을 받아 이 발전 과정에 박차를 가하였으며 북경 구어에서 양사를 첨가하지 않는 제2성의 "一"이 보다 높은 문법화 정도에 이르러 전형적인 부정관사에 더 가깝고 또 그 발전과정은 외국어의 영향과는 선명한 관련이 없다고 볼 수 있다.

王力은 위의 인용논술에서는 중국어에 정관사가 없는 것은 상대

명사성 구의 유형론적 연구

적인 부정관사를 따로 설정하지 않았기 때문이라고 주장하고 있다. 하지만 실은 현대중국어에 정말로 정관사가 존재하는지 여부는 더 곰곰히 생각할 필요가 있다. 정관사는 흔히 지시사가 문법화한 것이기 때문에 우리는 중국어의 지시사가 정관사의 용법으로 발전하였는지 여부에 대해 고찰할 수도 있다. 方梅는 북경 구어의 실제 말뭉치를 분석하고 또한 문법이론 중의 지시사와 관사의 구별기준과 비교 대조하여, 그중에 양사를 첨가하지 않고 명사 앞에 쓰이는 "這/那" 특히 "這"는 더 이상 지시사로 분석할 수 없고 정관사로만 분석할 수 있다는 점을 제시하였다. 北京話의 실제를 고찰하면, 적어도 "這"의 많은 용법이 확실히 지시사가 아닌 관사라고 분석하는 것이 더 적절하다는 것을 발견할 수 있다. 예를 들면, 지시사는 유일무이한 것에 쓰일 수 없지만 정관사는 흔히 유일무이한 것에 쓰이고 "這太阳"(이 태양), "這地球"(이 지구)와 같이 구어의 "這"는 흔히 유일무이한 것에 사용된다. 지시사는 개념적인 관련에 의해 담화 속으로 들어가는 단위에 쓰일 수 없지만 정관사는 그것이 가능하다. 예를 들면, 앞 문장에서 tree(나무)만 언급하고 뒤 문장에서 그 나무 가지를 언급했다면 the branch라고 말할 수 있지만 이 경우에 this branch이라 말할 수는 없다. 北京話의 "這"에는 이와 같은 관사의 기능이 있다. 지시사는 총칭을 나타낼 수 없지만 정관사는 그것이 가능하다. 예를 들면, this panda(이 판다)는 총칭을 나타내지 않지만 the panda는 총칭을 나타낸다. 하지만 "這熊猫都愛吃竹子"(이 판다는 대나무를 먹는 것을 좋아한다)처럼(절대로 "這只熊猫"로 총칭을 나타낼 수 없다) 北京話의 "這+명사"는 총칭을 나타낼 수 있다. 지시사는 보통명사로 변화하지

제2장. 명사구의 통사적 구조에 관한 조사 연구 방법

않은 고유명사에 쓰일 수 없지만 정관사는 일부 정관사 언어에 있어 고유명사에 쓰일 수 있고(영어의 정관사는 이러한 용법이 없음), 특히는 프랑스어의 la Chine(중국), le Yunnan(운남)처럼 국가명, 지명 등에 쓰일 수 있으며 포르투갈어의 o Carlos, a Anna (o와 a는 각기 남성·여성의 단수 정관사로 구어에서 인명 앞에 놓여 친근한 의미를 나타낸다. 王鎖瑛·魯曼賓 1999:97) 등과 같이 심지어는 인명에도 쓰일 수 있다. 북경 구어에서도 "這中国(人真多)"(이 중국(은 사람이 정말 많다)), "這云南(气候就是好)"(이 운남(은 기후가 참으로 좋다)), "這小張今天是怎么啦?"(이 소장은 오늘 무슨 일이 있는가?) 등이라 말할 수 있다. 이상 북경 구어에 있는 정관사 용법의 "這"는 기타 면에서는 지시사와는 다른 표현도 나타내고 있다. 음성적인 면에서, 이러한 "這"는 모두 경성의 zhe로만 발음하되 제4성의 zhe라고 발음하지 않고 더욱이는 "一"를 내포하는 제4성의 zhei라고 발음하지 않는다. 통사적인 면에서, 이러한 "這" 뒤에는 양사 "個"를 첨가할 수 없지만 지시사인 "這"는 "這個, 這種, 這些" 등 형식이 가능하다. 이러한 것은 모두 문법화 표현으로 문법화의 관례와 일치한다.

이상의 北京話 관사에 대한 상세한 분석은 하나의 참고 기준을 제공함으로 기타 방언·언어의 조사자가 대상 언어에 관사가 존재하는지 혹은 관련 어휘항이 관사의 기능을 어느 정도 갖고 있는지를 고찰하는 데 도움을 주기 위해서이다.

"這"의 관사화 현상은 정규적인 표준어에 있어서는 북경 구어처럼 선명하게 표현되지 않고 있다. 대부분 남방방언에서는 지시사가 직접 명사와 결합하는 용법을 전적으로 배척하고 중간에 반드시 양사

명사성 구의 유형론적 연구

가 첨가되어야 한다. 이러한 방언의 지시사는 아마 관사로 파생된 용법이 없기 때문일 것이다. 하지만 전술한 관사에 속하지만 지시사에는 없는 기능은 粵語·吳語에서는 흔히 양사에 의해 완성되고, "只小狗, 個張明"과 같이, 앞에 지시사 혹은 수사가 결합한 "양사+NP"는 유정의 명사구를 구성하여 총칭과 고유명사로 확장하고 있다. 이러한 방언의 양사는 전반적으로 관사와 유사한 기능을 갖고 있다(劉丹青 2002).

또 다른 한편으로는, 중국어의 "一個"와 "一", 北京話의 "這", 粵語·吳語의 양사 등이 관사로 될 경우 여전히 전형적인 관사와는 다른 부분이 있다. 첫째는, 통사적 강제성이 약하고 유정 성분의 앞에 언제나 반드시 사용해야 하는 것이 아니라는 점이다. 둘째는, 통사적 기능이 제한을 받는데 예를 들면, 정관사성을 띠는 "這"는 주로 주어나 주제 위치에 쓰이고, 목적어 위치에 쓰이는 경우가 적다. 吳語의 "양사+명사"형식도 주로는 이와 같은 위치에 사용되고 일반적으로 목적어 위치에는 쓰이지 않는다. 그 외에 粵語, 吳語의 양사는 반 개방적인 부류이지만, 관사는 흔히 고도로 폐쇄된 구성원이 극히 적은 어휘항목이다.

어떤 언어에서 지시사와 관사는 한 계통 중에 공존하고 또 동일한 명사구에 동시에 출현할 수도 있다. 이러한 현상은 지시사와 관사가 성질과 기능 면에서 다르다는 점을 보여 준다. 스페인어에서 지시사는 명사에 전치할 수도 있고 후치할 수도 있다. 지시사가 명사에 전치할 경우 관사와 상호 배척하지만 명사에 후치할 경우에는 그렇지 아니하다. 다음의 예문과 같다(董燕生 1999: 156).

la	chica	esta
정관사(여성, 단수)	여자아이	이(여성, 단수, 화자에 가까이 놓임)
el	señor	ese
정관사(남성, 단수)	선생	이(남성, 단수, 청자에 가까이 놓임)

관사와 지시사가 동시에 출현(명사의 한 쪽에 같이 놓이는 현상을 포함)할 수 있는 언어는 스웨덴어, 노르웨이어, 자와어(Javanese language) 등이 있다. 일부 藏緬语 중 지시사는 명사에 전치할 수도 있고 후치할 수도 있으며 또한 명사의 앞쪽과 뒤쪽에 동시에 놓일 수도 있다. 다음은 格曼橙語(Kaman Deng)의 예이다(예문은 黃布凡 1997에서 인용).

$an^{55}pa^{31}xoŋ^{35}$	$a^{31}ti^{35}an^{55}$	$an^{55}sot^{35}an^{55}$
이 말	물 이	이 칼 이
이 말	이 물	이 칼

심도있는 묘사와 비교가 결핍하기 때문에, 橙語의 an^{55}와 같은 어휘가 전치하는 것과 후치하는 것이 차이가 있는지, 전치와 후치는 모두 지시사에 속하는지, 그렇지 않으면 관사라고 분석할 수 있는 상황이 존재하는지에 대해 지금까지 잘 알려지지 않고 있다. 또한 橙語의 an^{55}이 명사의 전·후에 동시에 출현할 경우 그중의 하나를 관사라고 분석할 수 있는지 없는지의 판단도 어렵다. 언어유형론적 시각에서 볼 때, 지시사와 관사가 동시에 출현하는 현상은 이해

명사성 구의 유형론적 연구

할 수 있지만 하나의 명사구에 지시사가 두 번 출현하는 것은 아주 보기 드물다. 가령 橙語의 명사구의 전치·후치하는 두 개의 an[55] 중의 하나가 이미 관사성으로 발전되었다면 이는 매우 자연스러운 것인데 그것은 정관사가 흔히 지시사로부터 파생되었기 때문이다.

지시사 외에 인칭대명사(특히는 제3인칭대명사)와 제3인칭의 속격 형식도 정관사의 용법으로 발전하였을지도 모르기 때문에(상세한 논의는 Himmelmann 2001; 4. 1, 4. 2를 참조) 지시사, 인칭대명사, 속격을 조사할 경우에는, 흔히 정관사의 용법을 갖는지 아니면 갖고 있지 않은지를 유의해야 한다. 언어유형론에서 관사라고 불리는 허사에는 우리가 익숙히 알고 있는 관사 유형과는 멀리 떨어진 기타 유형도 포함되어 있다.

일부 언어에 있어 관사의 중요한 기능은 명사와 규정어 사이에서 접속기능을 하는 것으로 여러 겹으로 겹친 규정어가 존재할 경우 하나의 규정어가 출현할 때 하나의 관사를 첨가할 수 있어 하나의 명사구에 관사가 여러 번 사용되는 경우도 있다. 이와 같은 관사를 접속관사(linking article)라고도 일컫는다. 알바니아어의 후치관사, 필리핀 타갈로그어의 관사는 모두 이와 같은 유형에 속한다(Himmelmann 2001;3.1). 중국어 문법학의 관점에 의하면, 이들을 "구조조사"에 포함시킬 수 있을 것이다. 실은 중국어 방언에는 이와 유사한 접속관사인 허사가 존재하고 있다. 예를 들면, 해남도 屯昌閩語의 "奸" [mo[55]](그, 저)에 대해서 錢奠香(2002:26)에서는 이 상용적인 다기능어를 "지시대명사"에 분류하고 있지만, 사실상 錢奠香의 저서에서의 묘사는 그것이 유정의 명사구에 사용되는 외에 유일한 물건(奸天, 奸

제2장. 명사구의 통사적 구조에 관한 조사 연구 방법

地, 奸日頭, 奸月娘)과 아명, 별칭 등 고유명사(奸凤, 奸吉)에 자주 쓰이지만 이러한 것이 바로 정관사가 지시사와 구별되는 중요한 특징이다는 것을 제시하고 있다. 그 외, 錢奠香의 저서(2001; 64-66)에서는 또 "賣賣菜奸嫂"(채소를 팔고 있는 저 아줌마), "行行上來奸伯爹"(지금 막 위로 걸어오는 저)와 같이 "奸"는 동사성 규정어 혹은 관계절이라고 하는 예문을 접속하는 데 사용되기도 한다고 서술하고 있다.

2.4. 지시"형용사"

"설문지"에서 말하는 지시형용사를 간단하게 지시사(demonstratives)와 동일시할 수 없고, 또한 "지시대명사"라고 일컫는 것도 적합하지 않다. 지시사의 주요한 기능은 명사에 첨부하여 지시 작용을 하는 것이고 전통적으로 규정어라고 간주하였기 때문에 일찍부터 일부 학자들(예를 들면 黎錦熙1992/1924:117)에 의해 "지시형용사"라고 일컬어 왔다. 실질적으로 상세하게 분석하면 지시사 간의 기능이 다르다. 표준어의 "這"[이], "那"[그]와 영어의 this, that 등은 모두 명사(這钢笔, this pen)[이 만년필]에 첨부할 수 있는가 하면, 단독으로 명사로 사용(這是香蕉, This is a banana)(이것은 바나나이다)될 수도 있다. 또한 廣州 방언의 "呢[이], 嗰[저]"와 蘇州방언의 "埃[이], 喂[저], 瓣[이/저]" 등과 같이 일부 지시사는 종래로 단독으로 쓰이지 않고 명사성 단위에만 첨부된다. 이러한 방언에 있는 지시사는 반드시 우선 양사와 결합해야 하는데 예를 들면 廣州방언의 "呢個係香蕉[이것은 바나나이다]"는 "呢像香蕉"라고 말할 수 없다. 엄격하게 말하면, "지시대명사"는 단독으로 사용할 수 있는 부류만을 가리키고, "지시형용사"는 오직 규정어로 될 수 있는 부류만을 가리킨다. 이 두 부류를 같이 논의하려고 한다면 "지시사"라고 하는 편이 더 타당할 것이다. 중국어 학계에서는 이를 구분하지 않고 "지시대명사"라고 통칭하고 있는데 이는 정확한 표현이 아니고, 지시사 간의 중요한 통사적 차이를 은폐하고 있다. 특히 粤語, 吳語 등 남방방언의 지시사는 지시 기능만 있고 대명사 기능은 갖고 있지 않기 때문에 "대명사"에 포함시킬 수 없다. 이러한 차이를 유의해야만 지시사의 조사에서 실질적인 통사적 표현을 관찰할 수가 있다. 그리고 또 일부 지시대명사는 오직 명사, 술어 혹은 부사로만 사용될 수 있고, 명사를 한정할 수 없는데 이것이 진정한 대명사이다.

주의해야 할 또 다른 점은 지시사와 명사 간의 일치관계이다. 어떤 언어는 지시사와 명사가 성, 수, 격 등 면에서 일치를 이룰 것을 요구하고 있는데 예를 들면 러시아어는 명사의 성, 수, 격의 변화에 따라 지시사에도 상응한 형식을 첨부해야 한다. 영어의 this/that pen—these/those pens의 변화도 일종의 수의 일치관계이다. 표준어와 비교해 보면, "這笔[이 연필], 這支笔, 這些笔[이런 연필들], 這三支笔[이 세 자루의 연필]"은 모두 하나의 동일한 "這[이]"를 사용하는 것으로 보아 표준어의 지시사에는 수의 일치관계가 없다는 것을 알 수 있다. 하지만 방언에 모종의 일치관계가 존재할 가능성은 배제할 수 없다. 예를 들면, 晉語는 지시사 "這/那"의 어음변체가 많기로 손꼽히고 내몽골 化德방언의 변체는 지시사와 양사 간의 수의 일치관계와 관련이 있는 듯하다. 邢向東·張永胜(1997: 70)에서는 단독으로 쓰이는 "這"는 [tsə(ʲ)]라고 읽고, "這個"중의 "這"는 [tsəˀ]라고 읽으며 "這些" 중의 "這"는 [ˈtsɣ]라고 읽는다고 하였다. 3개 음의 운모와 성조는 각기 다르고 그중의 뒤에 열거한 두 음의 차이는 단수와 복수의 차이와 관련이 있어 보인다. 하지만 이에 대해서는 향후 이 분야의 지속적인 연구가 필요하겠다.

2.5. 양화사(quantifier)

양화사는 중국어 문법학계에서는 흔히 사용하지 않는 개념이다. 외국어 학계와 일부 해외 학자들은 일반적으로 글자 표면의 뜻을 살려 "양사"라고 직역하고 있어 "個(개), 斤(근)" 따위의 "양사"와 혼동되기 쉽다. 때문에 이러한 번역법을 따를 것을 격려하지 않고 quantifier를 "양화사"라고 번역할 것을 제의한다. 양화사는 "所有, 每(個), 一切, 有些, 有的, 一些" 등과 같이 명사구에 첨가하여 명사구로 하여금 수량 특징을 갖게는 하지만 수사의 한정사에 속하지 않고 의미 연산자의 작용을 한다. 대략적으로 양화사를 흔히 전량(Universal quantification)과 부분량(existential quantification "존재량"이라고 직역함) 두 부류로 나뉜다. 전자는 정의역 내의 전체 구성원, 예를 들면 "所有, 每(個), 一切"[모든, 매개, 일체]와 영어의 all, every, each를 표시하고, 후자는 정의역 내의 부분적 구성원(적어도 "하나"), 예를 들면 "有些, 有的, 某些, 一些"[일부의] 등을 가리킨다. 전량은 또 다시 집합적인 것(collective)과 배분적인 것(distributive)으로 분류할

명사성 구의 유형론적 연구

수 있다. "所有"은 집합적이지만 "每(個)"는 배분적인데 "所有人都愛他們自己的母親"(모든 사람은 모두 자신들의 어머니를 사랑한다), "每個人都愛他自己的母親"(매 사람은 모두 자기의 어머니를 사랑한다)처럼 이는 그들의 전방조응(앞에 나온 사물을 가리키는) 형식에서 알 수 있다. 양자는 각기 복수인 "他們"과 단수인 "他"로 동일 문구에서 전방조응하고 있고 서로 호환할 수 없다. 명사에 첨가하는 전량사로 표현하는 외에, 중국어에 있어 전량의미는 흔히 단독으로 부사성의 양화연산자인 "都, 全都"(모두) 등으로도 표시된다. 예를 들면 "客人都走了[손님들이 모두 갔다]" 중의 "都"는 "所有客人都走了[모든 손님들이 다 갔다]"처럼 양자를 겸하여 사용될 수 있다. 명사한정사 양화연산자와 부사성 양화연산자의 상호작용 규칙과 의미의 해석은 매우 복잡한 현상으로 통사, 의미, 화용 특히 의미·논리 등 다방면과 관련이 있다. 비록 현재 적지 않은 심도있는 연구성과를 이룩하였지만 아직도 일반적인 문법조사로는 해결할 수 없는 미해결의 문제점이 많이 남아 있어 여전히 깊이 있는 전문적인 연구의 전개가 필요하다.

2.6. 명사를 수식하는 부사성어휘, 강조성어휘 및 형용사의 등급형식 등

부사성어휘의 기본적인 기능은 상황어를 충당하는 것이지만 어떤 언어에 있는 일부 부사성성분은 명사를 수식할 수 있는데 흔히는 어떤 특정된 통사적 위치에 있는 명사의 수식에 국한되어 있다. 부사가 충당하는 명사의 규정어는 어떤 특정적인 위치에 있어 규정어라고 볼 수 있는지 여부는 아직도 논란의 여지가 있을 수 있겠지만 중요한 것은 우선 이러한 현상을 기록하고 묘사하는 것이다. 예컨대 "光小王就寫了好几篇文章"와 같이 중국어에 있어 "仅仅"(단지/겨우)의 의미를 나타내는 부사는 주어 명사 앞에 쓰여 그 명사를 한정하거나 "當時房間裏就他(一個人)[그 당시 방 안에는 오직 그만이 있었다]"와 같이 술어로 되는 명사성 단위 앞에 사용된다. 영어의 방향보어 up, down, out 등도 the way out(출구)와 같이 한정적으로 그 앞에 놓이는 명사를 수식한다. 이와 같은 방향보어를 영어 문법에서는 부사로 간주하고 있어 이와 같은 현상을 부사가 명사를 수식하는 예문이라고 볼 수 있다. 스웨덴어 구어 중의 lunda와 vis를 접미사로 하는 부사 및 부사 så (王曉林 1991:218) 등과 같이 일부 언어에는 보다 많은 부사가 규정어를 충당하고 있지만 종종 규정어로 되는 부사는 점차적으로 형용사성을 띠는 것을 배제하지 않는다. 중국어의 "很青春[아주 젊다], 不敎條[교조적이지 않다]" 이러한 표현은 분명히 명사가 형용사로 되는 것이지 부사가 규정어로 되는 경우가 아니다.

이른바 명사를 수식하는 강조성 어구(emphasis words)란 "小張自己走了"의 "自己"가 주어의 "小張"을 강조하기 위해 사용된 것과 같이 문장의 어떤 명사성 성분의 정보의 강도를 강조하기 위하여 사용된 대명사성 어구를 가리킨다. 이와 같은 단어를 또 intensifter(강조사, 상세한 논의는 König 2001를 참조)이라고도 일컫는데 국내의 문법 체계에는 이 개념이 거의 없다. 왜냐하면 중국어와 익숙히 알려져 있는 영어, 일본어 등 외국어에서는 이와 같은 강조사가 재귀대명사와 동

명사성 구의 유형론적 연구

형이고(自己, 영어의 himself, 일본어의 zibun 등), 품사 구성에 이 문법범주가 없기 때문에 강조사의 용법을 모두 재귀대명사의 기능에 포함하거나 심지어는 재귀대명사의 강조 용법의 예문을 사용하여 재귀대명사를 조사하는 설문조사도 종종 발생하기도 한다. 현대 언어유형론에서는 이미 강조대명사를 재귀대명사로부터 분리하여 따로 열거하고 있고, 뿐만 아니라 세계에는 확실히 많은 언어가 서로 다른 어휘항목을 사용하여 각기 강조대명사와 재귀대명사를 충당하고 있다. 예를 들면, 부분 유럽의 언어에서, 영어를 포함한 게르만어족의 여러 언어에서, 두 종류의 어휘는 어형적인 면에서 모두 나뉘어 있다. 예를 들면, 러시아어에서 재귀대명사는 ce6я이고 강조대명사는 caм이며, 독일어에서 재귀대명사는 sich이고 강조대명사는 selbst이다. 양자의 근본적인 차이점은 강조사는 오직 선행사의 정보 강도를 강화할 뿐 다른 논항을 충당하지 않지만, 재귀사는 선행사와 통사 구조에 있어 다른 통사적 성분을 담당하고(혹은 허사화한 형태소로 술어 동사에 첨가된다) 동시에 다른 논항을 충당한다. 때문에 "小張自己走了[장 씨는 혼자 갔다]"의 "自己"는 강조사 용법이고 이와 같은 예문을 재귀대명사의 조사에 사용할 수 없으며 "小張責怪了自己[장 씨는 자신을 질책하였다]"의 "自己"는 재귀 용법으로 수동자의 논항을 표시하는 목적어를 충당하고 있다. 강조사는 의미적인 면에서 선행사를 강화할 수 있으나 그것이 점하는 통사적 위치가 단일하지 않다. 예를 들면, "小張早就自己走了[장 씨는 벌써 혼자 갔다]"에서의 "自己"는 상황어로만 분석되고, 그것이 강조하는 "小張"과 직접 결합하는 것과 다른데 이때 "自己"는 통사적으로 명사를 수식하는 성분이 아니다. 설문지의 이 부분에서 묻는 것은 명사의 수식성분이고 하나의 구문만을 구성하는 "小張自己, 我自己", "he himself"와 같은 구조 중의 "自己"이다. 엄밀하게 따지면, 중국어와 영어에서 이와 같이 쓰이는 강조사는 통사적인 면에서도 진정으로 규정어로 실현되는 것이 아니라 어떤 종류의 동격어이다. 하지만 동격관계는 병렬과 편정관계 사이에 놓여 있다고 볼 수 있고 그중의 한 쪽은 "自己"와 "himself"와 같이 독립성이 병렬구조 중의 한 쪽에 미치지 못하고 흔히 다른 한 쪽의 명사에 의존하여 존재하기 때문에 규정어를 겸하는 특징이 있다. 그 밖에 주의해야 할 점은 강조사는 흔히 재귀대명사보다 많은 어휘항목과 보다 실질적인 의미를 지닌다는 것이다. 설령 재귀대명사가 강조사를 겸하는 언어 혹은 방언에서도 동시에 보다 비교적 실질적인 의미가 있는 전문적인 강조사가 존재할 가능성이 있다. 예를 들면 중국어 강조사에는 재귀재명사를 겸하는 "自己" 외에도 주로 강조사로 사용되는 "本身, 自身" 등이 있다. 조사할 때에 한편으로는 강조사가 재귀대명사와 동형인지 아닌지를 주의해야 할 뿐만 아니라, 다른 한편으로는 강조사가 명사의 규정어를 충당할 수 있는지 혹은 직접 조합하는 동격어인지, 그 통사적 표현과 어순이 어떠한 지도 주의해야 한다. 어떤 강조사는 "親自"와 같이 상황어로만 출현하는데 이는 본 연구의 조사 범위에는 포함되지 않는다.

형용사의 원급 외에, 형용사의 비교급, 최상급 등의 동급 등의 형태도 명사를 수식하는 기능을 가지고 있을 수도 있다. 하지만 이러한 형식이 규정어를 충당하는 것과 형용사의 원급이 규정어로 되는 것이 서로 다른 통사적 표현을 가지는지 여부에 대해 주의해야 한

명사성 구의 유형론적 연구

다. 예를 들면, 정관사가 존재하는 언어에 있어 최상급 형식이 규정어로 될 경우에는 흔히 정관사의 첨가를 요구하고 "급" 형태가 없는 언어에서도 분석적인 수단으로 표현되는 "급"의 형식(예를 들면 "比"(~에 비해), "更"(더)과 같이)이 명사를 수식할 수 있는지 없는지, 사용함에 있어 어떠한 규칙이 존재하는지에 대해 고찰할 수 있다. 중국어에는 많은 형용사가 명사를 직접 수식할 수 있지만 비교급과 최상급을 나타내는 형용사 구가 규정어로 될 경우에는 반드시 규정어 표지 "的"을 첨가해야 한다.

마지막으로 설문조사에서는 언급되지 않았지만, 중국어 및 친족·인근 관계에 있는 언어에 있어 중요한 규정어는 양사이다. 기존의 양사에 관한 조사는 대부분 명사와 양사의 조합에 국한되었지만 실은 명사구의 통사구조에 있어 수사와 지시사를 떠나 단독으로 명사를 수식하는 기능, 관사와 흡사한 기능, 규정어와 핵어명사를 접속해주는 기능 등과 같이 양사에는 조사 가치가 있는 내용들이 많다. 남방의 중국어 방언과 壯侗 등 민족어에는 이와 같은 현상이 많기 때문에 소홀히 해서는 안 된다.

2.7. 각종 규정어의 어순규칙 및 공기규칙

중국어의 "我這三本昨天剛買的很好看的外國偵探小說[나의 이 세 권의 어제 방금 산 아주 재미있는 외국 탐정 소설]"과 같이 명사구에는 흔히 한 가지 유형의 규정어만 있는 것이 아니다. 여기서 말하는 각종 규정어란 전통적인 의미인 것으로 그중의 일부 규정어를 현대이론에서는 규정어가 아닌 핵심으로 보는 견해가 있지만 본 장절에서는 잠시 이러한 처리법을 고려하지 않기로 한다. 가령 한 가지 언어 혹은 방언 중에 여러 유형의 규정어가 병존한다면 각종 규정어 간에 일련의 강제적인 혹은 우선적인 배열순서가 있는지 여부를 고찰할 필요가 있다.

각 유형의 규정어 간의 배열규칙에 대해서는 관련되는 요인이 상당히 복잡하고 여러 언어들에는 공통한 규칙이 존재할 뿐더러 각자 특징도 있기에 전면적인 분석을 위해서는 심도있는 연구를 실시하여야 한다. 전반적으로 규정어와 핵어명사의 관계 긴밀도는 그중에서 영향이 가장 큰 요인으로 의미적으로 핵심에 가까울수록 핵심에 가까이 놓인다고 할 수 있다. 또한 외연과 내포의 구별로도 해석할 수 있는데 형용사, 명사 등으로 구성된 성질규정어는 핵심의 내포를 제시함으로 핵심에 가까이 놓이는 것(예를 들면 위 예문 중의 "外國[외국], 偵探[탐정]")이 일반적이고, 지시와 양화를 나타내는 규정어는 다만 외연을 확정하고 내포와는 관련이 없으므로 핵심과 멀리 놓이는 것(예를 들면 위 예문 중의 "這[이], 三本[세 권의]")이 일반적이다. 소유어는 비록 명사로 구성되지만 내포가 아니라 외연을 규명해 주는 기능을 하기 때문에 응당 외연류 규정어(예를 들면 위 예문 중의 "我[나]")에 포함시켜야 한다. 같은 내포를 규명해 주는 규정어임에도 불구하고 핵어명사의 내재적, 영구적인 속성과 관련되는 규정어는 핵심 가까이에 놓이고 외적, 임시적인 속성과 관련되는 규정어는 핵심에 멀리 떨어져 있다("偵探"은 "外國"에 비해 더욱 내적인 속성이다). 그 외에도 음성적인 리듬도 규정어의 어순에 영향을 미치는데 중국어에서 리듬의 작용이 특히 선명하다. 중국어에 있어 粘合形("的"을 첨가하지 않는)과 組合形("的"을 첨가하는) 규정어의 구별도 어순에 큰 영향을 미친다(예를 들면, "昨天剛買的"과 "很好看的"은 組合形 규정어로 "外國", "偵探" 이 두 粘合形 규정어 앞에 놓인다). 이와 관련된 영어의 명사의 각종 규정어에 관한 주요한 배열규칙은 영어를 상세히 다룬 문법서에 일반적으로 설명이 되어 있다. 중국어에 관한 연구로는 陸丙甫(1993:92-97)을 참조하기 바란다.

유형이 다른 규정어일지라도 하나의 명사구 내에 모두 동시에 출현할 수 있을수 없고 서로 배척하는 경우도 있다. 영어의 관사와 지시사는 상호 배척하고(스페인어의 관사와 지시사가 동시에 출현할 수 있는 것과 다르다), 관사와 s를 가지는 소유어는 상호 배척하기에(스페인어의 관사와 물주형용사(사물을 주어로 사용하는 형용사)가 동시에 출현할 수 있는 것과 다르다) my a pen, a my pen, his the pen, thehis pen 등 형식이 존재하지 않는다. 하지만 a friend of mine[나의 친구], the content of this book[이 책의 내용]과 같이 관사와 명사 뒤에 전치사가 이끄는 소유어는 동시에 출현할 수 있다. 지시사는 속격 대명사와 상호 배척하여 this my pen, his that pen 등 형식(중국어는 "這 支我的笔[이 나의 펜], 他的那支笔[그의 저 펜]"이라 말할 수 있다)이 존재 하지 않는다. 영어의 전량사는 all the students[학생 모두]와 같이 정 관사와 동시에 출현할 수 있으나 부분 양화사는 그럴 수 없으므로 some the students이라 말할 수 없고 속격구조와 결합하여 some of the students[몇몇 학생들]라고 해야 한다. 중국어의 명사 앞에 각종 규정어가 상호 공존하고 배척하는 상황은 영어와 다르다. 하지만 목 전 이 방면의 연구가 빈약하고 지금까지 거의 아는 것이 적어 실은 아직도 일련의 제한에 대한 한층 심도있는 고찰이 필요하다. 예를 들면, 본문 제3절에서 북경 구어 중의 양사와 결합하지 않는 제2성 의 "一"의 부정관사 용법에 대해 서술할 경우, 이와 같은 용법을 지 닌 "一"은 지시사와 동시에 출현할 수 없지만 일반 수량을 나타내는 "一個"는 "這一個工厂很賺錢[이 공장은 돈을 매우 많이 번다]"처럼 동시에 출현할 수 있다고 하였다. 가령 제2성의 "一"만 수사라고 보 면 이러한 공기 제한을 해석하기 어렵지만 가령 이와 같은 "一"이 부 정관사라는 것을 인식하였다면 이해하기가 상대적으로 쉬워진다. 왜 냐하면 부정관사는 자연적으로 유정을 표시하는 지시사와 공기하기 때문이다. 또한 중국어 전량사와 부분 양화사가 지시사 "這些"와의 공기 규칙도 다른데 즉 "所有這些學生[모든 이런 학생들]"이라고 말 할 수 있지만 "有的這些學生[어떤 이런 학생들]"이라고는 말할 수 없 고 "這全部學生[이 전부의 학생]"이라 할 수는 있지만 "這些全部學 生[이런 전부의 학생]"이라 할 수는 없는 것처럼 전량사 앞에 놓이는 지시사는 "這[이]]"이어야 하고 "這些[이런]"을 사용해서는 안 된다.

이와 같은 빈약한 부분에 대해서는 전문적인 연구가 시급하다.

명사의 각종 규정어 간의 어순 문제 외에도, 각종 규정어와 핵어명사 간의 어순 문제도 조사 시 주목해야 할 연구과제의 하나이다. 세계의 언어에서 중국어처럼 모든 규정어가 명사 앞에 놓이는 언어는 소수인데 알타이언어가 기본적으로 이러한 경우에 속한다. 하지만 기타 지방의 언어(예를 들면 일본어와 같이 SOV유형에 속하여도)의 규정어의 어순은 모두 명사에 전치하지 않는데 대부분 언어가 모두 SOV형에 속하는 藏緬語는 규정어의 어순 분포가 꽤 복잡하다. SVO형 언어에 속하는 영어, 壯語, 苗語 등 언어의 규정어의 배열순서도 꽤 복잡하다. 영어를 놓고 볼 때, 관사, 지시사, 수사, 속격 대명사, s를 첨부하는 속격, 속성을 나타내는 명사, 하나의 형용사, 하나의 현재 분사와 과거 분사는 명사의 앞에 놓이고, 논항(비교기준을 포함)을 가지거나 혹은 성분을 부가하는 형용사와 분사, 전치사구, 관계절, 부사가 규정어를 충당할 경우 모두 명사의 뒤에 놓인다. 러시아어와 프랑스어는 모두 SVO형인 인구어에 속하지만 규정어의 어순은 영어와 다소 차이가 있다. 러시아어의 명사 속격은 핵어명사의 뒤에만 놓이고, 프랑스어의 형용사의 일반적인 위치는 명사에 후치하는 것이다. 따라서 대부분 언어를 놓고 볼 때, 각종 규정어가 중심어에 대한 위치 문제에 관해서 면밀하게 조사해야 한다. 실은 중국어 방언에도 일부 규정어가 후치하는 현상이 존재한다. 예를 들면, 해남도 屯昌閩語의 형용사 중첩형과 의성어구가 규정어를 충당할 경우 후치하고(錢奠香2002), 더욱이는 北京話 구어에도 관계절이 후치한다고 분석 가능한 상황이 존재하기 때문이다(方梅 2004).

董燕生 1999《西班牙语句法》，外语教学与研究出版社。

方梅 2002《指示词"这"和"那"在北京话中的语法化》，《中国语文》第4 期。

方梅 2004《汉语口语后置关系从句研究》，载《庆祝〈中国语文〉创刊50周年学术论文集》，商务印书馆。

黄布凡 1997《藏缅语"指代名"偏正结构语序》，载《彝缅语研究(国际彝缅语学术会议论文选)》，四川民族出版社。

黑龙江大学俄语系编 1979《现代俄语语法新编》(上、下册)，商务印书馆。

黎锦熙 1992/1924《新著国语文法》，商务印书馆。

林立芳 1997《梅县方言语法研究》，中华工商联合出版社。

刘丹青 2002《汉语类指成分的语义属性与句法属性》，《中国语文》第5 期。

刘丹青 2005a《形容词和形容词短语的研究框架》，《民族语文》第5 期。

刘丹青2005b《语法调查与研究中的从属小句问题》，《当代语言学》第3期。

陆丙甫 1993《核心推导语法》，上海教育出版社。

吕叔湘 1982/1944《中国文法要略》，商务印书馆。初版上卷1942年，下卷1944年。

钱奠香 2002《海南屯昌闽语语法研究》，云南大学出版社。

王力 1989《汉语语法史》，商务印书馆。

王锁瑛、鲁晏宾 1999《葡萄牙语语法》，上海外语教育出版社。

王晓林 1991《瑞典语语法》，外语教学与研究出版社。

邢向东、张永胜 1997《内蒙古西部方言语法研究》，内蒙古人民出版社。

杨顺禧 1993《罗马尼亚语语法》，外语教学与研究出版社。

尹世良、季兵 1988《简明阿尔巴尼亚语语法》，外语教学与研究出版社。

张才尧编、姚可昆审 1994《实用德语语法》，外语教学与研究出版社。

张敏 1998《认知语言学与汉语名词短语》，中国社会科学出版社。

Comrie, Bernard & Norval Smith 1977 *Lingua Descriptive Studies: Questionnaire*.

North—Holland Publishing Company.

Bernstein, B. Judy 2000 The DP Hypothesis:identifying clausal properties in the nominal domain.In Mark Baltin & Chris Collins(eds.).*The Handbook of Contemporary Syntactic Theory*.Blackwell Publishing Ltd.

Hemmelmann, Nikolaus. 2001 Articles. In Martin Haspelmath, Ekkehard König, Wulf Oesterreicher & Wolfgang Raible(eds.) *Language Typology and Language Universals:An International Handbook*. Berlin: Walter de Gruyter.

König, Ekkehard 2001 Intensifiers and reflexive pronouns.In Martin Haspelmath et al.(eds.) *Language Typology and Language Universals:An International Handbook*. Berlin: Walter de Gruyter.

저자: 劉丹靑
《漢語學習》2006년 제1기에 게재하였음.

제**3**장

형용사와 형용사구의
연구방법

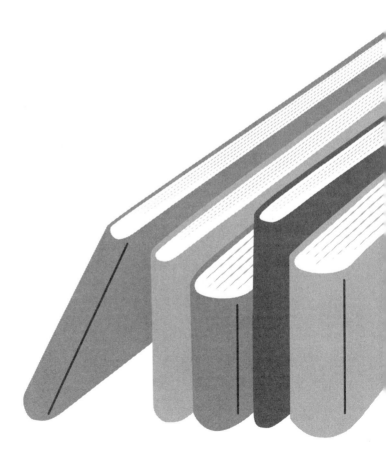

제 **3** 장.
형용사와 형용사구의 연구방법

명사, 동사, 형용사 3대 실사 중 형용사의 품사적 지위가 가장 불확정하다. 비록 형용사가 나타내는 원형 범주의 의미인 지시대상의 속성이 어떠한 언어에서든 이를 표현하는 어휘항목이 존재하고 있어 그것이 보편적인 의미범주에 해당되긴 하지만 그렇다고 형용사가 곧 보편적인 품사 범주라는 것을 의미하지는 않기 때문이다. 독립적인 형용사가 존재하는지, 형용사의 기능이 어떤 품사에 더 가까운지, 형용사의 어휘항목이 개방적인지 아니면 폐쇄적인지 등은 언어유형론 학자들이 한 언어의 품사를 조사할 때 우선 관심을 갖고 접근하는 문제들이다.

3.1. 형용사와 형용사구

여러 언어유형론 학자들(예를 들면 Bhat 2000, Rijkhoff 2000)이 보기에, 독립적인 형용사라는 품사를 갖고 있지 않은 언어가 꽤 상당수를 차지한다. 이런 언어에는 당연히 기타 언어에서 형용사류 의미(어떤 속성)로 표현되는 어휘항목이 존재하고 있고, 일정한 통사적 책략을 사용하여 이러한 어휘들로 하여금 명사를 수식·한정하는 기능을 하도록 한다. 예를 들면 관계절(동사처럼) 혹은 명사의 등위성분(명사처럼)으로 되는 것이다. 하지만 이와 같은 어휘항목은 형태·통사적인 면에서 하나의 독립적인 품사로 되기 어렵다. 때문에 한 언어에 형용사가 존재하는지를 확인하기 전에, 학자들은 신중하게 우선 영어와 같은 언어의 형용사와 의미적으로 대응하는 어휘를 "속성사"라 지칭한다. 남아메리카 인디안인의 Quechua어는 바로 속성사와 명사가 합류한 언어로 거론되고 있는데 속성사의 통사적 표현이 명사와 별다름이 없다(다음 내용은 Bisang 2000:Chap6을 재인용하였음).

rikashka:	alkade–ta	~ rikashka:	hatun–ta
만났다(과거시제, 일인칭)	시장–목적격	만났다(과거시제, 일인칭)	크다–목적격
나는 시장을 만났다		나는 큰 것을 만났다	

chay	alkalde	runa	~	chay	hatun	runa
저	시장	사람		저	크다	사람
저	시장인	사람		저	큰 사람	

위의 예문은 속성사가 명사처럼 자유롭게 목적어로 될 수 있고, 게다가 형태 면에서 품사성 변화의 필요가 없고, 명사처럼 직접 명사의 목적격표지 ta를 첨가할 수 있음을 나타내고 있다. 다음의 예문은 명사와 속성사가 규정어로 될 경우에도 표현이 동일하고 어느 쪽

도 임의의 표지를 첨가하지 않고도 직접 목적어로 될 수 있음을 나타내고 있다.

형용사가 하나의 보편적인 품사인가 그렇지 아니한가는 지금까지도 유형론 학계를 포함한 문법이론 학계 내에서 논란이 되고 있는 주제이다. 명사, 동사, 형용사 3대 품사 가 인류 언어의 지시대상, 서술, 수식이라는 3대 보편적인 기능과 상호 적용되고 모두 보편적으로 독립적인 품사라고 생각하고 있는 유형론학자들도 있지만 그들은 형용사의 구체적인 통사론적 표현과 어휘목록의 크기가 차이가 매우 크다고 인정하고 있다(Croft 2000; Dxion 2004).

만일 형용사가 확실히 독립적인 부류를 구성함이 어렵다는 것을 감지했을지라도 구체적인 유형을 구분해야 한다. 이 경우, 기존의 조사연구의 성과를 참조하여 관찰·분석할 수 있다.

형용사의 통사적인 기본특징은 규정어로 되는 것이다. 일부의 언어에는 비록 규정어로 될 수 있는 속성어가 존재하지만 기타 어떤 품사와 형태·통사적인 특징에 있어 차이가 없다. 흔히 볼 수 있는 상황에는 두 가지가 있다. 하나는 위에서 열거한 Quechua어처럼 형용사-명사를 구분하지 않는 언어인데 이러한 언어의 주요 품사구성은 N-A, V, 즉 명사-형용사의 동일체와 동사 두 종류이다. 다른 한 상황은 형용사-동사를 구분하지 않는 언어로 이러한 언어의 주요한 품사구성은 N, A-V 즉 명사와 형용사-동사의 동일체 두 종류이다. 그 중요한 특징은 속성어가 술어로 되는 것이 매우 자유롭고 동사처럼 표현되지만, 규정어로 될 경우에는 영어의 형용사처럼 자유롭지 못하고 동사나 관계절처럼 일정한 표지를 첨가해야 한다. 藏緬어

족의 마니프루어(ManiPuri)(인도 마니프루주 공식언어)가 이러한 언어의
전형적인 유형에 속한다.

cəy   ə-saŋ-bə   ~   mi   ə-ca-bə   (Bhat 2000:51)
나뭇가지   접두사-길다-분사   남자   접두사-먹다-분사

긴 나뭇가지   하나   음식을 먹는 남자 한 명

위의 예문에서 속성사의 어근 [saŋ](길다)는 동사의 어근 [ca](먹
다)처럼 접두사 [ə]를 첨가하고 규정어로 될 경우에는 반드시 분사
를 표기하는 [bə]를 첨가해야 한다. 게다가 규정어로 되는 속성어
와 동사에는 동일한 시제, 상, 서법의 형태변화가 있다(상세한 예문은
Bhat2000:51을 참조). 때문에 형태와 통사적 기능 면에서 속성어는 다
만 동사로 분류될 수밖에 없고 독립적인 범주를 구성할 수 없다.

이상 두 상황의 공통적인 특징은 명사와 동사 중 적어도 한 종류
의 성질이 그다지 단순하지 않고 실은 형용사의 성질을 다소 겸하고
있다는 것이다. 앞에서 열거한 Quechua어의 예문은 명사가 매우 자
유롭게 속성 규정어로 될 수 있다는 것을 나타내고 있다. 그리고 일
부 언어에는 명사와 동사 두 부류만 존재하고 "명사-형용사 일체"
혹은 "형용사-동사 일체"의 품사가 존재하지 않는다. 속성 개념은
문법 상 순수한 명사나 순수한 동사로 표시된다. 예를 들면, 고인도
의 범어(Sanskrit)는 오직 명사만 있고 형용사가 존재하지 않는 언어로
간주되어 왔다. 그 명사를 수식하는 속성어는 모두 명사로 명사의
각종 형태를 가지고 있다. 더욱 중요한 것은 그것과 속성 주체 사이

는 통사적 수식관계를 구성하는 것이 아니라 다만 일종의 의미결합 관계라는 점이다. 속성을 표시하는 단어와 속성 주체를 표시하는 단어는 동일한 형태 표지와 통사적 신분을 갖고 있을 뿐만 아니라 어순에 있어서도 자유롭다(다음 내용은 Bhat 2000:50에서 인용하였음).

kRSNam   sarpam   apasyat
검다-음성단수대격   뱀-양성단수대격   봤다-3인칭
(그는)한 마리의 검은 뱀을 봤다

=sarpam   kRSNam   apasyat   kRSNam
뱀-양성단수대격   검다-음성단수대격   봤다-3인칭
(그는) 검은 것을 봤다

상술한 예문에서 "검다"를 표시하는 단어와 "뱀"을 표시하는 단어는 동일한 형태적 표현을 가지고 있고 어순도 자유롭다. 뿐만 아니라 전자도 자유롭게 단독으로 대격으로 될 수 있고 "검은 물건"을 표시한다. 형태-통사론의 기준에서 볼 때, "검다"를 표시하는 단어는 마치 명사와도 같다. 그렇기 때문에 범어는 이런 학자들로부터 오직 명사라는 품사만 존재하는 언어이고 명사-형용사 동일의 품사는 갖고있지 않다고 간주되어 왔다. 그 외에 명사와 동사를 가지지만 형용사를 가지지 않는 일부 언어에서는 소유동사와 명사(속성을 나타내는 추상명사)의 조합으로 기타 언어에 있는 형용사 규정어의 의미를 나타내야 한다. 예를 들면, 북아메리카의 하우사어(Hausa)는 다음과 같다(Hauas, Rijkhoff 2000:221를 참조).

명사성 구의 유형론적 연구

mutum   mai   alheri /arzaki /hankali (선량하고 부유하고 총명한 한 사람)
사람   ~을 구비하다   선량   부유 지혜

　형용사가 독립적인 부류를 구성할 수 있는 언어에 있어서는, 형용
사의 어휘항목의 수 혹은 개방도도 차이가 크다고 말할 수 있겠다.
영어처럼 완전히 개방적인 형용사란 품사를 가지는 언어는 결코 인
류 언어의 보편적인 상황이 아니다. 어휘항목이 가장 적은 언어는 형
용사를 8개 밖에 가지지 않는다. 예를 들면 서아프리카의 이보(Igbo)
어는 8개의 형용사로 각기 "크다, 작다, 검다, 하얗다, 새롭다, 늙다,
좋다, 나쁘다"를 표시하고 있다(Dixon 1977). 그 외 일부 폐쇄적인 형용
사 계통에는 상고(Sango)어가 약 60개, 킬리빌라(Kilivila)어가 약 50개,
아촐리(Acoli)어가 약 40개, 간다(Luganda)어가 약 30개, 벰바(Bemba)어
가 약 20개, 수피레(Supyire)어가 약10개가 있다(Bhat 2000:49에서 재인
용). 이러한 폐쇄적인 형용사는 흔히 가장 기본적인 속성의 특징을 표
시하는 어휘이다. 하지만 결국 어떤 속성이 형용사로 표현되고 어떤
속성이 기타 품사로 표현되는지에 대해서 각 언어 간에는 상당한 차
이가 있지만 일정한 규칙도 있다. 표로 제시하면 다음과 같다.

〈표 3-1〉

	물리속성	색상	속도	연령	차원	가치	인류속성
Bemba	동사		부사	형용사			명사
Tzotzil	형용사						명사
Chinook	조사			동사		명사	
영어	형용사						
Martuthunira	명사						

(University of West Australia "*Language, Culture and Society*"과정 홈페이지 자료에
의한 번역)

그렇기 때문에 통사론의 기준을 사용하여 판단할 경우, 대체 어떤 속성이 형용사로 표시되고 어떤 속성이 기타 품사로 표시되고 있는지를 주의해야 하고 그것이 속성 의미를 나타낸다고 해서 형용사에 포함시켜서는 안 된다.

형용사류가 존재하는 언어에 있어서도, 품사 속성은 크게 차이가 난다. 전반적으로 형용사에는 두 종류의 중요한 유형이 있다. 일본어의 형용사(전부가 고유어로 구성된 -i형 형용사를 가리킨다)는 동사에 가깝고 술어성 형용사에 속한다. 주로 다음과 같이 표현된다. 동사처럼 직접 술어로 될 수 있고 계사가 필요 없다. 동사처럼 직접 규정어로 될 수 없고 일정한 규정어 표지(실은 형용사 자체의 술어성을 없애는 것이다)가 필요하다. 동사와 같거나 혹은 동사에 가까운 형태범주를 가지고 있다. 일본어의 형용사 자체가 "시제" 형태를 갖고 있어 현재의 시제를 나타내는 어미 i를 삭제하고 어미 kaatt를 첨가하기만 하면 과거의 시제를 나타낼 수 있다(yoi"좋다">yokatat"좋았다"). 영어와 같은 일부 언어의 형용사는 명사에 가깝고 체언성 형용사에 속한다. 주로 다음과 같이 표현된다. 명사처럼 직접 술어로 될 수 없고 계사의 도움이 필요하다(형태도 계사에 붙어야 한다). 특정 표지나 형태가 필요 없이 직접 규정어로 될 수 있다. 명사의 형태 혹은 허사에 상응하는 관사 등이 붙을 수 있다. 당연히 이 두 극 사이에는 각종 복잡한 상황들이 존재할 가능성도 있다.

한 마디로 말하면, 형용사의 조사에 있어 선험적으로 하나의 독립적인 형용사란 품사가 반드시 존재한다고 생각할 필요는 없다는 것이다. 설령 독립적인 한 부류의 형용사가 존재하여도, 특정 언어·

방언에 있는 형용사의 형태·통사론적 특징을 주의깊게 관찰할 필요가 있다. 또한 기타 품사와의 비교를 통해 그 유형이 체언에 가까운지 용언에 가까운지를 확정할 필요가 있다. 동아시아지역의 언어에는 술어성 형용사가 비교적 흔하다. 형용사의 품사 지위가 보편적이라고 여기는 Croft(2000)는 "만약 더 많은 통사적 표현을 고찰한다면, 가령 어떤 언어 중에 일부 품사가 합병할 수 있다고 알려져 있어도 원형 속성사는 원형 동작어 혹은 원형 名物語(사물의 명칭을 표시하는 단어)와는 일련의 차이를 보일 것이다"라고 주장하고 있다. 하지만 이런 학자들은 동시에 어떤 언어에 있어 실사의 품사성을 확인할 수 있는 어휘가 꽤 제한적인데 다만 그 부분적인 원형 어휘항목 뿐이고, 대부분의 어휘는 여전히 품사 사이의 근접과 모호하고 분명하지 못한 상태에 놓여 있다는 것을 인정하고 있다. 간략하게 말하면, 그들은 실사 품사는 원형범주로서는 보편적 존재이지만 품사 사이의 경계에 대해서는 어떤 언어에서 그것이 분명하지 않은 것도 있다고 여기고 있다.

현대 중국어문법의 논저에서는 일반적으로 형용사란 품사를 설정하고 있지만 확실히 몇몇 중요한 학자 예를 들면 趙元任은 중국어 형용사는 독립적으로 유형을 성립할 필요가 없고 동사의 한 종류라고 보아 "狀態動詞(상태동사)"라고 일컬을 수 있다고 생각하고 있다. 국외 유형론 학계에서도 중국어를 그 외의 많은 동아시아, 동남아시아언어와 함께 동사-형용사 합류형 언어라고 간주하는 경향이 있다. 어떤 학자는 중국어의 형용사가 동사류의 하위분류가 될 수 있는지 여부에 대해 의문을 품고 있다(예를 들면 McCawley1992). 그들의 주요한 이유는 중국어의 형용사는 동사처럼 자유롭게 술어로 될 수 있지만 규정어로 되는 것이 자유롭지 못하고 동사 혹은 절처럼 "的"이 꼭 붙어야 한다는 것이다. 예를 들면, Li & Thompson(1981:121)은 "漂亮的女孩子"(예쁜 여자애)와 "*漂亮女孩子"의 대비를 통해 이 점을 명시하고 있다. 이 예문을 보면, 중국어는 위에서 열거한 ManiPuri어처럼 동사-형용사 합류형 언어에 속한다. 하지만 張伯江(1997)의 분석에서 제시한 바와 같이, 중국어에는 여전히 한 무리의 "的" 필요 없이 직접 명사를 수식하는 속성사가 존재하고 있는데 이는 언어유형론에서 형용사를 판단하는 가장 중요한 기준이다.

張伯江은 이를 근거로 하여 중국어에는 동사와는 분리된 형용사란 품사가 존재한다고 주장하고 있다. 동시에 그는 중국어의 형용사의 범위는 비록 Igbo어의 8개처럼 작지 않지만 흔히 생각되는 것보다는 작고 대량의 자유롭게 규정어로 될 수 없는 어휘가 밖으로 제외되어 상태동사에 포함시킬 필요가 있다고 지적하고 있다. 예를 들면 "安静, 誠實, 孤立[조용하다, 성실하다, 고립적이다]" 등이 있다. 반면에 형용사에서 가장 전형적인 구성원은 "大, 小, 黑, 白, 老, 少, 高, 低, 好, 坏[크다, 작다, 검다, 희다, 늙다, 젊다, 높다, 낮다, 좋다, 나쁘다]" 등 가장 기본적인 속성을 나타내는 단음절어이다. 언어유형론적 시각에서 張伯江의 관점은 비교적 공정적이고 실제에 부합된다. 이 외에 張國憲(2000)에서는 중국어 형용사의 문법 특징에 대해 다양한 시각에서 관찰하고 또한 동사, 명사와 상세한 비교를 하여 형용사를 연구함에 있어 더욱 다양하고 면밀한 관찰시각을 제공해 주었고 형용사 조사 시 참조하기에 적합하다.

명사성 구의 유형론적 연구

보충해야 할 것은 중국어와 기타 방언 중 藏綿(장면), 壯侗(장동), 苗瑤(묘요), 孟高棉(맹고면), 蒙古(몽고)어족과 한국어, 일본어 등 동방 언어에는 보편적으로 성질형용사와 통사적 기능이 다른 일련의 상태사가 존재한다. 현대중국어에서는 이와 같은 어휘를 상태형용사(상세한 논의는 朱德熙 1956를 참조) 혹은 형용사의 생동형식(모습을 생생하게 강조하여 묘사하는 형식)(예를 들면 呂叔湘 책임편집 1980)이라고 일컬어 왔다. 그 형식은 일반적으로 성질형용사가 중첩 혹은 접사첨가(특히 중첩형 접사) 등의 형식을 통해 구성된다. 예로 "亮亮的[반들반들]", "亮晶晶的[반짝반짝]", "雪亮的[눈부신]"을 들 수 있다. 하지만 고대중국어에서 상태사(狀態詞)는 기타 어근으로 구성되는데 성질형용사와는 어형에서부터 통사적 기능까지 모두 차이가 있다(楊建國1979을 참조). 예를 들면, "哳[밝은 모습]"–"哳彼小星[밝은 저 작은 별]"은 성질형용사처럼 "不哳"(부정부사와 결합), "甚哳"(정도부사와 결합) 등에 쓰일 수 없다. 실제로 다른 품사라고 간주할 수 있다. 壯侗語에서 상태사(壯侗語의 논저 예를 들면 梁敏·張均如1996 등에서는 흔히 聲貌詞라고 일컫는다)는 흔히 동사나 형용사의 수식·보충 성분으로 출현하고 의미적인 면에서는 "亮晶晶" 중의 "晶晶"과 비슷하다. 하지만 형용사의 어형에는 들어갈 수 없고 형용사, 동사와는 분리될 수 있으며 이들 역시 형용사에 포함시킬 수 없다. 그렇기 때문에 이러한 아시아 언어에서 별도로 다른 부류인 상태사를 설립하여 조사해야 하며 그럴 경우 "상태형용사"라고 일컫는 것보다 언어의 종류에 있어서는 더 널리 적용된다.

구별사의 특징은 규정어를 충당할 수 있고 술어를 충당할 수 없는 것이다. 예로 "慢性, 現行, 首要, 野生[만성의, 현행의, 주요한, 야성의]"을 들 수 있다. 그 외에 정도부사의 꾸밈을 받지 못하는 특징도 구별사가 일반형용사와 구별되는 점이다. 沈家煊(1997)는 이에 근거하여 구별사는 비전형적인 형용사에 속한다고 주장하고 있다. 형용사가 술어와 가까운 언어를 놓고 볼 때, 이는 일반형용사와 구별되는 분류이고 독립적으로 유형을 성립할 수 있다. 구별사는 현대 사회의 복잡화에 의해 생성된 것이기 때문에 비교적 전통적인 집단이 사용하는 민족 언어에는 이 품사가 없을 수도 있다(이 점은 黃行 교수님이 필자에게 얘기해 주었다). 형용사가 체언에 가까운 언어를 놓고 볼 때, 규정어를 충당하지만 술어를 충당하지 않는 것은 형용사의 정상적인 특징으로 이를 위해 전문적으로 유형을 설립할 필요는 없다. 후자의 부류에 속하는 언어에는 서술사("是"를 쓰는 문장에서 "是" 뒤의 성분)로는 되지만 규정어로 될 수 없는 형용사가 존재하기 때문에 별도로 독립적인 한 부류를 설정하거나 혹은 형용사에 "규정어로 되지 않는 형용사"란 하위부류를 설정할 필요가 있겠다. 예를 들면 영어의 asleep, afraid, alike 등이 그러하다.

3.2. 형용사구의 조작적 정의

실제로 각종 품사와 구문류에 대해 정의를 내릴 때 조작적 정의 즉 구체적인 명확한 통사적 및 형태적인 기준이 필요하다. 명사, 동사 및 그 구문은 보편적 범주에 속하고 의미적인 기초가 비교적 현저하기 때문에 적어도 그 원형으로 되는 구성 요소는 쉽게 확정지을 수 있다. 예를 들면, "책상, 집, 손"을 표시하는 어휘는 흔히 명사이고 "걷다, 먹다, 웨치다, 두드리다"를 표시하는 어휘는 흔히 동사이다. 하지만 형용사가 하나의 품사로서 조사 대상의 언어에 존재하는지 여부 자체가 미확정된 문제이기 때문에 설령 품사로서 존재한다고 해도 그 범위가 사뭇 다르고 오로지 의미만으로 판단할 수 없다. 따라서 형용사구의 조작적 정의를 확정하려면, 우선 형용사의 조작적 정의를 확정하여 형용사가 존재하는지 존재하지 않는지 및 그 기본적인 범위를 확정하여야 한다.

이상적인 조작적 정의는 동류(같은 종류)에 대한 일치적인 수용과 이류(다른 종류)에 대한 일률적인 배척을 실행하는 것이다. 하지만 인류 언어의 범주화에는 이와 같이 이상적이고 경위가 분명한(clear-cut) 상태가 좀처럼 출현하기 어렵고 품사 범주는 흔히 원형과 주변이란 방식으로 존재하고 있다(沈家煊1999:250를 참조). 때문에, 품사에 관한 조작적 정의가 추구해야 하는 것은 최소한 그 원형 구성원으로 하여금 기타 품사와 다소 구별이 되거나 혹은 몇개의 큰 품사 간에 최소한 그 원형 구성원들이 정의에 의해 각기 획분되는 것이다. 張伯江(1997)은 형용사의 조작적 정의를 확립하려고 노력한 일례이다. 張伯江(1997)은 형용사에 관한 보편적인 연구와 중국어 형용사의 전문적인 연구를 결부하여 자유롭게(즉 "的"표지를 사용하지 않고) 명사의 규정어로 될 수 있는지 여부를 중국어 형용사를 판단하는 기준이라고 확정하였다. 이것은 바로 형용사가 동사와 구별되는 조작적 정의(당연히 명사와도 구별되도록 해야 한다. 이는 중국어에서 어렵지 않다)이다. 기타 언어에서도 형용사의 품사를 확립할 때 이와 같은 조작적 정의를 제시해 주어야 한다. 그리고 조작적 정의가 되도록 이면 형용사의 보편적인 원형 특징과 일치하거나 혹은 그것에 가까워야 한다. 張伯江(1997)의 정의는 보편적인 특징과 일치하다. 왜냐하면 규정어로 되는 것은 형용사의 가장 기본적인 기능이기 때문이다(명사는 주어·목적어로 되는 것이고 동사는 술어로 되는 것이다).

형용사를 중심어로 하는 구문을 형용사구라고 확정지을 수 없다. 예를 들면, "他的胖[그의 뚱뚱함]"은 형용사 "胖[뚱뚱하다]"을 중심어로 하고 있지만 형용사구에 속하지 않고 통사적으로 주어·목적어의 명사구(他的胖是遺傳的[그의 뚱뚱함은 유전된 것이다])에 속한다. 때문에 한편으로 형용사의 조작적 정의를 구문에 응용해야 하지만 다른 한편으로는 어떤 단위를 구문으로 정의하는 전제 조건인 "내부 균일성과 외부 가이동성"도 강조해야 한다. "내부균일성"이란 그 구조가 하나의 문법단위로 되는 것이고, "외부 가이동성"이란 전체가 하나의 덩어리로 이동할 수 있는 것이다. 예를 들어 비교하면 비교 표지가 이끄는 기준은 형용사 중심어를 수식하는 성분으로 될 수 있고 형용사와 함께 하나의 형용사구를 구성한다. 예를 들면 "比父親高"[아버지보다 키가 크다], "熱得冒汗[더워서 땀이 난다]"는 모두 내부가 균일한 문법단위이고 구문 자체가 일정한 의미를 나타낸다. 동시에 그들은 하나의 전체로 이동할 수 있는데 "兒子比父親高"은 "比父親高"을 전부 이동시켜 관계절을 구성하고 "比父親高的兒子[아버지보다 키가 큰 아들]"과 같이 "兒子"을 수식하도록 한다. "學生熱得冒汗[학생이 땀이 날 정도로 덥다]"도 역시 "熱得冒汗"으로부터 "熱

명사성 구의 유형론적 연구

得冒汗的學生[땀이 날 정도로 더운 학생]"을 구성한다. 설문조사의 요구에서는 어떠한 조작적 정의가 한계를 확정한 구문이라도 반드시 이 두 가지 요구에 부합되어야 한다. "他熱得說不出話[그는 더워서 말이 안 나온다]"에서 만일 "熱得說"를 추출한다면 이 두 가지 요구에 부합되지 않는다. 이는 형용사구에 대한 요구일 뿐만 아니라 각종 구문에 대한 요구이기도 하다. 때로는 전반 구문이 어떤 표지를 첨가하기도 한다. 예를 들면, 중국어의 형용사구는 "他把自己的本事吹〈得比天还大〉[그는 자신의 재능을 하늘보다도 더 크다고 터무니없이 과장하였다]"와 같이 앞에 첨가되는 조사 "得"에 의해 도입되고 술어 중심어의 뒤에 놓인다. 이와 같은 표지도 구문이란 단위를 확정하는 데 도움을 준다.

그리고 또 더 보충해야 할 중요한 점은 "X사구"와 같은 어휘 부류는 통사적으로 "X사"와 같은 어휘 부류라고 여겨왔지만 실은 큰 차이가 있다는 것이다. 이 또한 "X사구"의 조작적 정의가 "X사"의 조작적 정의로 대체하는 것이 장담할 수 없음을 한층 더 설명해 주고 있다. 이 점은 형용사에 있어 특히 뚜렷하다. 예를 들면 각 언어 중에서 형용사의 가장 원형적인 통사적 기능은 표지를 첨가하지 않고 명사의 수식어로 되는 것이다. 예를 들면 "大房間, 聰明學生, 便宜東西[큰 방, 총명한 학생, 싼 물건]" 중의 규정어가 그러하다. 게다가 직접 규정어로 되는 형용사는 확장할 수 없다. 즉 형용사구를 구성할 수 없는데 "很大房間", "聰明得很學生", "比這個便宜東西" 등은 모두 비문으로 반드시 규정어 뒤에 "的"을 붙여야 한다. 많은 藏緬語에서는 단독 형용사가 규정어로 될 경우 앞 혹은 뒤에 위치하는 두 가지 어순이 존재하지만 뒤에 놓이는 형용사는 정도부사 같은 성분을 첨가하여 확장할 수 없다(戴慶廈·傅愛蘭 2002를 참조). 즉 형용사구가 규정어로 될 경우 다만 명사에 전치하는데 이는 단독 형용사와 형용사구의 중요한 차이를 체현하고 있다. 영어의 "부사+형용사"구는 명사 앞에 놓여 수식어로 될 수 있지만 기타 형용사구는 형용사와 통사적 기능 면에서 큰 차이를 보인다. 전치사구 혹은 비교구문이 붙는 형용사는 명사 앞에 놓여 수식어로 될 수 없고 반드시 중심어 뒤에 위치해야 한다. 예를 들면 "the teacher proud of Pat[팻을 자랑으로 생각하는 선생님]~*the proud of Pat teacher, a man taller than you[당신보다 키가 큰 한 남자]~*a taller than you man"이다. 때문에 Van Valin & LaPolla(1997:68-69)에서는 형용사구(단독 형용사를 포함하지 않음)가 보다 실현 가능한 통사적 위치는 서술사이고 규정어가 아니며(서술사 위치에서 각종 유형의 형용사구는 모두 제한을 받지 않는다), 이는 형용사가 규정어를 본래의 위치로 하는 것과는 전혀 다르다고 주장하고 있다.

3.3. 논항을 가지는 형용사

형용사에서 가장 흔히 볼 수 있는 것은 일항(일가, 한 방향) 성질을 지닌 것이다. 즉 하나의 속성 주체가 필요하고 그것이 수식을 받는 핵어명사 혹은 형용사 술어가 진술하는 주어로 된다. 예를 들면 "聰明孩子[총명한 아이]"와 "孩子聰明[아이가 총명하다]"에서의 "孩子

명사성 구의 유형론적 연구

[아이]"이다. 여기에서 말하는 "논항을 가진다"는 것은 속성 주체 외에 형용사의 논항 구조를 온전하게 하는 명사성분이 출현할 필요가 있는 것을 가리킨다. 따라서 여기에서의 이른바 "논항을 가지는 형용사"란 적어도 이항형용사를 가리킨다.

동사와 다른 점은 형용사의 또 하나의 논항(여기서는 잠시 "客体"[동작의 대상]라고 일컫는다)은 일반적으로 목적어의 형식으로 출현하지 않고 흔히는 계사 또는 격형태 첨가 등 수단을 필수로 한다. 하지만 주제가 발달한 언어, 예를 들면 중국어에서는 주어 외의 주제의 위치에 객체 논항을 배치할 수 있다. 예를 들면 "陌生[생소하다/낯설다]"은 이항형용사로 "這個學生對北京很陌生[이 학생은 북경이 매우 낯설다]"과 같이 주체와 객체의 두 논항이 동시에 출현할 것을 요구하는데 그렇지 않으면 문장이 온전하지 않게 된다. 가령 "這個學生很陌生[이 학생은 매우 낯설다]" 혹은 "陌生的學生[낯선 학생]"이라고만 말하면 의미가 자급적이지 못하고 심지어는 중의성을 띨 가능성도 있다. 왜냐하면 "這個學生[이 학생]"이 주체인지 객체인지를 판단하기 어렵기 때문이다. 가령 이 구문이 "這個學生對北京很陌生" 혹은 "對北京很陌生的學生"이 생략된 것이라면 "這個學生"은 형용사의 주체이고, 가령 "這個學生大家很陌生[이 학생은 여러분들이 매우 낯설어 한다]" 혹은 "大家很陌生的學生[여러분들이 매우 낯설어 하는 이 학생]"이 생략된 것이라면 "這個學生"은 형용사의 객체이다(상세한 논의는 劉丹靑1987을 참조). 또 주의해야 할 것은 이 예문 중의 "這個學生對北京很陌生"은 개사를 사용하여 객체 "北京"을 도입하고 있지만 "這個學生大家很陌生"은 객체 "這個學生"이 주제를 충당하기 때문에 전치사를 사용하지 않고 있다는 점이다. 기타 수단으로는 "對……來說"을 사용하여 주체를 도입하고 객체를 주어로 되게 하는 것이다. 예를 들면 "北京對這個學生來說很陌生[북경은 이 학생에 대해 말하자면 매우 낯설다]" 혹은 "這個學生對大家來說很陌生[이 학생은 여러분들에 대해 말하자면 매우 생소하다]"과 같은 것이다. 영어에도 논항을 가지는 형용사가 꽤 많은데 familiar[익숙하다]가 바로 그러하다. He is familiar[그는 익숙하다]는 논항의 결핍으로 인해 중의성을 띤다. 온전한 논항구조는 응당 He is familiar with Beijing[그는 북경이 익숙하다] 혹은 He is familiar to teachers[그는 선생님들이 잘 알고 있는 학생이다/선생님들은 그에 대해 잘 알고 있다]와 같이 되어야 하고 전자 he는 주체이고 후자 he는 객체이다.

확실히 일부 형용사는 강제적으로 논항을 가지고 있다. 영어의 This ring is worth much money[이 반지는 값이 비싸다]에서 worth는 형용사가 서술사로 되고 있지만, 뒤의 명사구를 삭제하면 문장이 성립되지 않는다. worth 뒤에는 흔히 동명사의 논항이 오는데 This book is worth reading[이 책은 읽을 만하다] 중의 reading 또한 생략해서는 안 된다. worth의 유의어인 worthy가 규정어로 될 경우 전치사 of를 사용하여 논항을 도입해야 한다. 예를 들면, He gave me a ring worthy of much money[그는 나에게 값이 비싼 반지를 주었다] 혹은 He borrowed a book worthy of reading[그는 책 한 권을 빌렸다] 그중의 of구문 역시 생략 불가능하다(전치사를 사용하여 형용사 논항을 도입하는 것은 아주 보편적인 현상이다. worth처럼 명사 논항을 직접 가지는 형용사는 영어에서 혹은 언어유형론에서도 특례에 속한다). 力提甫

(2001:182)에서도 위구르어에는 "가깝다"란 의미를 표시하는 yeqin처럼 여격 명사의 출현을 필수로 하는 형용사가 있고, "멀다"란 의미를 표시하는 yiraq처럼 탈격 명사의 출현을 필수로 하는 형용사가 있다. 후자의 예는 다음과 같다.

bizniŋ	mäktäp	šahär–din	yiraq
우리의	학교	도시–탈격	멀다

우리의 학교는 도시에서부터 멀다

力提甫는 이 때 –din을 사용하여 도입한 탈격 명사 šahär는 "보족어를 필수로 하"거나 "논항을 필수로 한다"고 지적하고 있다. 또한 이 –din은 비교문의 기준도 도입할 수 있는 데 이 때의 비교 기준은 필수 논항이 아니다. 중국어에서 형용사가 가지는 논항이 강제적인지 아닌지는 의미 제약의 영향을 많이 받는데 문맥에 충분한 정보가 있을 경우 관련 논항도 생략이 가능하다. 예를 들면 "他很陌生"은 문맥에서 이미 "他"가 주체 혹은 객체임을 밝혀졌다면 이 문장은 성립할 수 있다.

동일한 형용사가 논항을 가지는지 여부는 흔히 센스(sense)에 따라 다르다. 센스에 따라 논항을 가지는 것도 있고 가지지 않는 것도 있다. 영어의 free이 "무료" 혹은 "자유"를 표시할 경우 따로 논항을 가질 필요가 없지만 "면제"라는 뜻을 표시하려면 반드시 객체 논항을 가져야 한다. 예를 들면, You will be free of tax[당신은 세무를 면제받을 수 없다]와 This drink is caffeine–free[이 음료는 카페인을 함유하지 않고 있다]라는 문장에서 이탤릭체로 표기된 부분은 free의 논항으로 모두 생략할 수 없다. 만일 그렇지 않으면 설령 말할 수 있다고 해도 free의 기타 센스로 변하고 "면제"를 표시하는 센스로 될 수 없다. 이로 보아 더 자세한 조사연구는 어휘항목의 측면에만 머물러 있을 것이 아니라 반드시 센스에까지 깊이 침투되어야 한다는 것을 알 수 있다.

3.4. 무주어문의 형용사

동사와 주어가 일치관계를 이루는 언어 예를 들면 이탈리아 등 일부 라틴어족 언어는 형용사를 인출하는 계사에 이미 주어의 인칭 성질이 함유되어 있다. 이 경우 가령 주어가 출현하지 않아도 진정한 무주어문 형용사가 아니다. 통사적인 주어가 기본적으로 강제적으로 출현하는 언어 예를 들면 영어에서는 소수 응답형 형용사가 무주어문에 사용될 수 있지만 이러한 문장은 동시에 계사를 사용하지 않고 있어 계사도 함께 생략되었다고 볼 수 있다(왜냐하면 이런 언어에서 형용사는 단독으로 서술어가 될 수 없기 때문이다). 예를 들면, Fine! OK! Alright! Very good! Wonderful! Too bad 등은 모두 단독으로 문장이 될 수 있으나, Is fine은 비문이고 It's fine이라고 해야만이 정상적인 구문이 될 수 있다. 때문에 이 또한 진정한 무주어문이라 할 수 없고 계사와 함께 생략된 생략문으로 보아야 한다. 중국어는 주어 생략이 비교적 자유로운데 일반적인 상황도 무주어문이라고 볼 필요가 없다. 다만 언어환경에서도 주어를 내세우기 어려운 상용 응답형 형용사만이 무주어문 형용사라고 간주할 수 있다. 예를 들면, "行! [그럼요]", "好! [좋아요]", "累! [힘들어요]", "痛快! [기분이 좋아요]" 등이 있다. 격 형태를 갖고 있는 언어에 있어 어떤 형용사가 주격 외의 형식(여격 등)으로 그 속성 주체를 표시할 수 있거나 혹은 표시할 것을 요구하는지 주의해야 한다. 가령 그러하다면 이 문장은 주체가 존재하지만 통사적인 주어가 존재하지 않기 때문에 그 형용사는 선택 가능한 혹은 강제적인 무주어문 형용사이다. 핀란드어(李金濤 1996:30에서 재인용)를 예로 들 수 있다.

Jest	me	zimno. (我觉得冷/나는 춥다고 생각한다)
是	我	冷
이다(3인칭 단수 현재)	나(여격)	춥다

위의 중국어 역문을 보면 "我[나]"는 마땅히 주어여야 할 것이다. 하지만 사실상 형용사 zimno는 "我[나]"로 하여금 제3격(여격) me(주격은 ja임)를 취하게 하였기에 위의 예문은 주어가 존재하지 않는다. 동시에 술어 핵심인 계사 또한 비인칭을 대표하는 3인칭 형식인 jest(제1인칭 단수는 jestem임)를 취하였다. 이로 보아 형용사 zimno는 무주어문에 출현하여도 되는 형용사이라는 것을 알 수 있다.

3.5. 직접목적어를 가지는 형용사가 존재하는가?

영어의 worth는 직접목적어를 가지는 형용사의 일례일 뿐만 아니라 강제적으로 직접목적어를 가지는 어휘이다. 이 상황은 흔한 것은 아니다. 어떤 언어는 정의에 있어 이미 형용사가 목적어를 가질 가능성을 모두 배제하고 있지만 실제 상황은 비교적 복잡하다. 중국어 문법에서 형용사와 동사를 구분하는 중요한 기준의 하나가 목적어를 가질수 있는지 여부이다. 때문에 "紅着脸[얼굴을 붉히다]", "厚着脸皮[넉살을 부리다]", "明确目标[목표가 명확하다]", "严肃纪律[규률이 엄숙하다]" 등과 같이 형용사 뒤에 목적어가 출현하면 형용사가 동사의 작용을 하고 있다고 여겨 왔다. 이론적으로 더 해결하기 힘든 것은 "高他一個頭[그보다 머리 하나가 더 크다]", "重你十斤[당신보다 열 근이나 더 무겁다]", "大陳德瑞三岁[진덕서보다 세 살 연상이다]" 등이다. 이와 같은 구문에 사용될 수 있는 것은 다름아닌 형용사 원형을 구성하는 그런 단음절 형용사이다(張伯江1997에서 열거한 예문을 참조). 그리고 그 구문의 의미는 차등비교이고 형용사의 의미적 기능에도 부합되며 조금도 동사의 의미적 특징을 지니지 않는다. 이러한 용법의 형용사는 동사처럼 사용되고 있다고 말하기 어렵다. 일부 방언(예를 들면 일부 閩南방언)과 언어(예를 들면 壯侗語)에서는 형용사에 "一個頭[머리 하나]", "十斤[열근]"과 같은 도량성분이 붙지 않아도 직접 명사가 붙어 비교기준으로 되고, 壯侗語는 형용사성 구에도 비교기준으로 되는 목적어가 올 수 있다. 다음과 같은 예문을 들 수 있다(石林1997:63-65).

mau^6	ni^5	jau^2	
그	작다	나 (그는 나보다 연하이다)	
mau^6	lai^1	sən^{3}tji^4	jau^2
그	좋다	신체	나 (그는 나보다 신체가 좋다)
mau^6	am^3	wəi^5	jau^2
그	걷다	빠르다	나 (그는 나보다 빨리 걷는다)

이러한 현상에 대해, 언어 조사의 가장 중요한 임무는 그것을 정확하게 기술하는 것이다. 그 품사성에 한해서는 하나의 이론적인 문제로 별도로 논의할 수 있다.

간접목적어는 일종의 형태적 혹은 통사적인 면에서 직접목적어와 구별이 있지만 어느 정도 목적어 속성의 통사적 성분을 가지고 있다 (의미적으로 수령자로 되는지 여부를 보는 것이 아니다). 그것은 한편으로는 형태-통사적인 면에 있어 일반적인 목적어와 구별이 있어야 하고, 다른 한편으로는 개사가 이끄는 성분과도 구별되어야 한다. 러시아어에서 수여행위문의 수령자는 여격(제3격을 말함)을 사용하여 표시하고 대격(제4격. 일반적인 수동자목적어와 수여행위문의 수여물은 모두 대격을 사용한다)과 구별되고 있다. 게다가 대격과 함께 3항동사의 지배를 받고 이중목적어문을 구성할 수 있고 별도로 전치사를 첨가할 필요가 없다. 러시아어의 여격목적어는 독립적인 범주의 간접목적어라고 보고 있다.

дать	книгу	брату	
주다	책(대격)	형/동생(여격)	(형/동생에게 책을 주다)

문장에서 "책"을 표시하는 직접목적어는 대격 книгу를 사용하고(주격은 여성명사книгya이고 그 여격 형식은 книге이다), "형제"를 표시하는 간접목적어는 여격 брату을 사용한다(주격은 남성명사 брат이고 그 대격 형식은 брата이다), 앞에는 전치사가 없다. 독일어에도 격 변화로부터 체현되는 간접목적어가 존재하고 있다. 이러한 형태적으로 간접목적어의 지위를 확정할 수 있는 언어에 있어서 간접목적어는 이중목적어문에 사용될 뿐만 아니라 단일목적어문에도 사용된다—일부 타동성이 약한 동사의 관여대상(전형적인 수동자가 아니다)은 대격이 아닌 여격을 사용해야 한다. 예를 들면, помогать товарищу[친구를 도와주다]는 그중의 동료, 친구, 동지 등의 단어를 표시하기 위해 여격 товарищу을 사용하고 있다(주격은 남성명사 товарищ이고 대격은товарища이다). 이것이야말로 일종의 간접목적어이다. "돕다"는 뜻을 표시하는 동사가 여격을 가지는 것은 매우 자연스러운 것이다. 왜냐하면, 그 목적어는 획득자 혹은 수혜자이지 진정한 수동자가 아니기 때문이다. 중국어에 있는 많은 방언 중의 수혜자 전치사는 바로 동사 "帮[돕다]"이 허사화된 것이기 때문에 "帮"과 수령자·수혜자의 자연적인 관계를 구체적으로 나타내고 있다.

영어에서 수여행위문의 수령자는 격형태를 가지는 상황 하(인칭대명사가 수령자로 되는)에 대격을 사용하고 있어 직접목적어와 구별을 하지 않고 있다. 예를 들면, He gave me a pen[그는 나에게 펜을 하나 주었다]와 He caught me[그는 나를 잡았다]에서 1인칭 단수대명사는 동일한 대격형식 me를 취하는 것으로 보아 형태의 의해 독립적인 간접목적어가 존재하는지 확인이 어렵다. 하지만 영어는 통사적

명사성 구의 유형론적 연구

으로 여전히 독립적인 간접목적어를 확인할 수 있다. 왜냐하면, 간접목적어는 직접목적어와 함께 give처럼 3항동사의 지배를 받아 이중목적어 공존구문을 형성할 뿐만 아니라 그 통사적 표현은 확실히 직접목적어의 객체와는 다른 점이 있기 때문이다. 객체가 동사 뒤에 출현하면 흔히 전치사 필요 없이 직접 목적어로 될 수 있다. 수령자는 어떤 상황 하에 설령 동사 뒤에 출현하여도 목적어로 될 수 없고 반드시 전치사를 첨가해야 하는데 이는 동사와 관계가 좀 멀다는 것을 나타내기 때문에 간접목적어이다.

  a. He bought me a pen. 그는 나에게 펜을 하나 주었다
  b. A pen was bought *(for) me. 문자 표명상 해석:펜 하나가 나에
          게 사들어 졌다

　예문a의 수령자 me는 동사 뒤에 출현하여 목적어로 되지만 객체가 피동구문에서 주어를 충당할 경우(예문b에서는), me가 여전히 동사 뒤에 놓여도 bought[샀다]의 목적어로 될 수 없고, 강제적으로 전치사 for를 붙여야 한다. 유사한 통사적 테스트에 의해 우리는 중국어에도 독립적인 간접목적어가 존재한다고 판단할 수 있다. 하지만 동일한 언어에서 가령 수령자를 전치사가 이끌게 한다면 수령자는 동사의 목적어가 아닌 명확한 전치사구의 성분이 된다. 때문에 영어에는 간접목적어가 있지만 만일 문장을 He gave a pen to me 혹은 He bought a pen for me으로 바꾸면 이런 문장은 단일목적어문으로 되고 간접목적어가 존재하지 않는다.

이 부분의 설문조사로 되돌아오면, 여기에서는 형용사가 이와 같은 의미의 간접목적어를 가질 수 있는가 혹은 반드시 가져야 하는가를 질문하고 있다. 독일어의 일부 형용사는 전치사를 첨가하지 않고 간접목적어(여격) 명사를 가질 수 있는데 이것이야말로 형용사가 간접목적어를 가지는 상황이라고 말할 수 있다. 예를 들면 다음과 같다(張堯才 1994:134).

Diese Geschichte ist uns allen bekannt.
이 이야기 는 우리(여격) 모두(여격) 익숙하다
이 이야기는 우리 모두에게 익숙하다 這個故事對我們大家來說
都很熟悉。

이 문장은 영어에서는 "This story is familiar to us all"이라고 해야 하는데 전치사 to를 사용하였기 때문에 간접목적어로 될 수 없다. 게다가 영어에서 직접목적어와 간접목적어는 형태의 차이가 없고, 이중목적어구조에서만이 간접목적어를 추출해 낼 수 있다. 한편 단일목적어의 정황 하에서는 가령 형용사가 직접 목적격 명사를 가질 수 있을지라도 직접목적어와 간접목적어의 구별은 존재하지 않는다. 중국어의 "高他一個頭"는 형용사가 이중목적어를 가진 것처럼 보이지만 뒤에 오는 "一個頭"는 도량성분(measure Element)에 속하고, "동량보어[1]"류의 성분과 성질이 가깝기 때문에 진짜 목적어가 아니다. 때

---

1 역자 주: 동량보어(動量補語)란 동작이 발생이나 진행의 횟수를 설명하는 보어를 말한다.

문에 "他"는 비록 목적어이지만 간접목적어라고 말하기 힘들다.

우리의 설문조사에는 다음 내용이 있다.

◎ 다른 논항과 형용사가 동시에 출현할 수 있는가? 선택 가능한가?/강제적
  인가?

즉 형용사가 직접목적어, 간접목적어 외에 논항을 가질 수 있는지
여부를 묻는 것이다. 여기서 말하는 논항이란 형용사의 강제적 요구
에 의해 동시에 출현하는 명사성 성분이다(전치사 등이 이끄는 성분도
포함한다).

◎ 어떤 가능한 논항의 조합이 존재하는가?

즉 형용사에 붙을 수 있는 여러 논항들 중 어느 것과 어느 것이
동시에 출현할 수 있고 어느 것과 어느 것이 상호 배척하고 있는가
를 가리키고 있다.

여러 논항이 동시에 출현할 경우의 어순에 대해서는 논항이 형용
사 중심어에 대한 어순(전치하는지 후치하는지)에 주의해야 할 뿐만
아니라 여러 논항 간의 상호 어순에도 주의해야 한다. 후자는 흔히
각자와 중심어와의 친밀도를 체현하고 있고 성분의 길이 등 리듬 요
소와 관련이 있을 수도 있다.

◎ 어떤 유형의 상황어가 형용사를 수식할 수 있는가?

상황어는 순수 통사론에 있는 개념이고 생성문법으로 말하자면
표층구조의 개념이다. 문장의 논항구조와 결부시키면 상황어는 다
음과 같은 두 종류로 나뉘어진다. 하나는 논항에 속하고 통사적으로
상황어를 충당할 수 있다(예를 들면 전치사 등의 수단을 사용하여 이끄
는 성분이다. 목적어 등으로 실현되는 논항은 상황어가 아니다). 다른 하
나는 부사성성분과 부가성분(adjunct)의 성질을 띠는 상황어로 논항

구조에 속하지 않는다. 보편적인 개념의 "상황어"에는 중국어 중 일부 "補語(보어)"와 구분되는 성분도 포함한다. 중국어 "補語"의 성질 분석과 처리에 관해서는 다른 문장에서 논의하였다.

가령 현재 중국 국내의 문법학 체계를 따른다면 형용사 뒤에 놓이는 상황적 성분은 모두 "補語"라고 일컫기 때문에 상황어와 형용사 간의 어순 문제는 존재하지 않게 된다. 왜냐하면 정의에 의하면 "상황어+형용사"의 어순만 인정하고 뒤에 놓이는 것은 모두 "補語"에 해당하므로 어느 언어 혹은 어느 상황어가 앞에 놓이고 어느 언어 혹은 어느 상황어가 뒤에 놓이는가 하는 문제를 질문할 수 없기 때문이다. 따라서 어순에 의해 인위적으로 상황어와 보어를 구분하는 것은 과학적이지 않음을 알 수 있겠다(劉丹靑2005를 참조). 중국 국내의 문법체계의 영향을 받지 않은 학자들, 예를 들면 李艶惠(2005)는 술어 뒤에 오는 국내에서는 "補語"라고 통칭하는 성분(도량성분, 전치사구 등)을 자연적으로 상황어로 간주하고 "動詞后狀語短語"(동사 뒤에 놓이는 상황구)라고 일컫은 경우도 있다. 가령 이른바 "補語"란 실은 형용사의 후치상황어도 포함된 일부 후치하는 상황어를 포함하고 있음을 인식하고 있다면 형용사와 상황어의 전치·후치에 관한 규칙 및 제약 요소를 검토하는 것은 매우 의미있는 일이다. 특히 범언어적으로 비교할 경우 더 그러하다. 예를 들면, 어떤 상황어가 전치·후치가 다 가능한가? 어떤 상황어가 앞에만 혹은 뒤에만 놓이는가? 전치·후치가 다 가능한 상황어는 어떤 요소에 의해 결정되는가? 이러한 것들은 모두 조사·분석할 가치가 있는 문제들이다.

명사성 구의 유형론적 연구

◎ 가령 형용사, 논항과 상황어가 모두 출현하면 이들로 구성된 어순은 어떤 분포를 이룰 것인가?

여기의 상황어의 어순도 두 개의 관찰 시각을 함유하고 있다. 하나는 상황어와 형용사 중심어의 어순으로 상황어가 형용사에 전치하는가 후치하는가를 가리킨다. 다른 하나는 여러 상황어 간의 어순으로 실은 각자와 중심어의 접근도를 가리킨다. 예를 들면, "我們在海外對他們很友好[우리는 해외에서 그들에 대해 매우 우호적이다]"에서 "對他們"은 전치사 "對"가 이끄는 형용사 "友好"의 객체(대상) 논항이고, "在海外"와 "非常"은 두 개의 상황어로 각기 처소와 정도를 표시한다. 앞의 관찰 시각으로 보면, 오직 부사 "很"에 표지 "得"을 첨가하는 조건 하에 중심어에 후치하여 "友好得很"으로 될 수 있다. 그 외의 두 개 구문은 모두 중심어에 전치한다. 뒤의 관찰 시각으로 보면, 정도부사 "很"과 중심어와의 관계가 가장 밀접하고 그 다음이 논항성을 띠는 전치사구 "對他們"이며, 중심어와 가장 멀리 떨어져 있는 것은 부가적인 전치사구 "在海外"이다. 이는 비교적 고정적인 어순이다. 또 일부 상황어는 일정한 융통성이 있다. 예를 들면 위에 열거한 예문에 시간부사 "一直"을 삽입할 수 있다. "一直"은 "在海外"에 전치 또는 후치할 수 있지만 "很"에 후치할 수 없다. 형용사가 가질 수 있는 논항 특히 상황어는 매우 많고 그중에 연관된 어순규칙 또한 꽤 복잡하여 연구계획의 규모에 근거해야만 그 연구의 세밀도와 심도가 결정된다. 일반적인 조사에서는 논항과 주요한 상황어 유형의 어순을 중요시하고 특히 논항과 부가적인 상황어 간의 구별 및 단어 상황어와 구문, 종속절 상황어 간의 차이에 주의하고 있다.

戴庆厦、傅爱兰 2002《藏缅语的形修名语序》,《中国语文》第4期。

力提甫·托乎提(Litip Tohti) 2001《维吾尔语及其他阿尔泰语言的生成句法研究》,民族出版社。

李金涛 1996《波兰语语法》, 外语教学与研究出版社。

李艳惠 2005《省略与成分缺失》,《语言科学》第2期。

梁敏、张均如 1996《侗台语概论》, 中国社会科学出版社。

刘丹青 1987《形名同现及形容词的"向"》,《南京师大学报》第3期。

_____ 2005《从所谓"补语"谈古代汉语语法学体系的参照系》,《汉语史学报》第5辑, 上海教育出版社。

_____ 2005《汉语关系从句标记类型初探》,《中国语文》第1期。

吕叔湘主编 1980《现代汉语八百词》, 商务印书馆。

沈家煊 1997《形容词句法功能的标记模式》,《中国语文》第4期。

_____ 1999《不对称和标记论》, 江西教育出版社。

石林 1997《侗语汉语语法比较研究》, 中央民族大学出版社。

杨建国 1979《先秦汉语的状态形容词》,《中国语文》第6期。

张伯江 1997《性质形容词的范围和层次》,《语法研究和探索》第8辑, 商务印书馆。

朱德熙 1980/1956《现代汉语形容词研究》,《语言研究》1956年第1期;又载朱德熙《现代汉语语法研究》,商务印书馆,1980年。

张国宪 2000《现代汉语形容词的典型特征》,《中国语文》第5期。

朱伟华、徐哲 1989《捷克语语法》, 外语教学与研究出版社。

Bhat, D. N. S. 2000 *Word classes and sentential functions*. In Vogel & Comrie (eds.).

Bisang, Walter 2002 *Typology*(Lectures for 7th summer school of the German Linguistic Society).

Comrie, Bernard & Norval Smith 1977 *Lingua Descriptive Studies: Questionnaire.* North-Holland Publishing Company.

Croft, William 2000 Parts of speech as language universals and as language-particular categories. In Vogel & Comrie (eds.).

Dixon, R.M.W. 1977 Where have all the adjectives gone? *Languages* 1:19-80.

_____ 2004 Adjective classes. In R.M.W. Dixon & Alexandra Y. Aikhenvald(eds.) *Adjective Classes:A Cross-linguistic Typology.* Oxford:Oxford University Press.

Li, Charles N. & Sandra A. Thompson 1981 *Mandarin Chinese: A Functional Reference Grammar.* University of California Press.

McCawley, James. D. 1992 Justifying part-of-speech assignments in Mandarin Chinese. *Journal of Chinese Linguistics,* June.中译文载张伯江、方梅《汉语功能语法研究》江西教育出版社, 1996年。

Rijkhoff, Jan 2000 When can a language have adjectives? *An implicational universal.* In Vogel & Comrie (eds.).

Van Valin, Robert & Randy LaPolla 1997 *Syntax: Structure, Meaning and Function.* Cambridge University Press.

Vogel, Petra A. & Bernard Comrie (eds.) 2000 *Aproaches to the Typology of Word Classes.* Berlin: Mouton de Gruyter.

저자: 劉丹靑
《民族語文》2005년제5기에 게재되었음.

제**4**장

중국어 관계절 표지 유형에
대한 기초적 고찰

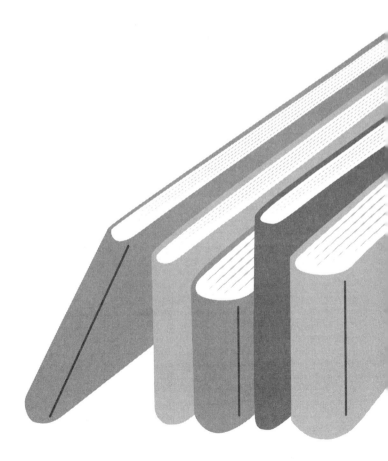

제4장.
중국어 관계절 표지 유형에 대한 기초적 고찰

관계절은 문법이론 중 중요한 구조의 하나로 당대언어학 각 학파에서 모두 중요시하고 있다(상세한 논의는 劉丹靑 2003b를 참조). 하지만 중국 국내 통행하고 있는 중국어 문법학 체계에는 관계절 개념[1]이 결핍되어 있을 뿐더러 "관계절표지"(relativizer 또는 "관계화 표지"라고도 일컬음) 관념이 더 부족하고 인상적으로는 "的" 하나가 표지를 필요로 하는 모든 규정어를 통괄하고 전문적인 관계절 표지가 없는 듯하다. 예를 들면, "小孩看見的蛇[아이가 본 뱀], 看見蛇的小孩[뱀을 본 아이]"와 "他的學生[그의 학생], 昨天的書[어제의 책]"에서는 동일한 "的"이 사용되고 있다.

본 장은 주로 관계화 표기법의 각도에서 중국어 관계절에 대해 연구를 전개할 것이며 초보적인 방언 간의 비교를 통해 중국어 관계절

---

1 朱德熙(1978)은 기본적으로 관계절의 시각에서 "的"구조를 검토한 중요한 논문이다. 여기에서 논의되고 있는 "잠재주어"와 "잠재목적어"란 이 성분이 관계절에서 주어 또는 목적어로 실현되는 것을 말한다. 하지만 이 논문은 관계절 또는 유사한 개념을 사용하지 않고 있기 때문에 중국어 문법학계에 명확하게 관계절이란 개념을 유입하지 못하였다.

명사성 구의 유형론적 연구

에는 통용하고 있는 "的"류 규정어 표지에만 국한되지 않고 실은 몇 몇 표기 수단이 존재하고 있음을 밝혀 내고자 한다. 중국어 관계절에 대한 범위가 아직 확정되지 않은 관계로 관계절 표지에 대한 보다 전면적인 고찰은 관계절의 연구 범위 확장에도 도움이 될 뿐더러 향후 이와 관련된 과제 연구에도 전면적인 기반을 제공해 줄 수 있을 것이다. 그 외에, 명사구 접근 가능성 위계(Keenan & Comrie, 1977; Comrie 1989/1981; Kortmann, 1999 참조)이 구체적인 언어와 방언에서의 검증은 줄곧 언어유형론의 관심 분야이다. 중국어 관계절의 여러 표기 수단에 주의를 넓히면 우리는 보다 전면적인 언어 사실에 기초하여 "접근가능성위계"의 이론적 함의를 검증 또는 보충할 수 있다.

4.1. 지시사와 "지시사+양사"구의 관계절 표지 겸용에 관하여

관계절은 중국어 전통문법에서 규정어에 두리뭉실하게 귀속되어 있고 게다가 중국어 표준어의 규정어 표지에 대해서는 지금까지 오직 "的" 하나뿐이라 주장하여 왔으며 구조조사라 일컫는다. 하지만 적어도 北京話 구어에는 "的" 외에도 일정한 조건 하에 지시사 "這", "那" 혹은 "지시사(+수사)+양사"구를 사용하여 관계절 표지를 포함한 일부 규정어 표지의 역할을 할 수 있다(劉丹靑 2001:§2.1; 2002:§3.2 참조).

우선 지시사가 속격수식어 표지를 겸하는 현상에 대해 살펴보겠다.

(1) 我這書|小王那朋友|老張這帽子|大家這想法|北京這胡同

　　나의 이 책|소왕의 그 친구|노장의 이 모자|여러분의 이 생각|

　　북경이 이 골목

이 중의 "這", "那"는 모두 지시사로서의 지시기능과 정보특징을
보존하고 있다. 하지만 주의해야 할 점은 이러한 "這", "那"는 구조적
으로 흔히 생략 불가능하고 생략했을 경우 부적격한 문장으로 되거
나 또는 다른 구조로 바뀌게 된다.

(2) *我書|*小王朋友(동격구조로는 성립 가능함)|*老張帽子|*大家
　　想法|*北京胡同(≠北京這胡同)

예(1)-(2)의 속격구조는 기본적으로 모두 양도 가능한(alienable) 소
유 관계에 속하지만 친족관계가 아니기 때문에(친족관계의 속격구조는
중국어와 일부 아메리카, 오세아니아주 언어에서 양도 불가능한 관계로 처
리되고 있다. 張敏 1998:230-231, 358-360 참조), 흔히 연계자로 접속할
필요가 있다. 만일 규정어 표지 "的"을 사용하지 않는다면 지시사가
접속기능을 발휘한다. 따라서 구조적으로 생략해서는 안 된다. 만일
지시사가 규정어 표지를 겸하지 않는다면 왜 구조적으로 생략할 수
없는가를 잘 설명할 수가 없다.

여기서는 한 성분이 규정어 표지의 역할을 갖고 있거나 혹은 겸하
고 있을 경우의 두 가지 통사적 특징을 구체적으로 체현하고 있다.

명사성 구의 유형론적 연구

1. 그 성분을 사용하면 "的"을 사용하지 않아도 된다. 2. 그 성분을 생략하면 반드시 다른 표지를 보충해 넣어야 한다. 이 장절에서는 이 두 항목에 근거하여 판단한다.

또 다른 주의해야 할 사항은 가령 명사 앞에 "지시사[+수사]+양사 classifier"가 출현하였다면 앞의 "的"은 첨가하여도 첨가하지 않아도 좋다. 가령 지시사만 사용하고 "的"을 첨가하면 오히려 더 받아들이기 힘들다. 이는 단독으로 쓰이는 지시사가 "지시사(+수사)+양사"구보다 규정어 표지 기능이 더 강하고 이미 기타 전문적인 규정어 표지에 일정한 배타성을 지니고 있음을 설명해 준다. 예문들을 비교하여 제시하면 다음과 같다.

(3) 我(的)這本書 ~ 我(^{??}的)這書　나의 이 책
(4) 小王(的)那個朋友 ~ 小王(^{??}的)那朋友　소왕의 그 친구
(5) 大家(的)這個想法 ~ 大家(^{??}的)這想法　여러분의 이 생각
(6) 北京(的)這些胡同 ~ 北京(^{??}的)這胡同　북경의 이런 골목들

지시사가 속격 표지를 겸하는 현상은 이미 北京話로 작성된 문어 작품에 대량으로 출현하고 있다. 예를 들면 다음과 같다.

(7) 你**這**架勢是打算跟這兒過一輩子？(王朔『過把癮就死』)
　　당신의 그 모양새는 정말로 이 곳에서 한 평생을 보낼 생각인가?
(8) 種兒是早叫你們漢人串了, 除了眼珠子還有點波斯貓**那**勁兒,
　　鼻子狐臭什麼的全改了。(王朔『一點正經沒有』)

종은 이미 일찍이 너희 한족에 의해 변이되어 눈알이 페르시아 고양이의 성분이 좀 남아 있는 것외에 코랑 액취 등은 완전히 변해 버렸다.

(9) 打下月起咱**這**房錢再漲幾塊錢吧!(鄭友梅『那五』)

　　다음달 부터 우리 이 집값은 몇 원 더 올립시다!

(10) 一篇文章中你**這**名字就得提好幾回, 還怕眾人記不住?(鄭友梅『那五』)

　　한편의 문장에 당신의 그 이름이 몇 번이나 언급되었는데 사람들이 기억하지 못할 리가 있겠는가?

　다음에서 논의할 吳語 양사와 비교하면 北京話 지시사는 규정어 표지를 겸할 경우 여전히 강한 지시기능을 보존하고 있다. 이러한 지시사의 지시 작용(다른 대상과 구별하는)이 저하하고 있다. 그것은 속격수식어가 흔히는 해당 명사의 지시 범위를 한정하고 때론 유일한 대상일 수도 있기에 지시사에 지별작용이 아주 적거나 또는 완전히 없을 수도 있다. 예를 들면, "我這脸"[나의 이 얼굴]과 "我的脸"[나의 얼굴]은 뜻이 같은데 이는 한 사람은 얼굴이 하나 뿐이고 또 다른 "我那脸"이 존재할 수 없기 때문이다. 하지만 지시사의 담화 기능은 여전히 강렬하게 보존되어 있다. 특히 方梅(2002)에서 소개된 지시사와 정경, 현장, 상하문맥과 관련된 세 종류의 담화기능 즉 정경용, 추적용, 담화용이다. 이와 관련된 현상으로는 상당수의 규정어 표지를 겸하는 지시사는 여전히 지시작용을 갖지 않고, 범용적인 표지 "的"으로 교체할 수 없는데 이는 바로 "的"이 예문에서 필요

명사성 구의 유형론적 연구

로 하는 담화기능을 발휘하지 못하기 때문이다. 예문(7)의 "你這架勢"는 정경용(현장 사물)이고 예문(9)의 "咱這房錢" 역시 임대비용과 현장의 사회관계(집주인과 청자이자 세들어 사는 사람 사이) 관련성을 돌출하고 있다. 만약 "的"으로 바꾸면 이러한 현장 관련성을 표현할 수 없다. 때문에 이러한 지시사는 전용적인 규정어 표지와는 많이 다르다.

다음 관계절을 보자. 지시사 또는 "지시사(+수사)+양사"구를 사용하여 표지를 겸하는 용법은 이미 北京話로 작성된 문어 작품에서도 볼 수 있지만 단지 속격표지를 겸하는 것처럼 흔하지 않다. 속격수식어와 핵어명사 사이에 놓이는 지시사처럼 관계절과 핵어명사 사이에 놓이는 지시사도 선명한 지시기능 특히 현장 정경과 관련된 담화기능을 보존하고 있다. 예컨대 다음과 같다.

(11) 剛才我看這《小家碧玉》不是全本都寫好了嗎？(鄧友梅『那玉』)
아까 내가 읽은 이『小家壁玉』은 전편 모두 완성된 것이 아니었던가?

(12) 張作霖應該到達這天, 全城不管忙人閑漢, 淸晨起就都擠到街頭看熱鬧。(鄧友梅『陋港舊聞錄』)
장작림이 도착해야 할 이 날, 도시에는 바쁜 사람이든 한가한 사람이든 상관없이 구경하러 이른 새벽부터 모두 길거리에 모였다.

(13) 她這麼一句倒把我慪笑了, 沒詞可說, 指指地上 : "你瞧你砸這一地東西, 這家還像個家麼？"(王朔『過把癮就死』)

그녀의 그 한 마디 말에 나는 화가 나서 어처구니없이 웃고 말
았다. 할 말이 없어 바닥을 가리키며 "네가 부셔 버린 온 바닥
의 이 물건들을 좀 보아라. 이 집이 어디 집 같은가?"라고 했다.

(14) 楊重說, "你瞧咱請來**這些人**一個賽一個德行."(王朔『一點正經
沒有』)

양중이 "보세요. 우리가 초대한 이 사람들은 하나같이 모두
꼴불견이에요."라고 말했다.

예문(11)의 "剛才我看**這**『小家碧玉』"은 바로 "剛才我看**[ti]的**這部
『小家碧玉』"이고, 예문(12)의 "張作霖应该到达**這天**"은 "張作霖**[ti]**
应该到达**的**這天i"이며, 예문(13)의 "你砸**這一地東西**"는 "你砸**[ti]的**
這一地東西i"이고, 예문(14)의 "咱請來**這些人**"은 "咱請來**[ti]的**這些
人i"인데 모두 관계절에 핵어명사가 결합된 구조이다. 예문 중의 핵
어명사는 모두 관계절의 목적어 혹은 시간사를 관계화하고 있거나
또는 관계절 안의 술어 동사의 공범주 목적어 혹은 공범주 시간사와
동일지시이다. 동류에 해당하는 것으로는 "我買(的)那本書"[내가 산
저 책]과 "他盖(的)這些房子"[그가 지은 그 집들] 등이 있다.

北京話에서는 지시사가 관계절을 이끄는 기능이 속격수식어를 이
끄는 기능보다 강하지 못하다. 그 이유는 중국어에 있어 명사가 규정
어로 되는 것은 본디 동사구 혹은 절이 규정어로 되는 것보다 훨씬
자유롭고 표지를 필요하지 않기 때문이다. "他心脏(不太好)[그의 심
장은 그다지 좋지 않다], (我們想去)德国公司[우리는 독일 회사에 가
고 싶다], 我奶奶[나의 할머니], 小張爸爸[장 씨의 아버지]"등과 같

이 일부 양도 불가능한 소유관계와 친족관계를 놓고 볼 경우, 표지를 첨가하지 않고 직접 조합하는 것도 허용한다. 반면에 동사구 또는 절이 규정어로 될 경우에 표지는 강제적이다. 바꾸어 말하면, 관계절의 규정어 표지의 필요성은 본디부터 속격수식어보다도 강하다. 하지만 北京話 지시사는 아직 전용적인 규정어 표지가 아니기에 규정어를 이끄는 기능이 아직 비교적 약하다. 따라서 표지의 필요성이 비교적 약한 속격수식어를 이끄는 것이 쉬울 수도 있다. 그러나 지시사 혹은 "지시사(+수사)+양사"구는 필경 이미 관계절 표지의 기능을 겸하기 시작하였다. 이 점은 중요시해야 한다. 왜냐하면, 관계절 뒤에 놓이는 규정어표지는 보다 강제성을 띠고 진정한 규정어표지에 더욱 가깝기 때문이다. 다음에 열거한 예문(11)~(14)의 지시사 또는 "지시사(+수사)+양사"구는 통사론적으로 절대로 생략해서는 안 된다.

지시사가 이끄는 관계절은 주어를 관계화할 수도 있지만 문어 작품에서는 찾기 어렵고 빈도적으로 확실히 목적어를 관계화하는 용례보다 적다. 그 원인에 대해서는 뒤에서 설명하기로 한다. 다음 예문은 필자가 만든 것이다.

(15)a. [tᵢ]買小汽車(的)這些人ᵢ也不都是有錢的。

[tᵢ]자동차를 산 사람i들은 모두 돈이 있는 것은 아니다.

b. [tᵢ]提議挖井那工人ᵢ早就走了。

[tᵢ]우물 파는 일을 주장한 그 공인ᵢ은 이미 떠나갔다.

관계절은 목적어를 관계화하는 것이 위주이고 관계화 표지의 사용도 한층 필수적이다. 그렇지 않으면 쉽게 다른 구조로 오해된다. 예를 들면, "王师傅炒的/這菜[왕 요리사가 볶은 /이 요리]"에서 "的" 또는 "這"를 생략하면 "王师傅炒菜[왕 요리사가 채소를 볶다]"가 되는데 다름이 아닌 "주어+동사+목적어" 문형으로 변하게 된다. 당연히 단지 단순하게 지시사만 첨가해도 여전히 중의성을 초래할 가능성이 있다. 예를 들면, "王师傅炒這菜[왕 요리사가 이 요리를 볶다]"는 "주어+동사+목적어"형식이라고 이해할 수도 있다. 하지만 중국어의 목적어에는 무정이 되는 경향이 있기 때문에(유정의 수동자는 쉽게 주제화, "把" 상황어화 혹은 피동화를 거쳐 비목적어로 실현된다) 사람들은 여전히 쉽게 동사 뒤의 "這NP"를 관계절의 꾸밈을 받는 중심어로 이해한다. 관계절 표지로서 전용적인 규정어 표지 "的", 지시사와 "지시사+양사"구(뒤의 둘을 "指示類標記"(지시적 표지)라고 병칭할 수도 있다) 삼자 간에는 의미적으로 다소 차이가 있다.

우선 지시적 표지와 "的"의 차이를 살펴보도록 한다. 지시적 표지어는 모두 본래 가지고 있는 유정의 지시적 의미를 보존하고 있기 때문에 명사구 전체가 유정임을 확실히 한다. 그러나 "的" 표지에 의존하지만 지시사를 포함하지 않는 관계절에는 명확한 지시 의미가 없고 명사구 전체는 여러 가지 해석이 가능하다. 예문들을 비교하여 제시하면 다음과 같다.

(16)a. 我穿上了媽媽買這衣服(, 顯得很新潮)。

나는 어머니께서 사 주신 (최신 유행하는) 이 옷을 입었다.

b. 我穿上了媽媽買的衣服。

나는 어머니께서 사 주신 옷을 입었다.

(17)a. 媽媽買這衣服很新潮。

어머니께서 산 이 옷은 매우 트렌디하다.

b. 媽媽買的衣服很新潮。

어머니께서 산 옷은 매우 트렌디하다.

중국어 목적어의 우세적인 지시 의미는 무정이다. 예문(16a)의 "媽媽買這衣服"는 유정으로만 해석할 수밖에 없기 때문에 전체 절이 자연스럽지 못하고 후속 분절을 첨가해야만 좀 나아질 수 있다. 예문(16b)는 아주 자연스럽다. 그것은 "媽媽買的衣服"의 유정성이 비교적 약할 뿐더러 무정일 가능성도 배제할 수 없기 때문이다. 주어의 우세적인 지시 의미는 유정 혹은 총칭이다. 예문(17)에서 관계화구조가 주어로 될 때 "這"를 사용한 것은 유정이고 자연스러운 문장이며, "的"을 사용하면 이때 유정 혹은 총칭으로 해석할 수 있고 역시 자연스러운 문장이다. "這"와 "的"의 지시 의미의 차이는 지시적 표지가 아직은 단순한 관계절 표지가 아니고 그 지시사어의 성질을 여전히 보존하고 있음을 표시한다.

일부 상황에서 지시사가 관계절 표지로 될 경우 "的"에 가까운 반면 "지시사+양사"구와는 현저하게 다르다. "的"은 총칭을 나타내는 명사구에 사용될 수 있지만 지시사 "這"은 관계절 표지로서 총칭구에 사용하면 부자연스럽지만 어느 정도 받아들일 수 있다(이 경우 "這"은 오직 경성 zhe로만 발음하되 zhè 혹은 zhèi으로 발음하지 않으며 方

제4장. 중국어 관계절 표지 유형에 대한 기초적 고찰

梅(2002)에서 언급한 정관사 용법의 하나에 해당된다). 하지만 "지시사+양사"구가 만일 이렇게 쓰인다면 절대 용인할 수 없다. 예를 들면 다음과 같다.

(18)a. 玩蹦極的遊客還挺多的。

번지 점프를 즐기는 관광객이 제법 많다.

b. 玩蹦極這遊客還挺多的。

번지 점프를 즐기는 이 관광객이 제법 많다.

c.*玩蹦極這些遊客還挺多的。

劉丹靑(2002)에서는 "多, 少"류 술어를 사용하여 총칭성분의 테스트 항목을 작성하였다. 원형명사구는 총칭을 나타내는 전형적인 형식이고 정관사 "這"를 가지는 명사구도 총칭을 나타낼 수 있지만 양사(種類양사 "種, 類" 등을 제외)가 출현하는 명사구는 개체만을 표시하고 총칭을 표시할 수 없다. 예문(18a)는 "的"으로 관계절을 이끌고 있지만 실제로 수식하는 것은 원형명사이기 때문에 술어 "多"와 동시에 출현할 수 있다. b에서는 관사성을 띠는 "這"이 관계화 표지를 겸하고 있는데 "這"이 어떤 경우에는 총칭을 나타낼 수 있기 때문에 b구문도 기본적으로 받아들일 수 있다. 예문c는 개체성을 띠는 "지시사+양사"구가 관계화 표지를 겸하고 있어 "多"와 동시에 출현할 수 없다.

"的"과 지시적 표지는 통사적인 면에서도 차이가 있다. "的"은 전환지시성(轉指性) 명사화 표지를 겸하기 때문에 무핵(headless)관계절

을 구성할 수 있고 "的"은 삭제된 핵어명사를 대체할 수 있다. 반면
에 지시적 표지는 무핵관계절을 이룰 수 없다.

(19)a. 他買的書好看。　　　　→　　　b. 他買的好看。

그가 산 책은 재미있다.　　　　　그가 산 것은 재미있다.

(20)a. 他買這書好看。　　　　→　　　b. *他買這好看。

그가 산 이 책은 재미있다.

(21)a. 他買這些書好看。　　　　→　　　b. ^{??}他買這些好看。

그가 산 이런 책은 재미있다.

두 종류 표지의 이러한 통사적 차이는 "的"과 지시적 표지의 보
다 심층적인 큰 차이에서 유래된 것이다. 관계화 수식구조 중 "的"은
종속어 표기 수단에 속하고 관계절에 첨가된다. 즉 "他買的/書[그가
산/ 책]"으로 분석해야 한다. 하지만 지시적 표지는 본디부터 핵어명
사에 첨가된 것이기 때문에 관계(화) 표지로 중심어 표기 수단에 속
한다.² 즉 "他買/這書[그가 산/ 이 책]" 혹은 "他買/這些書[그가 산/
이런 책]"으로 분석해야 하며 지시적 표지는 앞의 관계절과 통사론
적으로 직접구성 요소로 될 수 없다. 이로부터 왜 지시적 표지는 명
사에서 벗어나 무핵관계절을 구성하기 어려운가를 이해할 수 있다.
이와 같은 맥락에서 지시적 표지는 관계절에서 벗어나 핵어명사와
단독 조합할 수 있다(這書, 這些書). 하지만 종속어 표지인 "的"은 그

---

2   종속어 표기와 핵심어 표기에 관해서는 劉丹靑(2001b) 및 인용문헌인 劉丹
　　靑(2003a:9.1.3)를 참고하시기 바란다.

제4장. 중국어 관계절 표지 유형에 대한 기초적 고찰

것이 불가능하다(*的書).[3]

Matthews & Yip(2001)에서는 "지시사+양사"구에 의해 표기된 관계절을 홍콩 粵語의 특징으로 간주하고 있는데, 이는 "嘅"("的"에 해당함)에 의해 표기된 관계절보다도 훨씬 정통적이고 고유한 粵語이다.

(22) 佢唱嗰首歌。(她唱的那首歌[그녀가 부른 저 노래]"嗰"=那)

이 장절의 지금까지의 분석을 보면, 北京話에서도 "지시사+양사" 구로 관계절을 표기할 수 있으나 粵語처럼 많이 사용되지는 않는다. 그 외, 北京話의 "她唱那首歌[그녀가 부른 저 노래]"는 더욱 자연스럽게 "她唱的那首歌[그녀가 부른 저 노래]"의 "的"이 생략된 것이라고 생각할 수 있다. Matthews & Yip(2001)에 의하면 예문(22)는 가장 자연스러운 粵語식 관계절로, 만약 "嘅"(的)를 삽입하여 "佢唱嘅嗰首歌"라고 한다면 "佢唱嗰首歌[그녀가 부른 저 노래]"와 "佢唱嘅歌[그녀가 부른 노래]" 두 유형이 혼합된 산물로 되고 문어 색체를 띠고 있어 구어에서는 매우 자연스럽지 못하다. 바꾸어 말하자면, 粵語에서는 "지시사+양사"구로 표기된 관계절이 더 기본적이고, 北京

---

3 물론 여기서 분석되고 있는 것은 지시적 표지의 현황이다. 통사론의 역사적 변천에 있어서 핵심어 표기의 수단도 재분할(re-segmentation)을 거쳐 종속어 표기의 수단으로 되기 때문이다. 예를 들면, 고대중국어의 "之"는 바로 지시사가 발전하여 종속어 표지로 된 것이다(麟/之趾[기린의 발]→麟之/趾[기린의/ 발]). 가령 "的"이 "之"에서 생성되었다는 가설(王力1980)을 채택하면 오늘날의 종속어 표지 "的"은 바로 지시사의 핵심어 표기 수단인 "之"로부터 변천된 것이라고 말할 수 있다. "這"도 앞으로 유사한 변천이 발생할 가능성을 배제할 수 없다.

話에서는 "的"으로 표기된 관계절이 더 기본적이다.

지시사에서 파생된 관계절 표지는 매우 자연적인 문법화 과정에 속한다. 영어의 관계절 표지 that도 지시사에서 유래되었다. 때문에 전통문법에서 관계대명사라고 일컫는다. 흥미로운 것은 영어 that는 무핵관계절에 사용할 수 없고 무핵관계절은 모두 의문대명사에서 유래된 표지, 예를 들면 what, which, where 등으로 표시한다.

4.2. 양사의 종속절 표지 겸용 관계에 관하여

"지시사+양사"구가 관계절표지를 겸하는 현상은 남에서부터 북까지의 많은 방언에 존재하는 공통 특징인데 다만 이와 같은 표지의 문법화 정도가 그다지 높지 못하다. 양사가 단독으로 관계절 표지로 쓰이는 것은 양사 기능이 발달한 일부 남방 방언에만 존재하는 현상으로 매우 강한 방언 특색을 지닌다. 다음에 본고는 蘇州語를 예로 하여 이와 같이 吳語에 광범위하게 존재하는 관계화 표지 유형을 분석하겠다.

石汝杰·劉丹靑(1985)에서는 이미 상세하게 蘇州語 양사의 유정을 나타내는 기능에 대해 기술한 바가 있다. 그중의 일부 용례는 바로 규정어와 핵어명사 사이에 사용되고 있는데 이 장절에서 논의하고 있는 관계절과 명사 사이의 용례를 포함하고 있다. 劉丹靑(1986)에서는 한 걸음 더 나아가 양사를 蘇州방언의 수식어과 비수식어 관계를 표현하는 수단의 하나(즉 규정어 표지로 간주)라고 명확히 하고 있다. 용례 중에는 관계절(그 당시에는 "관계절"이란 용어를 아직 사용하지 않았다)의 상황도 포함하고 있다. 예문(23)은 상술한 두 편 논문의 용례의 일부이다.

(23)a. 我本書(我的那本書)[나의 저 책]‖紅颜色件衣裳[빨간 저 옷]‖乡下間房子[시골의 저 집]‖归面点人(那邊的那些人)[저쪽의 저 사람들]

 b. 俚剪塊布(他剪的那塊布)[그가 제단한 저 천]‖小王勿見脱本書(小王丟了的那本書)[왕 씨가 잃어버린 저 책]‖剩下來碗菜[남은 저 요리]

北京話처럼 蘇州語에서 가장 기본적인 관계화 표지는 범용적인 규정어 표지 "葛"[kəʔ]("的"에 해당한다. "個"와 동음이기 때문에 어원이 같을 가능성도 있어 본고에서 양사를 예로 열거할 때 되도록이면 "個"를 회피한다)이다. 예를 들면, "我買葛書[내가 산 책]", "買書葛人[책을 산 사람]" 등이 있다. 다음에서는 양사류 표지의 특징을 고찰하기 위해 양사가 관계화 표지로 되는 경우와 중국어의 기타 관계화 표지의 상황을 비교해 보겠다.

지시기능에 있어, 양사류 표지는 북경어의 단독 지시사가 담당하는 관계화 표지에 비교적 가까이 있다. 양사류 표지는 양사의 유정을 나타내는 용법에서 왔고, 그 기능은 정관사(石汝杰·劉丹靑 1985)에 해당한다. 이들이 관계절 표지로 사용될 경우 유정성을 여전히 보존하는데 이는 北京話의 지시사와 흡사하다. 예를 들면, "我買本書(我

買的這/那本書) [내가 산 이/그 책]"에서 그중의 "本書"는 蘇州語에서도 성립될 뿐만 아니라 흔히 쓰이고 영어의 근칭지시·원칭지시를 구분하지 않는 the book에 해당한다. 蘇州語 개체양사는 오직 단수의 정관사에만 해당되고, 복수의 경우에는 부정량의 복수 양사인 "点"으로 바꾸어야 한다. 비교하면 다음과 같다.

(24)a. 俚買本書好看。(他買的那本書好看)

　　　　그가 산 그 책은 재미있다.

　　b. 俚買點書好看。(他買的那些書好看)

　　　　그가 산 그런 책들은 재미있다.

蘇州語의 양사와 北京話의 지시적 표지가 관계화 표지로 될 경우, 각자 방언에서의 중요성은 동일하지 않다. 北京話 관계절의 지시적 표지의 사용은 여전히 일종의 주변적인 수단이고 구어에서만이 가끔씩 볼 수 있는 현상으로 "的"을 사용한 관계절이 빈번히 보이고 술술 읽히는 정도에 미치지 못한다. 예를 들면, "我買這書[내가 산 이 책]"이 명사구로 "我買的這些書[내가 산 이런 책]" 혹은 "我買的書[내가 산 책]"보다 확실히 빈도가 낮고 부자연스럽다. 지시적 표지를 사용한 구어 표현이 정규적인 문어에 쓰이는 것은 아주 드물다. 하지만 蘇州語에서는 양사에 의한 관계절 도입이 꽤 자연스럽고 흔히 보이는 표현법이다. "我買本/点書窮好看[내가 산 이/이런 책은 재미있다]"는 "我買葛書窮好看[내가 산 책은 재미있다]"에 비해 부자연적이라고 할 수 없다. 실은 유정의 상황 하에 전자의 표현법은 최소한 중장년층의 사람들 사이에서는 여전히 현저하게 우세적이다.

명확하게 유정을 표시하는가 여부는 양사와 규정어 표지 "葛"의 주요한 차이이다. 그 외에, 양사와 "葛/的"은 중요한 공통점도 있는데 모두 무핵관계절에 사용될 수 있다.

(25)a. 俚買本書好看。　　　→　　b. 俚買本好看。

　　그가 산 그 책은 재미있다.　　　그가 산 그것은 재미있다.

(26)a. 生病只貓死脫哉。　　　→　　b. 生病只死脫哉。(生病的那只

　　　　　　　　　　　　　　　　　　　　　　　　　(貓)死了)

　　병이 든 그 고양이가 죽었다.　　병이 든 그것이 죽었다.

이와 비교하면, 北京話의 지시적 표지는 무핵관계절에 사용할 수 없다(앞에 열거한 예문20-21을 참조).

앞에서 지적한 바와 같이, 지시적 표지는 핵심어 표기의 수단이고 "的"은 종속어 표기의 수단이다. 그럼, 蘇州語 양사는 어떠한 수단에 속하는가? 이 문제는 그리 간단하지 않다. 蘇州語에서 "本書[이 책]", "只貓[이 고양이]], "点人[이런 사람들]"과 같이 양사는 지시사와 관사처럼 단독으로 명사에 첨가할 수 있고, "我本"(我的這/那本[나의 이/저]), "小王買本"(小王買的這/那本[왕 씨가 산 이/그]), "買書個"(買書的這/那個[책을 산 이 (사람)/저 (사람)])에서와 같이 "的"처럼 규정어와 함께 명사성 구를 구성할 수도 있다. "小王買本書"(小王買的這/那本書[왕 씨가 산 이/그 책])와 같은 구조에 관해서는 두 종류의 분할법이 모두 근거있는 상황이 나타날 수 있다. 즉 "小王買本|書[왕 씨

가 산 이/ 책]" 혹은 "小王買|本書[왕 씨가 산/이 책]"이다. 그래도 선택가능한 "제3의 길"이 있다. 즉 3분법의 "小王買|本|書[왕 씨가 산/이/ 책]"인데 이에 의하면 양사는 어느 한편에 첨부되지 않고 통사적 위치에 있어 중립적인 관계화 표지라 볼 수 있다. 이와 같이 어느 한편에도 부가되지 않는 표지는 인류 언어에 객관적으로 존재는 하고 있지만 여전히 일종의 특설적인(ad hoc) 해석이고 통사이론 중에서 쟁론이 있는 문제이기 때문에 잠시 결정을 보류한다.

(27) 紅通通葛書[새빨간 책]~紅葛書[빨간 책]~紅通通本書[새빨간 이/그 책]~ *紅本書

표지 적용 범위의 문제는 본고에서 아직 본격적으로 논술하지 않은 더욱 기본적인 문제를 제시하고 있다. 즉 "중국어 관계절은 어떠한 범위를 포함하고 있는가"하는 문제이다. 여기까지 언급한 이상 우선 이 비교적 큰 문제를 우선 논의해야 한다.

주어·목적어·서술어를 온전히 갖춘 절("學生買書[학생이 책을 산다]")을 놓고 볼 때, 주어 또는 목적어를 관계화시켜 핵어명사로 하면 관계절에는 핵어명사와 동일지시하는 흔적이 남게 된다. 이는 가장 전형적이고 논쟁이 가장 적은 관계화구조이다. 예를 들면, "[t]買書的學生[책을 산 학생]"과 "學生買[t]的書[학생이 산 책]"이다. 그러나 다음과 같은 경우는 판단하기 어려운 상황에 부딪히게 된다.

한 가지 상황은 "學生游泳[학생은 수영한다]"와 "學生聰明[학생은 총명하다]"처럼 자동사 혹은 형용사가 절의 술어로 되는 경우는 주어만 관계화할 수 있기 때문에 이때 형성된 관계절 구조는 "游泳的學生[수영하는 학생]"과 "聰明的學生[총명한 학생]"이다. 중국어 전통문법에서는 이러한 구조를 간단한 동사/형용사가 규정어 역할을 하는 구조로 여겨 왔고, 게다가 다른 언어에서도 동사(혹은 그 분절 형식)와 형용사가 규정어로 될 수 있어 관계절로 보지 않고 있기 때문에 "游泳的學生[수영하는 학생]", "聰明的學生[총명한 학생]"과 같은 문장은 관계절 문제와 무관한 듯싶다. 하지만 이론적으로, 중국어의 자동사와 형용사가 규정어 표지를 첨가하여 규정어로 될 경우 관계절이 갖는 유정성을 완전히 배제하기는 어렵다.

우선, 타동사술어가 그 문장 안에서 관계절시킨 논항을 수식할 경우에 관계절이 구성되었다면 자동사술어와 형용사술어가 동일한 절차를 거쳐 구성된 구조도 당연히 동일한 성질을 지닌 구조 즉 관계절이라고 볼 수 있다.

다음, 중국어에서 규정어로 되는 자동사와 형용사는 모두 술어에 속하고 명사의 술어로 될 수 있다(游泳的學生<學生游泳 ; 聰明的學生<學生聰明). 따라서, 관계절로 분석되는 자격을 갖고 있지만(관계절의 주어는 관계화된 핵어명사와 동일지시의 흔적이다)[4] 영어와 같은 언어에서는 규정어로 되는 자동사는 반드시 분절 형식을 취하고(예를 들면, working girls[일하는 여성들], 영화 이름 『上班女郞』 혹은 『白領麗人』), 형용사는 원형 그대로이다(pretty girls[아름다운 여성들]). 이 두 종류의 형식은 어느 쪽도 직접 술어로 될 수 없고 반드시 계사가 첨가되어야

---

4 일부 형용사 규정어는 술어로 전환할 수 없다(劉丹靑 1987). 이러한 규정어를 관계절로 분석하는 것은 적합하지 않다.

명사성 구의 유형론적 연구

만 술어로 될 수 있다(예를 들면, The girls are working[여성들은 일하고 있다]와 The girls are pretty[여성들은 아름답다]). 때문에 계사를 첨가하지 않고 규정어로 되는 자동사와 형용사도 자연적으로 관계절로 분석될 수 없다. 이로 보아, 영어류 언어의 상황은 중국어와 다르기 때문에 일률적으로 논하기 어렵다.

하지만 주의해야 할 점은 원형의 자동사와 형용사는 실제로 중국어에 있어서도 서술성이 강하지 않고, 위에 열거한 "學生游泳, 學生聰明"식의 대부분은 여전히 일종의 정적 상태(靜態) 구문이기 때문에 단독으로 문장으로 되는 능력이 결코 높지 않고 일부 서술성을 증가시키는 성분(시제, 상, 정도를 나타내는 어휘 등)을 첨가해야만 자유롭고 자연스러운 술어로 될 수 있다(예를 들면, "學生在跑步[학생이 달리기를 하고 있다]", "學生很聰明[학생이 아주 총명하다]"). 때문에 원형의 자동사 혹은 형용사는 설령 관계절이라고 여긴다고 해도 비전형적인 관계절이라 할 수밖에 없다.

규정어 표지를 첨가하지 않고 직접 규정어로 되는 동사(자·타동사 상관없이)와 형용사는 관계절로 될 가능성을 완전히 배제할 수 있다. 직접 명사를 수식하는 술어는 흔히 핵어명사와 하나의 확장할 수 없는 긴밀한 조합을 구성한다. 예를 들면, "聰明學生[총명한 학생]"은 "非常聰明學生"이라고 표현할 수 없다. 하지만 관계절 안의 술어는 확장이 가능해야 한다. 예를 들면, "聰明的學生"은 "非常聰明的學生[아주 총명한 학생]" 혹은 "從小非常聰明的學生[어릴 적부터 아주 총명한 학생]"이라고 표현할 수 있다. 동사가 규정어인 "报考學生[수험생]", "游泳健将[수영프로선수]" 등도 그러한데 그중의 일부 규정어는 실은 이미 명사의 성질을 띠고 있다. 위에 열거한 예문 중의 "游泳"이 바로 그러하다. 이와 같은 규정어는 영어의 동사 분사와 형용사에 해당하는 규정어로 표지를 첨가하지 않고서 직접 명사를 수식한다.[5]

다른 한 상황은 규정어로 되는 타동사 논항의 결여이다. 즉 한 논항(목적어 혹은 주어)이 핵어명사로 출현하고, 다른 한 논항(주어 혹은 목적어)이 결핍되어 있는 경우이다. 술어의 위치에는 단독적인 타동사뿐이다. 예를 들면, "買的書[산 책]", "買的學生[(물건)을 산 학생]"이다. 만일 핵어명사를 논항의 위치로 복귀하면 응당 "買書", "學生買"가 된다. 따라서 상술한 예문 중 규정어로 되는 "買"가 관계절에 속하는지 여부는 실질적으로는 "買書", "學生買"가 절에 속하는지 여부이다. 영어와 같은 언어에는 한편으로는 정형 동사와 비정형 동사의 선명한 차이가 존재하고, 다른 한편으로는 주어가 강제적으로 출현할 것을 요구하며 타동사의 목적어도 흔히 출현할 것을 요구한다. 때문에 그것에 상응하는 의미는 분사로 명사를 수식하는 수밖에 없고(the bought books), 관계절을 사용할 수 없다. 하지만 중국어에서는 동사의 정형·비정형의 차이가 없고 게다가 주어·목적어의 생

5　張伯江(1997)은 유형론의 원리에 근거하여 직접 규정어로 되는 관련어휘를 형용사로 보고 있다. 전통적으로는 형용사로 일괄 처리되고 있지만 규정어로 될 경우 반드시 "的"을 첨가해야 하는 대량의 어휘(예를 들면 "安靜[조용하다]", "悲傷[슬프다]", "充沛[충족하다]" 등)는 형용사의 테두리 밖으로 물러나야 한다. 관계절의 시각에서 볼 때, 이와 같은 처리법은 꼭 국내 학술계의 습관적인 것이라고 할 수는 없지만 실은 합리적이다. "的"을 첨가한 후 관계절의 성질을 띠게 되므로 순수한 형용사 규정어가 아니다. 관계절로 되는 것은 술어 더욱이 동사의 특징이다. 가령 그것이 직접 규정어로 될 수 없다면 확실히 형용사로 분석하지 않는 게 좋다.

명사성 구의 유형론적 연구

략이 모두 자유로운 현상이 존재하고 있다. 때문에 "買的書[산 책]", "買的學生[산 학생]"은 관계절이 명사를 수식하고 있다고 볼 수 있다. 하지만 논항을 온전히 갖춘 타동사술어와 비교하면, 이와 같은 관계절은 비전형적임이 분명하다.

앞서 말한 내용을 종합하면, 중국어의 유형 특징에 근거하여 단독 자동사, 단독 형용사와 단독 타동사가 규정어 표지를 첨가하여 명사를 수식하는 것은 이론적으로는 관계절이라고 할 이유가 다 있지만 논항을 온전히 갖춘 타동사 혹은 서술성 강화 성분을 가지는 자동사와 형용사 규정어와 비교하면 이들은 예외적인 관계절에 해당할 수밖에 없다.

관계절의 전형과 예외의 차이는 吳語의 양사형 관계절에 있어서는 아주 뚜렷이 표현된다.

蘇州語의 단독 술어(타동사, 자동사, 성질형용사를 포함)는 모두 양사를 첨가하여 규정어로 될 수 없다. 이러한 것은 마침 관계절로서는 예외적인 것이다. 이러한 품사에 일부 관계절의 전형성을 증가시키는 성분을 첨가하면 양사를 사용하여 규정어 표지를 충당할 수 있다.

우선 타동사를 관찰하자.

(28)a. *買本書窮好看。(買的那本書很好看。)

　　　산 그 책은 아주 재미있다.

　　b. **倻**買本書窮好看。(他買的那本書很好看。)

　　　그가 산 그 책은 아주 재미있다.

c. 昨日買本書窮好看。(昨天買的那本書很好看。)

어제 산 그 책은 아주 재미있다.

(29)a. *咬只狗窮大。(咬(人)的那條狗很大。)

(사람을) 물은 그 개는 아주 크다.

b. 咬小幹兒只狗窮大。(咬小孩子的那條狗很大。)

어린 아이를 물은 그 개는 아주 크다.

c. 咬牢半日天只狗窮大。(咬住半天的那條狗很大。)

한참이나 물은 그 개는 아주 크다.

d. 勒後門口咬只狗窮大。(在後門口咬的那條狗很大。)

뒷문에서 물은 그 개는 아주 크다.

예문(28a)은 단독 타동사 "買"가 양사를 첨가하여 규정어로 되고 목적어로부터 관계화된 "書"을 수식하고 있지만 결국 이 문장은 성립되지 않는다. 하지만 예문b와 같이 주어를 보충해 넣거나 예문c와 같이 시간부사를 첨가하면 적격한 문장으로 된다. 예문(29a)는 단독 타동사 "咬"가 양사를 첨가하여 규정어로 되고 주어로부터 관계화된 "狗"를 수식하고 있지만 문장 역시 성립되지 않는다. 하지만 예문 b와 같이 목적어를 보충해 넣거나 예문c와 같이 보어적인 성분을 첨가하거나 혹은 예문d와 같이 시간부사를 첨가하면 어느 것이든 모두 적격한 문장으로 된다.

다음은 자동사를 살펴보자.

(30)a. *走位客人是我朋友。(走的那位客人是我朋友)

떠나가신 그 손님은 나의 친구이다.

b. 走脫位客人是我朋友。(走掉的那位客人是我朋友)

　떠나가 버린 그 손님은 나의 친구이다.

c. 走仔半日天位客人是我朋友。(走了半天的那位客人是我朋友)

　떠나가신지 한참이나 된 그 손님은 나의 친구이다.

d. 早浪向走位客人是我朋友。(早上走的那位客人是我朋友)

　아침에 떠나가신 그 손님은 나의 친구이다.

e. 走來走去位客人是我朋友。(走來走去的那位客人是我朋友)

　왔다갔다하시는 그 손님은 나의 친구이다.

　예문a는 단독 자동사 "走"가 규정어로 되고 유일한 논항에서 관계화된 "客人"을 수식하고 있지만 문장은 성립되지 않는다. 하지만 예문b와 같이 唯補詞 "脫掉"를 첨가해 넣거나 예문 c와 같이 시간양을 표시하는 성분 "半日天"을 첨가하거나 혹은 예문d 와 같이 시간부사를 첨가하거나 예문e 와 같이 반복상의 중첩형 "V來V去"으로 바꾸면 모두 적격한 문장으로 된다.

　마지막으로 형용사를 살펴보자.

(31)a. *厚塊布勿好看。(厚的那塊布不好看)

　　두꺼운 그 천은 예쁘지 않다.

b. 厚納納塊布勿好看。(厚厚的那塊布不好看)

　두툼한 그 천은 예쁘지 않다.

c. 窮/頂厚塊布勿好看。(很/最厚的那塊布不好看)

아주/가장 두꺼운 그 천은 예쁘지 않다.

d. 比襯衫厚塊布勿好看。(比襯衫厚的那塊布不好看)

셔츠보다 두꺼운 그 천은 예쁘지 않다.

예문a는 단독 성질형용사 "厚"가 규정어로 되고 주어로부터 관계화된 "布"를 수식하지만 문장은 성립되지 않는다. 하지만 예문b와 같이 상태형용사로 바꾸거나 예문c와 같이 정도를 나타내는 상황어를 첨가하거나 혹은 예문d와 같이 "比"를 이용하여 비교기준을 도입하면 문장은 모두 성립된다.

위에서 보여지는 것과 같이, 원형술어 자격을 변경하는 수단은 통사성(논항 첨가)을 가지는 것도 있고 형태성(예를 들면, "厚納納[두툼하다]"와 같이 생동감있는 형용사의 표현 형식과 "走來走去[왔다갔다하다]"와 같이 반복상의 복잡한 중첩형식이 있다)을 가지는 것도 있다. 하지만 결코 모든 형태적 수단이 원형술어를 적격한 관계절로 전환할 수는 없다. 동사의 중첩형 혹은 상표지인 "仔"("了"에 해당)를 첨가해도 관계절이 성립되지 않는다. 예문(28-30)의 a와 다음 예문들을 비교하도록 한다.

(28) a´. *買買本書窮好看。(買買的那本書很好看)

　　 a″. *買仔本書窮好看。(買了的那本書很好看)

(29) a´. *咬咬只狗窮大。(咬咬(人)的那條狗很大)

　　 a″. *咬仔只狗窮大。(咬了(人)的那條狗很大)

(30) a´. *走走位客人是我朋友。(走走的那位客人是我朋友)

명사성 구의 유형론적 연구

a″. *走仔位客人是我朋友。(走了的那位客人是我朋友)

위의 예문에 열거된 것은 모두 단음절 술어이다. 예문(28-30)의 a'
는 이음절 VV형식으로 중첩하여도 여전히 성립하지 않는다는 것을
표시한다. "漂亮只面孔"은 성립되지 않지만 "漂漂亮亮只面孔"은 성
립되는 것처럼, 이음절 형용사일지라도 상술한 제한을 변화시키지
못한다. 뿐만 아니라 "我本書"과 같이 양사가 속격수식어를 이끌 때
단음절 규정어를 용인한다. 이로 보아 상술한 제한은 음절수와 무관
하다는 것을 알 수 있다.

이상 예문(28-31)의 a는 양사를 범용적인 규정어 표지 "葛"(또는 대
역할 경우 표준어의 "的")로 바꾸면 문장은 성립된다. "葛/的"은 속격
수식어 등 확실히 관계절에 속하지 않는 규정어에도 사용되기 때문
에 이와 같은 범용적인 규정어 표지는 관계절의 범위를 확정짓는 데
도움을 주지 못한다. 蘇州語 양사는 관계절에 제한이 따르는데 그것
이 배척하는 것은 전형적인 관계절에 속하지 않는 원형술어이고 용
인하는 것은 더욱 관계절다운 각종 복잡한 술어형식이다. 이는 우리
에게 蘇州語에서 규정어 표지를 충당하는 양사는 마치 하나의 척도
에 상응하는데 이로 관계절과 일반 규정어 간의 경계선 혹은 적어도
전형적인 관계절과 예외적인 관계절의 경계선을 획분할 수 있음을
제시하고 있다.

대국적인 견지에서 말한다면, 이 경계는 이해 가능한 것이다. 관
계절은 필경 일종의 절이고 단어보다 등급이 높기 때문에 단어보다
도 더 복잡한 형식을 요구하는 것은 아주 정상적인 현상이다. 그 외

제4장. 중국어 관계절 표지 유형에 대한 기초적 고찰

에 술어의 원형과 비교하면, 일부 형태성을 구비한 단위(예를 들면, 생동감있는 형식 혹은 반복상의 중첩형)는 보다 강한 서술성을 가지고 있다. 이는 단문에서도 반영된다. 때문에 이들이 원형술어에 비해 더 쉽게 관계절을 충당하는 것도 이해할 만하다. 세부적으로 말하면 왜 형용사의 생동감있는 형식과 반복상 중첩형 등은 이 경계선 내측에 위치해 있고 동사의 단순한 중첩형과 완료상 표지는 이 경계선의 외측에 위치해 있는지에 대해서는 지금까지도 아직은 납득할 수 있는 설명이 없다. 우리가 생각할 수 있는 일부 의미범주 예를 들면 "유계/무계"(有界/無界) 등은 모두 상술한 상황을 이상적으로 개괄하는 것이 꽤 어렵다.[6] 이에 대해 향후 심도있는 연구가 필요하다.

이상 蘇州語 양사의 관계화 표지 겸용 현상은 기본적으로 북부 吳語지역의 상황을 반영하고 있다. 다음 예문은 錢乃榮(1997:99)이 上海話 양사의 유정을 나타내는 용법을 설명하는 데에 사용된 것이다.

(32) 我專門用來畫圖畫**塊**板阿裏搭去了? (我專門用來畫畫的那塊板到哪兒去了?)

내가 전문 그림을 그리는 데에 사용하는 그 칠판은 어디 갔는가?

---

6 일부 관계절 조건을 만족하는 술어는 유계성을 구비하지 않고 있다. 예를 들면, (28b)의 "俚買"[그가 사다]는 예문a의 "買"[사다]와 비교했을 때 하나의 주어만 증가했을 뿐인데 유계성이론에 의하면 단순히 주어만을 첨가했다고 하여 무계 술어를 유계로 변환할 수 없다. 왜냐하면 무계 술어는 흔히 주어를 수반한다고 여겨 왔기 때문이다(용례는 沈家煊 1995를 참조). 다른 한 편으로, 일부 확실히 유계성을 초래하는 교체는 관계절의 부적격성을 개변시킬 수 없다. 예를 들면, 동사의 중첩형은 유계이고 동사가 완성류 상표지와 결합한 후에도 여전히 유계이다(沈家煊 1995). 하지만 이들은 동사의 관계절 구성 능력에 도움을 주지 못한다.

명사성 구의 유형론적 연구

Mattews & Yip(2001)에 의하면 홍콩 粵語는 "지시사+양사"구를 사용하여 관계화 표지를 충당하는데 경우에 따라 지시사를 생략할 수 있다고 한다. 예문(33a)의 원칭지시사 "嗰"는 특히 복수 양사 "啲" (些)가 사용될 경우 예문(33b)와 같이 지시사를 흔히 사용하지 않는다. 이렇게 되면 粵語 양사형 관계절이 형성된다.

(33)a. 我寫咗 (嗰) 封信好長嘅。(我寫了的那封信很長)

　　　　내가 쓴 그 편지는 아주 길다.

　　b. 佢寫啲嘢有冇用㗎? 　　(他寫的那些東西有沒有用處?)

　　　　그가 쓴 그런 것은 쓸 데가 있습니까?

하지만 方小燕(프로젝트 연구팀의 논의)의 설명에 의하면, 예문(33a)와 같이 개체양사만을 사용하여 연결하는 표현은 粵語에서 아직 받아들여지기 힘들고 지시사 "嗰"를 첨가하는 편이 자연스럽다고 한다. 보건대 양사가 단독으로 관계화 표지를 겸하는 용법은 吳語처럼 발달하지 못한 듯하다. 이로부터 양사의 규정어표지 기능은 그 유정의 용법과 관련이 있지만 양자는 필경 같은 경우가 아니라는 것을 알 수 있다. 총체적으로 粵語 양사의 유정을 나타내는 작용은 吳語보다도 발달되었고 상용적이지만 관계화 표지 면에서 粵語의 양사는 아직 吳語의 양사처럼 발달되지 못하고 상용적이지도 않다.

양사의 규정어 표지는 그 정관사 용법에서 생성된 것이다. 관사 (article, 일반적으로관사와 후치관사/명사 뒤의 정관사를 가리킨다)와 규정어 표지의 관련성을 표시하는 예는 유형론에 있어서는 선례가 많고 전문용어인 접속관사(linking article)란 관사와 규정어를 이끄는 작용을 겸한 허사를 가리킨다. Himmelmann(2001)에서 인용되고 있는 알바니아어의 후치관사(즉 명사 뒤의 정관사) *i* 의 예를 보기로 한다.

(34) shok—u   *i*   mirë
친구—유정, 주격, 단수, 남성   접속성 관사   좋다
이 좋은 (남성)친구

접속관사의 가장 큰 특징은 명사구 전체에 사용되는 것이 아니라 (예를 들면 영어의 the처럼) 규정어와 핵어명사 사이에 사용되기 때문에 Dik가 제기한 "연계자 어중"원칙에 부합된다(劉丹靑2003a, §2.3을 참조). 吳語의 양사와 아랍어의 후치관사가 모두 그러하다. 吳語와 아랍어의 차이는 吳語의 규정어는 앞에 놓이기 때문에 양사가 충당하는 전치관사(명사 앞의 정관사)를 사용하지만 아랍어의 형용사 규정어는 뒤에 놓이기 때문에 후치관사(명사 뒤의 정관사)를 사용한다.

4.3. 반 허사화한 처소사–상 표지의 관계절 표지 겸용에 관하여

吳語 지역에는 일종의 처소구문이 축소되어 생성된 복합처소어가 보편적으로 존재하고 있는데 그 구조는 근대중국어의 "在裏"에 흡

명사성 구의 유형론적 연구

사하다.[7] 앞의 문자는 "在"를 표시하는 존재동사 겸 전치사이고 뒤의 문자는 방소후치사로 대체적으로 "在這兒/在那兒"로 번역된다. 蘇州語의 이와 같은 단어로는 "勒裏(노년층은 근칭지시를 표시하는 "在這兒"로 사용)", "勒哚(노년층은 원칭지시를 표시하는 "在那兒"로 사용)", "勒海(예전에는 많이는 "在裏邊", "在內"와 같은 범위 의미를 표시하였지만 지금은 중성 혹은 원칭지시를 표시)", "勒浪(원칭·근칭 구분을 하지 않음)", "勒搭(후에 생성된 것인데 중성 혹은 근칭을 표시)"이 있다. 이러한 어구의 구성과 의미 분업 및 그 유래에 대한 상세한 논의는 劉丹靑(2003a, 2003c)를 참고하시기 바란다. 劉丹靑(2003a)은 이를 PPC(pre-postpositional compound, 前後置詞複合詞)라고 약칭하고 있다. 이 장절에서는 이 약칭을 계속하여 사용하기로 한다.

蘇州語의 PPC는 다기능어이고, 존재동사("我勒裏"我在, 我在這兒[나는 있다. 나는 여기에 있다]), 처소개사구(전체적으로 "在NP裏"에 해당하는 일종의 구문. 예를 들면, "我坐勒裏"我坐在這兒. 我坐着[나는 여기에 앉았다. 나는 앉아 있다.]), 처소전치사(전체적으로 전치사 "在"처럼 쓰이고 후치사로서의 역할이 약화. 예를 들면, "我住勒裏蘇州"[나는 소주에 살고 있다]), 동사 앞의 진행상 표지와 동사 뒤의 지속상/존재상 표지("我勒裏看書"我在[這兒]看書[나는 (이곳에서) 책을 읽고 있다]; "倷坐勒裏"你坐着[당신은 앉아 있다.]), 문말어기조사("開心殺勒裏"高兴着呢[기뻐하고 있어요]; "我定心勒裏"我安心着呢[나는 안심하고 있어요])등의 기능을 겸하고 있다. 이 외에 관계화 표지를 겸할 수도 있다. 예를 들면 다

---

7 呂叔湘(1984/1941)은 가장 일찍이 근대중국어의 "在裏"를 고찰하였고 게다가 蘇州語에 있는 이와 같은 어구와의 관련성을 지적하였다.

제4장. 중국어 관계절 표지 유형에 대한 기초적 고찰

음과 같다.

(35) 我摆**勒海**餅干啥人吃脱哉？(我放着/放在那兒的餅干誰給吃了)
내가 (거기에)놔 둔 과자를 누가 먹어 버렸는가?

PPC의 관계화 표지 용법은 동사 뒤의 지속/존재 상표지의 용법에서 유래되어 온 것이다. 사실 관계절 표지로 쓰일 경우, 이들은 여전히 상 의미 더욱이는 동사 뒤의 존재상의 의미를 보존하고 있다. PPC가 이때 관계절 표지의 역할을 겸한다고 하는 것은 가령 PPC "勒海"를 삭제하면 반드시 규정어 표지 "葛"을 첨가해야 하고 그렇지 않으면 부적격한 문장으로 되기 때문이다.

(35') 我摆*(葛)餅干啥人吃脱哉？
내가 놔 둔 과자를 누가 먹어 버렸는가?

때문에 "勒海"는 존재상을 표시하는 외에 관계절을 이끄는 기능도 하고 있다.

청말 蘇州방언으로 씌여진 『海上花列轉』중에서 우리는 PPC류의 용례("勒"는 "來"이라 씌여져 있다. 아마 당시 "來"와 동음이었을 것이라 추측된다. 현재에도 인접한 無錫방언에서는 "來"와 "勒" 두 가지 독음이 있다)를 많이 검색하였다. 『海上花列轉』의 언어자료로부터 우리는 다음과 같은 사실을 관찰할 수 있다.

명사성 구의 유형론적 연구

1. 당시 이와 같은 용법을 지닌 PPC는 주로 원칭지시를 표시하는 "來哚"이고, 그 밖에 원칭·근칭을 구분하지 않는 예외적인 용례는 있었지만 그 외의 PPC에는 관계화 표지를 겸하는 용례가 없었다.

2. PPC가 관계절과 핵어명사 사이에 쓰일 때, 절대적 다수(15개의 "來哚" 가운데 13개, 3개 "來浪" 가운데 2개)의 용례에는 더이상 규정어 표지 "葛"이 쓰이지 않고 있다. 이로부터 PPC는 확실히 관계화 표지의 기능을 겸하고 있고 "葛"은 이때 잉여적이라는 것을 알 수 있다. 상표지로서의 PPC와 피수식 핵어명사가 목적어(예문에는 간접목적어)에 의해 떨어져 있을 때, 즉 PPC가 관계절과 핵어명사 사이에 놓이지 않을 경우 "葛"은 생략해서는 안 된다. 다음에 열거한 예문(36)은 "葛"을 첨가하지 않은 15개 예문 가운데의 4개 예문이고, (37)은 이 종류의 문장 중에서 불과 2개 밖에 없는 "葛"(이 책에서는 "個")을 수반하는 예문이다. (38)은 PPC가 중간에 위치하지 않을 경우에 "葛"을 첨가한 예문이다.

(36)a. 耐放**來哚**"水餃子"勿吃, 倒要吃"饅頭"！(你放著的"水餃"(隱指女陰)不吃, 倒要吃"饅頭"(隱指乳房)！1回)

　　당신은 교자(여자 생식기의 은어)는 거들떠 보지도 않고 만두(유방의 은어)를 먹으려 드는구나!

　b. 寫**來哚**憑據阿有啥用場?(寫下來的憑據有什麼用處?8回)

　　적어 놓은 증거가 무슨 소용이 있겠는가?

　c. 耐少**來哚**幾花債末, 我來搭耐還末哉。(你欠下的好多債麼,

我來 給你還好了。10回)

당신이 빌린 많은 빚을 내가 갚아 주겠다.

d. 耐說**來浪**閑話,我總歸才依耐。(你說下的話, 我總是都依你。58回)

당신이 한 말이면 무엇이든 들어 준다.

(37)a. 四老爺叫**來哚**個老倌人, 名字叫啥？(四老爺叫在這兒的那個老倌人(妓女), 名字叫什麼？15回)

넷째 나리가 불러 온 저 늙은 기생은 이름이 무엇인가？

b. 倒好像是俚該**來哚**個討人! (倒好像是他擁有的討人(從妓院娶的妾)！)(17回)

마치 그의 정부(기원에서 맞이한 첩)같지 않은가!

(38) "嫁時衣"還是親生爺娘撥**來哚**因件**個**物事, ("嫁時衣"還是親生父母給了女兒的東西, 48回)

"시집갈 때 의상"이라는 것은 여전히 친부모한테서 받은 것이다.

3. PPC를 사용한 모든 관계절의 용례는 "葛"을 첨가하든 첨가하지 않든 상관없이 모두 목적어 논항을 관계화하고 주어 혹은 기타 논항을 관계화하는 용례는 단 하나도 없다. 위에서 언급한 예문과 같다. 관계화구조 전체가 주절에서의 통사적 위치를 놓고 보면, 15개(13개는 "來哚", 2개는 "來浪")의 PPC를 사용하지만 "葛"을 첨가하지 않는 관계화 구조는 모두 술어 앞에 놓인다. 어떤 것은 주어이고(예문36b), 혹은 수동자 주주제(이른바 "대주어". 예문36c)이며, 또 어떤 것은 수동자 부주제(이른바 "소

명사성 구의 유형론적 연구

주어". 예문 36a)이다. 바꾸어 말하면, PPC가 관계화 표지를 겸하는 용례는 단지 관계절이 목적어를 관계화하여 NP전체가 주절에서 주어 혹은 주제를 충당하는 상황에만 국한한다. 하지만 "葛"을 첨가하는 용례 즉 관계절이 있는 NP는 동사 뒤의 서술사 위치에도 출현할 수 있다. 예를 들면 37b와 38이다. 이때 관계절은 이미 "葛"에 의해 이끌리며 PPC는 이제 관계절 표지의 기능을 상실하고 단지 상표지의 역할만 한다.

4. PPC에 의해 이끌리는 관계절은 핵어명사를 삭제하여 무핵관계절을 구성할 수 없다. 이것은 쉽게 이해할 수 있다. PPC는 동사의 상표지로서 분명히 관계절에 첨가된 것이기 때문에 北京話의 "的"과 같이 종속어 표기 성분이지만 V+PPC는 "的"구조처럼 하나의 명사성단위를 형성할 수 없다. 따라서 핵어명사를 대체할 수 없다.

현대蘇州語 "勒哚"은 상용적이지 않다. 이상의 관계절 용법은 대부분은 예문(35)와 같이 "勒海"로 교체하여 표시한다. "勒海"는 현대蘇州語에서는 원칭지시의 의미를 약간 포함한 PPC이다. 이와 같은 어휘의 교체를 제외하고, 상술한 『海上花列轉』의 상황은 대체로 현대蘇州語의 실정을 반영하고 있다. 아마 젊은 연령층이 쓰는 蘇州語에서는 표준어의 영향으로 말미암아 "葛"을 수반하는 관계절이 많이 쓰이고 PPC를 표기로 하는 관계절이 점차적으로 쇠퇴하고 있을 것이다. 세부적인 것에 대해서는 관찰과 조사가 필요하겠다.

『海上花列轉』에 있는 PPC이 관계절을 이끄는 상술한 상황에 대해서 어떤 면에 있어서 편리하게 합리적인 해석을 찾을 수 있다.

왜 관계절과 핵어명사 사이에 놓이는 PPC만이 "葛"을 대체하여 관계화 표지로 쓰일 수 있는가? 그것은 "연계자 어중"이라는 원칙의 작용에 의한 것이다(劉丹靑 2003a, 2.3을 참조). 관계절 표지는 일종의 연계자이고 연계자의 우선적인 위치는 연결해주는 쌍방(여기서는 관계절과 핵어명사를 가리킴) 사이이다. "葛"은 양사가 표지로 될 경우 흔히 이 위치에 놓는다. PPC도 이처럼 쌍방의 사이에 놓여야만이 문법화 발전 과정에서 흔히 보이는 것과 같이 그것이 속해 있는 단위의 구조적 의미(관계화 수식관계)를 섭취함으로 이에 의해 관계화 표지의 기능을 겸할(더 나아가 완전히 획득할 가능성) 수 있다.

관계절이 우선적으로 선택하는 것은 원칭지시의 의미를 가지는 PPC(노년층은 "勒哚", 젊은층은 "勒海")이고 근칭지시의 PPC가 표지로 되는 것은 아니다. 이것은 관계절의 기능으로부터 설명할 수 있다. 관계절은 주로 명사구의 지시범위를 제한하고 청자의 식별을 돕고 있다. 예를 들면, "我買的書"[내가 산 책]은 "書"[책]에 비해 보다 쉽게 범위를 확정한다. 하지만 관계절로서 범위를 한정할 필요가 있는 대상은 일반적으로 눈 앞에는 없거나 혹은 아직 활성화하지 않은 정보이기에 이 부류의 성분은 원칭어구를 사용하는 편이 더 적절하다. 앞절의 蘇州語에서 양사를 사용하여 도입된 관계절도 우리는 표준어의 "那"를 자주 쓰는 "지시사+양사"구로 번역해야 자연스럽다고 생각된다(예를 들면 "我買本書"-"我買的那本書"). 이것도 동일한 기능적 원인에 의한 것이다. 하지만 이와 같이 설명하면 반증으로서 제시할 수 있는 실례가 있는 것처럼 보인다. 北京話에서 우선적으로 선

명사성 구의 유형론적 연구

택하는 것은 근칭지시인 "這"이고 원칭지시인 "那"가 관계절 표지를 겸하는 것은 아니다. 하지만 사실은 이는 꼭 반증으로서 제시할 수 있는 실례라고 말할 수 없다. 관계절은 이미 강렬한 힘을 더하여 지시대상을 확정하는 기능이 있기 때문에 그것이 속해 있는 명사구는 실은 더 이상은 원근을 명시하는 지시사를 사용하여 지시변별할 필요가 없다. 단지 반드시 원근 지시사 중에서 선택이 필요할 때 원칭 지시사가 우선적으로 선택될 뿐이다. 관사가 존재하는 언어를 놓고 볼 때, 이와 같은 경우에 보다 우선적으로 선택되는 것은 관사이지 원근 지시사가 아니다. 예를 들면, 위의 예문(22) "佢唱嗰首歌"[그녀가 부른 저 노래]는 粵語 원칭지시사("嗰"="那")를 사용하고 있지만, 저자의 영어 역문에는 정관사 the(the song she sang)를 사용하고 있다. 北京話의 "這"는 "那"보다도 더 많이 원근을 구분하지 않는 관사 기능을 갖고 있고(方梅2002), 관계화 표지로 쓰이는 "這"는 주로 정관사로서 관계화 표지를 겸하고 있지 원칭지시사로서 관사화 표지를 겸하는 것은 아니다. 吳語의 양사처럼 관사의 문법화를 거쳐 규정어 표지로 된 것이다.

근대중국어 "在裏" PPC식의 복합사는 남방 방언에는 광범위하게 존재한다. 예를 들면 溫州語의 "是搭", 广州語의 "口係度", 福州語의 "亻屳咧" 등이다. 이러한 방언 중의 PPC가 관계화 표지를 겸할 수 있는지 여부에 대해서는 앞으로의 고찰이 필요하다.

제4장. 중국어 관계절 표지 유형에 대한 기초적 고찰

4.4. 요약과 남은 문제

중국어에서 가장 보편적인 관계절 표지의 유형은 범용적인 규정어 표지 "的" 및 广州語 "嘅"와 蘇州語 "葛" 등과 같은 방언어구이다. 본 장절에서는 이 외에 다른 특색을 지니는 몇몇 기능어도 관계절 표지를 겸할 수 있을 뿐만 아니라 꽤 상용적이라는 것을 명확히 한다. 전문에서는 두 가지 통사적 기준에 근거하여 다음에 열거한 요소들이 관계절 표지의 작용을 겸하고 있음을 확인하였다.

1) 北京語의 단독 지시사
2) 北京語, 广州語 및 많은 기타 방언 중의 "지시사+양사"구
3) 吳語에 속하는 모든 방언에서 정관사 기능을 가지는 양사
4) 蘇州語를 대표로 하는 일부 吳語에서 처소 및 존재상을 표시하는 압축형 PPC복합어

이러한 요소들은 관계화 표지를 겸할 경우 모두 본래의 문법적 의미(유정, 존재상 등)을 보존함과 동시에 정도부동하게 관계화 표지를 "전임"하는 방향으로 문법화하는 조짐을 보이고 있으며 어떤 것은 이미 범용적인 규정어 표지를 배척하고 있다.

위에서 열거한 네 요소의 "겸임"은 모두 관계절과 핵어명사 사이의 중앙 위치와 관련 있고, 문법화에서 흔히 볼 수 있는 구조적 의미의 흡수 현상이다. 관계절을 가질 경우, 이러한 요소들은 관계절 앞

에 나타날 수도 있지만 이 경우에 그들은 관계화 표지를 겸할 수 없고 반드시 별개의 규정어 표지가 필요하다. PPC복합어의 상황에 대해서는 이미 예문(38)에서 증명되었다. (39)와 (40)은 각기 北京語 지시사와 蘇州語 양사에 관한 예이다.

(39)a. 小張買這書很好看。~

　　　장 씨가 산 이 책은 아주 재미있다.

　b. 這小張買*(的)書很好看。

　　　이 장 씨가 산 책은 아주 재미있다.

(40)a. 小張買本書窮好看。~

　　　장 씨가 산 이 책은 아주 재미있다.

　b. 本小張買*(葛)書窮好看。

　　　이 장 씨가 산 책은 아주 재미있다.

지시사 "這", 양사 "本"이 중앙 위치에 있을 때 "的/葛"은 필요하지 않다(39-40a).하지만 "這/本"이 관계절 앞에 놓일 때 "的/葛"은 생략해서는 안 된다(39-40b). 이것은 중앙 위치가 연계자 형성에 미치는 중요한 역할을 명확히 제시하고 있다.

蘇州話의 양사가 관계화 표지로 될 경우, 종속절 술어에 대해 일정한 형태-통사적 요구가 있다. 이러한 제한은 동사의 정형 방식이 결핍하고 주어·목적어 생략이 자유로운 중국어에 있어 전형적인 관계절 범위를 확정하는 데 도움이 된다.

北京語 지시사가 이끄는 관계절은 주로 목적어가 관계화되고, 주

제4장. 중국어 관계절 표지 유형에 대한 기초적 고찰

어가 관계화되는 예문은 찾아보기 어렵다. 蘇州話의 PPC가 이끄는 관계절 역시 주로는 목적어를 관계화한다. 뿐만 아니라 우리는 중국어 각 방언의 관계절에 대한 초보적인 고찰을 할 때에도 주어·목적어 양측을 모두 관계화할 수 있는 "的"류 규정어 표지에 있어서도 피실험자들은 목적어를 관계화하는 편이 더 흔히 보이고 자연스럽게 여긴다는 것을 발견할 수 있다. 보건대 중국어에는 목적어를 우선적으로 관계화하는 상황이 존재하는 듯하다. 이는 20세기 관계절 분야에 있어서의 중요한 유형론적 발견, 즉 Keenan & Comrie(1977)이 50가지 언어를 고찰한 후에 제기한 "명사구 접근 가능성 위계"에도 부합된다. 이 위계는 다음과 같이 표시되고 있다.

주어 〉 직접목적어 〉 간접목적어 〉 전치사의 목적어 〉 소유격 〉 비교의 목적어

이 위계에 근거하면 다음과 같이 귀납할 수 있다.

1) 서로 다른 언어에 있어 관계절이 관계화하는 성분의 범위는 달라도 되지만 언제나 좌측에서 우측으로의 우선 순위에 따른다. 가령 오른 쪽의 어떠한 성분이 관계화되면 그 왼쪽에 있는 모든 성분이 관계화된다.
2) 동일 언어의 서로 다른 관계화 책략에 의해 관계화되는 성분의 범위는 달라도 되지만 동일 책략에 있어서도 언제나 좌측에서 우측으로의 우선 순위에 따라 관계화한다.

중국어의 다양한 관계화 수단 모두가 목적어를 우선적으로 관계화하는 현상에 대해서는 어떻게 해석할 것인가?

唐正大(프로젝트팀의 논의)는 꽤 신뢰할 만한 해석을 제안하고 있다. 중국어에서 목적어를 관계화할 경우 동사와 목적어 사이에 관계화 표지를 삽입하기만 하면 되기에 변경이 적고 조작도 간단하다. 하지만 주어를 관계화할 경우 주어와 술어는 위치를 바꿀 필요가 있고 조작은 한층 복잡해진다. 비교하면 다음과 같다.

(41)a. 學生買書。　　　→　　b. 學生買的書
　　　학생이 책을 산다.　　　학생이 산 책
(42)a. 學生買書。　　　→　　b. 買書的學生
　　　학생이 책을 산다.　　　책을 산 학생

언어의 경제성 원칙에 의하면, 수월한 조작은 번거로운 조작보다 한층 우세적이다. 당연히 사람들은 의문을 제기할 것이다. 경제성 원칙은 기타 언어에서도 동일하게 작용을 일으키고 있는데 왜 Keenan & Comrie의 대규모의 범언어적인 연구에서는 여전히 주어가 목적어보다 더 쉽게 관계화한다는 결론이 나오고 있을까? 상술한 해석은 중국어를 위한 특별히 설정한(ad hoc) 해석이 아닌가? 그렇지 않다.

사실상, 중국어는 관계절의 어순 유형에 있어 그 자체가 극히 특수하다. Dryer(1992)에 의하면, 그가 통계한 625가지 언어의 252개 언어그룹 중에 중국어그룹(표준어, 客家語, 粵語, 말라야 粵語 4 종류의 이형체를 수집)은 VO언어에서 유일하게 관계절이 핵어명사 앞에 놓이는 언어그룹이다. 그 외 모든 VO언어에서는 관계절은 모두 핵어명사에 후치한다. 때문에 VO언어의 통상적인 규칙은 주어를 관계화하여도 영어 예문(43)과 같이 어순은 변하지 않고, 목적어를 관계화하면 예문(44)와 같이 어순을 변환시켜야 한다.

(43) a. The boy likes the birds.   →   b. the boy who likes the birds
      이 남자는 이런 새들을 좋아한다   이런 새들을 좋아하는 이 남자
(44) a. The boy likes the birds.   →   b. the birds that the boy likes
      이 남자는 이런 새들을 좋아한다.   이 남자가 좋아하는 이런 새들

이를 통해 알 수 있는 것은, 상술한 경제성 동인만 놓고 볼 때, VO언어의 통상적인 규칙은 확실히 주어를 관계화하는 것이 목적어를 관계화하는 것보다 더 수월하다. 다만 관계절 어순이 특수한 중국어에서만이 목적어를 관계화하는 것이 더 수월한 상황이 발생한다. 이로부터 관계화할 때의 경제성은 틀림없이 "명사 접근 가능성 위계"를 초래하는 보편적인 요인의 하나이고 중국어와 기타 VO언어 모두에 작용을 미치고 있지만 중국어가 특이하게 목적어를 우선적으로 관계화하는 현상은 그 특수한 관계절의 어순유형에 의해 초래된 것이라는 것을 알 수 있다.

또 다른 한 가지 언급할 가치가 있는 현상은, 北京語의 지시사가 이끄는 관계화 구조와 蘇州語의 PPC가 이끄는 관계화 구조는 주절에서 우선적으로 주어 혹은 주제의 위치에 배치된다는 점이다. 이 문제의 원인은 비교적 간단할 수도 있다. 沈家煊(1999)에서 체계적으

명사성 구의 유형론적 연구

로 채용하고 있는 "표지관련패턴"을 차용한다면, 중국어에는 "주어 (혹은 주제)와 유정"과 "목적어(혹은 초점)과 무정"이란 무표지의 관련 패턴이 존재한다고 말할 수 있다. 이 두 종류의 관계절은 명확히 유정을 표시하거나 혹은 유정을 표시하려는 경향이 있기 때문에 우선적으로 주어 혹은 주제 위치를 점하는 것은 당연한 것이다.

"접근 가능성 위계"로 보면, 본 장절에서는 기본적으로 주어와 직접목적어를 관계화하는 두 종류의 가장 흔한 상황만 논의하였고 기타 논항을 관계화할 경우의 상황은 어떠한지에 관해서는 논의를 전개하지 못하였다. 또한 왜 어떤 형태는 동사가 蘇州語 중의 양사 표기에 의존하는 관계절을 구성하는 것을 도와 주지만 어떤 형태는 이러한 기능이 없는가? 중국어 관계화 표지의 연구에는 이와 같은 문제들이 아직 많이 남아 있다. 관계화 표지 외에도 관계절에는 아직 미개척의 분야가 많다. 관계절에 관해서 중국어 언어학계에서 보다 많은 관심을 가질 필요가 있다.

方 梅 2002《指示词"这"和"那"在北京话中的语法化》,《中国语文》第4期。

刘丹青 1986《苏州方言定中关系的表示方式》,《苏州大学学报》第2期；又载中国人民大学《复印报刊资料·语言文字学》第6期。

_____ 1987《形名同现及形容词的"向"》,《南京师大学报》第3期

_____ 2001a《粤语句法的类型特点》, 香港《亚太语言教育学报》第2期。

_____ 2001b《方所题元的若干类型学参项》, 香港《中国语文研究》总第9期。

_____ 2002《汉语类指成分的语义属性与句法属性》,《中国语文》第5期。

_____ 2003a《语序类型学与介词理论》, 商务印书馆。

_____ 2003b《试论汉语方言语法调查框架的现代化》, 载戴昭铭主编《汉语方言语法研究和探索——首届国际汉语方言语法学术研讨会论文集》, 黑龙江人民出版社。

_____ 2003c《苏州方言"勒X"复合词》, 载上海市语文学会、香港中国语文学会合编《吴语研究》(第二届国际吴方言研究学术研讨会论文集), 上海教育出版社。

吕叔湘 1984/1941《释景德传灯录之在、著二助词》, 原载《华西协合大学中国文化研究所集刊》一卷三期；又载吕叔湘《汉语语法论文集》, 商务印书馆, 1984年。

钱乃荣 1997《上海话语法》, 上海人民出版社。

沈家煊 1995《"有界"与"无界"》,《中国语文》第5期。

_____ 1999《不对称和标记论》, 江西教育出版社。

石汝杰、刘丹青 1985《苏州方言量词的定指用法及其变调》,《语言研究》第1期。

王 力 1980《汉语史稿》中册, 中华书局。

张伯江 1997《性质形容词的范围和层次》,《语法研究与探索(八)》, 商务印书馆。

张 敏 1998《认知语言学与汉语名词短语》, 中国社会科学出版社。

朱德熙 1978《"的"字结构与判断句》，《中国语文》第1、2期。

Comrie, Bernard 1989/1981 *Language Universals and Linguistic Typology.* 沈家煊译《语言共性和语言类型》，华夏出版社，1989年。

Dryer, Matthew S. 1992 The Greenbergian word order correlations. *Language* 68(1):43-80.

Hemmelmann, Nikolaus 2001 Articles. In Haspelmath, Martin, Ekkehard König, Wulf Oesterreicher & Wolfgang Raible (eds.). *Language Typology and Language Universals: An International Handbook.* Berlin: Walter de Gruyter.

Keenan, E.L. & B. Comrie 1977 Noun Phrase Accessibility and Universal Grammar. *Linguistic Inquiry* 8:63-99.

Kortmann, Bernd 1999 Typology and Dialectology. In: B. Caron (ed.) *Proceedings of the 16th International Congress of Linguists*, Paris 1997. Amsterdam: Elsevier Science. 中译文见《方言》2004年第2期。

Matthews, Stephen & Virginia Yip 2001 Aspects of contemporary Cantonese grammar: The structure and stratification of relative clauses. In H. Chappell (ed.) *Sinitic Grammar: Synchronic and Diachronic Perspectives*, Oxford University Press.

저자:劉丹靑

《中國語文》2005년 제1기에 게재하였음.

제**5**장

관계절과 관련된
세 가지 어순 유형 원칙

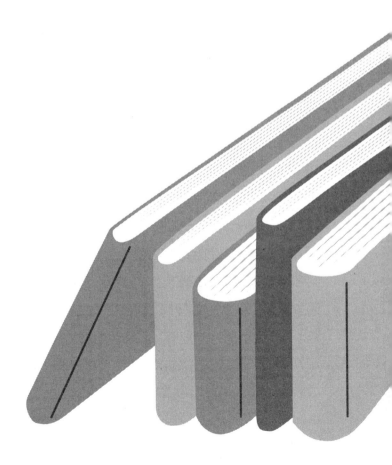

제5장.
관계절과 관련된 세 가지 어순 유형 원칙

5.1. 서론

　대량의 언어 통계 결과가 나타낸 절대적 보편성과 보편 경향성 특히 그중의 함의적 보편성은 언어유형론으로 하여금 과학적인 연구임이 되게 해 준다. 그리고 이러한 보편성 뒷면에는 흔히 일련의 원칙이 내재하여 있고, 그러한 원칙이 보편성을 해석할 수 있으므로 원칙 자체가 보편성으로도 된다. 최적성 이론의 시각에서 볼 때, 이러한 원칙은 제약조건이 되기도 한다. 본 장에서는 관계절에 입각하여 최대한 적고 간소화한 원칙을 제기하고 관계화와 관련된 다음의 어순 보편성에 대해 통일적으로 설명한다.

　1) 왜 거의 모든 SVO언어는 후치 관계절(post-nominal)을 선택하

명사성 구의 유형론적 연구

는가?

2) (1)과 비교했을 때, 왜 SOV언어의 전치(pre-nominal)와 후치 관계절은 모두 상당 수의 분포를 이루는가?((1)과 (2)에 관해서는 Dryer 1992:86과 본 장 2.3을 참조)

3) 왜 대다수의 SVO언어는 그 중심어와 관계절 사이에 뚜렷한 표지를 가지는가?(본 장의 부록 및 3.3을 참조)

4) (3)과 비교했을 때, 왜 상당수의 SOV언어는 아무런 표지도 필요없이 관계화를 실현할 수 있는가? (부록 및 3.2을 참조)

본 장에서 언급하고 기록하는 언어는 주어(S)·주요한 타동사성 술어동사(V)·그 동사의 목적어(O)를 선상적인 위치에 배열하기 위해 그 타동성과 직접진술단문이 일종 정상적 어순을 선택하는 경향이 있기 때문에 적어도 주어와 목적어 두 개의 통사적 위치를 관계화할 수 있다. 동시에 다음에 서술하는 원칙Ⅰ과 원칙Ⅱ은 SVO와 SOV 두 종류의 어순유형에만 관련 있고, 원칙Ⅲ은 일부 VSO언어에 관련 있음을 감안하였다. 우리는 되도록이면 어족 균형성을 고려하는 전제 하에 189개 언어를 고찰하였다. 이 189개 언어에는 SVO를 주요어순으로 하는 언어가 92이고, SOV를 주요어순으로 하는 언어가 85개이며, VSO어순을 취하는 언어가 12개인데 대부분이 남도어(예를 들면, 라파누이어 Rapanui)이다.

5.2. 원칙 I 과 원칙 II

전술한 문제에 해답하기 위해서는 반드시 핵어명사(head noun)와 명사구 수식어(NP modifiers)의 개념을 도입해야 한다. 주어와 목적어를 충당하는 것은 일반적으로 명사구인데 본 장절에서 연구하는 것은 중심어가 있고 관계절을 수식어로 하는 명사구 즉 관계절구조 (RC)이다. 주어 핵어명사를 꾸며 주는 관계절은 전치하나 직접목적어 핵어명사를 꾸며 주는 관계절은 후치하는 언어(혹은 주어 핵어명사를 꾸며 주는 관계절은 후치하나 직접목적어 핵어명사를 꾸며 주는 관계절은 전치하는 언어)가 아주 드물기 때문에(2.1 참조) 이런 유형은 다음의 논의에서 고려하지 않기로 한다.

범언어적인 연구를 통해 우리는 SVO언어와 SOV언어에서 관계절 전치 또는 후치의 분포 불균형을 제약하는 조건은 주절 주어의 핵어명사가 되도록이면 빨리 확인받기를 원하는 것과 목적어의 핵어명사도 그것을 지배하는 주절 동사와 되도록이면 가까이 놓이려는 것임을 발견하였다. 다음과 같이 표현할 수 있다.

원칙 I : 주어의 중심어를 되도록이면 빨리 확인한다.
원칙 II : 목적어의 중심어가 되도록이면 동사에 근접한다.

원칙 I은 "무거운 성분 후치(heavy constituent final)"원칙(Hawkins,

명사성 구의 유형론적 연구

1994;Arnoldet al., 2000등)이 관계절 구조에서의 체현이다.[1] 다음은 문장의 논리적관계를 위해 우선 원칙Ⅱ를 검토한다.

5.2.1 원칙Ⅱ와 SVO·SOV언어 관계절 유형의 분포

목적어 성분은 대부분의 경우 NP에 의해 충당되는데 NP는 이론적으로 무한 확장이 가능하다. 가장 중요한 수단은 바로 NP의 중심어에 한정어(determiners), 형용사, 속격성분(genitives), 관계절 등을 포함한 수식어를 부가하는 것이다. 통계에 따르면 주절 동사 V와 목적어 O의 핵어명사인 OH에 대하여 핵어명사의 수식어 MH의 출현 위치는 두 종류가 있다.[2]

Ⅰ. 수식어와 주절 동사는 목적어 핵어명사의 양측에 놓인다.

(2) [V-[OH-MH]] 혹은 [[MH-OH]-V]

이 두 종류의 어순은 각기 불어와 한국어와 같이 수식어가 영원히 변두리에 놓이고 동사가 목적어 명사의 중심어에 밀접해 있음을 의미한다.

Ⅱ. 수식어는 주절 동사와 목적어의 핵어명사를 분리시킨다.

---

1 이 부분은 『中國語文』 익명의 심사위원의 수정의견에서 계발을 얻은 것이다.

2 수식어와 핵어명사가 동사에 의해 분리되는 것이 정상적인 어순인가가 아직 검증되지 않고 있기 때문에 여기서는 수식어가 핵어명사에 근접하는 상황만 토론한다.

(3) [V-[MH-OH]] 혹은 [[OH-MH]-V]

이 두 종류의 어순은 각기 중국어와 파슈토어(Pashto)와 같이 수식어가 동사와 목적어 조합의 내부에 내포된 위치에 놓여 있고 동사와 목적어의 중심은 분리된다(Penzl 1955 참조).

하지만 확장가능성이 다름에 따라, 상술한 각종 명사 수식어는 SVO언어와 SOV언어에서는 핵어명사의 앞 또는 뒤에 모두 분포하고 심지어는 동일한 언어에서도 그러한 분포를 가질 수 있다. 예를 들면, SVO를 주요어순으로 하는 영어에서 그 형용사는 대부분 명사 앞에 놓이지만 관계절은 모두 명사의 뒤에 놓인다. 緬語(SOV)의 "수사+양사"조합은 명사 뒤에 놓이고, 형용사는 명사 앞에 놓일 수도 있고 뒤에 놓일 수도 있으며, 관계절은 모두 앞에 놓인다(Okell 1969, 丁椿壽 1991을 참조). 묘족의 布努語(SVO)와 凉山彝語(SOV)의 관계절은 전치하는 경우와 후치하는 경우가 모두 존재한다(蒙朝吉 2001, 丁椿壽 1991을 참조).[3] 하지만 통계 결과 핵어명사에 전치하는 관계절과 후치하는 관계절이 동시에 존재하는 어순은 헝가리어, Assamese어 등(각기 Hidasi 1988, Campbel l2000을 참조) 일부 SOV언어에만 드물게 보이고 있다. 관계절이 핵어명사에 대한 위치가 비교적 온정적인 이

---

3 45개의 "Rel-OH-V"언어와 38개의 "V-OH-Rel"언어를 통계할 때 9개 언어를 각기 2번 씩 통계하였다. 이 9개의 SOV언어는 모두 "Rel-OH-V"(전치)와 "V-OH-Rel"(후치)의 두 가지 어순을 공유하고 있는데 구체적으로는 아굴(Agul)어, 현대 아르메니아어, 아삼(Assamese)어, 아제르바이잔어, 헝가리어, 카바르드어(Kabard-Cherkes), 카난다어(Kannada), 凉山彝語, 우르무트어(Udmurt) 등이 있다. 그 외, 45개 Rel 전치의 SOV언어에는 신디(Sindi)어, 가로어(Garo), 벵골어(Bengali)를 포함하지 않고 있다.

유는 아마 관계절 구조가 복잡하고 위계적으로 내포 관계가 있고 선상배열에서 무한으로 확장할 수 있어, 수식어 중에서 가장 "무거운" 성분이고 또한 "무겁기" 때문에 "온정적"으로 후치를 우세로 할 수 있기 때문일 것이다. 이와 같이 우리는 (2)-(3)의 4가지 어순에 수정을 가하고 동시에 관계절의 유형분포와 원칙 I 과 원칙 II 의 상관관계를 중점적으로 논술하면 다음과 같다(Rel는 관계절을 표시한다).

(4) [V-[O_H-Rel]] 혹은 [[Rel-O_H]-V]

(5) [V-[Rel-O_H]] 혹은 [[O_H-Rel]-V]

(4)에서는 관계절이 외곽에 위치하고 주절 동사가 목적어의 중심어에 인접하고 있다. 한편 (5)에서는 관계절이 주절 동사와 목적어 중심어를 갈라 놓는다.

(4)와 (5) 두 가지 형식만 놓고 보아도 세 가지 추측이 가능한데 각 추측에 대해서는 통계를 사용하여 다음과 같이 평가한다.

추측1: (4) 중의 두 가지 어순은 (5)에서 얻은 검증의 횟수보다도 많아야 하고, 게다가 대다수를 점해야 한다.

이 추측은 정확한 것이다. 우리가 통계한 189개의 언어 중 관계절이 외곽에 놓이고 동사가 목적어 중심어에 밀접해 있는 어순을 갖는 언어가 136개로 여기에는 중국어를 제외한 91개의 언어와 전치관계절을 갖는 45개의 언어를 포함하고 있다.

추측2: V–O_H–Rel와 Rel–O_H–V는 분포 상 모두 비교적 대규모이
고 접근하는 분포이어야 한다.

이 추측은 완전히 정확하지 않다. 양자의 분포 상의 차이를 소홀
히 해서는 안 된다. 즉 V–O_H–Rel의 어순을 취하는 언어가 91개,
Rel–O_H–V의 어순을 취하는 언어가 45개[4]라면, "동사가 목적어의
중심에 밀접하는" 어순의 합의 1/3에도 미치지 못한다. 이러한 분포
는 불균형적인 분포임이 틀림없다.

추측3: V–Rel–O_H 혹은 O_H–Rel–V은 모두 "목적어 핵심이 동사
에 밀접하는" 원칙을 위반했기 때문에 분포에 있어서도 마
땅히 접근하는 경향을 취해야 한다. 즉 똑같이 적어야 한
다. 하지만 이 추측은 완전히 틀린 것이다. 이 두 가지 어
순은 아주 강한 불균형적인 분포를 취하고 있다. V–Rel–
O_H어순을 갖는 언어는 1개(중국어)[5] 뿐이지만 O_H–Rel–V어

4　45개의 "Rel–O_H–V"언어와 38개의 "V–O_H–Rel"언어를 통계할 때 9개 언어
　를 각기 2번 씩 통계하였다. 이 9개의 SOV언어는 모두 "Rel–O_H–V"(전치)
　와 "V–O_H–Rel"(후치)의 두 가지 어순을 공유하고 있는데 구체적으로는 아
　굴(Agul)어, 현대 아르메니아어, 아삼(Assamese)어, 아제르바이잔어, 헝가리
　어, 카바르드어(Kabard–Cherkes), 카난다어(Kannada), 凉山彝語, 우르무트
　어(Udmurt) 등이 있다. 그 외, 45개 Rel 전치의 SOV언어에는 신디(Sindi)어,
　가로어(Garo), 벵골어(Bengali)를 포함하지 않고 있다.

5　Dryer(1992)에 의하면, 중국어 그룹 한 종류 밖에 없다고 한다. 劉丹靑(2004
　프로젝트팀의 토론)과 李云兵(2005)에 의하면, 중국어의 영향을 심하게 받
　은 일부 苗語에도 관계절전치가 출현하여 관계절이 동사와 목적어의 핵어명
　사 사이에 삽입되기 시작하였다고 한다.

명사성 구의 유형론적 연구

순을 갖는 언어는 무려 37개이다.

5.2.2 원칙Ⅰ과 관계절의 유형분포

우리들의 추측2와 추측3에는 편차가 있고, 특히 원칙Ⅱ "목적어 중심이 동사에 근접한다"를 동일하게 위반하는 "O$_H$–Rel–V"는 꽤 상당수의 분포(37개 언어)가 있다.

하지만 실제로 이는 원칙Ⅱ가 구속력을 갖지 않기 때문이 아니다. 그 원인을 살펴본다면, 앞의 두 개의 추측에서 우리는 다른 원칙적인 요소의 존재, 바꾸어 말해 주어 핵심과 그 관계절 수식어 간의 어순을 그다지 고려하지 않았지만 원칙Ⅰ과 원칙Ⅱ는 상관관계가 있기 때문이다. S, V와 O 세 성분 중에서 주로 NP에 의해 충당하는 성분은 목적어 외에도 주어가 있다. 주어 명사구의 핵심 S$_H$에 관하여 관계절의 위치는 두 가지가 있다.

(6) [S$_H$–Rel] 혹은 [Rel–S$_H$]

다음은 우리들이 189가지 언어의 어순유형을 통계한 결과이다(통계자료에 대한 설명은 문말 부록을 참조).

〈표 5–1〉 관계절이 주어 중심어에 대한 위치의 어순유형분포

	S$_H$–Rel	Rel–S$_H$
SVO(92개)	91	1
SOV(85개)	37	45
VSO(12개)	13	0
총계	141	46

SOV언어의 전치관계절의 어순은 알타이언어에 가장 집중되어 있고 예외가 없다. 위의 통계결과를 고립적으로 보면 다음과 같은 매우 특이한 현상을 발견할 수 있다. SVO가 하나의 매개변수로 많은 기타 어순보편성에 대한 예측력이 SOV보다 약하지만(Hawkins, 1983) 왜 "관계절이 핵어명사에 전치한다"에 대해서는 이렇게도 용인하지 않는가? 한편으로 왜 SOV언어는 이와 같이 광범위한 분포를 용인하는가? SOV언어의 어순이 보다 엄격하고 선택가능한 어순이 더 적지만 관계절 전치와 후치의 선택에 있어서는 왜 이렇게도 "애매한 태도"를 가지는가?

5.2.3 두 가지 원칙의 준수/위반과 유형분포 간의 상관관계: "내포설"의 이론적 어려움

이러한 문제는 여전히 원칙I과 원칙II의 통일적인 인식에서 통일적인 해답을 얻을 수 있다.

우리들은 주어 S와 주절 동사의 목적어 O의 핵어명사를 각각 관계절이 그 수식어로 되도록 한다. 이렇게 하면, SVO언어와 SOV언어가 전치관계절을 선택하는지 아니면 후치관계절을 선택하는지가 원칙I과 원칙II를 준수하는지 아니면 그것에 위반하는지 간의 상관관계를 분명히 관찰할 수 있다. 다음 표는 이러한 관계를 비교적 분명하게 반영하고 있다.

명사성 구의 유형론적 연구

〈표 5-2〉 SOV/SVO가 Rel전치/후치, 원칙 I /원칙 II 의 준수/위반과
어순유형분포에 관한 상관관계

기본어순	주어, 목적어 및 관계절 동현 어순표현	원칙 I	원칙 II	분포
SOV	관계절 후치: [S↼Rel]–[O↼Rel–V]	+	–	37
	관계절 전치: [Rel–S↼]–[Rel–O↼–V]	–	+	45
SVO	관계절 후치: [S↼Rel]–[V–O↼–Rel]	+	+	91
	관계절 전치: [Rel–S↼]–[V–Rel–O↼]	–	–	1

〈표 5-2〉에서 보여지듯이, 다만 SVO언어의 후치하는 관계절은
원칙 I 과 원칙 II 을 동시에 준수하고, 따라서 "후치"는 전반 SVO언어
의 관계화 책략을 거의 독점하고 있다. 하지만 관계절전치의 SVO언
어인 중국어는 두 개의 원칙을 동시에 위반하고 있어 즉 동시에 "구
문조합영역"(Phrasal Cpmbination Domain, Lohse et a1., 2004을 참조)을
증가시키고 또 "직접성분 대 비직접성분의 비율"(IC-to-Non-IC ratios,
Hawkins,1994; Wasow, 1997과 2002를 참조)을 감소시키고 있어 중국어
는 이 유형에 있어 "고립적이다"는 점을 설명해주고 있다. 한편, SOV
언어에 관해서는 전치를 하든 후치를 하든 불가피하게 두 가지 원칙
중 하나를 준수하면 다른 하나를 위반하기 때문에 이 두 책략은 비
교적 균형적인 분포를 이룬다.

SVO언어와 SOV언어의 규정어(관계절 포함)의 전치와 후치 현상에
대해서는 劉宁生(1995)이 설명한 바가 있다. 그는 우선, SOV언어의
"관련 특징"(즉 OV와 조화를 이루는 어순특징-필자 주)은 수식어 전치
라고 주장하였다. 그리고 Kuno(1974)와 Hawkins(1990)의 "내포설"로
이 상관성을 다음과 같이 설명하고 있다.

a. 규정어+명사+규정어+명사+동사

      S   O   V

b. 명사+규정어+명사+규정어+동사

劉寧生의 논문에서는 a는 목적어 위치에 있는 규정어만 내포적이나, b는 주어와 목적어 위치에 있는 규정어 모두가 내포적이어서 SOV는 a와 같은 어순유형을 취하려는 경향이 있고, 규정어는 전치한다고 주장하고 있다. 하지만 관계절이 규정어로 되는 상황을 놓고 볼 때, 언어의 유형분포의 사실은 〈표 6-2〉 및 Dryer(1992:86)에서 제시한 바와 같이, SOV언어에서 규정어 전치와 후치의 분포에는 명확한 차이를 보이지 않고 있다. 따라서 "내포"가 출현하는 횟수와 우세적인 어순분포 간의 상관적인 계수는 매우 낮은 것으로 단순적인 "내포설"의 설득력에 영향을 미칠 것이다.

SVO언어에 대하여, 劉寧生의 논문에서는 다음과 같은 어순배열의 분석을 실시하고 있다.

c. 규정어+명사+동사+규정어+명사

      S   V   O

d. 명사+규정어+동사+명사+규정어

마찬가지로, 劉寧生의 논문에서는 예문c의 목적어 위치의 규정어는 내포적이지만 예문d에서는 주어 위치의 규정어가 내포적[6]이기 때

---

6   원문(87페이지)에는 "c에서는 주어 위치의 규정어는 내포적이지만 d에서는

명사성 구의 유형론적 연구

문에 "규정어가 전치하든 후치하든 내포구조를 구성하는 기회는 균등하"고 따라서 "SVO언어는 이 문제에 있어 보다 큰 영활성을 허용한다"고 하였다. 하지만 실은 "거의 대부분의 언어학자들은 SVO형 언어는 어순 상관성에 관해서 예측가능성이 결핍하다고 주장하고 있"지만 그것은 "관계절이 명사의 뒤에 위치하는" 것과 고도로 관련되고, 거의 예외없다. 단순적인 "내포설"이 SVO언어의 관계절구조의 어순 면에서의 설득력은 크게 떨어진다.

우리는 원칙Ⅰ, 원칙Ⅱ와 SVO, SOV언어에 있는 관계절이 핵어명사에 대한 어순유형의 분포 간에는 직접적이고 통계와 검증이 가능한 상관 관계가 존재하기 때문에 이와 같은 어순현상을 통일적으로 설명하는 데에 사용할 수 있다고 생각한다.

5.2.3.1 SOV언어 관계절 전치의 무표지 특성

SOV는 "중심어 후치"(head-final)언어이기 때문에 "수식어-명사 중심어" 및 그와 조화를 이루는 "OV, N-Post(명사+후치사)" 등은 모두 무표적 어순이어야 하고, "명사 중심어-수식어"는 유표적인 어순이다.

다음 보편성 기술이 그 증거이다(Foster & Hofling 1987:481).

SOV언어에서 원하는 "수식어-명사"어순이 출현하지 않을 경우, 일치관계는 명사와 수식어 사이에 출현하는 경향이 있다.[7] 이와

목적어 위치의 규정어가 내포적이다"고 적혀 있다. 이는 명백한 오타이다.

7 陸丙甫는 수정 건의에 이는 Greenberg가 서술한 결속표지가 뒤에 놓이는 것

제5장. 관계절과 관련된 세 가지 어순 유형 원칙

등가적인 명제로는 명사와 수식어의 조합에 있어 일치관계(유표지)가 출현하지 않을 경우 "수식어—명사"의 어순이 출현하는 경향이 있다는 것이다.

관계절을 예로 들면, 알타이어계 언어의 관계절은 전치하여 핵어 명사를 수식하는 것이 무표지이다. 우리는 소위 알타이 언어에서 "분사(Participial) 형식으로 관계절을 구성하는"(Campbell, 2000) 책략은 실은 다수의 정황에서는 곧바로 영 형식의 전략이라고 보고 있다.[8] 알타이 언어에서 흔히 볼 수 있는 "분사"는 일반적으로 동시에 주절에서 정형 동사로 될 수 있는데 즉 그 "분사 형식"이 주절 동사의 어근에 첨부되어 상·시제를 표시하고, 또한 수식어 위치에 있는 동사의 어근에 첨부되어 관계화와 상·시제를 표시하는 기능을 담당한다(영 형식 책략에 관해서는 3.2를 참조).

SOV언어가 "Rel…N"을 무표지의 우세적인 어순으로 하는 것은 일부 언어의 통시적인 진화로부터 약간 엿볼 수 있다.

力提甫·托乎提(1995)의 연구에 따르면, 고대 위구르어에도 "핵어 명사—관계대명사—관계절"의 어순 유형이 존재했었다고 한다. 이는 전형적인 SOV언어의 관계화 책략이다(Keenan 1985:154). 대부분의 인구어와는 달리 고대 위구르어는 3인칭 대명사를 겸하는 원칭 지시대

과 관련있다고 지적하였다.

8 여기의 "분사 형식"은 전통적인 의미에서 흔히 사용되는 인구어의 "분사"와는 약간 차이가 있다. 인구어의 분사는 비정형 동사(non-finite verbs)의 일종으로 주절에 출현할 경우에는 따로 정형 동사가 출현하여야 한다.

명사성 구의 유형론적 연구

명사 ol을 무표지의 관계대명사로 사용한다.[9]

(7) bu butik   ol   kiʃi-ni   oqi-t   -ʁan.

이 책 (관계대명사) 사람-(목적어) 읽다-(사동) -(과거)

이 책은 아주 읽기 어려운 책이다

SOV의 후치관계절에 대해서 관계대명사는 필수불가결이고 보다 유표적인 형태라고 볼 수 있다. 고대에서 현대 위구르어에 이르기까지 유표지에서 무표지로 발전하는 과정을 거쳤다.

동일 언어의 전치와 후치 두 가지 책략을 비교하면, 유표지성과 무표지성의 대립을 더욱 명확하게 발견할 수 있다. 헝가리어를 예로 들면 다음과 같다(Hidasi 1988).

(8) az   angol   nyellvtanár   húgom

(관사) 영어 언어 선생님 누나-나의

영어 선생님인 누나

(9) az   húgom   akiröl   angol   nyellvtanár   van

(관사) 누나-나의 (관계대명사) 영어 언어 선생님 이다

영어 선생님인 누나

---

9   이 논문에 의하면, 고대 위구르어에도 의문대명사 kim(누구)가 관계대명사를 충당하는 상황이 있지만 영어의 who와 불어의 qui와 같이, 아직은 인칭 지시의 기능을 벗어나지 않았다.

위구르어의 상황과는 달리 헝가리어의 후치관계절은 "신흥"의 관계화 책략(인구어의 영향을 받았을 가능성이 있을 것이다-필자 주)이지만, 반면 전치관계절은 여전히 무표지의 형식을 취한다. 하지만 구어 표현에 있어 만일 관계절이 코드화해야 하는 정보가 복잡하다면 헝가리어는 여전히 후치관계절을 사용하는 경향이 있다. 이는 엄격한 SOV언어와는 다르다.

SOV언어에 대하여, 적어도 형태·통사적인 시각에서 볼 때 전치하는 관계절은 상대적으로 더 무표지의 형식을 취하는 경향이 있고, 후치하는 관계절은 관계대명사와 일치관계 등 형태적인 표지가 필수적으로 첨가되어야만 관계화를 완성할 수 있다(상세한 논의는 3.2를 참조). 그 외, 일부 SOV언어 예를 들면 일본어와 일부 알타이 언어에서는 관계화되는 대상의 선택에 있어서도 거의 모든 성분이 가능한데(Hidasi 1988, Baldwin 2004) 이는 다른 시각으로부터 그 무표성을 설명할 수도 있다.

5.2.3.2 SVO언어 관계절 후치의 절대적 우세

위에서 이미 언급했듯이 원칙Ⅰ 혹은 원칙Ⅱ를 준수하거나 위반하는 것은 SOV언어의 불가피한 선택이다. 때문에 어떤 SOV언어에서 이 두 가지 원칙의 경쟁의 결과는 언어의 전치 혹은 후치의 선택에 직접적인 영향을 미친다. 헝가리어 등 9개 SOV언어에는 전치와 후치가 동시에 존재하는 상황이 이 두 가지 원칙의 경쟁의 결과라고 볼 수 있다.

이에 비해, SVO는 "관계절 후치"를 선택하기만 하면 동시에 두 가

명사성 구의 유형론적 연구

지 원칙을 준수할 수 있기 때문에 설령 서로 "아무런 관계도 없는" 언어일지라도 모두 "약속이나 한 듯 일치하게" 관계절 후치를 선택하고 있다. Foster & Hofling(1987:489)의 보편성은 비교적 강한 총괄력을 가지고 있고 "기본어순이 VO일 경우, 어떤 상황에서도 만일 수식어가 명사에 전치하면 일치관계는 명사와 수식어 사이에 체현되는 경향이 있다"고 서술하고 있다. 일치관계가 있다는 것은 유표지의 항으로 된다는 것을 의미하고 있는데 이 점은 중국어와 일부 苗瑤語(李云兵 2005)의 관찰에서 뚜렷하게 살펴볼 수 있다. "무거운 성분이 후치한다"는 원칙으로 관계절의 유형 분포를 해석하고 있는 학자들로는 Hawkins(1990), Caffarel et al.(2004) 등이 있지만 무거운 성분의 후치는 후치관계절이 왜 VO언어에 있어서는 거의 예외없고 또한 동시에 OV에 있어서도 각기 분포하고 있음을 설명하기엔 여전히 충분하지 못하며 더욱이는 OV언어에 있어 전치가 후치보다 많이 출현한다는 현상을 무시하고 있다.[10] 무거운 성분을 후치하는 원칙을 사용하여 수가 적지 않은 관계절전치 언어를 약소세력에 포함시키는 것은 통계학에서도 부적절한 것이다. 위 글의 두 가지 어순원칙과 관계절 유형분포와의 고도의 상관관계는 주어와 목적어를 관계화할 수 있는 언어 자료의 기초 상에 설립하였고 별도의 이론적 가설은 없으며, "오캄의 면도날"(Occam's Razor)의 원칙에 따르면 그 해석은 특설(ad hoc)적인 것은 아니다.

---

10 이에 관하여, 익명의 심사위원은 "관계절이 핵어명사에 전치하는 것은 OV, N-Postp등과 조화관계를 가지는 어순이다"라는 설명을 제안하고 있다.

5.3. 관계절 구조와 주절구조를 구분하는 몇 개의 원칙

5.3.1 "극단적인" 무표지 관계절 책략

중심어가 관계절과 직접 인접한다는 시각에서 다시 본 관찰로부터 다음과 같은 결론을 얻어낼 수 있다.

첫째, 동사가 문말에 놓이는(V-final) SOV언어에서 [Rel...N]어순은 두 가지 원칙 중의 하나를 위반하였기 때문에 분포에 있어 별로 우세적이지 못하지만 그중에서 관계절과 핵어명사가 "직접 인접"하는 언어([RelN]이라 표기함)의 수는 무시할 수 없을 정도이다(상세한 논의는 다음 장절을 참조).

둘째, [N...Rel]어순은 두 가지 원칙을 동시에 준수하기 때문에 SVO언어에서의 분포는 거의 예외가 없다. 하지만 관계절이 후치하고 핵어명사와 "직접 인접"하는 어순([NRel])을 취하는 언어는 거의 찾아볼 수 없다.

셋째, 논리적으로, 동사가 문두에 놓이는(V-initial) 언어는 더욱더 적어도 직접 인접하는 [NRel]이 그 선택 가능한 관계절 구조의 어순으로 되어야 하지만 상황은 전혀 그렇지 않다.

원칙 I과 II의 상호 영향을 받아 자체에 적합한 관계화 책략을 확정한 후, 언어는 일반적으로 중의성을 회피하고 가장 간략화된 형식의 무표지 책략을 선택하는 경향이 있다. 다음은 몇몇 시각으로부터 관계화 책략의 선택에 영향을 미치는 다른 중요한 원칙에 대해 중점

명사성 구의 유형론적 연구

적으로 논의하고자 한다.

(10) 원칙Ⅲ: 관계절 구조와 주절 구조에는 다소 차이가 있다.

관계절 경계선의 확정을 언급하고 이 문제를 명시한 학자들로는 Comrie(1989/1981:188), Givón(1990:663), Hidasi(1988), Baldwin(2004), 劉丹靑(2005) 등이 있다. 우리들의 시도는 관계절과 주절 구조를 구별하는 필요성을 하나의 원칙으로 정하여 그 것이 관계절 구조의 어순유형에서의 제약력 및 이로 인한 어순유형의 분포와의 상관관계 현상을 통일적으로 관찰하는 것이다.

관계절 자체는 하나의 절 혹은 절에 유사한 하나의 종속성분이다. 전형적인 절에는 하나의 정형동사가 존재하고, 동시에 주절에도 하나의 정형동사가 존재한다. 그렇다면, RC(관계절) 중의 핵어명사와 주절 정형동사의 문법관계는 마땅히 핵어명사와 종속절 정형동사의 문법관계와 구별이 되어야 한다. 바꾸어 말해, 핵어명사와 관계절 정형동사 사이의 관계에는 반드시 별도로 표지를 첨부해야 하거나 주절과 구별되는 표지를 사용하여 종속절의 종속적인 신분을 명시해야 한다. 다음은 여러 각도에서 원칙Ⅲ의 관계절 구조의 어순에 대한 제약 기능을 관찰한다.

5.3.2 엄격한 SOV언어: 직접 인접의 가능성

위의 글에서 보여지듯이, 일본어와 일부 알타이 언어는 관계화할 경우 정도부동하게 영표지 책략을 제공하고 있다. 다시 말해, 핵어명사로 하여금 종속절의 문말 즉 정형동사의 뒤에 직접 놓이게 하는 것이다. 왜냐하면, 엄격한 SOV언어는 그 주절과 종속절의 동사가 엄격하게 문말에 위치하기 때문이다. 따라서 동사 뒤에 NP가 출현고, 게다가 하나의 어기 단원의 종결점이 그 NP의 뒤에 놓일 경우 청자는 이를 하나의 주절 혹은 종속절로 식별하지 않고 자연적으로 관계절로 식별하기 때문이다. Givón(1990:658)는 이와 같은 영표지 관계화 책략을 "빈 자리 책략"(gap strategy)이라고 일컫는다.

우리의 기록에 의하면, 완전히 영 표지 형식의 [NRel] 어순을 통해 관계절 구조를 만드는 언어에는 일본어, 일본 홋카이도의 아이누어(Ainu) (Shibatani 1990을 참조), 코카서스 어족의 아바르어(Avar) (Campbell 2000을 참조), 藏緬語를 기저로 하고 산타그리스어의 영향을 받은 네와르어(Newārī), Dravidian어계의 현대 타밀어(Tamil) (Annamalai & Steever 1998), 티베트버마(藏緬)어족의 라왕어(Rawang) (Dryer 2003을 참조) 등이 있다. 그 외에 대해서는 다음과 같은 논술을 참조하시기 바란다.

네와르어의 용례는 다음과 같다(Snellgrove & Richardson 1995).

(11) calā   nawo   dhun   (영양을 먹는 호랑이)
    영양   먹다   호랑이

(12) dhun   nawo   calā   (호랑이가 먹는 영양)
    호랑이   먹다   영양

자세히 관찰하면, SOV언어가 사용하는 이른바 "분사 수단"과 "형

동사"는 실제로는 불완전한 영 형식에 속한다. 왜냐하면 분사 형식은 동시에 주절에도 쓰이고 시제와 상 의미도 표시할 수 있기 때문이다. 예를 들면 위구르어에서는 다음과 같다(趙相如·朱志宁1985).

(13) bu kiʃi   bazaar-ʁa   bar-ʁan (이 사람은 시장에 간 적이 있다)
    이 사람   시장-(목표)   가다-(과거)

(14) bazaar-ʁa   bar-ʁan   bu kiʃi (시장에 간 적이 있는 이 사람)
    시장-(목표)   가다-(과거)   이 사람

그리고 티베트버마어족의 格曼語에서는 다음과 같다(李大勤 2002).

a³¹sʌŋ³⁵ lap⁵³ sal⁵³la³⁵ (나무 잎이 말랐다)
    나무 잎   마르다 (상)
kɯ³¹tan³⁵ xu⁵³ la³⁵ pit⁵⁵kɯ³¹ bliɯŋ⁵³   tson³⁵ (새로 온 선생님)
새롭다   오다(상) 책   가르치다 사람

이와 같이 주절의 시제·상 표지와 관계화접사로 되는 것들로는 어룬춘어의 -tʃaa(胡增益1986), 保安語의 -gu(布和·劉照雄1982), 카자흐어의 -ʁan(耿世民·李增祥1985), 土族語의 -gu(n)(照那斯圖1981), 예벤키어의 -ʃaa(胡增益·朝克 1986), 키르기즈어의 -gen, -tʃu와 -tʃy(胡振華1986), 터키어의 -miş(埃·捷尼舍夫1959), 怒語의 a³¹(孫宏開 등 1986) 등이 있다.

물론 여기에는 선택 가능한 어순의 하나가 직접 인접인 SOV언어는 포함하지 않는다. 예를 들면, 藏緬語의 桑孔語는 다음과 같다(李永燧2002).

po^{33} qa^{31} ŋgɯ^{55} qa^{31} na^{31} (i^{55}) ŋaa (그 소들이 휴식하는 곳)
소   대열 약간   휴식하다 (의) 곳

티베트버마 어족의 기타 일부 언어에도 생략이 가능한 관계절 표지가 존재한다. 예를 들면, 獨龍語(孫宏開1982)의 sa^{55}, 土家語의 ne^{55}(田德生 등 1986) 등은 모두 이러한 현상에 속한다.

총체적으로, 엄격한 SOV언어는 어순 수단(영 형식 책략)만으로도 관계절 구조와 주절구조를 구분할 수 있다. 물론 위의 글에서 서술한 바와 같이, 원칙 I에 대한 불가피한 위반으로 인해 SOV언어에서 관계절 후치도 상당수의 분포를 차지하고 있다. 하지만 비교해 보면 2.3.1의 논술과 같이 후치의 관계절은 표지가 더 필수적이다. 다음은 어순 시각에 입각하여 후치의 표시성 근원에 대해 상세하게 논술한다.

관계절 후치형 SOV언어도 직접 인접하는 수단을 사용한다고 가정하면, 그 통사적 결과는 다음과 같다. 주어를 관계화하여 핵어명사로 되게끔 하고 S종이라고 표기한다. 동시에 주어가 추출되었기 때문에 그 나머지 부분은 관계절로 되고 그 구조는 [목적어–동사]로 된다. 또한 만일 그 관계절 구조 [S종[O종V종]Rel]NP가 주절의 주어를 충당한다면 종속절의 핵어명사도 동시에 주절의 주어 중심어(S종

=주)로 된다. 이와 같은 "뜰길걷기 문장"(garden path sentence) 혹은 중의성(ambiguity)은 불가피하다(설령 목적어가 출현하지 않더라도).

(18) [S종=주[O종V종]Rel]NPO주V종]SP

진정한 주절은 마땅히 [S종=주O주V주]이어야 하지만 [S종=주O종V종]이 우선적으로 주절로 이해되고 진정한 주절이 결속되어야만이 정확한 이해를 획득할 수 있거나 혹은 영원히 획득이 어렵다. Bambara어를 예로 들 수 있다(Campbell, 2000:191).

(19) Dunan   min   na‐na   taga‐ra
    외국인 (관계대명사)   오다‐(완료)   가다‐(완료)
    왔던 그 외국인은 가 버렸다.

(20) Dunan   na‐na   taga‐ra
    외국인   오다‐(완료)   가다‐(완료)
    그 외국인은 왔다가 가버렸다. /ʔ왔던 그 외국인은 가 버렸다.

우리는 불가피하게 "뜰길걷기 문장" 혹은 중의성을 일으키는 어순은 어떤 언어의 우세적인 어순으로 되는 경우가 거의 없고(Temperley, 2003), 범언어적으로 놓고 볼 때에도 상당수의 분포를 가질 수 없음을 알고 있다.[11]

---

11 실은 엄격하게 말하자면, "후치"와 "직접 인접"이란 두 종류의 관계화 책략을 동시에 갖춘 SOV언어는 드물어야 한다. 우리의 통계에서는 아직 발견하지 못하였다. 구자라트어(Gujarati), 멘데어(Mende), 고대 누비아어, 티그레어

제5장. 관계절과 관련된 세 가지 어순 유형 원칙

그렇다면 예문(18)에 있어서, 가장 중요한 임무는 NP의 신분과 그 중심어 부분 및 관계절 부분을 되도록 빨리 표시하기 위하여 관계절 구조의 부분인 [S종[O종V종]Rel]NP에 표지를 첨가하는 것이다. 그 표지를 중심어에 첨가하면 중심어표지로 될 수도 있고, 관계절에 첨가하면 종속절표지로 될 수도 있다. 관계절을 중심어에 후치하는 구조는 중심어 S종와 관계절 [O종V종]Rel의 사이에 관계대명사를 첨가하는 경향이 있고 Rel가 후치하는 SOV언어에서도 그러하다.

관계절이 후치하는 SOV언어는 37개가 있는데 그중 [N−관계대명사−Rel]어순을 사용하는 것은 아카드어(Akkadian) 헝가리어(Hungarian전치와 후치 두 종류의 어순이 있다), 쿠르드어(Kurdish, 관계대명사 외에 중심어와 종속절에 첨가해야 한다), 파슈토어(Pashto), 우르무트어(Udmurt, 후치와 전치 두 종류의 어순이 있다) 등 26개가 있다(唐正大 2005:74−79).

관계대명사는 통사적으로 모문의 성분을 인출한 후에 형성된 흔적의 위치를 점하여 핵어명사를 대체하여 통사 기능을 완성하기 때문에 일반적으로 말하면 통사적으로는 관계절에 종속되어 있고 의존요소 표시(dependent marking)유형으로 간주할 수 있다. 총체적으로, 동사가 문말에 놓이는(V−final) SOV언어는 직접 인접형(RelN)이 가능하게 하였고, 동시에 무표지의 현상으로 여기고 있다. 여기에서 두 가지 원칙의 상관관계를 관찰할 수 있다. 하나는 주절 구조와 관

(Tigre)(Rel는 동사에서 시작하고, 앞에 관사 la−이라는 접사의 첨가가 있다), 칸나다어(Kannada)(전치와 후치 두 가지 어순이 있다), 팔리어(Pali), 펀자브어(Panjabi) 등의 언어에서는 [NRel]의 단위를 식별할 수 있지만 그 양측에는 적어도 하나의 표지가 있다(Campbell 2000을 참조).

명사성 구의 유형론적 연구

계절 구조(NP)에는 다소 차이가 있다는 것이고, 다른 하나는 그 기초 상에 설립된 경제원칙(표지가 필요하지 않으면 사용하지 않는다)이다.

5.3.3 SVO언어: 직접 인접의 제한 및 관계대명사 사용의 우세

우리는 계속하여 관계절 구조와 주절 구조를 어떻게 구별·식별하는가라는 시각으로부터 SVO의 관계화 책략에 대해 검토한다.

마찬가지로, 주어의 관계화에 대하여, 관계화 구조를 주절의 주어로 되게 하고 만일 "후치"와 "직접 인접"이라는 두 종류의 책략을 동시에 채용한다면 그 결과는 다음과 같다.

(21) $[S_{주}=_{종}[V_{종}O_{종}]_{Rel}]_{NP}O_{주}V_{주}]_{SP}$

(18)과 마찬가지로, 이 또한 "뜰길걷기 문장"(garden path sentence) 혹은 중의성(ambiguity)을 초래하는 어순이다. 따라서 비록 SVO언어는 거의 약속이나 한 듯이 일치하게 관계절후치라는 책략을 선택하였지만 일정한 연계자를 첨가하지 않고 관계절이 핵어명사의 뒤에 직접 인접하는 것이 극히 드물다. 연계자는 양자의 사이에 놓여 표지, 연결, 문법 성분을 담당하는 등 기능을 완성하고 있다.

우리가 통계 대상으로 한 92개의 언어 중에 관계절이 중심어에 후치하는 언어는 91개이고, 그중에 관계절이 중심어에 직접 인접하는 [NRel]어순을 갖는 언어는 오직 마카사르어(Macassarese)(Campbell 2000) 1개뿐이다. 그 외에 철저하지 못한 [NRel] 어순을 갖는 언어에는 에피크어(Efik)(Campbell 2000을 참조), 이그보우어(Igbo)(Green & Igwe 1966을 참조), 라오스어(Hoshino & Marcus1981을 참조) 등이 있다. 또한 과라니어(Guaraní, Campbell 2000을 참조), 맘어(Mam, England1983을 참조), 사모아어 (Samoan, Campbell 2000을 참조) 이 세 종류의 언어에는 [NRel]이라는 언어 토막을 발견할 수는 있지만 N의 앞 혹은 Rel의 뒤 또는 양측에 모두 관계대명사나 기타 형식의 종속절 표지가 붙는다. 이 세 가지 언어도 [NRel]어순을 갖는 SVO언어의 통계에 포함하지 않았다.

SVO언어는 고도로 일치하게 관계대명사를 선택하였는데 한 요인이 아주 중요한 역할을 하고 있다. 그것은 주절 구조와 관계절 구조가 반드시 어느 정도 차이가 있어야 한다는 것이다. 이 현상에 대해서는 Bever(1970)과 Bever & Langendoen(1971)의 영어의 관계대명사의 중의성 해결(Disambiguation)에 관한 설명을 참조하여도 된다.

5.3.4 NP의 유정/무정과 주절/관계절 구조에 관한 이해

논리적으로, 동사가 문두에 놓이는(V-initial) 언어에도 대응하는 직접인접형 [NRel]이 무표지로 되는 어순이 존재하여야 한다(왜냐하면, 만일 어떤 VSO어순이 엄격하고 어순을 선택할 수 없다면, 주절의 처음 위치는 영원히 동사에 의해 독점되고 [NVX]의 출현이 NP로만 이해할 수 없기 때문이다). 하지만 불행하게도 우리가 통계대상으로 한 VSO를 주요어순으로 하는 언어에서는 오직 표준적인 문어의 아랍어만 [NRel]을 사용하되 게다가 "선행사가 반드시 부정형식이어야 한다"라는 조건이 있다. 이는 "VSO언어는 모두 적어도 SVO를 교체 가능한 어순으로 한다"(Greeenberg 1963)라는 보편성 원칙과 관련이 있는 듯하다. 예를 들면, 아랍어의 두 종류의 관계절 구조(22)-(23)에서는 다음과 같다(Cantarino 1974).

(22) boȳaunu   sadara   fi   London
   (한) 성명   출현하다   ~의 중에   런던
   런던에 출현한 한 성명

핵어명사 boȳaunu는 무정 형식이고 그 뒤에 오는 관계절 사이에는 아무런 형태·통사적인 연계자도 없다. 즉 [NRel]이다. 하지만 선행사가 유정 형식일 경우 양자의 사이에는 반드시 관계대명사 allaði 혹은 allati가 붙어야 한다.

(23) al-bintu   l-hasanatu   allaði   z̄ara_ London   axrīan
   관-처녀   관-아름다운   관계대명사 방문하다   런던   최근
   최근 런던을 방문했던 그 아름다운 처녀

周植志·顔其香(1984)의 佤語(SVO와 VSO이 공존하는 언어라고 볼 수 있다)에 대한 기술에 의해, 우리는 佤語에도 후치형 직접 인접 관계절이 존재한다고 볼 수 있다.

(24) pui   tɕoih   taɯˀ   daɪj   haʊh   ŋaiˀ
   사람   팔다   야채   아주   많다   오늘
   오늘 야채를 파는 사람이 아주 많다

佤語 중의 "사람 팔다 야채"와 같은 언어 토막도 절단하여서 주절을 구성할 수 있다. 이와 같이, 예문(24)를 이해할 경우에는 "아주 많다"란 말이 결속될 때까지 기다린 후에 다시 처음으로 되돌아가서 "사람 팔다 야채"를 관계절 구조(NP)로 이해할 수 있는데 이 역시 하나의 전형적인 "뜰길걷기 문장"이다. 하지만 상황은 이처럼 완전히 엉망이지는 않다. 책 전권에서 제공한 예문으로부터 보면, "puiʔiɲ tɕoih taɯ?"(사람 이 팔다 야채)라고 말해야만이 주절로 될 수 있듯이,[12] 주절 주어로 되는 명사성 성분은 모두 유정이다([원형명사구+지시성분], 인칭대명사 등).

이 점은 SVO언어에 있는 라오스어와 유사하다. Hoshino & Marcus(1981)의 기술에 의하면, 라오스가 무정의 성분을 관계화할 경우 어떠한 관계대명사도 필요하지 않지만, 일단 선행사가 유정의 성분이면 관계대명사 thi를 사용해야 한다. 즉 지시사(전형적인 유정 표지)의 유무와 위치로 주절과 관계절 구조를 구별하는 것은 우연적인 현상이 아닐 것이다. 우리는 木佬語에서 지시사의 이와 같은 기능을 발견하였다(薄文澤2003).

(25) tsi⁵³ xai³¹ yo⁵³ ku²⁴ py²⁴
　　한　명　사람　먹다　술
　　한 사람이 술을 마신다/술을 마시는 한 사람

12　우리의 관찰에 의하면, 佤語에서는 무정 성분의 주어가 관계화할 경우에만 이 직접 인접의 [NRel]을 사용할 수 있는 듯하다.

명사성 구의 유형론적 연구

(26) tsi⁵³ xai³¹ ɣo⁵³ na³¹ ku²⁴ py²⁴

한   명   사람 이   먹다 술

이 사람이 술을 마신다/*이 술을 마시는 사람

木佬語의 지시사가 엄격하게 NP의 끝부분에 놓이는 것은 만일 그 명사구에 다른 수식성분이 있다면 그 지시사는 이러한 수식어의 뒤에 놓여 전체 명사구의 신분과 결속을 표기한다는 것을 말해 준다. 예문(26) 중의 na³¹은 앞의 NP의 유정 특징을 표기하는 동시에 "주어/주제는 유정의 성분으로 충당되는 경향이 있고, 그 반대의 경우도 마찬가지이다"라는 원칙에 근거하여 뒤에 놓인 VP성분은 NP의 규정어의 관계절이 아니라 주절의 술어임을 표기하는 역할을 한다. 어떻게 하면 예문(25)를 "수식어+중심어 구조"(NP)로만 이해할 수 있는가에 관해서 薄文澤(2003)은 지시사를 전체 구조의 끝자락에 배치하면 된다고 지적하고 있다.

(27) tsi⁵³ xai³¹ lai⁵³la³³ ło⁵³−ve²⁴   ve²⁴ ti³³ na³¹

한   분   아이   낮다−생동형식 의   이

이 땅딸막한 아이

이 예문은 자세히 새겨볼 가치가 있다. "ti³³"은 "的"에서 차용된 것이고 본래는 명사의 형용사, 속격성분, 관계절 등의 수식어에 후치하고 있지만 의외로 "차용"의 연고로 명사에 전치할 수 있다. 그럼에도 불구하고, NP 수식어의 하나인 지시성분은 여전히 명사구 끝부분의 위치를 점하고 있는데 이는 언어접촉 과정 중의 일종의 강세와 약세가 공존하는 현상이다. 물론 "lo⁵³-ve²⁴ ve²⁴(矮墩墩)[땅딸막하다]"는 필경 엄격한 관계절이라 할 수 없다. 우리는 薄文澤의 논문에서 제공된 예문에 근거하여 다음의 예문을 관계절 구조로밖에 이해할 수 없는지를 판단할 수 없고, 지시사 na³¹가 바로 "술을 마시는 사람"의 한정사라는 것도 단정지을 수 없으며, 게다가 그것이 목적어 "술"의 한정사일 가능성도 부인할 수 없다.

(28) tsi⁵³ xai³¹ ɣo⁵³ ku²⁴ py²⁴ na³¹

    한   명   사람 먹다 술   이

    이 술을 마시는 사람

다행히도, 우리에게 유리한 발견은 전권 책의 예문에 목적어가 "N-Dem"인 용례가 보이지 않고 있다는 점이다. 원칙 Ⅲ에 의하면, 예문(28)이 적어도 중의성이 없는 관계절 구조로 우선적으로 이해되는 것은 일리가 있다.

총체적으로, 木佬語는 자신의 "지시사는 NP의 끝부분에 놓인다"는 엄격한 규칙을 이용하여 그 지시사 앞의 성분의 NP 속성을 표시하고 있고, 또한 동시에 그 NP의 뒤의 성분은 명사의 수식어이어야 하고 주절 술어일 수가 없음을 표시하고 있다.

SVO언어와 SOV언어는 "NP-VP"구조이기 때문에 SP(주술구문)일 수도 있고, NP일 수도 있다. 관계대명사와 같은 연계항 표지가 출현하지 않을 경우, 중의성과 "뜰길걷기 문장"을 회피하기 위하여 유정

명사성 구의 유형론적 연구

과 무정으로 SP인가 아니면 NP인가를 구별하는 방법을 선택한 언어도 있다. 이는 다음과 같이 이해할 수 있다. 주제를 설정할 필요에 의해서 이 두 종류의 언어는 어떤 명사성 성분을 문두에 위치하여 주제/주어를 충당하도록 한다. 무정의 NP는 주제성이 낮아서 주제를 충당할 가능성이 거의 없기 때문에 일단 문두 위치에 출현하면 무표지로는 주어/주제로 이해할 수 없고, 다만 무표지로는 NP의 핵어명사로 이해할 수밖에 없다. 동시에 유정의 성분이 주어/주제를 충당하는 것은 무표지이기 때문에 [S$_{유정}$VO]은 표지를 첨가하지 않고서도 주절 구조로 이해할 수 있지만 반면에 그 것이 NP의 핵어명사로 될 경우에는 유표지이기 때문에 [S$_{유정}$-관계대명사-VO]이어야만이 관계절 구조로 될 수 있다. 이를 표로 제시하면 다음과 같다.

〈표 5-3〉 SVO/SOV언어에서 관계대명사가 없을 경우의 NP/SP의
이해와 유정/무정 NP의 표지성과의 관계

	유정성분	무정성분
관계절 구조(NP)	유표지	무표지
주절 구조(SP)	무표지	무표지

　무정의 성분이 명사의 중심어로 되는 것을 선택하고 뒤에는 관계절이 직접 인접하는데 이는 다음과 같은 점을 충분하게 설명해 주고 있다. 언어는 일정한 책략(어순, 연계자, 도는 그 외의 표지)을 제공하여 관계절 구조가 주절의 정상적인 어순과 구별되게 할 필요성이 있다. 동시에 언어는 흔히 이와 같은 책략을 되도록이면 간략화하고 있는데 간략화의 극한은 영 형식이다. 이는 Atlas & Levinson(1981)

이 Grice(1975)를 간략화한 후 제기한 두 가지의 대화 원칙을 사용하여 설명할 수 있다. 구체적으로는 "양의 원칙"(Q-principle)과 "정보 제공의 원칙"(I-principle)이다. 하지만 이보다도 더 접근성을 지니는 이념은 최적성이론 중의 "필요할 때만 사용하는" 원칙("do only when necessary"principle)이다(prince & Smolensky 1993, Kager 1999를 참조).

5.3.5 표준영어: 원칙Ⅲ의 제약 및 AH의 한계성

Givón(1990:663)에서 열거하고 있는 몇몇 "비표준" 영어의 방언은 직접인접형이다. 즉 목적어와 주어의 관계화에 대해 전부 영 형식을 선택할 수 있다.

(29) The guy married my sister is a crook.

나의 여동생과 결혼한 그 남자는 사기꾼이다.

(30) The book John read is terrific.

존이 읽은 책은 훌륭하다.

표준영어에서 직접목적어가 관계화될 경우 관계대명사는 출현하지 않아도 된다. 이에 대하여 Givón은 다음과 같이 주장하고 있다. 영어의 절의 중성 어순은 엄격한 SVO이므로 "NP-NP-VP"와 같은 배열은 영어에 있어서는 "전혀 정상적이지 않고", 절로 될 수 없다. 따라서 주절 구조와 구별하는 데에 사용하기엔 충분하고, 그 관계절 구조의 신분을 표시한다. "충분하다"는 이상, 관계대명사는 절대로 필수적이지는 않다. 반면에 주어의 관계화에 대해서는 적어도 표준영어에서는 필수적으로 최소한의 표지는 여전히 관계대명사이다.

영 형식을 사용하여 어떤 성분을 관계화(다시 말해 위 글의 "직접인접")하는 것에 관하여 Keenan(1985:154)이 "명사구접근가능성의 위계(Noun Phrase Accessibility Hierarchy)"에 근거하여 제기한 관점은 "만일 명사구가 관계절의 주어이라면 이는 흔적으로 표현될 가능성이 가장 높고 그 다음에 직접목적어 등이다"라는 것이다. 이에 대하여 Kortmann(1999; 劉海燕 역 2004)는 "분명히 표준영어에서는 그렇지 않다"라고 지적하고 다음의 예문을 열거하고 있다.

(31) *The man ＿＿＿ called me was our neighbour. (주어, 표준영어)
    나를 부른 그 남자는 우리의 이웃이었다.

하지만 Kortmann는 여전히 접근 가능성 위계의 보편적 해석력을 주장하고 있다. 그는 "만일 우리가 주어 위치가 영 형식인 것이 보편적인 그러한 여러 지역에 있는 영어의 이형태를 살펴본다면 접근 가능성 위계의 예측은 완전히 실증된다"고 서술하고 있다. 그가 인용한 예문은 다음과 같은 것이 있다.

(32) He had a nephew had a big confectioner's shop. (랭커스터군
    동남Farnworth)
    그한테는 큰 과자 가게를 하는 조카가 있다.

(33) I have a friend lives over there.
    나한테는 그곳에 살고 있는 친구가 있다. (아일랜드 영어)

이렇게 보면, 이와 같이 보편적으로 사용되는 표준영어는 그와 마찬가지로 보편적인 접근 가능성을 위반하였다. 즉 접근 가능성 위계 중에서 가장 앞에 놓이고 가장 무표지의 주어가 관계화할 때 관계대명사를 사용하지만 그 뒤의 목적어는 어떤 형식의 표지를 사용하지 않아도 된다. 뿐만 아니라 접근 가능성 위계를 위반하였기 때문에 표준영어도 Kortmann과 Keenan의 이론체계에서 대표성과 보편성을 지니지 않는다. 이러한 관점으로부터 표준영어가 주어를 관계화할 경우 표지 형식은 필수적이지 않다는 추론을 얻을 수 있다.

우리는 이와 같은 관점과 추론에 찬성하지 않는다. 표준영어가 주어를 관계화할 경우에는 관계대명사가 반드시 사용되어야 하지만 목적어를 관계화할 경우에는 어떠한 표지를 사용하지 않아도 좋은 것은 원칙Ⅲ "관계절 구조와 주절 구조에는 다소 차이가 있다"에 의해 결정된 것이다. 뿐만 아니라 "어느 정도 구별"할 수 있는 전제 하에 가장 간략화한 형식을 표지로 한다. 표준영어에서 이와 같이 하는 것은 접근 가능성의 위계에는 어긋나지만 만일 주어를 관계화할 경우 영 형식 표지를 사용한다면 원칙Ⅲ을 위반하여 "뜰길걷기 문장"이 되고 만다. 만일 목적어에 대해 관계화를 할 경우에는 관계대명사를 사용해야 한다고 규정하면 "정보제공 원칙"을 어느 정도 위반하게 된다.

즉 각종 제약조건의 우선순위에 근거하면, 여기에서 작용을 일으키는 원칙Ⅲ은 명사구접근가능성의 위계보다 강해야 한다.[13] 적어도

13　실은 접근가능성의 계층의 예외적인 상황은 흔한 것은 아니다. 劉丹靑 (2005)의 중국어 주어와 목적어의 관계화 및 사격(斜格)의 표기성에 대한 새로운 분석을 참조할 수 있다.

명사성 구의 유형론적 연구

우리가 고찰한 언어에 있어 원칙Ⅲ은 꽤 보편적인 해석력을 지니는 원칙이다. 이는 당연한 것인데 어떤 언어는 마땅히 또한 반드시 책략을 제공하여 구조A가 자신의 신분을 유지하게 해야, 형식적·기능적인 면에서 구조B로 이해되지 않기 때문이다.

이상의 내용을 총괄하면 다음과 같다. 언어는 관계절과 주절의 어순을 구별하는 것이 충분한 전제 하에서만이 그 다음에 가장 간단한 표지 수단을 탐색하여 관계화를 완성하려는 경향이 있다.

이 원칙 하에서는 중국어의 관계절의 유형도 예외가 없다. 예를 들면, 관계절 구조인 "我今兒說這段相聲"[나는 오늘 이 만담을 말한다](劉寶瑞『珍珠翡翠白玉湯』)와 같은 구조가 우리가 고찰한 북경 구어와 기타 北方官話에서 꽤 많은 분포를 점하는 이유는 중국어에 있는 대부분 방언의 VO구조가 [Dem-NP] 등 유정 성분이 목적어를 충당하는 것을 그다지 허용하지 않는 제한과 관련이 있으나(劉丹青 2005) 여기서는 전개하지 않겠다.

5.4. 결론

본 장에서는 관계절의 어순에 관한 세 가지 원칙을 총괄·제기하였다.

원칙Ⅰ: 주어의 중심어를 되도록이면 빨리 확인한다.

원칙Ⅱ: 목적어의 중심어가 되도록이면 동사에 근접한다.

원칙Ⅲ: 관계절 구조와 주절 구조에는 다소 차이가 있다.

앞의 두 원칙의 상호 제약은 왜 SOV언어 중의 관계절 전치와 후치가 상당한 비율을 점하고 SVO언어에서는 관계절이 거의 후치하는가를 설명하였고, 세 번째 원칙은 관계절이 전치하는 SOV언어가 관계절 구조를 구성할 경우 비교적 많이 Rel와 N의 사이에 형태·통사적인 현저한 연계항을 사용하지 않지만 후치하는 SOV언어와 SVO언어에서는 이와 같은 연계항을 거의 필요로 하는가 및 유정/무정의 대립이 어떤 언어에 있어 주절/관계절 구조의 대립과 대응하고 있는가 등의 문제를 종합적으로 설명하였다.

중국어의 관계절이 핵어명사에 전치하는 어순은 우리가 가장 근본적이라고 생각하는 두 가지의 원칙을 동시에 위반하였으므로 아주 "고립적"인 언어로 된 것이다. 하지만 중국어(대부분의 방언을 포함)는 세 번째 원칙을 준수하고 있다. 중국어 관계절이 나타내는 대부분의 표현들은 모두 위의 세 가지 원칙과 관련이 있다.

에·捷尼舍夫 1959《土耳其语语法》, 科学出版社。

薄文泽 2003《木佬语研究》, 民族出版社。

布　和、刘照雄 1982《保安语简志》, 民族出版社。

陈宗振、雷选春 1985《西部裕固语简志》, 民族出版社。

程道良、阿不都热合曼 1987《乌孜别克语简志》, 民族出版社。

道　布 1983《蒙古语简志》, 民族出版社。

丁椿寿 1991《汉彝缅语比较研究》, 贵州民族出版社。

耿世民、李增祥 1985《哈萨克语简志》, 民族出版社。

胡增益 1986《鄂伦春语简志》, 民族出版社。

胡增益、朝克 1986《鄂温克语简志》, 民族出版社。

胡振华 1986《柯尔克孜语简志》, 民族出版社。

李大勤 2002《格曼语研究》, 民族出版社。

李永隧 2002《桑孔语研究》, 中央民族大学出版社。

李云兵 2005 论语言接触对苗瑶语语序类型的影响,《民族语文》第3期。

力提甫·托乎提 1995 维吾尔语的关系从句,《民族语文》第6期。

刘丹青 2005 汉语关系从句标记类型初探,《中国语文》第1期。

刘宁生 1995 汉语偏正结构的认知基础及其在语序类型学上的意义,《中国
　　　语文》第2期。

蒙朝吉 2001《瑶族布努语方言研究》, 民族出版社。

皮细庚 1987《新编日语语法教程》, 上海外语教育出版社。

孙宏开 1981《羌语简志》, 民族出版社。

＿＿＿ 1982《独龙语简志》, 民族出版社。

＿＿＿ 1986《怒族语言简志》, 民族出版社。

唐正大 2005 汉语关系从句的类型学研究, 中国社会科学院研究生院博士论文。

田德生、何天贞等 1986《土家语简志》, 民族出版社。

赵 杰 1989《现代满语研究》，民族出版社。

赵相如、朱志宁 1985《维吾尔语简志》，民族出版社。

照那斯图 1981《东部裕固语简志》，民族出版社。

_____ 1981《土族语简志》，民族出版社。

仲素纯 1982《达斡尔语简志》，民族出版社。

周植志、颜其香 1984《佤语简志》，民族出版社。

Annamalai E. and Steever S. B. 1998. Modern Tamil. In Sanford B. Steever(ed.) *The Languages*. London:Routledge.

Arnold, J. E. and T. Wasow 2000. Heaviness vs. newness:The effects of structural complexity and discourse status on constituent ordering. *Language* 76:28−55.

Atlas, J. and S. Levinson 1981. It−clefts, informativeness and logical form, In P. Cole(ed.), *Radical Pragmatics*. New York:Academic Press.

Baldwin, Timonthy 2004. *Making sense of Japanese relative clause construction*. In http://www.cs.mu.oz.au/~tim/pubs/acl2004−rcc.pdf.

Bever, Thomas G. and D. Terence Langendoen 1971. A dynamic model of evolution of language. *Linguistuic Inquiry* 2:433−463

Butt, Miriam et al. 1994. *Theoretical Perspectives on Word Order in South Asian Languages*. CSLI publications.

Caffarel, Alice et al. 2004. *Language Typology: A Functional Perspective*. John Benjamins B. V.

Campbell, George L. 2000. *Compendium of the World's Languages*. New York:Routledge.

Cantarino, V. 1974. *Syntax of Modern Arabic Prose*, 3 vole. Bloomington, IN:Indiana University Press.

Comrie, Bernard 1989/1981. *Language Universals and Linguistic Typology*. 沈家煊 译《语言共性和语言类型》，华夏出版社，1989年。

Comrie. Bernard and Greville G. Corbett(eds.) 1993. *The Slavonic Languages*. New York:Routledge.

명사성 구의 유형론적 연구

Croft, William 2000. *Typology and Universals*. Beijing: Beijing Foreign Language Teachingand Research Press; London:Cambridge University Press.

Dryer, Matthew. S. 1992. *The Greenbergian word order correlations.* Language 68:81-138.

_____ 2003. Word order in Sino-Tibetan Languages from a typological and Geographical perspective. In Graham Thurgood and Randy Lapolla(eds.) Sino-*Tibetan Languages*. Richmond:Curzon Press.ó

England, C. 1983. *A Grammar of Mam, a Mayan Language.* Austin: University of Texas Press.

Foster, Joseph F.& Charles A. Hofling 1987. Word order, case, and agreement. *Linguistics* 25:475-499.

Givón, Talmy 1984. *Syntax:A Functional-Typological Introduction.* John Benjamins B. V. pp.141-170.

_____ 1990. *Syntax: A Functional-Typological Introduction.* John Benjamins B. V. 644-698.

Green, M. and E. Igwe 1966. *Introductory lgbo language Course for Non-Igbo Speakers.* London: Methodist Missionary Society.

Greenberg, Joseph H. 1963. Some universals of grammar with particular reference to the order of meaningful elements. In J. H. Greenberg(ed.) *Universal of Language*(second edition).Cambridge, MA:MIT Press.

Grice, H. P. 1975. Logic and Conversation. In P. Cole and J. Morgan(eds.) *Speech Arts Syntax and Semantics*, No 3, New York.

Harris, Martin & Nigel Vincent(eds.)1988. *The Romance Languages.* New York:Routledge.

Hawkins, John A. 1983. *Word Order Universals.* New York: Academic Press.

_____ 1990. A parsing theory of word order universals. *Linguistic lnquiry*21, 2.

_____ 1994. *A Parsing Theory of Order and Constituency.* Cambridge: Cambridge University Press.

Hetzron, Robert(eds.)1997. *The Semitic languages.* London:Routledge.

Hidesi, J. 1988. *Noun-modification in Hungarian and in Japanese: A Contrastive Study.* · Budapest: AKademiai Kiado.

Hoshino, T. and Marcus, R. 1981. *Lao for Beginners: An Introduction to the Spoken and Written Language of Laos.* Rutland, Tokyo: Tuttle.

Kager, Rene 1999. *Optimality Theory.* Cambridge: Cambridge University Press.

Karlason, Fred 1983. *Finnish: An Essential Grammar.* London: Routledge.

Keenan, E. L. 1985. Relative clauses. In T. Shopen(ed.) *Language Typology and Syntactic Description,* Vol. Ⅱ : Complex Constructions Cambridge: Cambridge University Press: pp. 141−170

Keenan, E. L. & B. Comrie 1977. Noun phrase accessibility and universal grammar. *Linguistic Inquiry* 8:63−99.

Kortmann, B. 1999. *Typology and dialectology.* 刘海燕译、刘丹青校注, 《类型学与方言学》, 《方言》2004年第2期。

Kozinaky, Isaak 1981. *Some grammatical Universals in Subsystems of Expression of Subject-Object Relations.* Doctoral dissertation. Moskovskij Gosudarstvennyj Universitet.

Kuno, Susumu 1976. Subject, theme, and the speaker's empathy: A reexamination of relativization phenomena. In C. Li(ed.) *Subject and Topic.* New York: Academic Press: 419−444.

Lohse, Barbara, John A. Hawkins, and Thomas Wasow 2004. Domain minimization in English verb−particle constructions. *Language* 80. 239−61.

Matsunoto, Yoshiko 1992. Interaction of factors in construal: Japanese relative clauses. At the Annual Meeting of the LSA at Phil.

OkeV, John 1969. *A Reference Grammar of Colloquial Burmese.* London: Oxford University Press.

Penzl, Herbert 1955. *A Grammar of Pashto: A Descriptive Study of the Dialect of Kandahar,* Afghanistan. Washington, DC: American Council of Learned Societies.

Prince, Alan and Paul Smolensky 1993. *Optimality Theory: Constraint Interaction in*

명사성 구의 유형론적 연구

Generative Grammar. Rutgers University Center for Cognitive Science.

Shibatani, M. 1990. *The Languages of Japan.* Cambridge: Cambridge University Press.

Snellgrove and Richardson 1995. *The Cultural History of Tibet.* Boston: Shambhala.

Steever, Sanford 1998. *The Dravidian Languages,* London:Routledge.

Tang, Zhengda 2006. Three word order principles regarding relativization: A typological perspective. *Preconference Proceedings at IACG-14/IsCCL-10.* Academia Sinica, Taiwan.

Temperley, David 2003. Ambiguity avoidance in English relative clauses. *Language* 79.464-484.

Tomlin, Russel S. 1986. *Basic Word Order: Functional Principles.* London: Croom Helm.

Wasow, Thomas 1997. *Remarks on grammatical weight.* language Variation Change 9:81-105.

_____ 2002. Postverbal Behavior. Stanford, CA: CSLI Publications.

부록

본 장에서 인용하고 통계한 언어 및 그 관계절 구조에 관한 표는 唐正大(2005:74-79)의 원래의 표와 Tang(2006)의 수정 후의 표를 참조하시기 바란다. 이 표에 열거한 언어의 관계절 자료는 글에서 이미 지적된 출처 외에 Butt(1944), Campbell(2000), Comrie & Corbett(1933), Harris & Vincent(1988), Hetzron(1997), Steever(1998) 등 종합성 언어의 집합에서 얻은 것이다.

저자:唐正大

《中國語文》 2006년 제5기에 게재하였음.

제**6**장

중국어 구어의
후치 관계절에 관한 연구

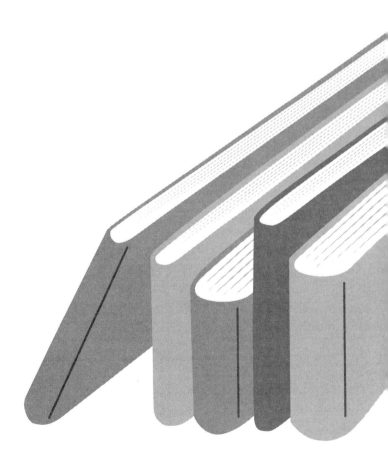

제6장.
중국어 구어의 후치 관계절에 관한 연구

6.1. 중국어의 관계절에 대하여

이른바 "관계절"(relative clause)이란 명사를 꾸며 주는 종속절이다. 관계절을 논하려면 반드시 하나의 핵어명사와 이 명사를 꾸며 주는 하나의 종속절이 언급된다. 관계절과 핵어명사의 결합순서에 의해 흔히는 핵어명사 앞에 놓이는 관계절을 전치관계절(pre-nominal relative clause)이라 하고 핵어명사 뒤에 놓이는 관계절을 후치관계절(post-nominal relative clause)이라 한다(Keenan 1985 참조).

그동안 중국어문법학계에서 관계절에 관한 연구는 흔히 "的"자 구문의 연구와 결부시켜 논의하였으며 국내의 문법학자들은 "관계절"이란 범주에 대해 상세한 설명을 하지 않고 있었다. 중국 문법학 문헌(예를 들면 朱德熙1982)에서 관계절은 명사 앞에 놓이는 "的"자문:(我買的書 | 一個沒有看過電影的人.[내가 산 책 | 이 영화를 본 적이 없

는 한 사람])처럼 흔히는 복잡한 명사성 편정구문 중의 수식어로만 간주되어 왔다. 해외 학자들도 중국어 관계절에 대한 연구는 "'的' 자구문+명사"에 국한하였다(예를 들면 Li and Thompson1981, 趙元任 1979/1968).

하지만 呂叔湘은 일찍이 『中國文法要略』에서 동적인 관점으로 일 반문이 독립적인 문장의 신분에서 명사 수식어로 변환될 때의 문제 점에 대해 비교적 상세하게 논의한 적이 있는데 당시 연구범위가 단 어결합을 초월하였다. 20세기 90년대 이래, 중국어 연구분야에서, 陶紅印(2002)은 텍스트문법과 담화분석의 관점을 보다 많이 활용 하여 구어 서술체에 언급되는 관계절에 대해 고찰하였다. 비록 그 의 연구범위는 여전히 명사앞에 놓이는 "的"자구문이었지만 기존의 순 통사적인 연구시각과는 달리 Fox & Thompson과 Bernardo(1979) 의 연구방법을 참고하여 정보구조의 제한이 관계절 배열에 미치 는 영향을 중요시하였다. 근년래 영어 관계절에 관한 일부 연구에 서도 텍스트언어학의 연구시각을 도입하였는데 예를 들면 Fox & Thompson(1990a, 1990b)의 캘리포니아대학교 산타바바라캠퍼스의 미 국구어코퍼스(Corpus of Spoken American English)를 활용한 영어 대화 문 관계절에 대한 연구; Yamashita(1994)의 랭카스터 영어구어코퍼스 (Lancaster/IBM Spoken English Corpus) 한정성 관계절과 비한정성 관계 절에 관한 대비 연구; Tao & McCarty(2001)의 노팅엄대학교 담화코 퍼스(Cambridge and Nottingham Corpus of Discourse in English Corpus of Spoken American English)와 캘리포니아대학교 산타바바라캠퍼스의 미 국구어코퍼스(Corpus of Spoken American English)를 활용한 영어 구어

비한정성 관계절에 관한 연구 등이 있다. 이와 같은 연구방법은 문법 분석에 새로운 인식을 제공하였고 본 장절에서 논의하려는 중국어 구어 관계절의 연구에 대해서도 아주 큰 계발을 주었다.

본 장은 자연구어에 대한 고찰을 통해 중국어에는 전치관계절이 존재할 뿐더러 후치관계절도 존재한다는 관점을 제기한다. 전치관계절은 "간단구조"제한을 받아 한정성을 띠고, 어떤 실체의 지시와 식별에 사용된다. 후치관계절은 "간단구조"제한을 적게 받기에 묘사성을 띠고, 신정보의 제공에 사용된다. 후치관계절이 형성된 화용론적 동인은 (1) 단일신정보원칙과 (2) 선상적인 정보량 증가 원칙이라는 두 가지 정보전달원칙으로 귀납할 수 있다.

본 장에 사용되는 자료는 필자가 수집한 15편의 구어 담화 녹음 자료로 총 글자수는 10만 자이다.

6.2. 후치관계절의 확인

6.2.1 병렬관계인가 아니면 종속관계인가?

중국어에서 하나의 종속절이 통사적으로 독립적인 단위인지 아니면 종속적인 단위인지를 확정짓는 일은 매우 까다로운 문제이다. 본 장절에서는 관계절의 기본적인 참조를 의미적인 관계 외에도 통사적으로 다음 두 가지에 대해 주로 고찰한다.

명사성 구의 유형론적 연구

1. 독립성이다. 그 종류의 절이 통사적으로 독립성이 있는지 여부를 고찰한다. 전형적인 종속절은 독립적으로 텍스트에 출현할 수 없다.

2. 관계화 표지이다. 그 절에서 주어를 충당하는 대명사가 관계대명사의 통사-의미적 속성을 지니고 있는지 여부를 고찰한다. 전형적인 관계대명사는 언급되는 대상의 지시범주(예를 들면, 개별지시/총칭, 유정/무정, 단수/복수)를 체현하지 않고 그 통사적 지위는 그 피수식명사와 대응하는 대명사로 회복할 수도 없다.

상술한 특징은 언어보편성이란 각도에서 후치관계절의 보편적 특징을 개괄한 것(Comrie 1989/1981, Keenan 1985, Payne 1997)이기 때문에 중국어에 적용 시 여전히 유효하다. 다음은 후치관계절에 관한 두 개의 예문이다.

(1) 你比如說你跟著那種水準不高的英語老師, **他根本不知道那個純在的英語發音, 他英語語法也不怎麼樣,** 你就全完了。
당신은 예를 들어 당신이 정확한 영어 발음도 전혀 모르고 영어 문법도 별로인 그런 수준이 낮은 영어 교사한테서 배운다면 당신은 완전 망하게 된다.

(2) 你站在大街上總能看見那種不管不顧的人, 他看見紅燈就不認得似的, 照直往前騎, 你當員警要愛生氣得氣死。
당신이 길거리에서 언제나 목격하는 빨간 신호등을 보고도 못 본 척하고 앞으로 질주하는 주변을 고려하지 않는 사람은 당신이 만약 경찰이라면 항상 노발대발할 것이다.

예문(1)에서 "他根本不知道那個純在的英語發音, 他英語語法也不怎麼樣"은 "那種水準不高的英語老師"를 수식하는 데 사용되고 다음과 같은 특징이 있다.

첫째, 만약 "他根本不知道那個純在的英語發音, 他英語語法也不怎麼樣"을 삭제하여도 문장은 여전히 성립되지만 "他根本不知道那個純在的英語發音, 他英語語法也不怎麼樣"는 단독적으로 텍스트에 쓰일 수 없다.

둘째, 뒤에 오는 절의 주어인 "他"는 실제로 존재하는 3인칭 단수 대명사가 아니다. "他"의 조응성분인 "那種水準不高的英語老師"는 총칭성(generic) 의미를 가지는 명사구인데 만약 이 두 절의 주어인 "他"를 3인칭 복수를 가리키는 "他們"으로 바꾸면 오히려 비문이 된다. 이로 보아, 여기서 "他"의 작용은 전형적인 3인칭대명사가 표현하는 동일지시(co-referential)관계와는 달리 의미적으로 이미 일반화(generalization)되었음을 의미한다. 다음 예문(3a)의 "他們"을 "他"로 바꿀 수 없는 것과도 같이 이와 같은 대명사의 쓰임은 전형적인 3인칭대명사와는 다르다.

(3)a. 今天有很多你的支持者, 還有熟悉你的人, 他們都在觀眾席上。
　　오늘은 수많은 당신의 지지자와 그리고 당신을 잘 알고 있는 사람들이 있는데 그들은 모두 관람석에 있다.

　b.* 今天有很多你的支持者, 還有熟悉你的人, 他都在觀眾席上。

명사성 구의 유형론적 연구

셋째, 관계대명사가 주어를 충당하는 것은 관계절의 통사적인 요구이다. 만약 어떤 종속절의 주어인 "他"가 통사적으로 필수성분으로 되었다면 이 "他"가 독립적인 통사적 작용을 지니고 있음을 설명해 준다.

(4)a. 我看見那個新娘子了, (她)長得也不怎麼漂亮.

　　　내가 그 신부를 봤었는데 (그녀는) 그리 예쁘지 않더군.

b.? 你比如說你跟著那種水準不高的英語老師, 根本不知道那個純在的英語發音, 英語語法也不怎麼樣, 你就全完了.

c.? 你站在大街上總能看見那種不管不顧的人, 看見紅燈就不認得似的, 照直往前騎, 你當員警要愛生氣得氣死.

위에 열거한 세 예문의 핵어명사는 모두 목적어이지만 예문(4a)의 대명사 "她"의 생략과 쓰임은 문장 이해에 영향을 미치지 않는다. 하지만 예문(4b) 중 두 번째 절에 대명사가 출현 여부에 따라 완전히 다른 뜻을 나타낸다. "根本不知道那個純在的英語發音, 英語語法也不怎麼樣"의 앞에 대명사가 없으면 전반 절이 진술하는 대상은 "那種水準不高的英語老師"이 아닌 "你"로 변한다. 예문(4c)도 그러하다. 위의 대비를 통해 우리는 예문(1)과 예문(2) 중의 "他"가 관계대명사의 통사적 속성을 지니고 있어 관계대명사로 간주할 수 있다는 것을 이해하는 것이 어렵지 않다.

6.2.2 관계대명사

후치관계절의 관계대명사는 "他" 하나 뿐이다. "他"가 관계대명사로 되는 용법에는 의미 일반화의 기초가 있고 구어의 공시적인 평면에 있어 "他"의 용법은 이미 3인칭대명사의 범위를 크게 초월하고 있다.[1]

첫째, "他"는 가상적인 대상을 표현할 수 있는데 지시사의 장면용법과 비슷하다.[2]

(5) 什麼學位呀什麼, 其實有什麼大用呀, 有時候想想真是這樣。你說尤其學個文學什麼的中文哈, 你學個大本和學個碩士, 其實也差不離多少, 甚至有時候還不如人家好的大本呢, 但是他就一聽說你是個碩士感覺要好點兒。

무슨 학위랑 무슨, 실은 뭐 그리 쓸모가 있겠는가, 때로 생각해 보면 진짜 그렇지 않은가? 당신이 보기에도 문학 따위의 중문학을 전공한다면 당신이 대졸이든 석사든, 실은 별반 차이가 없지 않은가, 때론 오히려 좋은 대졸보다 못할 때도 있지 않은가, 하지만 그가 당신이 석사라는 사실을 들었을 때 반색은 하더군.

---

1 "他"의 허화에 대해서 저자는 張와 方(1996)에서 간략하게 서술한 적이 있지만 현재 대량의 구어 자료를 보면 상황은 당시 서술한 것보다 많이 복잡하다. 본 장절에서 서술한 "他"의 용법은 보충으로 할 수 있다.

2 지시사의 장면용법 및 그 허화에 대해서는 方梅(2002)를 참조.

명사성 구의 유형론적 연구

여기서 "他"는 화자 마음 속에 있는 가상적인 대상으로 "吃他三天三夜"(사흘 밤낮 먹는다) 중의 "他"와는 다르다. "吃他三天三夜"에서는 "他"를 생략할 수 있고 "吃他個三天三夜"라고 말할 수도 있지만 예문(5)의 "他"는 생략할 수 없을 뿐더러 다른 변화형식도 없다.

둘째, "他"는 총칭성 명사와 전방조응하여 전형적인 주제화 표현에 쓰일 수 있다. "他"의 이러한 용법은 영어에서 명사구 주제화 후의 대명사 보존과 형식적으로 유사한 점이 있다.

(6) 其實用筷子用得好的, 他也不會在那個盤子裏亂晃, 一夾起來就那一塊。

실은 저가락에 능숙하면 그도 그 접시에 하지 않을 것이며 한 번 집으면 딱 그것을 집을 수 있다.

(7) 海外中國人, 他比你還在中國文化上懂得中國文化, 因為他追求啊

화를 더 잘 알고 있다. 왜냐 하면 그가 그것을 추구하기 때문이다.

(8) 今天的演員在理論上他能知道四十年代,六十年代演員的基本感覺是什麼, 但他有很多時候有露出馬腳來的東西, 你要一點點去提示他。

오늘날의 배우로서 그는 이론적으로 40년대, 60년대 배우의 기본 감각이 무엇인지를 알 수는 있겠지만 실수할 때도 많기 때문에 당신이 그에게 하나하나씩 깨우쳐 주어야 한다.

위의 예문에서의 "他"는 각기 "用筷子用得好的", "海外中国人"과 "今天的演員"을 가리키는데 이는 영어의 좌향전이 후의 대명사 보존과 유사하다.[3]

셋째, 사물을 가리키는 총칭 명사구에도 위와 같은 대명사 보존 용법이 있다.

(9) 好像北京大部分醫院, 它都可以帶碩士博士。
    북경에 있는 대부분 병원은 모두 석사, 박사를 모집할 수 있는 것 같다.

언어 중에는 관계대명사가 지시사 혹은 의문대명사에서 변화되어 온 것이 있다. 예를 들면 영어의 that와 wh-계 의문대명사가 그러하다. 어떠한 출처이든지 하나의 대명사가 관계대명사로 변화하는 공통 특징은 그것이 비특정적(non-specific) 혹은 무정(indefinite)의 대상을 지시할 수 있다(Heine 1991, Payne 1997을 참조). 중국어 중의 "他"는 선진시대 중국어에서는 비특정적인 지시성분이고 그 의미는 "다른 것"이지만 근대이래 이미 3인칭대명사로 되어 어떤 특정 대상을 가리킨다. 그리고 현재 위에서 열거한 세 가지 용법에서 "他"의 용법이 또 비특정적인 방향으로 허사화(虛化)하기 시작하였다. 이와 같은 전환은 "他"로 하여금 관계대명사로의 변화가 가능하게 하였다.

---

3 대응하는 영어의 좌향전이의 예로는 다음과 같은 것이 있다.
   My brother, he likes Beethoven (나의 형제, 그는 베토벤을 좋아한다. Payne 1997)

명사성 구의 유형론적 연구

6.3. 전치관계절과 후치관계절의 의미-기능 차이

6.3.1 전치관계절의 간단구조제한

Keenan(1985)은 전치관계절과 후치관계절의 차이점에 대한 연구에서 다음과 같이 말하고 있다.

> 범언어적인 시각에서 볼 때, 전치관계절에서는 흔히 술어를 약화하는 형식으로 표현되고 그중의 동사는 시제·상 혹은 일치관계 면에서 약화하는 경향을 띤다. 반면에 후치관계절의 동사는 주절 동사와 형태 면에서 큰 차이를 보이지 않는다(100페이지).

그럼, 중국어에 있어서 전치관계절은 어떤 구조적 혹은 통사적인 제한이 존재하는가?

만일 내성적인 분석을 한다면 문제점을 발견하기 어려울 듯싶다. 뿐만 아니라 문어에서는 겹겹이 안은 긴 수식문을 비문으로 간주하지 않고 있다. 하지만 구어에서는 아주 긴 수식어는 흔히 어떠한 조치를 취해야 한다("="은 음절을 연장하는 것을 표시한다).

(10) 你不應該限製他的**那種**=永遠=, 就是說, 想嘗試新的東西的 **那種**想法。
당신은 그의 그런 영원한 즉 새로운 것을 시도하려는 그런 생각을 억제해서는 안 된다.

(11) 其實呀, 我們的困惑呀, 就是在……你比如說我們從小……沒
有**這個**闖, 沒有**這個**學習英語的這個機會。

실은, 우리가 곤혹스러운 것은, 바로 …… 예를 들어 말하자면
우리 어렸을 적에 …… 이런 용기가 없었고, 이런 영어를 배울
이런 기회도 없었다.

陶紅印(2002)의 전치관계절에 관한 통계에 따르면, 서술어문체에
있어 유정표지인 "這個"와 "那個"는 추적(tracking)절에만 쓰이고 인
물 혹은 순수한 명명을 도입하는 관계절에는 일반적으로 유정표지
인 "這個"와 "那個"를 사용하지 않는다. 하지만 위의 예문 중의 "這
個"와 "那個"는 분명히 이와 같은 상황에 속하지 않고 있다.

구어에서 상술한 지시표현은 명사 앞의 비교적 긴 수식성분을 처
리하는 데 흔히 보여지는 수단이다. 이것에 이어지는 문제는 "왜 '的'
자와 지시대명사의 이중 수단을 채용해야 하는가?"라는 것이다. 우
리는 지시대명사의 사용이 전치관계절의 길이와 통사적인 복잡성도
와 관련이 있는데 전치관계절이 길수록, 그리고 구조가 복잡할수록,
지시대명사에 대한 의존도가 보다 강하다는 것을 발견하였다. 일반
적으로 "的"관계절만을 사용한다면 그 구성 성분은 모두 간단형식
이다.

(12) **北京國安踢延邊**的那場比賽, 差點讓人給捂那兒。

북경국안과 연변과의 축구시합은 자칫하면 사람에게 그 곳에

갇힐 뻔했다.

(13) 好, 請那位**穿紅衣服**的朋友, 把話筒給他。

좋아요, 저 빨간 색 옷을 입은 친구에게, 마이크를 그에게 건
네 주십시오.

(14) **真正想練車**的學員, 絕大部分, 就像學技術似的。

진정으로 운전을 배우려는 연습생들은, 대부분, 기술을 배우
는 것 같다.

관계절 중의 어떤 성분이 비교적 복잡한 통사구조일 경우, 화자는
지시형식표지인 "這個", "那個" 혹은 "一個/種", "一/這種"를 빌어
핵어명사와 수식성 절 사이에 바싹 붙어 관계절 시작 위치의 지시표
지와 함께 하나의 조합을 구성해야 한다.

(15) 你試試你拉著教練去吃飯, 把他當成**一個**你免費學車的**一個**
途徑

당신은 당신이 교관을 데리고 식사하러 가면서 그를 무료로
운전 연습하는 수단으로 삼아 보세요.

(16) 所以現在……看來國安隊這個打客場, 打硬仗……嗯打**這種**=
壓力比較大的**這種**比賽啊……嗯這種承受能力, 嗯需要=嗯認
真地總結。

때문에 지금……국안팀은 이 원정 경기에서 전력으로 싸우고
있는 것처럼……압력이 비교적 큰 이런 시합은……이런 인내
력에 대해서는 진지하게 총괄할 필요가 있다.

이와 같은 용법 하에서 "這個"와 "那個" 및 "一個"와 "這個", "那個" 사이는 호환이 가능하다.

(15′) 你試試你拉著教練去吃飯, 把他當成**這個**你免費學車地**這個**途徑

(15″) 你試試你拉著教練去吃飯, 把他當成**那個**你免費學車地那個途徑

구어에서 전치관계절은 통사적으로 간단할 것을 요구하기 때문에 관계절구조가 복잡할 경우, 명사화 수단인 "的" 외에도 기타 수단으로 절의 범위와 전체적인 지시속성을 확정지을 것을 요구한다. 외곽형 지시표지의 사용은 긴 수식성분의 지시속성을 명확히 하고 두드러지게 하는 작용이 있다.

(17) 那個得病的孩子 그 병에 걸린 아이
得病的那個孩子 병에 걸린 그 아이
?那個得病的那個孩子 그 병에 걸린 그 아이

(18) 那個剛從外校转來的孩子 그 좀 전에 다른 학교에서 전학해 온 아이
剛從外校转來的那個孩子 좀 전에 다른 학교에서 전학해 온 그 아이
那個剛從外校转來的那個孩子 좀 전에 그 다른 학교에서 전학해 온 그 아이

(19) ??那個剛從外校轉來沒兩天, 又跟他家裏出國了的孩子
그 좀 전에 다른 학교에서 전학해 온지 이틀도 되지 않은 채,

명사성 구의 유형론적 연구

또 그의 집식구들과 같이 출국한 아이

??剛從外校轉來沒兩天, 又跟他家裏出國了的那個孩子

좀 전에 다른 학교에서 전학해 온지 이틀도 되지 않은 채, 또 그의 집식구들과 같이 출국한 그 아이

那個剛從外校轉來沒兩天, 又跟他家裏出國了的那個孩子

그 좀 전에 다른 학교에서 전학해 온지 이틀도 되지 않은 채, 또 그의 집식구들과 같이 출국한 그 아이

  이와 같은 예문으로부터 핵어명사의 관계절이 길수록, 그리고 구조가 복잡할수록, 지시표지에 대한 의존도도 강하다는 것을 쉽게 알 수 있다.

6.3.2 전치관계절과 후치관계절의 의미-기능 차이

  Bernardo(1979)은 영어의 『배 이야기(The pear stories)』에 대한 연구를 통해, 아주 계발적인 결론을 얻어 냈는데 그는 수식어와 중심어의 정보 내용에 근거하여 다음 두 종류의 관계절로 구분하고 있다. 하나는 예문(20)과 같이 정보가 증가하는 것(informative)이고 다른 하나는 예문(21)과 같이 정보를 제공하지 않는 것(non-informative)으로 오직 식별 기능만 한다.

  (20) There was a man who was picking pears.

     한 사람이 배를 따고 있다.

  (21) The man picking pears came down.

     그 배를 따던 사람이 내려 왔다.

Bernardo는 영어의 서술체 중의 관계절은 명사가 가르키는 대상에 대해 특정한 서술점에서 묘사를 하는 것(constucting a picture)이라고 주장하고 있다. 陳과 陶(1998)의 구어 서사체 중의 관계절에 대한 연구에 의하면, 중국어에는 "有一個在摘梨子的人[어떤 배를 따고 있는 사람]"과 같이 수식어를 중심어 앞에 놓는 배열은 흔치 않고 "有一個人在摘梨子[어떤 배를 따고 있는 사람]"과 같은 어순은 흔히 보인다. Li & Thompson(1981)에서는 후자와 같은 형식을 『연속 동사존현문』(presentative serial verb constructions)이라고 일컫는다. 陳과 陶의 논문에서는 구어의 언어자료에서 이와 같은 형식은 보통 두 개의 억양 단위(intonation unit)에 분산되어 있고 "有一個農人, 在摘梨子[한 농민이 있는데 배를 따고 있다]", "前面有一個小女孩, 也騎着腳踏車過來[앞에 한 여자애가 있는데 자전거를 타고 오고 있다]"와 같은 형식과 유사하다고 서술하고 있다. 또한 이와 같은 현상은 아마 Chafe(1987,1994)가 말한 "한 번(하나의 억양 단위)에 하나의 신정보"(One New Concept at a Time)란 제한요인과 관계가 있을 수도 있다고 지적하고 있지만 이 문장은 "的"자 구조에 의한 전치관계절만 논의하고 있다. "的"자 구조에 의한 전치관계절에 대한 고찰 결과로는 관계절(전치형의)은 우선 가장 의미가 모호한 곳과 장거리 전방조응(long distance anaphora)이 필요한 곳에 사용하고 다음에 이야기 줄거리에서 중요한 명사의 지시대상을 묘사하는 데에 사용한다. 다음은 그들의 문장에서 열거된 이 두 종류의 "的"자 구조의 예이다.

然後, 那個小孩子很感謝這三個人──這三個小孩子。所以, 還

명사성 구의 유형론적 연구

他帽子的時候, 他就給那—— 小孩子—— 給那個『還他帽子的』小
孩子三個芭樂。(장거리 전방조응)

그 다음 그 어린 아이는 이 세 사람--이 세 명의 어린 아이에게
감사하였다. 때문에 그는 모자를 돌려 받을 때 그는 그—— 어린
아이—— 그 그에게 모자를 돌려 준 어린 아이에게 세 개의 구아
바를 주었다.

那個芭樂樹下已經放了兩—— 兩簍那個——『已經摘好的』芭樂
(이야기 줄거리 중의 중요한 명사)

그 구아바 나무 밑에는 이미 두—— 두 광주리의 그—— 이미 따
놓은 구아바가 놓여져 있다.

우리들이 보기에는 상술한 두 종류의 관계절의 기본적인 기능은
모두 핵어명사가 지시하는 식별성(identifiability)을 증가하고 전체적으
로 어떤 담화대상을 가리키는 것에 사용된다. 혹은 관계절이 핵어명
사 앞에 놓이면 모두 제한적이고 어떤 기지의 담화대상을 지시·식별
하는 데에 사용된다. 후치관계절과 비교하면 전치관계절에는 다음과
같은 특징이 있다.

첫째, 명사 앞의 관계절은 "어느 X"에 응답하는 데 쓰인다.

(22) 北京國安踢延邊的那場比賽(哪場比賽)

　　북경 국안이 연변과 겨룬 그 시합(어느 시합)

　　剛從外校轉來的孩子(哪個孩子)

　　좀 전에 다른 학교에서 전학 온 아이(어느 아이)

둘째, "的"자 구조 중의 동사는 술어를 약화하고 상표지 혹은 중첩형 형식에 있어서도 제한을 받는다.

(23) *北京國安踢了/過延邊的那場比賽, 差點讓人給捂那兒。
    *真正想練練車的人, 絕大部分, 就像學技術似的。

이와 비교해 볼 때, 후치관계절은 하나의 진술 형식으로 핵어명사에 대해 보충 설명을 하는 것이고 묘사성을 띠며 신정보를 제공한다. 주로 다음과 같이 표현된다.

첫째, 핵어명사는 선행 절에서는 목적어이고 신정보를 배치하는 정상적인 위치(常規位置)이다.

둘째, 수는 하나에 그치지 않아 만일 삭제하여도 문장은 여전히 적격하다.

6.4. 후치관계절의 형성 메커니즘

관계절과 핵어명사의 어순에 관한 문제에 대해 범언어적인 연구에서는 세계의 OV형 언어에는 관계절이 핵어명사 뒤에 놓이는 것이 약 58%를 점하지만 VO형 언어에는 관계절이 핵어명사 뒤에 놓이는 것이 약 98%를 점한다고 한다(Dryer 1992). 즉 VO형 언어에서 관계절이 핵어명사에 후치하는 어순은 우세적인 어순이다. 일반적으로 중국어는 수식어가 핵어명사에 전치하는 언어에 속한다. 따라서 언

명사성 구의 유형론적 연구

어유형론적인 연구에서는 관계절과 핵어명사의 순서란 이 매개변수로 말하자면 중국어는 VO언어와 OV언어의 특징을 동시에 구비하고 있는 한 예라고 취급된다(Hawkins 1990). 하지만 구어에 대한 고찰을 통해, 우리는 관계절이 명사의 앞에 놓이는 규칙도 철칙은 아니고, 중국어에도 관계절이 핵어명사의 뒤에 놓이는 상황이 존재하고 있다는 것을 발견하였다. 구어에서 관계절 후치는 화용적 원칙이 문구조직형식(語句組織形式) 면에서의 직접적인 체현으로 어떤 면에서 화용원칙의 문법화를 반영하고 있다. 우리는 관계절후치를 초래하는 화용론적 동인으로 두 가지가 있다고 생각한다. 하나는 단일 신정보 원칙이고 다른 하나는 선상적인 정보량 증가 원칙이다.

6.4.1 단일 신정보 원칙

담화에서 하나의 신정보를 전달할 때, 화자는 일종의 비교적 온전하거나 또는 복잡한(heavy) 구조형식을 사용하여 이 개념을 표현한다. 반면에 만일 화자가 전달하고 싶은 것이 구정보라면 흔히 구조가 간단한(light) 형식을 사용한다. 이와 같은 현상은 한편으로는 경제원칙의 응용이지만 보다 주로 되는 원인은 인류의 인지능력의 한계성이다. 이와 같은 한계는 억양단위마다 신정보의 총량이 일정한 제한이 있는 것으로 체현된다. 억양단위는 사람들이 발화 시 대뇌의 정보처리 과정을 많이 반영하고 있다. Chafe(1987, 1994)의 연구에서는 하나의 억양단위 중에는 하나의 신정보 표현형식만 출현하는 경향이 있는데 이것이 바로 이른바 "단일신정보제한(one-new-concept constraint)"이라고 밝히고 있다. 정보표현기능이란 관점에서 보면, 대명사는 구정보를 전달하는 매체이고, 명사구는 보다 많은 신정보를 재적하고 있다. 명사성 성분의 신정보의 표현 기능은 대체적으로 다음과 같이 귀납할 수 있다.

[구정보] 영대명사 > 대명사 > 명사 > 명사성 구 [신정보]

Du Bois(1987)은 더 나아가 하나의 억양단위에서 하나의 어휘적인 항을 수용하는 경향 즉 단일어휘항목제약(one-lexical-argument constraint)이 있다고 제기하였다. 어휘적인 항은 진정한 명사의 형식으로 출현하는 항을 가리킨다. 어휘항은 흔히 신정보와 관련이 있고 매 번 전달할 수 있는 신정보의 양이 일정한 제약을 받기 때문에 동일한 억양단위 내에 두 개 혹은 두 개 이상의 어휘항이 출현하는 것을 회피하고 있다.

중국어 담화에 있어, 하나의 운율단위와 절(clause)은 대체적으로 대응된다. 다음 표는 Tao(1996) 중의 두 개의 통계표를 귀납한 것인데 기본적으로 중국어 억양단위와 통사구조유형 간의 관계를 반영할 수 있다.

〈표 6-1〉

억양단위	비율	예문
(단독의)절	47%	車子倒了(차가 넘어졌다)/他在摘水果(그는 과일을 따고 있다)/走過去(걸어 간다)
병렬절	3.2%	我想他心裏在担心呢(나는 그가 마음 속에 걱정을 하고 있을 것이라고 생각한다)
명사성 구조	27%	忙着工作的時候(일에 바쁠 때)/据我想(제 생각에는)
기타 문법구조	19%	개사, 부사, 텍스트의 연결성분
비문법단위	2.5%	웃음소리 등

명사성 구의 유형론적 연구

구어에서 단일신정보제한은 표현단위의 크기와 복잡성·간단성이라는 중요한 요소를 제약하는 것이다. 다시 말해, 가령 화자가 표현하는 것이 두 개 혹은 더 많은 신정보일 경우, 그것들을 분해하여 각자 독립적인 억양단위로 되게 하는데 이는 우리가 구어에서 흔히 접하는 연장 현상이다. 예를 들면, "我剛買了輛車, 日本原裝的, 越野, 今年最新款的[나는 좀 전에 차를 샀는데 일본제의 SUV이고 금년 최신형이다]"와 같이 구어에서 이와 같은 연장 현상은 본 장절에서 서술한 후치관계절의 생성 메커니즘과 동일한 것이다.

6.4.2 선상적인 정보량 증가 원칙

선상적인 정보량 증가 원칙이란 말의 자연적인 순서가 구정보에서 신정보로 이동하는 것이다. 문장 추진과 함께 선상적인 배열에서 뒤의 성분이 앞의 성분보다 많은 신정보를 제공한다. 단일정보의 제한은 절 내의 신정보의 용량을 설명하는 데에 쓰이지만 신정보가 만일 두 개 이상이라면 다른 서술단위를 설정해야 한다. 선상적인 정보량 증가 원칙은 수식성 성분이 제공하는 신정보의 양이 많을수록 피수식성분의 뒤에 놓이는 경향이 강하다는 것을 설명한다.

핵어명사의 지시가 명확하지 않을 경우, 수식성분을 핵어명사에 후치할 것을 요구한다. 영어의 형용사가 규정어로 될 경우 보통 명사 앞에 놓이지만 만일 피수식성분이 일반지시(泛指)일 경우 something new, something old, something blue, something borrowed와 같이 형용사는 피수식성분의 뒤에 놓인다. 이러한 순서는 강제적이다. 중국어에서 핵어명사의 지시대상이 명확하지 않을 경우 수식성분은 여전히 후치해야 한다.

(24) 你們班裏萬一有誰吸毒的, 誰這個瞎搞的, 誰攜槍的, 這誰受
得了啊!
너희 반에 만일 마약을 하거나, 제멋대로 하거나, 총을 가지고
있는 이들이 있다면 누가 당할 사람이 있겠는가!
*你們班裏萬一有吸毒的誰, 這個瞎搞的誰, 攜槍的誰, 這誰受
得了啊!

문장이 좌에서 우로 이동함에 따라 정보의 중요도도 점차 증가
한다. 이와 같은 어순은 선상적인 정보량 증가의 원칙에 부합되는데
"你們班"의 지시대상이 가장 명확하고 제공된 신정보의 양은 가장
적고, "誰"가 그 다음이며, "吸毒的"이 가장 명확하지 않다. 따라서
가령 중국어에 있어서도 수식성분이 피수식성분 앞에 있는지 뒤에
있는지는 피수식성분이 가리키는 것의 명확도와 밀접하게 관계가 있
다. 혹은 화용적인 선상적 정보량 증가의 원칙도 동일하게 명사성 구
내부에서 적용된다고 말할 수 있다.

Payne(1997:326)은 다음과 같이 지적하고 있다. 일반적으로 관계절
의 핵어명사에 대한 위치는 상황어와 핵어명사의 어순과 일치하지만
후치관계절은 많은 언어에 존재하는데 가령 그 언어의 수량수식어,
형용사 수식어가 피수식어 앞에 있을지라도 그러하다. 이와 같은 극
히 강한 경향은 아마도 보통적인 화용적 원칙 즉 선상적 배열이 비
교적 길고 음성적으로 복잡한 무거운 성분을 절의 뒤에 놓는 것에

의한 것일 수도 있다. 우리는 중국어 구어에서 발생하는 관계절후치 현상은 이와 같은 상황에 속한다고 보고 있다. 그런 선상적인 배열이 길고 무거운 성분은 또한 묘사성이 강하고 신정보를 많이 제공하는 성분이기 때문이다.

후치관계절은 중국어 공시적인 체계 중에서 문장구성법에서 통사적 변환의 과정 중에 처해 있고 혹은 아직 완전히 문법화되지 않고 있다고 말할 수 있다. 이와 같이 불완전한 문법화는 두 가지 측면에서 표현된다. 하나는 문체적 측면에서 한계가 있는 선택가능성으로 표현된다. 즉 다양한 문체가 관계절전치와 후치의 선택에 있어 일정 융통성을 가지고, 문어의 전치관계절은 본 장절에서 서술한 "간단구조"의 제한을 그다지 받지 않는다. 다른 하나는 관계절후치에도 일련의 강제성이 있다는 것이다. 핵어명사를 수식하는 관계절이 하나만이 아닐 경우, 혹은 피수식성분이 일반지시 총칭 성분으로 될 경우, 설령 문어일지라도 관계절은 반드시 후치한다.

陈佩玲、陶红印 1998《台湾官话叙事体中音律单位的语法构成及其规律初探》,《语言研究》第1期。

方梅 2002《指示词"这"和"那"在北京话中的语法化》,《中国语文》第4期。

陶红印 2002《汉语口语叙事体关系从句结构的语义和篇章属性》,《现代中国语研究》(Contemporary Research on Modern Chinese)第4期,日本。

张伯江、方梅 1996《汉语功能语法研究》,江西教育出版社。

赵元任 1979/1968《汉语口语语法》,吕叔湘译,商务印书馆,1979年。

朱德照 1982《语法讲义》,商务印书馆。

Bernardo, Robert 1979 The function and content of relative clauses in spontaneous narratives. *Proceedings of Fifth Annual Meeting of the Berkeley Linguistics Society.* pp.539−551.

Bolinger, Dwight 1952 *Liner Modification.* Publications of the Modern Language Association of America

Chafe, Wallace 1979 The flow of thought and the flow of language. In T. Givon (ed.) *Discourse and Syntax.* NY: Academic Press.

_____ 1987 Cognitive constraints on information flow. In R. Tomlin (ed) *Coherence and Grounding in Discourse.* Amsterdam: John Benjamins

_____ 1994 *Discourse, Consciousness, and Time: The Flow and Displacement of Conscious Experience in Speaking and Writing.* Chicago: University of Chicago Press.

Chen. Ping 1986 Referent Introducing and Tracking in *Chinese Narratives.* Los Angeles UCLA dissertation.

_____ 1996 Pragmatic Interpretations of structural topics and relativization in Chinese. *Journal of Pramatics*26:389−406.

Comrie, Bemard1989/1981 Language Universals and Linguistic polog沈家煊译

《语言共性和语言类型》,华夏出版社,1989年。

Dryer, Matthew S. 1992 The Greenbergian word order correlations. *Language* 68, 1.

Du Bois, John W. 1980 Beyond definiteness: the trace of identity in discourse. In Chafe(ed.) *The Pear Stories: Cognitive, Cultural, and Linguistic Aspects of Narrative Production.* Norwood: Ablex Publishing Corporation.

_____ 1987 The discourse basis of ergativity. Language 63.

Du Bois, John W. and Thompson, Sandra A. 1993 Dimensions of a theory of information flow. University of California. Santa Barbara. MS.

Fox, Barbara A and Sandra A. Thompson 1990a A discourse explanation of the grammar of relative clauses in English conversation. *Language* 66(2): 297-316.

_____ 1990b On formulating reference: an interactional approach to relative clauses in English conversation. *Pragmatics* 4: 183-196

Hawkins, John A. 1990 A parsing theory of word order universals. *Linguistic Inquiry* 21, 2.

Heine, Bernd. Ulrike Claudi and Friedrike Hunnemeyer 1991 Grammaticalization: *A Conceptual Framework.* University of Chicago Press.

Keenan, Edward L. 1985 Relative clause. In T. Shopen (ed.) *Typology and Sytactic Description, yol. II. Complex Construction.* Cambridge University Press.

Li, Charles and Sandra A. Thompson 1981 Mandarin Chinese: *A Functional Reference Grammar.* University of California Press.

Miller, Jim and Regina Weinert 1998 *Spontaneous Spoken Language: Syntax and Discourse.* Clarendon Press. Oxford.

Payne, Thomas E. 1997 *Describing Morphosyntax: A Guide for Field Linguistics.* Cambridge University Press.

Tao, Hongyin 1996 *Units in Mandarin Conversation: Prosody, Discourse, and Grammar* amsterdam: John Beniamins.

Tao Hongyin and Michael J Mccarthy 2001 Understanding non-restrictive which-clause in spoken English, which is not an easy thing. *Language Sciences* 23. 651-677.

Yamashita, J. 1994 An analysis of relative clause in the Lancaster/IBM spoken English corpus. *English Studies* 75(1), 73-84.

저자:方梅

『庆祝〈中国语文〉创刊50周年学术论文集』,商务印书館, 2004년에 게재하였음.

제**7**장

문체적 차이의
사용빈도에 대한 영향

– 중국어 대화체 관계절에 대한 통계 분석

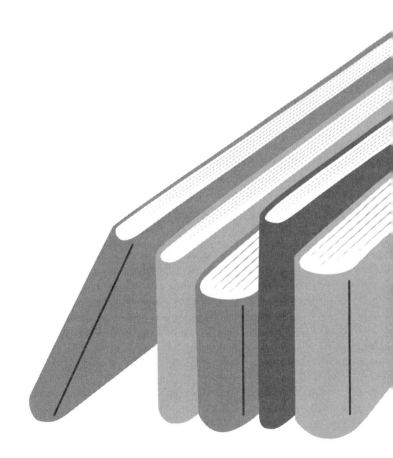

제 7 장.
문체적 차이의 사용빈도에 대한 영향
- 중국어 대화체 관계절에 대한 통계 분석

7.1. 서론

텍스트언어학의 관점을 관계절 분석에 도입시킨 비교적 이른 시기의 연구로는 Bernardo(1979)가 해당된다. Bernardo는 수식어와 핵어명사의 내용적 관계에 근거하여 관계절을 두 종류로 구분하고 있다. 하나는 신정보를 제공하는 것(informative)이고 다른 하나는 신정보를 제공하지 않는 것(non-informative)이다. 뿐만 아니라 영어 서술문문체에 있어 관계절은 명사의 지시대상을 특정 서술점에서 기술하는 것(constructing a picture)이라고 지적하고 있다. 이러한 정보구조의 제약으로부터 관계절에 착안한 고찰은 문법분석에 새로운 연구시각을 제공해 줄 뿐만 아니라 동시에 통사구조의 존재 이유에 대해서도 구체적인 해석을 하고 있다.

명사성 구의 유형론적 연구

최근 몇 년 간, 몇몇 학자들도 텍스트언어학의 관점을 중국어 관계절의 연구에 도입시키고 있다. 예를 들면, 陶紅印(2002)은 기존 연구의 순수한 통사론의 시각과는 달리 Fox and Thompson(1990)과 Bernardo(1979)의 연구방법을 참고하여 정보구조의 제약이 관계절의 어순 배열에 미치는 영향을 중요시하고 있다. 陶紅印(2002)은 어떠한 종속절 수식구조가 담화에서 가장 일반적인 것이고 그 원인은 무엇인가 그리고 종속절 수식구조에는 어떠한 담화기능이 있는가, 가령 같은 의미를 나타내는 몇 개의 구조형식이 존재한다면 화자는 왜 기타 유형의 구조가 아닌 종속절 수식구조를 선택하는가를 검토하고 있다. 이와 동시에 이러한 문제의 논의를 통해, 중국어 문법이론 구축에 있어서의 견해를 제시하고 있다. 陶紅印(2002)은 중국어 "梨子的故事[배의 이야기]"를 연구대상으로 삼고 있으며 연구 결론은 다음과 같다. 서술문문체에 있어 관계절은 의미적으로 다섯 개의 종류로 분류할 수 있다. 즉 시간, 인물지시, 사물지시, 모양, 지점인데 그중 시간종속절과 인물지시종속절의 수가 가장 많다. 텍스트의 관점에서 보면, 시간류 종속절은 줄거리의 전이를 표시한다. 인물지시류 종속절은 주로 인물을 추적하는 데에 쓰이지만 인물에 명칭을 부여할 수도 있으며, 경우가 많지는 않지만 인물을 도입할 수도 있다. 기타 세 부류의 관계절의 작용은 이야기 중의 중요한 명사의 지시대상을 기술할 수 있다. 陶紅印(2002)은 관계절의 기능은 목전 서술적 전개에 있어 중요한 의미를 가지는 명사성성분에 대해 복선으로 되는 정보를 제공하는 것이라고 주장하고 있다. 그렇기 때문에 종속절에서 표현되는 사건은 전에 발생한(preceding) 사태와 동시에 발생하고 있는(simultaneous) 사태밖에 없고 현재를 초월하는(next stage) 시간의 상태를 나타낼 가능성은 그다지 없다.

주지하다시피, 설령 구두적인 커뮤니케이션에 있어서도 언어의 상호적인 커뮤니케이션과 비상호적인 커뮤니케이션 사이에는 여전히 많은 차이가 존재한다. 상호적인 커뮤니케이션의 전형적인 샘플은 대화체이고 비상호적인 커뮤니케이션의 전형적인 샘플은 서술체이다. 전자는 쌍방향 커뮤니케이션으로 정보 교환을 목적으로 하고 현장성과 평론성을 띤다. 회화 시의 문맥, 현장과 관련된 정보 및 커뮤니케이션 쌍방이 공유하는 지식에 대한 의존성이 비교적 많고, 화자와 청자 쌍방은 담화의 내용과 표현방법에 있어서도 서로 영향을 미치고 있다. 후자의 특징은 단방향의 커뮤니케이션이기 때문에 화자의 일방적인 정보 제공을 특징으로 하고 과정성과 사건성을 띤다.

대화체와 비교하면, 서술체는 화자 자신이 이미 가지고 있는 담화 내용에 의해 구축된 지식 틀에 보다 많이 의존하고, 동시에 또 담화 구조는 사건의 자연적인 과정에 보다 많이 의존하고 있다. 우리 연구의 주요 가설은 문체적 특징에서의 차이성은 사물에 대한 화자의 지시 빈도에 영향을 미칠 가능성이 있고 동시에 화자의 시점과 주목하는 중심 또한 화자의 사물에 대한 지시 방식에 영향을 미친다는 것이다.

본 장의 연구범위는 대화체에 있는 명사 앞의 "的"으로 표기된 관계절 즉 "S(VP)的+명사" 중의 "的"자 구조다. 서술체 관계절을 참조로 하고 자연적인 구어의 대화 자료를 통계대상으로 삼아 대화체 중 관계절의 텍스트 기능과 의미표현 기능을 고찰한다. 본 장에서 인용

명사성 구의 유형론적 연구

한 자료는 자유적인 담화(준비 있는 담화와 준비 없는 담화를 모두 포함), 전화녹음, 기자취재, 영화와 드라마의 대본 등 도합 29편이고 총 글자수는 약 20만 자이다.[1] 언어자료의 표기법은 Du Bois et al. (1993)을 참조하였다.[2]

7.2. 의미유형

이른바 관계절의 의미유형이란 중심어 명사 성분이 지시하는 대상이 한정한 의미 유형을 가리킨다. 陶紅印의 서술문체에 대한 고찰에 따르면, 각종 의미성분의 출현빈도수는 상당히 균형적이지 못하

---

[1] 언어 자료의 목록은 다음과 같다.
  1) 얼굴을 맞대고 자유 회화 5편, "잡담"이라 약칭.
  2) 전화녹음 10편, "전화"라 약칭.
  3) 텔레비전 톡크 2편, "톡크"라 약칭.
  4) 텔레비전 토론 1편, "토론"이라 약칭.
  5) 라디오 생방송 중의 연결전화 2편, "핫라인"이라 약칭.
  6) 동시 녹음한 영화 1편(『大撒把』), "영화"라 약칭.
  7) 동시 녹음한 텔레비전 드라마 8집(『編輯部的故事』 3집, 『我愛我家』 5집), "드라마"라 약칭.

[2] 언어 자료의 표기 부호: 본 장절 예문 중의 문장부호가 표시하는 것은 일종 음율단위 즉 억양단위(intonation unit)이고 전통문법의 단위가 아니다. 억양단위에 대한 개념은 Chafe(1987, 1994)와 Du Bois et al.(1993)에 근거하였다. 즉 임의의 자연적인 억양체계 내에서 발화한 음성언어의 연속체이다. 간략하면 다음과 같다.

,	비중지형 억양단위	^	악센트 음절
。	중지형 억양단위	=	길게 연장한 음절
--	절단단위	@	웃음소리
‥	0.5초보다 짧은 휴지	uh	문자로 표현할 수 없는 망설이는 음절
…	1초보다 짧은 휴지		

다고 한다(표 7-1). 서술체 중에는 시간 명사의 수량이 가장 많고, 다음은 인물 명사인데 이와 같은 불균형적인 분포는 서술체의 문체적 특징과 밀접한 연관이 있다. 다음은 陶紅印의 통계이다.

〈표 7-1〉 관계절의 의미분포(陶紅印 2000에서 열거한 표 1)

	시간	인물	사물	지점	모양	합계
수량	31	25	11	4	1	72
비율(%)	43	43	35	15	6	1

다음은 陶紅印의 기술 패턴을 출발점으로 하고 서술체와 비교하면 대화체 중의 관계절은 의미유형의 분포에 있어 어떠한 특징을 가지고 있는지를 관찰함과 동시에 그에 대한 해석을 시도하고자 한다.

인물지시, 사물지시, 시간지시가 비교적 높은 빈도의 3가지 유형인 점을 감안하여 통계적 의미가 있는 것을 비교하기로 한다. 그리고 대비에서의 편의를 고려하여 본 장 절에서는 대화체 중의 관계절의 의미유형의 획분에 있어서는 삼분법을 채택한다. 즉 인물지시, 사물지시, 시간지시 세 종류를 구분한다. 인물지시는 구체적인 실체를 포함하지만 추상적인 개념도 포함한다. 다음은 몇 개의 예문을 들어보겠다.

① 인물을 지시한다.

⑴ 女人, 壞人跟他接觸, 哪個危險？哪個危險小一點？就說**跟張老師接觸的女人**, 有不三不四的, 可總比跟不三不四的男人接觸要好啊。(드라마)

여자, 그리고 악당이 그와 접촉한다면 어느 쪽이 더 위험할 것

명사성 구의 유형론적 연구

이고 어느 쪽이 덜 위험할 것인가? **장 선생님과 접촉한 여자** 중에는 품행이 단정치 못한 여자도 있지만 결국은 품행이 단정치 못한 남성과 접촉하는 것보다 낫지 않은가?

(2) 碩士的話是在職的那種也是一百多, 脫產的那種又一百三四十; 就那年招的, 就是**我代過課的學生**… (잡담)

석사라면 재직 중 전공자가 일백여 명이 될 것이고, 직장 외 연수자도 또 일백 삼사십 명이 된다. 그 해에 모집한, 다름이 아닌 **내가 대신 강의했던 학생**……

② 사물을 지시한다. 구체적인 실체와 추상적인 개념 두 종류를 표함한다.

(3) 這是**您太太寄來的離婚協議書**, 這是**她寫的親筆信**。(영화)

이건 **당신 부인께서 부쳐 온 협의이혼서**이고 이는 **그녀가 손수 쓴 편지**이다.

(4) 把**我原來學的那些東西**重溫了一下。

내가 전에 배웠던 그런 것들을 다시 한 번 복습하였다. (잡담)

(5) 像剛才我的理解呢就是, **胡碧玲同學講的這個文化**是屬於比較寬的。

금방 나와 같은 이해는 바로 **호벽령 학생이 말한 이 문화는** 비교적 광범위한 것에 속한다.

③ 시간을 지시한다.

(6) 我再給他送一份傳真去, 告訴他**我回家的日期**。(잡담)

그에게 다시 한 번 팩스를 보내어 **내가 귀가하는 날짜**를 알려 주겠다.

다음은 이상 3가지 유형의 관계종속절이 대화체에서의 통계 결과 이다.

〈표 7-2〉 대화문체 관계절의 의미분포

	시간	인물	시간	합계
수량	236	59	125	420
비율(%)	56.2	14.0	29.8	100

陶紅印(2002)의 통계에 따르면, 관계절의 세 종류의 의미유형이 서술문문체에서의 빈도는 다음과 같이 표시할 수 있다.

시간 > 인물 > 사물

陶紅印은 서술기능에서 볼 때, 시간명사 관계절의 근본적인 기능 은 스토리 중의 에피소드(episode)의 변화와 보다 깊은 관계성을 갖 는다고 보고 있다. "情節"(사건)이라는 개념에 대한 해석은 전문가에 따라 견해가 다소 다르지만 陶紅印이 따르는 정의에 의하면 사건은 장면(scene)으로 구성되고 사건의 변화는 장면의 전환일 수도 있고 새 로운 인물의 등장일 수도 있거나 양자를 겸할 수도 있다. 이 관점에 서 출발하여 陶紅印은 시간명사 관계절은 기본적으로 사건이 전환 하는 표식의 하나라고 보고 있다.

이상 우리의 통계에서 보여지듯이, 대화체와 서술체의 상황은 대

명사성 구의 유형론적 연구

조를 이룬다. 대화체 관계절에 있어 사물지시가 지배적인 용법이고 시간지시는 결코 우세적이지 않다. 게다가 관계절로 사람을 기술하는 예도 매우 적다. 세 유형이 대화체에서의 빈도 대비는 다음과 같이 표시할 수 있다.

사물 > 시간 > 사람

본 장의 통계에 사용된 담화에는 다양한 담화내용을 포함하고 있지만 상술한 통계결과의 경향성은 문체적 특성의 상관성을 해석할 수 있다. 즉 문체가 다름에 따라 담화의 전개방식도 다르기 때문에 관계절의 의미유형의 분포에서도 그에 따른 서로 다른 표현이 존재한다는 것이다. 구체적으로 말하면 서술체와 대화체의 다음 두 측면에서의 차이라고 해석할 수 있다.

첫째, 과정성과 현장성이다. 서술체는 과정성을 띠고 대화체는 현장성을 띤다. 사건을 서술할 때 과정에 대한 기술은 시간적 순서를 실마리로 하고 시간의 변화는 흔히 장면과 인물의 변환을 초래한다. 때문에 시간의 중요도는 기타 요인을 훨씬 능가한다. 하지만 대화행위의 목적은 정보와 의견의 교환이기 때문에 자연적으로 대화체에 있어서 시간 요소의 중요성은 이차적인 위치에 두어야 한다.

둘째, 스토리성과 평론성이다. 서술체는 스토리성을 띠고 대화체는 평론성을 띤다. 서술체는 사건의 과정를 서술하고 있지만 대화체는 정보와 의견을 교환하고 있다. 대화체의 대화의 중점은 상호 관심을 가지는 사물이지 사건의 과정이 아니다. 때문에 갖은 방법으로 어떤 사물을 기술·한정하고 사물을 명명하며 그 성질을 정하는 것은 담화참가자가 중점적으로 하는 일이다.

7.3. 정보의 속성

하나의 명사성성분의 지시대상은 담화 중에서 담화의 주제일 가능성도 있지만 단지 담화의 내용과 관련되는 대상으로 담화에 출현할 가능성도 있다. 전자의 경우, 일단 담화에 도입되면 최초로 출현한 후에도 반복적으로 다시 언급된다. 반면에 후자의 경우는 흔히 담화에서 한 번만 출현하고 후에는 다시 언급되지 않는다. 여기서 우리는 명사성성분이 담화에서의 은현 상황을 다음과 같이 세 가지로 분류한다. 즉 1) 최초 언급(first mention), 2) 그 다음 언급(next mention) 3) 유일한 언급(only mention)이다.

1. 최초 언급. 이 명사의 지시대상은 담화 중에서 최초로 언급되고 그 후에도
   현저한 혹은 잠재적인 방식으로 재차 언급된다.

(7) 對, 所以, 呃, 她們沒有這種壓力, [她們穿的衣服]都是很隨便,
   呃, 呃, []很適於運動, []很適於工作,　她們對[這個]沒有什麼
   壓力。
   그러하다, 때문에, 어, 그녀들은 이와 같은 스트레스가 없기
   때문에 [그녀들의 복장(은)] 모두 자유분방하고, 어, 어, []운동
   하기 편하고, []일하기 편하고, 그녀들은 [이에] 대해 아무런 스
   트레스도 없다.

2. 그 다음 언급. 이 명사의 지시대상은 담화 중에서 최초로 언급되는 것이 아
니라 전방조응지시로서 담화에 언급되고 있다.

(8) 好的。那麼接了兩個電話我們都是正方得到了支持, 下面我們再
試著接一個, 看看有沒有支持反方朋友的。好, 請導播再給我們
切進一個電話。

那我們現在看一看, 呃, 坐在這個現場的觀眾朋友, 有哪些觀
眾呢是支持反方的, 如果有支持反方的, 請[這些觀眾朋友]你
們把手舉起來我們看一看。

那麼我們現在是不是請在場的這個支持反方的觀眾朋友, 把你
們的觀點也亮一亮, 看看哪位朋友先說。好, 請。把話筒遞給他。

알겠습니다. 그럼, 두 통의 전화를 받아 보았는데 모두 찬성측
을 지지하고 있기 때문에 다음은 다시 한 번 전화 연결을 시도
하여 반대측을 지지하는 시청자들이 있는지를 보도록 하겠습
니다. 그럼, 방송 프로듀서님, 우리에게 다시 전화 한 통을 연
결 부탁드리겠습니다.

그럼 우리 어디 한번 봅시다. 어, 이 현장에 앉아 있는 관객분
들 중에 어느 분들이 반대측을 지지하고 계십니까? 만약 반대
측을 지지하는 분이 계신다면, [이런 관객분들은]손 좀 들어
주시겠습니까?

그럼, 지금 현장에 계신 반대측을 지지하는 이 관객 여러분들,
당신들의 관점도 제시해 주시겠습니까? 어느 분이 우선 말씀하
시겠습니까? 네, 좋습니다. 마이크를 저 분에게 건네 주십시오.

(9) 我覺得[社會新聞]應該是我們能感知到的東西, []是每個人都

能感覺到的東西, []是社會上…口頭上流傳最廣泛的一種東西,
[]就在理髮店裏邊很多人在…傳說的一種東西, 我覺得就, 就,
就社會新聞。(잡담)

나는 [사회 뉴스(란)] 우리들이 감지할 수 있는 것이어야 하고,
[] 매 사람이 모두 느낄 수 있는 것, [] 사회에서……구두적으
로 유전된 가장 보편적인 것, [] 바로 이발관에서 많은 사람들
이……전하고 있는 것, 그, 그, 그것이야말로 사회 뉴스라고 생
각한다.

3. 유일한 언급. 이 명사의 지시대상은 담화 중에서 한 번만 출현하고 그 후에
는 재차 언급되지 않는다.

(10) 我們就認為這不是女孩子幹的事情。(잡담)

이는 확실히 여자 아이가 하는 일이 아니라고 생각한다.

〈표 7-3〉 대화체 관계절의 중심어 명사의 정보유형

	최초 언급		그 다음 언급		유일한 언급		합계
	인물	사물	인물	사물	인물	사물	
용례수	8	24	14	31	37	181	295
비율(%)	2.7	8.1	4.8	10.5	12.5	61.4	100

위의 통계를 통해 대화체에서 관계절 핵어명사의 유일한 언급이
다수를 점하고 최초 언급이 가장 적다는 것을 알 수 있다

유일한 언급 > 그 다음 언급 > 최초 언급

유일한 언급이 다수를 점하는 분포는 텍스트 기능에서 볼 때 관

명사성 구의 유형론적 연구

계절을 포함하는 명사성 성분이 대화체에 있어 주로 하나의 개념을 도입하거나 이미 담화에 도입한 한 대상을 지시하는 데 사용되는 것이 아니라는 것을 설명해 준다. 이에 대해서는 다음에서 구체적으로 논의하기로 한다.

7.4. 담화기능

관계절에 의한 대상의 묘사에 대해 陶紅印(2002)에서는 이와 같은 지시수단을 인물지시에 사용하는 상황을 세 종류의 담화기능인 명명, 도입과 추적으로 구분하고 관계절이 명사를 수식하는 표현 형식은 인물의 활동을 통해 인물을 명명하는 것이라고 생각하고 있다. "偸或者是拿芭樂的小孩子[구아바를 훔쳤거나 혹은 구아바를 손에 쥔 아이]", "那摘水果的人[저 과일을 따는 사람]"과 같은 지시방식은 구체정도로 말할 것 같으면 다음과 같이 구체적인 이름과 광범위한 명사 사이에 위치해 있다.

구체적인 이름(예를 들면 "張三[장삼]")〉"摘水果的人[과일을 따는 사람]"〉"男子[남자]"

대화체에서 관계절이 명명하는 것으로 쓰인 용례는 다음과 같다.

(11) 甚至有的時候組織穆桂英戰鬥隊之類的, 她們就, 呃, 要搞出一些成績來給這些看不起她們的人看看, 呃, 而且也確實搞出了一些成績, 所以, 現在, 這個, 婦女的地位也有很大的提高.

심지어 어떨 때 목계영 전투단과 같은 것을 조직하고, 그녀들은, 어, 성과를 거두어 그녀들을 업신여기는 사람들에게 보여 주고자 한다, 어, 게다가 또 틀림없이 성과를 거두었기 때문에, 지금, 이, 여성의 지위도 크게 향상되었다.

(12) (剛才我們在進行當中這個正方呃, 這邊是不是支持正方的觀眾? 他們都很積極地舉手, 下麵我們給他們一個機會, 讓他們來闡述一下他們的觀點。)好, 請那位穿紅衣服的朋友, 把話筒給他。 (토론)

(방금 우리는 진행 중에 이 찬성측 어, 이쪽은 찬성측을 지지하는 관객들이 맞으십니까? 그들은 모두 적극적으로 손을 들어 주셨습니다. 지금 우리는 그분들께 기회를 주어 그들이 자신의 관점을 진술하도록 하겠습니다.)좋습니다. 저 빨간색 옷을 입은 친구, 마이크를 그에게 건네 주십시오.

(13) 我接觸到的很多人和知識份子都認為這個男女都一樣, 呃, 沒有什麼不同, 甚至有的人認為女孩更會體貼, 呃, 父母, 呃, 更願意要女孩子。

내가 접촉했던 수많은 사람이랑 지식인들은 모두 이 문제에서 남자와 여자 다 같은 것, 어, 다를 것이 없다고 생각하고 있고, 심지어 어떤 사람은 여자애가 더 자상하기 때문에, 어, 부모, 어, 여자애를 더 원하고 있습니다.

이른바 추적(tracking, Du Bois 1980, Du Bois and Thompson 1993, Chen 1986)이란 하나의 담화대상이 담화에 도입된 후 화자는 그 인물의 활동을 묘사하고 여러 형식으로 그 대상을 가리킬

명사성 구의 유형론적 연구

수 있다. 다음 예문은 대화에 있는 것이다.

(14) 呵呵, 巧了！我也有句話, 跟你說的一樣！啊, 呃, 還真是有比
你更難處的。我們單位的老胡, 老穆, 老吳, 老陸……
허허, 마침! 나도 할 말이 있는데 당신이 말한 것과 같네요!
아, 어, 정말로 당신보다 더 사귀기 힘든 사람도 있답니다. 우
리 단위의 호 씨, 목 씨, 오 씨, 육 씨……
你看看你看看, 你跟誰也處不好吧？你說的那個老胡是你們
局裏頭從前那個總工程師吧？
보세요. 보세요. 당신은 누구와도 잘 어울리 못하지 않습니
까? 당신이 말한 그 호 씨란 당신네 사무국의 그 수석 엔지니
어를 말씀하시는 거죠?

陶紅印의 조사에 의하면, 서술체에 있어 인물지시류의 관계절은
주로 인물을 추적하는 데 사용되는데 그중에서도 장거리 추적은
의미가 모호한 것을 피하거나 인물에 이름을 붙일 수 있으며 예외
적이지만 인물을 도입할 수도 있다고 한다. 다음은 陶紅印의 통계
이다.

〈표 7-4〉 인물지시의 관계절의 기능분포(陶紅印(2002)에서 열거한 표2)

	인물의 추적	명명+추적	인물의 도입	순수한 명명	합계
횟수	10	8	5	2	25
비율(%)	40	32	20	8	100

대화체를 놓고 볼 때, 관계절에서 높은 빈도로 나타내는 분포는 우발적인 정보로서 담화 중에 출현하기 때문에 그에 상응하는 담화 기능은 분명히 서술체와는 다소 다르다. 대화체의 인물지시 관계절에 관한 조사에 의하면 추적기능은 결코 관계절의 대화체에서의 주요한 기능이 아니다. 이 점은 상술한 우발적인 정보가 우세를 점한다는 통계 결과와 일치한 것이다.

다음은 대화체 자료의 통계 결과이다.

〈표 7-5〉 대화체 관계절에 있는 인물지시 관계절의 기능분포

	인물의 추적	인물의 도입	인물의 추적	합계
용례 수	37	8	14	59
비율(%)	62.7	13.6	23.7	100

陶紅印의 논문에서 "명명+추적"류는 지시대상이 텍스트에서 관계절을 수식어로서 재현하는 것을 가리킨다. 우리는 통계를 낼 때, 이 유형도 "추적"의 용례에 포함시키며 따로 열거하지 않는다.

위의 두 종류 문체에 대한 통계 결과를 비교하면 관계절의 우세적인 기능이 두 종류의 문체에 있어 차이가 있다는 것을 알 수 있다.

서술체: 추적 > 도입 > 명명

대화체: 명명 > 추적 > 도입

서술체와 비교하면 대화체에 있어 관계절은 명명하는 용례가 훨씬 많다. 즉 대화체에 있는 관계절은 하나의 담화대상에 이름을 붙이는 중요한 수단이라고 말할 수 있다. 우리는 이와 같은 현상도 문

명사성 구의 유형론적 연구

체적 특징에 의해 초래된 것이라고 본다.

서사체의 담화는 주로 사건의 기술에 사용되는데 중심인물과 사물이 있고 모놀로그형식을 취하지만 의존할 수 있는 것은 주로 인류 공통의 지식 및 담화 중에서 이미 제공된 관련정보이다. 때문에 담화 중에서 전방의 주제로 되는 인물을 반복 지시할 필요가 있을 경우, 화자는 가능한 모든 변별적 정보를 모두 발화해야 한다. 게다가, 사건의 진척에 따라 인물의 활동이 끊임없이 변화하기 때문에 어떤 인물의 활동의 묘사를 통해 그 인물을 추적하는 지시방식은 비교적 쉽게 하나의 특정 개체와 기타 개체를 구별할 수 있다. 비교하여 말하면, 대화체의 주요기능은 사건의 서술이 아니라 정보와 관점의 교류이기 때문에 담화 중에서 언급되는 대상은 끊임없이 변화한다. 이로 인해, 활동의 묘사에서 인물을 추적하는 것은 주요한 임무가 아니고 활동의 묘사에서 하나의 관련대상을 정의하는 방식이 하나의 특정 대상을 지시 혹은 구별하는 중요한 수단으로 된다. 게다가 대화는 상호적인 커뮤니케이션이기 때문에 화자와 청자 쌍방이 공유하는 지식에의 의존성은 상대적으로 높다. 그 외에, 인물의 추적은 기타 보조적 수단 예를 들면, 손동작, 눈짓 등을 통해 진행할 수도 있다.

앞서 말한 내용을 종합하여 대화와 서술 두 종류의 문체를 비교하면, 관계절의 담화 기능 면에서의 차이를 다음과 같이 두 가지로 총괄할 수 있다.

1) 대화체의 현장성과 평론성은 대화체 관계절의 통계 상의 경향을 결정한다. 즉 사건지시 유형이 다수를 점한다. 한편, 서술체

의 과정성과 사건성은 시간지시 유형의 관계절의 높은 사용빈도를 결정한다. 하지만 대화체의 현장성과 평론성은 시간지시 유형의 관계절이 고빈도의 용법이 아니고 사건지시 유형의 용법이 대화체에서 고빈도로 되는 것을 결정한다.

2) 대화체의 평론성은 대화체 중에서 관계절을 포함한 명사성 성분의 다수가 우현적(偶現)인 정보라는 점을 결정한다. 구체적으로 인물이 더 이상 담화를 이어주는 일관적인 묘사 대상이 아니고, 관계절의 주요한 기능은 에피소드의 장면전환 혹은 인물의 추적이 아니라 사물의 명명이라는 점으로 표현된다. 서술체와 비교하면, 대화체는 문체 특성이 관계절을 포함하는 명사성 성분에는 상대적으로 비교적 낮은 계전성(承前)과 계후성(啓後)이 구비되는 것을 결정한다.

7.5. 시간관계 표현

Bernardo(1979)의 연구에서는 서사체에 있어 관계절의 대표적인 상황은 모두 직면하고 있는 서사와 관련 있다고 지적하고 있다. 가령 주절의 시간대를 참조점으로 한다면, 종속절에서 표현되는 사건은 모두 前時(preceding)狀態 혹은 共時(simultaneous)狀態이고 超前(next stage)狀態는 그다지 출현하지 않는다.

"前時狀態"[이전상태]: 주절의 시점을 참조점이라고 하면, 종속절의 시점은 주절이 직면하고 있는 시간적 상태보다 이전이고, 주절이 서술하는 시점보다도 과거의 시간에 발생하고 있다.

"共時狀態"[동시상태]: 주절의 시점을 참조점이라고 하면, 종속절의 시점과 주절의 시점에는 시간의 전후의 구별이 없다.

"超前狀態"[이후상태]: 주절의 시점을 참조점이라고 하면, 종속절의 시점은 주절이 직면하고 있는 시간적 상태의 뒤에 있고 주절이 서술하는 시점보다도 미래의 시간에 발생한다.

다음의 예문은 陶紅印의 논문에서 인용한 것이다.

(15) 可是, 他們在路上發現--[這個小男孩掉了的]一頂帽子。於是, [那個拿著玩具的]小男孩就--撿起他的帽子。
하지만, 그들은 길가에서 [이 남자애가 떨어 뜨린] 모자를 발견했다. 때문에 [그 놀잇감을 손에 쥐고 있던] 남자애는 자기의 모자를 주웠다.

여기서 문장 전체가 직면하고 있는 문맥은 "發現--[這個小男孩掉了的]一頂帽子。於是, [那個拿著玩具的]小男孩就--撿起他的帽子…帽子"으로 종속절의 시점("小男孩掉了帽子[남자애가 모자를 떨어 뜨렸다]")는 서술문 전체의 시점보다 전에 발생하고 있다. 때문에 여기의 종속절의 시점은 "前時狀態"(과거)이다. 두 번째 문장의 "拿着

玩具"[놀이감을 손에 쥐고 있다]의 시점과 문맥의 시점("捡帽子"[모자를 줍다])은 동시에 발생하고 있기 때문에 "共時狀態"(동시에 일어나고 있는 시점)이다.

다음은 대화체에 있는 "前時狀態"와 "共時狀態"의 예이다.

1. "前時狀態"[이전상태]

(16) 只要有這麼幾十萬的流動資金, 無所謂, 你愛關, 是愛停, 怎麼樣無所謂, 我把交了錢的學員, 踏踏實實把本給人拿走.[잡담]
이 몇십 만 원의 유동자금만 있다면 별 상관이 없다, 당신이 문을 닫든, 휴업을 하든, 어떻게 해도 무방하니, 난 돈을 낸 학원들을 착실하게 증서를 가져가게 할 것이다.

(17) 等一會兒呢正方和反方呢將會展開這個激烈的辯論, 在這之前呢我們來看一看北京國安隊多年以來取得的一係列的成績.
[토론]
잠시 후에 찬성측과 반대측이 이 열렬한 변론을 전개할 것입니다. 그 전에 우리는 북경 국안팀이 몇 년 동안 이룩한 일련의 성적을 한 번 보도록 하겠습니다.

2. "共時狀態"[동시상태]

(18) 現在我們聽聽咱們電視機前跟我們一起看節目的觀眾他們的觀點怎麼樣的.[토론]
지금 우리는 텔레비젼 앞에서 우리와 함께 프로그램을 보고 있는 관중 그들의 관점이 어떠한가를 들어 봅시다.

명사성 구의 유형론적 연구

(19) 哎呀這官廳兒管不了的事情我管。[잡담]

　　어이구, 이 관청에서 관할하지 못하는 일을 내가 관할하마.

　　陶紅印의 관찰로부터 서사체의 관계절에 표현되는 사건에 "超前
狀態"[이후상태]이 없다는 것을 알 수 있다. 이 결과는 Bernardo가
영어의 서사체에서 관찰한 결과와 일치하고 관계절에 표현된 내용은
모두 이미 발생하였거나 혹은 지금 현재 발생하고 있는 사실이라는
것을 설명한다. 관계절이 제공하는 정보는 배경에 속한다. 다음 대
화체의 상황을 관찰하도록 한다. 서사체와 달리 대화체에 있는 관계
절에는 "前時狀態"[이전상태]와 "共時狀態"[동시상태]뿐만이 아니라
비율이 높지 않지만 "超前狀態"[이후상태]도 있다. 우선 다음 예문
을 보기로 하자.

(20) 可能遇到的困難分析得那麼透徹, 我想你們那個美好願望也
　　　是咱們共同得美好願望也未必能實現, 對不對。[토론]
　　　닥칠 수 있는 어려움을 그렇게까지 철저하게 분석하여도 당신
　　　들의 그 아름다운 꿈이자 우리들 공통의 아름다운 꿈은 실현
　　　할 수 없을 수도 있다고 생각한다. 그렇지 아니한가?

　　이 예문의 첫 번째 단락은 수동자 주어문이고 주요구조는 "困難
…分析"[곤난은 …분석된다]이기 때문에 "分析"이 표시하는 목전 직
면하고 있는 문맥의 시점이다. 이 직면하는 시점과 비교하면, "可能
遇到的(困難)"[닥칠수 있는 (어려움)]이 발생하는 상태는 미래 시점이

어야 한다. 다음 예를 더 들 수 있다.

(21) 她可沒有跟我說要借錢的事。[전화]

그녀는 나한테 돈을 빌려 달라는 말을 한 적이 없다.

(22) 得讓自己滿意, 觀眾滿意, 這才能達到自己要求的效果。[잡담]

자기 자신이 만족하고 관객들이 만족하여야 자신이 요구하는

효과에 도달할 수 있다.

(23) 我看啊, 你結婚請客的那事兒咱們得重新考慮! [드라마]

내가 보기엔 당신이 결혼하고 손님 접대하는 그 일은 우리 다

시 고려해 볼 필요가 있다.

〈표 7-6〉은 대화체 관계절에 있는 시점의 분포 상황에 관한 통계
이다. 이 통계는 다음과 같은 것을 명확히 하고 있다. "前時"와 "共
時" 유형의 분포는 사물지시 관계절에서 출현비율이 접근하고 있다.
"共時" 유형은 인물지시와 시간지시의 관계절에서 다수를 점하고 있
는데 그중에 시간지시 관계절의 비율은 극히 높다.

〈표 7-6〉 관계절의 시점과 기능분포

	인물		사물		시간	
	용례수	비율(%)	용례수	비율(%)	용례수	비율(%)
과거	17	28.8	109	46.2	2	1.6
동시	36	61.0	113	47.9	114	91.2
미래	6	10.2	14	5.9	9	7.2
합계	59	100	236	100	125	100

위의 표에서 표시하는 비율 분포의 경향은 서사체와는 크게 다르

명사성 구의 유형론적 연구

다. 다음의 陶紅印의 논문에 있는 서사체의 통계와 대조해 볼 수 있다.

〈표 7-7〉 종속절의 시점과 기능분포(陶紅印(2002)에서 열거한 표 5)

	총 용례수	과거	비율(%)	동시	비율(%)	기타
시간	31	7	23	24	77	
인물	25	18	72	7	28	
사물	11	8	73	2	18	1
지점	4	3	75	1	25	
모양	1	—	—		1	

陶紅印의 세사체에 대한 통계와 우리의 대화체에 대한 통계를 대비하면 시점 표현의 문체에 의한 차이는 다음과 같은 두 가지로 귀납할 수 있다.

첫째, 대화체 중의 관계절에는 超前(미래) 시점 표현이 있지만 서사체에는 없다. 超前(미래) 시점 표현은 흔히 가정의 상황을 표시하고 대화체의 인물, 사물 그리고 시간을 지시하는 관계절에 보편적으로 존재하고 있다. 이는 대화체에 있는 관계절은 현실 상태를 표현할수 도 있고 비현실 상태를 표현할 수도 있지만 서사체에 있는 관계절은 현실상태만 표시하고 비현실 상태의 표현에는 사용될 수 없다는 것을 말해 준다.

둘째, 대화체와 서사체는 시간지시 유형의 관계절에 있어서는 큰차이가 없이 모두 "共時"(동시) 유형이 우세를 점하고 있다. 하지만 인물지시 유형과 사물지시 유형의 출현빈도는 차이가 비교적 선명하다. 서사체에서는 인물지시와 사물지시 유형이 모두 대부분이 "前時狀態"[이전상태]이지만 대화체에서는 이러한 경향을 보이지 않고 있다.

상술한 시점 표현의 분포 상의 차이는 관계절의 두 종류의 문체에서의 기능 차이와 직접적인 관련이 있다.

우선, 대화체와 같은 커뮤니케이션 모델은 그 주요한 기능이 서술 과정이 아니라 의견의 진술이다는 점을 결정한다. 화자가 의견을 서술할 때, 원인과 조건은 흔히 문제를 분석하고 의논하는 기초인데 원인과 조건에 관련된 담화 대상이 언급하는 사태는 틀림없이 아직 일어나지 않은 사태이다. 이는 "超前狀態"[이후상태]의 표현이 대화에 출현하지만 서사체에 출현하지 않은 원인이다.

둘째, 서사체의 표현 상의 과정성은 관계절의 서사체에서의 주요한 기능은 이미 언급되고 있는 대상의 추적이라는 점을 결정한다. 또한 대화체의 표현 상의 평론성은 관계절의 대화체에서의 주요한 기능은 추적이 아니라 담화 중에 언급되고 있는 대상의 명명이라는 점을 결정한다. 과정성과 평론성의 차이는 사태의 표현 면에서의 빈도분포의 차이를 결정한다.

7.6. 결론

본 장에서 우리는 대화체와 서사체에 있는 관계절에 대해 비교·분석하였다. 문체의 차이에 착안하면, 대화체에 있는 관계절의 특징은 다음과 같은 두 가지로 귀납할 수 있겠다.

명사성 구의 유형론적 연구

(1) 담화 기능으로부터 볼 때, 서술체와 비교했을 경우 대화체 관계절은 유일한 정보가 다수를 점하고 관계절의 주요한 기능은 에피소드의 장면전이 혹은 인물의 추적이 아니라 사물에 이름을 붙이는 것이다.

(2) 의미적 표현으로부터 볼 때, 서술체에 있는 관계절은 현재 상태만 표시하고 관계절에는 "前時"(과거) 시점과 "共時"(동시) 시점의 표현만 존재한다. 하지만 대화체에 있는 관계절은 현실 상태를 표시할 수 있을 뿐만 아니라 비현실 상태도 표시할 수 있다. 즉 관계절에는 "前時"(과거) 시점과 "共時"(동시) 시점의 표현도 있고 "超前"(미래) 시점의 표현도 있다.

본 장에서는 대화체 관계절에 대한 통계적 분석을 통해 문체 특징이 담화 기능과 의미적 표현 면에 미치는 영향을 고찰하였다. 앞선 몇 개 소절의 논의에서 우리는 대화체라는 커뮤니케이션 모델이 지니는 현장성과 평론성은 다음과 같은 것을 결정하고 있다는 것을 밝혀 냈다.

(1) 관계절의 담화 기능이 가지는 경향에 대해 말하면, 명명기능이 위주이고 추적기능은 부차적이다.

(2) 관계절의 특징을 표시하는 분포 구조에 대해 말하면, 현실 상태("前時"시점과 "共時"시점의 표현)를 표시할 수 있을 뿐만 아니라 비현실 상태("超前"시점의 표현)도 표시할 수 있다. 이와 같은 결과는 서술체에 있는 관계절의 상황과 선명한 대조를 이룬다.

제7장. 중국어 구어의 후치 관계절에 관한 연구

다시 말해, 관계절과 같은 통사적 형식은 하나의 지시수단으로 다양한 문체에 있어 기능적 차이가 확실히 존재한다.

본 장에서 실시한 비교 연구는 하나의 시도이다. 다양한 문체를 구분하고 하나의 통사적 형식에 대해 여러 문체를 대조하면서 기능 면에서 고찰을 하는 것은 중국어문법을 보다 심도있고 정확하게 이해하는 데 도움이 된다고 생각한다. 陶紅印(1999)에서 지적한 바와 같이 많은 유형의 주요한 문체에 있는 언어 현상을 체계적으로 연구하고 그 것을 명확히 해야만이 우리는 필요한 조건을 획득할 수 있고, 어느 정도 자신감을 갖고 중국어의 다양한 문체 간에는 어느 정도의 보편성이 있는지 어느 정도의 차이가 있는지를 묘사할 수 있다. 그리고 중국어 전체에 관련된 중요한 이론적 문제에 대해 보다 유효적인 대답을 얻는 것이 가능하게 된다. 우리는 더 많은 세밀한 문체 분류체계에 확립된 문법적 기술이 발표되기를 희망한다. 또한 문체 차이를 출발점으로 삼아 진행되는 연구는 중국어 문법에 대해 보다 많은 규칙을 명시할 가능성이 있고 이와 같은 연구는 이론적인 면에서도, 구체적인 응용 면에서도 모두 중요한 가치를 지닌다고 확신한다.

명사성 구의 유형론적 연구

陈佩玲、陶红印 1998《台湾官话叙事体中韵律单位的语法构成及其规律初探》,《语言研究》第1期。

方梅 2004《汉语口语后置关系从句研究》,载《庆祝〈中国语文〉创刊50周年学术论文集》,商务印书馆。

陶红印 1999《试论语体分类的语法学意义》,《当代语言学》第3期。

_____ 2002《汉语口语叙事体关系从句结构的语义和篇章属性》,《现代中国语研究》(*Contemporary Research on Modern Chinese*)第4期,日本。

袁毓林 1995《"的"字的句法语义功能》,《中国语文》第4期。

张伯江、方梅 1996《汉语功能语法研究》,江西教育出版社。

赵元任 1979/1968《汉语口语语法》,吕叔湘译,商务印书馆,1979年。

朱德照 1982《语法讲义》,商务印书馆。

Bernardo, Robert 1979 The function and content of relative clauses in spontaneous narratives. *Proceedings of Fifth Annual Meeting of the Berkeley Linguistics Society*. pp.539−551.

Chafe, Wallace 1987 Cognitive constraints on information flow. In R. Tomlin(ed.) *Coherence and Grounding in Discourse*. Amsterdam: John Benjamins.

Bernardo, Robert 1979 The function and content of relative clauses in spontaneous narratives. *Proceedings of Fifth Annual Meeting of the Berkeley Linguistics Society*. pp.539−551.

Chafe, Wallace 1987 Cognitive constraints on information flow. In R. Tomlin (ed) *Coherence and Grounding in Discourse*. Amsterdam: John Benjamins.

_____ 1994 *Discourse, Consciousness, and Time: The Flow and Displacement of Conscious Experience in Speaking and Writing*. Chicago: University of Chicago Press.

Chen, Ping 1986 *Referent Introducing and Tracking in Chinese Narratives.* Los Angeles UCLA dissertation.

_____ 1996 Pragmatic interpretations of structural topics and relativization in *Chinese Journal of Pragmatics* 26(3)：389-406.

Comrie, Bernard 1989/1981 *Language Universals and Linguistic Typology.* 沈家煊 译《语言共性和语言类型》, 华夏出版社, 1989年。

Du Bois, John W. 1980 Beyond definiteness：The trace of identity in discourse. In Chafe (ed.) *The Pear Stories: Cognitive, Cultural, and Linguistic Aspects of Narrative Production.* Norwood：Ablex Publishing Corporation.

Du Bois, John W, Stephan schuetze-coburn Susanna Cumming Danae Paolino 1993 Outline of discourse transcription In J. Edwards &M. Lampert(eds.) *talking Data: Transcription and Coding Methods for Discourse Research.* Hillsdale. NJ：Lawrence Erlbaum Associates. pp. 45-89

Du Bois, John W. and Thompson, Sandra A. 1993 *Dimensions of a Theory of Information Flow.* University of California. Santa Barbara. MS.

Fox, Barbara A and Sandra A. Thompson 1990a A discourse explanation of the grammar of relative clauses in English conversation. *Language* 66(2)：297-316.

_____ 1990b On formulating reference：an interactional approach to relative clauses in English conversation. *Pragmatics* 4 (1/2)：183-196.

Hawkins, John A. 1994 A Performance Theory of Order and Constituency. Cambridge University Press.

Keenan, Edward L. 1985 Relative clause. In Shopen(ed)*Typology and yntactic Description*, Vol. I. Complex Construction. Cambridge University Press.

Li, Charles and Sandra A. *Thompson 1981 Mandarin Chinese: A Functional Reference Grammar.* University of California Press.

Miller, Jim and Regina Weinert 1998 *Spontaneous poken Language: Syntax and Discourse.* Clarendon Press, Oxford.

Payne, Thomas E. 1997 Describing Morphosyntax：A Guide for Field Linguistics

Cambridge University Press.

Tao, Hongyin 1996 Units in Mandarin Conversation: Prosody, Discourse, and Grammar Amsterdam: John Beniamins.

Tao, Hongyin and Michael J. Mccarthy 2001 Understanding non-restrictive which-clause in spoken English, which is not an easy thing. *Language Sciences* 23(6): 651-677.

저자:方梅·宋貞花

Journal of Chinese Language and Computing 14(2),

2004년에 게재하였음.

중국어 관계절의 제한적과 비제한적 해석의 규칙

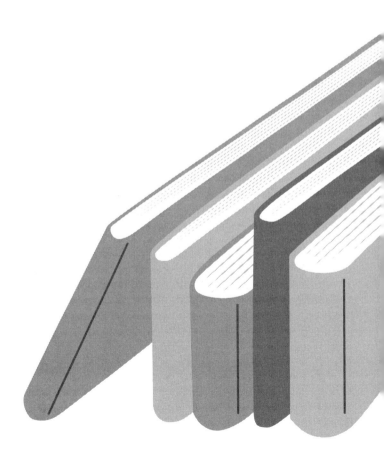

제**8**장.
중국어 관계절의 제한적과
비제한적 해석의 규칙

8.1. 서론

Keenan & Comrie(1977:3)과 Comrie(1989/1981:176-179)에서 제기
한 바와 같이 관형절에 관한 정의는 거의 대부분이 제한적 관계절에
관한 것이다. 이와 같은 정의에 의하면, 제한적 관계절은 핵어명사가
나타내는 개념의 내포를 증가하여 핵어명사가 지시하는 대상의 잠재
적인 범위를 축소시키는데 비제한적 관계절은 내포를 증가하지 않고
지시하는 대상의 잠재적인 범위를 축소시키지 않는다.

명사구를 꾸며 주는 수식어의 제한적·비제한적의 대립은 관계절
에만 국한되어 있지 않고, 범언어적으로 볼 때, 소유성 규정어, 형
용사성 규정어와 같은 의미 한정 수식어(meaning-restricting modifiers)
에도 존재한다. 이러한 대립은 어떤 언어, 예를 들면 반투어(Bantu)

명사성 구의 유형론적 연구

(Givón1972)에서는 형태와 통사 면에서 체현된다.

    (1) 제한적: umuana **mu**-suma

            아이   좋다

            the   good   child

            저/이 좋은   아이

    (2) 비제한적: umuana **umu**-suma

            아이   좋다

            the child,   the good one

            저/이 아이, 저/이 아주 좋은 저/이 아이

            저/이 아이, 그는 아주 좋다

   반투어는 서로 다른 종속절 표지를 사용하여 제한적·비제한적 수식어를 구별한다. 이러한 표지는 핵어명사와의 일치관계라고 할 수 있다.

   우리가 알고 있는 자료에 근거해 보면, 반투어의 "원형명사"는 문맥이 없는 첫 마디 말에서도 유정을 나타내려는 경향이 있다. 따라서 예문(1)과 예문(2)의 경우 "umuana"까지 말했을 때 화자의 마음 속에는 이미 "그 아이"를 가리키고 있다. 예문(1)의 제한적 용법은 화자가 이미 확정한 "그 아이"의 지시범위를 축소하지 않았다. 제한적 수식어를 사용하는 유일한 이유는 화자는 청자가 반드시 자신이 말한 수식어 "좋다"에 의존해야만 쉽게 "그 아이"의 지시대상을 확정짓는다고 생각하기 때문이다. 따라서 유정성을 띤 지시성분이 출현하는 명사구에 있어 수식어의 제한적·비제한적 대립은 본질적으로 화용론적인 문제로 화자와 청자가 핵어명사가 지시하는 "접근가능한" 능력에 대한 다른 표현이다. 이와 같은 화자와 청자의 내재적 모순은 모든 언어에 다 존재하지만 모든 언어가 다 서로 다른 형식을 이용하여 구별하고 있지는 않다(Campbell, 2000).

영어의 NP수식어는 형식 면에서 서로 다른 형식을 이용하여 제한적·비제한적의 대립을 표현하는가?

무한정사 복수명사(bare plurals)를 예로 들면 영어의 [형용사-무한정사 복수명사]는 하나의 중의성 구조를 이루는데 즉 형식 면에서 제한적·비제한적의 대립을 구분하지 않고 있다.

(3) black horses

제한적 이해: horses that are black(are rare.) (말 중의 검정색 말, 하위분류)

비제한적 이해: horses, which are black(, are rare.) (말, 말은 모두 검정색이다. 상위분류)

중의성을 초래하는 원인은 지시범주에 속한다. 영어의 무한정사 복수명사는 본질적으로 총칭성을 나타낸다(Carlson 1977 등). 때문에 영어 [형용사-무한정사 복수명사]도 여전히 총칭성을 나타내지만 화자나 청자나 있어 이러한 형식 자체에는 제한적(말 중의 검정색 말)과 비제한적(말, 말은 모두 검정 색이다) 두 가지 해석이 동시에 존재한다. 해석의 다름은 화용론적인 면에 체현될 뿐만 아니라 의미적인 면에도 체현된다. 즉 제한적 해석에서는 내포를 증가하고 지시범위를 축소하였지만, 비제한적 해석에서는 원형명사의 지시범위와 동일하다. 이는 "수식어"가 "총칭성분"을 제한할 경우, 필연적으로 직면하게 되는 중의성 구조이다. 가령 어떤 언어가 형식적인 구별을 제공하지 않았다면 중의성을 초래하게 된다. 이러한 현상은 범언어적인 보편성을 가진다.

"black horses(검정색 말)"을 해석할 경우 최선의 방법은 관계절을 유입하는 것이다. 예를 들면, 예문(3)에서 보여지듯 영어 관계절 수식어는 제한적·비제한적의 대립에 있어 형식적인 구분을 제공하고 있음을 알 수 있다. 범언어적으로 가령 어떤 언어가 총칭성분(일반적으로 원형명사인데 Kratzer 1995를 참조)의 어떤 수식어의 제한적·비제한적 범주에 대해 형식적인 변별적 수단을 제공하였다면 특정지시(specific) 성분에 대해서도 그러하다.

영어의 관계절은 총칭성분과 특정지시 성분을 수식할 때 이와 같은 구분이 다 존재한다. 즉 비한정적 관계절은 "어기나 휴지를 통해 핵어명사와 분리"하여 "삽입어(parenthetical)"로 되고, 제한적 관계절은 "안은 문장 속에 절 형태로 포함되어 있(embedding)"거나(Givón 1990) 또는 불철저한 형태·통사론적인 제한을 받는데 "that"는 비제한적 관계절의 관계대명사로 될 수 없다.

가령 중국어에서 관계절이 모두 핵어명사에 전치한다고 하면[1] 총

---

1 方梅(2004)에서는 北京話 구두어에 존재하는 일련의 관계절후치 현상에 대해 조사·연구하였다. 이와 같이 종속절을 후치함으로 핵어명사와의 "정보량을 증가시키는" 방법은 방언 구두어에 있어서도 보기 드문 현상은 아니다. 唐正大(2005:95~99)를 참조.

칭성분에 대해서든 특정지시 성분에 대해서든 전치하는 관계절은 형
태·통사론적인 구별을 제공하지 못한다. 뿐만 아니라 관계절이 전치
하면 휴지나 "삽입어화"도 불가능하다. 따라서 위의 논의에 의하면
중국어 [관계절-"的"-원형 핵어명사]는 문맥을 떠나서도 중의성 해
석이 가능한데 이러한 현상 역시 본 장의 연구범위에 속한다.

8.2. 제한적/비제한적 형용사 수식어

관계절에 대해 논의하기 전에 우선 중국어의 형용사가 수식어로
되는 명사구부터 살펴보기로 한다.

I. 紅苹果[빨간 사과]--지시변별성:사과 중에 빨간 것(다른 색이
　　아닌)[2]

II. 紅的苹果[빨간 색의 사과]--a. 지시변별성:사과 중 빨간 것(다른
　　　　　　　　　　　　　　　색이 아닌)

　　　　　　　　　　　b. 묘사성:(모든)사과, 사과는 빨갛다

---

[2]　중국어의 단일형식 형용사 더욱이는 단음절 형용사가 직접 원형명사 앞에
　　놓여 수식어로 되려면 많은 제한이 따른다(朱德熙1980/1956, 張伯江·方梅
　　1996 등). 그 제한 중의 하나가 바로 자유롭게 원형명사를 수식할 수 없다는
　　점이다. 따라서 조합이 가능한 일부 "형용사+명사"구조는 일부 어휘화 경향
　　을 띠게 된다. 이러한 현상은 원형명사가 나타내는 개념이 한 가지 속성 뿐
　　인데 이 속성이 예를 들면 "惡狼[악독한 늑대], 白雪[하얀 눈]"처럼 단일형
　　식 형용사로 이루어 졌을 경우 더 그러하다. 하지만 위와 같은 조합은 대부
　　분의 경우 지시변별성을 나타낸다.

Ⅲ. 紅彤彤的苹果[붉디붉은 사과]--묘사성:(화자가 주목하는 모든)
사과가 붉디붉다.

원형명사구는 복수·단수 구별이 없는 언어에 있어 총칭적 의미를
표현하는데 가장 적합하다(Chierchia1995, 劉丹青2002). 원형명사구란
바로 한정사(determiners, 지시사, 관사, 양화성분 등을 포함)의 꾸밈을 받
지 않는 명사구이다. 그리고 명사수식어 중의 형용사 규정어, 관계절
규정어, 명사성 속성규정어 등은 모두 원형 NP의 총칭성 속성을 변
화시키지 않는다(劉丹青2002). 다음 우리는 위의 I과 Ⅱ를 주제/주어
위치에 놓이게 한 후, Carlson(1977)와 劉丹青(2002)의 총칭 성분 테
스트 방법에 근거하여 단순 형식의 형용사와 복잡 형식의 형용사가
원형명사 "苹果"[사과]의 지시적 속성에 미치는 영향에 대해 논의하
겠다.

(4) 苹果[사과]　　　　　　　　苹果很常見[사과는 흔하다]
(5) 紅的苹果[빨간 사과]　　　　紅的苹果很常見[빨간 사과
　　　　　　　　　　　　　　　는 흔하다]
(6) 紅彤彤的苹果[새빨간 사과]　?紅彤彤的苹果很常見
(7) 挺紅的苹果[매우 빨간 사과]　*挺紅的苹果很常見
(8) 好紅好紅的苹果[붉디붉은 사과]　*好紅好紅的苹果很常見

예문(6)-(8)에 있어 일부 문장이 자연스럽지 못하거나 혹은 비문
이 되는 것은 이러한 문장의 주어 부분이 주어로서 적합하지 않기

때문만인 것은 아니다.

(9) 挺紅的/好紅好紅的苹果就這樣全爛在了地裏。
　　[매우 빨간/붉디붉은 사과가 이렇게 몽땅 밭에서 썩어 가고 있다]

이로 보아 "紅彤彤[새빨간], 挺紅[매우 빨간], 好紅好紅[붉디붉은]"과 같은 형용사의 복잡형식은 원형명사 본래의 총칭적 속성에 영향을 미치어 전반 원형명사구로 하여금 총칭성분으로 적합하지 않게끔 함을 알 수 있다.

하지만 실은 "好紅好紅的苹果"[붉디붉은 사과]는 비록 여전히 원형 NP 형식을 취하지만 이와 같은 형식이 가장 잘 표현하는 총칭적 의미는 나타낼 수 없게 되었고 전반 NP는 유정적 개체를 표현하기에 더 적합한 듯하다. 예를 들면 예문(9)가 그러하다.[3] 이와 같이, 원형 NP형식이 유정만 나타내고 총칭적 기능은 나타내지 않는 형식과 기능 간의 모순적인 현상에 대해서 우리는 "지시역설(指稱悖論)"이라고 한다(唐正大2005:83-86을 참조).

"苹果"[사과]부터 "紅的苹果"[빨간 사과]까지, 제한적 해석에서는 개념의 내포는 증가하고 지시대상의 범위도 축소하였지만 축소된 후 개념은 여전히 한 부류를 표현하는 데에 적용하고 이를 "苹果"[사과]의 하위 개념, 하위 부류로 볼 수 있다. 비한정적 해석에서는 "紅的

3　중국어 원형명사는 총칭을 나타낼 수 있을 뿐만 아니라 무지(비지시적인 것, 無指)도 나타내고 유정과 무정도 나타낼 수 있다. 때문에 예문(9)를 영어로 번역하면 "The once flourished apples are now all decomposed in the field"이 되고 관사를 생략하면 안 된다.

명사성 구의 유형론적 연구

苹果"[빨간 사과]와 "苹果"[사과]의 내포와 지시 범위가 동등하다고
볼 수 있다.

하지만 "挺紅的苹果"[매우 빨간 사과]를 발화할 때, 화자의 예상
가설에는 "*不挺紅的苹果"[매우 빨갛지 못한 사과] 등의 "유(類)"가
존재하지 않고, 화자는 자신이 비교 가능한 화자 자신이 묘사한 "苹
果"[사과]만 주목하고 이러한 "苹果"[사과] 외의 다른 사과에는 관심
이 없다.

총체적으로, 간단형식의 형용사가 수식어로 될 경우 다음과 같은
두 가지 현상을 고려해야 한다.

(1) 원형핵어명사의 지시범위를 제한, 축소하지만 축소 후 전반
    NP의 총칭적 속성을 변화하지 않는 것은 제한적 수식어에 속
    한다.
(2) 원형핵어명사의 지시범위를 제한, 축소하지 않지만 전반 NP는
    더이상 총칭적 의미를 표현하지 않는 것은 비제한적 수식어에
    속한다.

서법의미를 함유한 복잡형식의 형용사가 NP의 수식어으로 될 경
우, 전반 NP는 더이상 총칭적 의미를 나타내지 않고 개체만 지시하
는데 이러한 형용사 또한 비제한적 수식어에 속한다.

8.3. 핵어명사가 원형명사일 경우의 제한적·비제한적 관계절

8.3.1

Givón(1990)에서 지적한 "비제한적 수식절(非限製性修式小節)"이 삽입어의 형식으로 핵어명사와 분리하는 경향은 중국어의 원형명사가 총칭을 나타낼 뿐더러 관계절 구조의 핵심으로 되는 현상에는 적용되지 않는다. 중국어의 관계절전치와 같은 단일 형식은 비제한적·제한적 의미 표현에 있어 동일한 형식을 취하는데 모두 안은 문장 속에 절 형태로 포함되어 있는 비삽입어이다.

(10) 吃草料的馬[사료를 먹는 말]

(the) horses that/which eat hay

사료를 먹는 말(사료를 먹지 않는 말은 존재하지 않는다)

(11) 吃草料的馬[사료를 먹는 말]

horses, which eat hay

말(이란 동물)은 사료를 먹는다

중국어 원형명사도 문맥이 허용할 경우 특정지시 성분을 지시할 수 있다.

(12) 吃草料的馬[사료를 먹는 말]

the horses, that/which eat hay

사료를 먹는 저 말

형용사가 핵어명사의 수식어로 되는 것처럼 가령 어떤 관계절이 핵어명사의 총칭적 속성을 변화하지 않고, 핵어명사의 지시범주만 제한한다면 이는 제한적 관계절(예문10처럼)로 Ⅱa의 단일형용사에 해당한다.

가령 어떤 관계절이 원형핵어명사의 지시범위를 한정하지 않고(즉 전반 관계절구조와 핵어명사의 지시범위가 같음), 게다가 그 원형명사 자체가 나타내는 개념의 내포의 하나만을 돋보이게 했다면 이는 비제한적 관계절이다(예문11처럼). 가령 그 원형핵어명사가 총칭성을 나타내면 전반 관계절구조 또한 총칭성을 나타내는데 Ⅱb에 해당한다. 가령 원형명사가 개체를 지시하면 그 관계절구조 또한 동일한 개체를 지시하는데 Ⅲ에 해당한다.

가령 중국어 형용사에 "的"을 첨가하여 명사수식어로 되는 것을 관계절이라고 본다면, 그럼 Ⅲ는 비제한적 관계절이고, Ⅱa는 제한적 관계절이고, Ⅱb는 비제한적 관계절이다("단일형용사-"的"-중심어"는 제한적 관계절이 될 수도 있고 비제한적 관계절이 될 수도 있다).

다시 말해, 비제한적 관계절구조에 있어 핵어명사의 지시적 속성과 지시범위는 관계절의 꾸밈을 받지 않아도 이미 확정이 되어 있다. 이를 공식으로 표시하면 Rel-N=N이다.

한편으로 제한적 관계절구조에 있어 핵어명사의 지시적 속성 혹은 지시범위는 이를 꾸며 주는 종속절이 확정되거나 또는 한정되는 것을 필수로 한다. 이를 공식으로 표현하면 Rel-N<N이다.

그렇다면, 핵어명사가 원형형식일 경우 모든 관계절구조는 다 중의성을 지니는가? 실은 그리 간단하지 않다.

8.3.2 고유명사가 핵어명사로 되는 경우

고유명사는 "유일무이"(unique)한 지시형식으로, 한정성분(지시 한정 성분 혹은 의미 한정 성분)을 별도로 첨가할 필요 없이, 그 지시 대상의 범위는 지시하는 지시체(能指) 자체로 한정할 수 있다(고로 proper name라고 일컬음). 즉 가령 관계절이 수식어로 될 경우 이 종속 절은 비제한적이어야만 한다.

> (13) 寫過『狂人日記』的魯迅
>   [〈광인일기〉를 쓴 노신]

"寫過『狂人日记』的魯迅"은 {魯迅|寫過『狂人日记』, 生于浙江, 曾留學日本}[노신|〈광인일기〉를 썼다, 절강에서 출생하였고 일본에 유학을 간 적이 있다]라고 할 수 있기 때문에 "寫過『狂人日记』的魯迅"="魯迅"이 된다. 따라서 "寫過『狂人日记』"[〈광인일기〉를 쓴]은 비제한적 관계절이다.

沈家煊(1999, 2004)의 "인지방법" 내부관련 패턴의 시각에 근거하여 이 문제를 분석하면 아주 편리하다. 고유명사 "魯迅"[노신]은 일련의 의미적 특징(내포)을 함의한다. 담화에 있어 텍스트 등 문맥의 수요에 근거하여 그중의 어떤 의미적 특징을 두드러지게 함으로 수식어로 되도록 하는데 이는 "魯迅"[노신]의 내포를 증가시키지 않기 때문에 돌출된 의미적 특징이 어떤 수식어로 실현될 경우 그 수식어는 비제한적이다.

하지만, 다음과 같은 예문은 주의해야 한다.

명사성 구의 유형론적 연구

⑭ 正在寫『狂人日記』的魯迅 [〈광인일기〉를 쓰고 있는 노신]

　　[〈광인일기〉를 쓰고 있는 노신]〈[노신]

⑮ 處在童年時代的魯迅 [동년시절의 노신]

　　[동년시절의 노신]〈[노신]

⑯ (作爲)書法家的魯迅[서예가(로서)의 노신]

　　[서예가(로서)의 노신]〈[노신]

　　이상의 세 개의 예문은 제한적 관계절 구조로만 해석 가능하고 비제한적 관계절 구조의 중의적인 해석은 갖고 있지 않다. 예문⑭와 예문 ⑮ 중의 [魯迅(노신)]은 실은 여러 시간단계에 의해 "유일무이"한 "魯迅 [노신]"에 대해 획분하여 형성된 것으로 이런 수식어는 "魯迅[노신]"의 지시대상으로 하여금 더는 "유일무이"한 것이 아니라 [青年時代的魯 迅(청년시대의 노신)], [晚年的魯迅(노년의 노신)], [完成『狂人日記』的魯 迅(〈광인일기〉를 완성한 노신)] 등이 모두 존재 가능하도록 하였다.

　　우리의 관찰에 의하면 위에 열거한 종속절에 내포되어 있는 술어 는 모두 뚜렷한(顯性) 시간표지를 첨부하고 있다. "在"는 전형적인 장 면 층위 술어(stage-level predicates, Carlson 1977, Chierchia 1995, Kratzer 1995, 劉丹靑 2002를 참조)의 표지이다. 예문⑯의 "書法家"[서예가]는 노신의 다면적인 "특징/직업" 가운데의 한 방면으로 이 논항은 "공간 논항"(Diseng 1992) 혹은 "지점"(陳平 2004)과 동등한 개념이다. 장면 층위 술어는 "시간논항" 외에 "공간논항"도 구비하고 있지만 본질적 으로는 여전히 장면 층위 술어유형에 속한다.

　　고유명사가 핵어명사로 될 경우, 그 수식어의 제한적·비제한적 해석에 대한 우리의 결론은 다음과 같다.

고유명사에 대해 개략적으로 요약하면, 종속절이 개체 층위 술어 (individual level)의 특징을 지닐 경우 관계절은 비제한적 관계절로만 실현되고, 종속절이 장면 층위 술어(stage level)의 특징을 지닐 경우 관계절은 제한적 관계절로만 실현된다.

8.3.3 고유명사가 아닌 원형명사(非專有光杆名詞)가 핵어명 사로 되는 경우

다음의 예문 중 RC는 제한적 관계절을 표시하고, NRC는 비제한 적 관계절을 표시한다.

(17) 吃螃蟹的毛利人[게를 먹는 모리인]
　　 -RC: 吃螃蟹的毛利人和不吃螃蟹的毛利人我都見過[게를 먹는 모리인과 게를 먹지 않는 모리인, 나는 모두 만난 적이 있다]
　　 -NRC: 毛利人都吃螃蟹[모리인은 모두 게를 먹는다]
(18) 毛利人吃的螃蟹[모리인이 먹는 게]
　　 -RC: 毛利人吃的螃蟹和白人吃的螃蟹不同[모리인이 먹는 게 와 백인이 먹는 게가 다르다]
　　 -NRC: 螃蟹只有毛利人吃(只有毛利人吃螃蟹)[게는 모리인만 이 먹는다(모리인만이 게를 먹는다)]

우리는 이로 하나의 핵어명사의 비제한적 관계절을 이해하기 위한 테스트 모델을 설정할 수 있다.

a. 주어를 관계화할 경우([Rel的N_{sub}])

가령 "N_{sub}都Rel"이 성립되면 Rel은 비제한적 관계절로 해석된다.

가령 "Rel都N_{sub}和不/没Rel的N_{sub}我都見過"도 성립하면 Rel도 제한적 관계절로 해석된다.

b. 목적어를 관계화할 경우([Rel的N_{obj}])

가령 "只有S才VN_{obj}"이 성립되면 NRC로 해석된다.

가령 "SV的N_{obj}和S_iV的N_{obj}不同"이 성립되면 RC로 해석된다.

다음은 몇 개의 예문에 대해 테스트를 한다.

(19) 吃螃蟹的人[게를 먹는 사람]

   -RC: 吃螃蟹的人和不吃螃蟹的人[게를 먹는 사람과 게를 먹지 않는 사람]

   -NRC: 人都吃螃蟹[사람은 모두 게를 먹는다]

(20) 吃螃蟹的人類[게를 먹는 인류]

   -RC: 吃螃蟹的人類和不吃螃蟹的人類[게를 먹는 인류와 먹지 않는 인류]

   -NRC: 人類吃螃蟹[인류는 게를 먹는다]

만일 "吃螃蟹的毛利人[게를 먹는 모리인]" 중의 "吃螃蟹[게를 먹는]"이 제한적 관계절로 해석될 가능성과 비제한적 관계절로 해석될 가능성이 비슷하다면, "吃螃蟹的人[게를 먹는 사람]" 중의 "吃螃蟹[게를 먹는]"은 비제한적으로 해석되기보다 제한적 관계절로 해석될 가능성이 보다 크다. 하지만 "吃螃蟹的人類[게를 먹는 인류]"는 비제한적 관계절로만 해석이 가능한 듯하다. 그 이유에는 풍자적 의미가 강하게 함유되어 있다. "人[사람]", "毛利人[모리인]"과 "人類"[인류] 중 "人"[사람]의 지시대상(referent)의 범위가 가장 넓어 그 내포와 지시하는 대상의 개체적 특징, 수량, 범위 등을 모두 확정하기가 가장 어렵고 문맥에 의존하여 속해 있는 어떤 내포를 활성화시킬 것을 필수로 하고 이에 따라 그 지시대상이 명확해진다. "人類[인류]"는 비록 하나의 부류(類)에 속하지만 그 지시대상은 하나의 "단독적인" 개념일 뿐 "張三李四瑪麗和蘇珊娜[장삼, 이사, 마리와 수잔]"를 포함하지 않고 있어 그 내포와 지시대상이 가장 쉽게 확정될 뿐더러 문맥에 의존하여 활성화시킬 것을 가장 필요로 하지 않기 때문에 이를 꾸며주는 수식어는 비제한적으로 될 수밖에 없다. "毛利人[모리인]"의 내포와 지시대상의 확정성은 "人[사람]"과 "人類[인류]" 사이에 있다.

위에서 말하는 "문맥"의 관계절구조에서의 체현이란 바로 관계절 즉 다음 예문의 밑줄 친 부분을 가리킨다.

⑵ <u>直立行走,會製造工具的</u>人 [직립보행하고 도구를 제조할 줄 아는 사람]

(人=人類)〉(人=一類人)〉(人=某些/那些人)

명사성 구의 유형론적 연구

(사람=인류)〉(사람=어떤 류의 사람들)〉(사람=어떤 사람들/저런 사람들)

(22) 吃肉的人[고기를 먹는 사람]

　(人=一類人)〉(人=人類)〉(人=某些/那些人)

　(사람=어떤 류의 사람들)〉(사람=인류)〉(사람=어떤 사람들/저런 사람들)

(23) 吃螃蟹的人[게를 먹는 사람]

　(人=某些/那些人)〉(人=一類人)〉(人=人類);?(人=人類)

　(사람=어떤/저런 사람)〉(사람=어떤 류의 사람들)〉(사람=인류);

　?(사람=인류)

(24) 正在吃螃蟹的人[게를 먹고 있는 사람]

　(人=某些/那些人)*(人=人類)*(人=一類人)

　(사람=어떤/저런 사람)*(사람=인류)*(사람=어떤 류의 사람들)

　　"人[사람]"의 지시대상에는 확실히 문맥에 의한 확정이 필수적이기 때문에 "人[사람]"이 출현 가능한 통사적 환경도 많다. 하지만 "人類[인류]"는 문맥에 의존하지 않고서도 지시대상을 명확히 할 수 있을 뿐만 아니라 문맥에 대하여 선택적인 제한을 가지고 있다. 예문 (24)에 쓰일 수 없고, 예문(23)에 쓰이면 부자연스러운 문장으로 된다 (8.3.4절의 논의를 참조).

　　때문에 다음을 쉽게 귀납할 수 있다.

　　가령 어떤 핵어명사가 문맥(통사적으로 관계절로 되는 것)에 의존하여 그 지시대상을 명확히 하려는 경향이 높을수록 그 관계절은 제한적 관계절로 분석이 될 가능성이 높다.

8.3.4 수식어 의존형 명사가 핵어명사로 되는 경우

다음은 관계절에 강하게 의존하여 그 지시대상의 명사를 한정하는 극단적인 현상에 대해 살펴보겠다. 다음과 같은 관계절은 제한적 관계절로만 분석 가능하다.

(25) 老張喜歡的方式

[장 씨가 좋아하는 방식]

-RC: 老張喜歡的方式和老李喜歡的方式不同

[장 씨가 좋아하는 방식과 이 씨가 좋아하는 방식]

-*NRC: *只有老張才喜歡方式

[장 씨만이 좋아하는 방식]

(26) 曾經廣泛流行的思想

[전에 광범위하게 유행했던 사상]

-RC: 曾經廣泛流行的思想和從未流行的思想我都經歷過

[전에 광범위하게 유행했던 사상과 아직 전혀 유행하지 않은 사상, 나는 모두 겪은 적이 있다]

-*NRC: *思想都曾經廣泛流行

[사상은 모두 광범위하게 유행했었다]

(27) 老張調查的情況

[장 씨가 조사한 정황]

-RC: 老張調查的情況和老李調查的情況不同

[장 씨가 조사한 정황과 이 씨가 조사한 정황이 다르다]

-*NRC: *只有老張才調查情況

[장 씨만이 조사한 정황]

(28) 价格便宜的東西

[가격이 저렴한 물건]

−RC: 价格便宜的東西和价格不便宜的東西不同

[가격이 저렴한 물건과 가격이 저렴하지 않는 물건이 다르다]

−*NRC: *東西都价格便宜[4]

[물건은 모두 가격이 저렴하다]

(29) 讓人讚歎的體形

[사람들이 부러워하는 체형]

−RC: 讓人讚歎的體形和不會讓人讚歎的體形不同

[사람들이 부러워하는 체형과 사람들이 부러워하지 않는 체
형은 다르다]

−*NRC:*體形都讓人讚歎

[체형은 모두 사람들이 부러워한다]

Givón(1990)에서는 이와 같은 명사를 "의미와 화용의 비지시"의
"간접격"의 의미역할이라고 일컫는다. 실은 이러한 명사는 결코 진정
한 "비지시적"인 것이 아닐 뿐더러 "간접격"을 점하는 것에 국한하지
도 않고 있다(위에서 열거한 예문을 보면 모두 간접격의 위치에 놓이지 않
았다). 袁毓林(1994)에서는 "일항명사(一价名詞)"라고 부르는데 그 당시

---

4 "東西都价格便宜[물건은 모두 가격이 저렴하다]"는 문맥에 추적가능한 지시
대상이 있는 경우에만 유정을 표시한다. 문맥이 없는 조건 하에서는 총칭을
표시할 수밖에 없다.

"일항명사"라는 개념을 사용하여 논의하였던 문제는 이러한 일항명사로 이루어진 서술구문의 "的"자 구조의 전이와 관련된 문제였다.[5] 실은 "일항명사"의 특수성은 이뿐이 아니다. "사물—속성" 관계류의 일항명사가 명사구의 핵심으로 될 경우 반드시 의존관계가 있는 명사성 결합항을 활성화시키는 것이 필수적이지 않다. 즉 "속성"을 나타내는 핵어명사는 이와 같은 속성을 지니는 "사물"명사가 출현하는 것을 요구하지 않으나 반드시 일정한 수식어의 출현을 필수적으로 한다. 이러한 수식어는 형용사, 소유성 성분, 관계절 등 의미 한정 수식어일 수도 있고 지시성분일 수도 있다.

(30) *他喜歡體形[그는 체형을 좋아한다]

他喜歡漂亮的體形[그는 예쁜 체형을 좋아한다]

他喜歡老婆的體形[그는 아내의 체형을 좋아한다]

他喜歡這種體形[그는 이런 체형을 좋아한다]

他喜歡經過鍛煉形成的體形[그는 운동하여 가꾼 체형을 좋아한다]

이러한 "體形[체형]"의 수식어는 모두 제한적이다. "體形[체형]"과 같은 일항추상명사로는 "方式[방식], 研究[연구], 手段[수단], 結果[결과], 原因[원인], 技術[기술], 性質[성질], 事物[사물], 想法[생각],

---

5   우리는 "价格便宜的毛料[가격이 싼 모직물]"은 "這毛料价格便宜[이 모직물은 가격이 싸다]"에서 주제를 관계화시켜 핵어명사로 하는 관계절구조이라고 생각한다.

명사성 구의 유형론적 연구

器官[장기], 樣子[모습], 表情[표정], 氣質[기질], 性格[성격]" 등이
있다.

　하지만 위와 같이 비제한적 관계절로 해석할 수 없는 핵어명사에
는 "일항명사"가 아닌 명사도 일부 포함되어 있다. 예를 들면, "東西
[물건], 情況[정황], 思想[사상], 工具[도구], 事物[사물], 文集[문집],
材料[재료], 器物[기물]" 등이 있다. 이러한 명사는 그것과 의존관계
에 있는 명사 결합항이 존재하지 않고 반면에 어떤 속성을 구비하고
있는 명사인 추상 종류명사와 흡사하다(예를 들면, "材料[재료]"는 "紅
木[마가호니], 鋁合金[알루미늄 합금], 塑料[플라스틱]" 등을 포함). 이러한
어휘는 단독적으로 쓰일 경우, 인지 과정 중에 일반적으로 그것과
대립되는 개념("牛奶[우유]-蛋糕[케익]-羊奶[산양유]", "食品[식품]-药品
[약품]-战略物资[전략물자]", "東西[물건]-?")이 존재하지 않기 때문에
보통은 한꺼번에 그 내포와 지시대상을 파악하는 것이 어렵고 개별
적으로 이해할 수도 없기 때문에 그 지시대상을 확정하기 위해 수식
어의 출현을 강하게 요구한다. 이러한 추상도가 높은 종류명사에 수
식어를 첨가하면 제한적 수식관계를 표현하는 경향이 강하다.

　"兒子[아들], 愛人[애인], 桌子(腿兒)[(책상)다리]"와 같은 관계명사
는 기타 일항명사의 수식어에 대한 의존도와 방식와는 달리 수식어
중의 속격성분이 공기할 것을 필수로 한다. 가령 기타 수식어가 있다
고 해도 속격성분의 영향력은 여전히 존재한다.

　(31) 老張喜歡的兒子[장 씨가 좋아하는 아들]
　　　=老張喜歡的老張自己的兒子(老張有兩個或以上兒子 老張只有一

個兒子)

　[장 씨가 좋아하는 장씨 자신의 아들(장 씨에게는 둘 혹은 둘 이

　　상의 아들이 있다 장 씨에게는 아들이 하나 밖에 없다)]

　#老張喜歡的老李的兒子[장 씨가 좋아하는 이 씨의 아들]

　#老張喜歡的所有人的兒子[장 씨가 좋아하는 모든 사람의 아들]

(32) 漂亮的兒子[예쁜 아들]

　#某個人的那個/那些漂亮的兒子[어떤 사람의 그 예쁜 아들/들]

　#世界上所有的漂亮的兒子[세계상 모든 예쁜 아들]

　##世界上所有的兒子, 他們都漂亮[세계상 모든 아들, 그들은

　　모두 예쁘다]

　우리는 이 세 종류의 수식어에 대해 정도와 방식이 다른 의존성
이 있는 명사(일항 추상명사, 추상 종류명사, 일항 친족명사)를 "수식어
의존형 명사"라고 부르는 것도 좋을 것 같다. 이러한 명사는 원형 형
식으로 관계절의 뒤에 출현하여 핵어명사로 될 경우, 그 관계절은 제
한적 관계절로만 해석된다.

　지금까지 원형명사가 그 지시대상을 확정할 때의 수식어에 대한
의존도의 차이에 근거하여 우리는 이미 세 가지 유형의 명사가 관계
절구조의 핵어명사로 되는 상황에 대해 논의하였다.

　가장 문맥에 의존하지 않고 지시대상을 확정짓는 명사는 고유명
사이다. 속성류의 관계절은 언제나 비제한적 관계절로만 해석될 수
밖에 없다.

　가장 문맥에 의존하여 지시대상을 확정짓는 명사는 "수식어 의존

명사성 구의 유형론적 연구

형 명사"로 일항명사, 추상 종류명사와 관계명사를 포함하고 있다. 이러한 명사는 수식어의 출현을 강제적으로 요구하고 관계절은 제한적 관계절로만 해석된다.

양자 사이에 속해 있는 대부분의 원형명사는 수식어에 대한 의존도도 다소 다르다. 하지만 수식어로서의 관계절은 보통 제한적과 비제한적이라는 두 가지 해석을 갖고 있다.

우리는 "사람, 모리인, 인류"의 관계도를 수정함으로써 이 부분을 마무리하고자 한다.

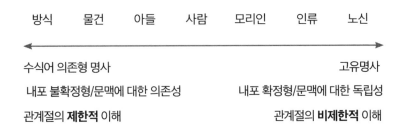

| 방식 | 물건 | 아들 | 사람 | 모리인 | 인류 | 노신 |

수식어 의존형 명사   고유명사
내포 불확정형/문맥에 대한 의존성   내포 확정형/문맥에 대한 독립성
관계절의 **제한적** 이해   관계절의 **비제한적** 이해

8.4. 관계절 술어 유형이
한정적·비한정적 관계절에 미치는 영향

술어 유형에 대해 앞서 논의한 장면 층위 술어와 대립되는 것이 개체 층위 술어인데 개체 층위 술어는 "천연적으로" 총칭과 조화를 이룬다(Chierchia 1995). 술어 유형에 대한 이와 같은 두 가지 구분은 많은 문제를 분석함에 커다란 영향을 미치었는데 관계절의 제한적·비제한적의 이해에 있어서도 예외가 아니다.

8.3.2절에서 언급했듯이, 핵어명사가 고유명사일 경우, 종속절이 개체 층위 술어(i-level)를 갖고 있으면 이 관계절은 비제한적 관계절로 해석할 수 있고, 종속절이 장면 층위 술어(s-level)를 갖고 있으면 이 관계절은 제한적 관계절로 해석할 수 있다.

핵어명사가 수식어 의존형 명사일 경우, 관계절이 개체 층위 술어든 장면 층위 술어든 이 관계절구조는 제한적으로만 해석이 가능하다.

(33) 老張应该尝试的方式[장 씨가 시도해야 할 방식] 개체 층위 술어, 제한성

(34) 老張正在尝试的方式[장 씨가 지금 시도하는 방식] 장면 층위 술어, 제한성

다음은 상술한 두 극단인 "수식어 의존형 명사"와 "고유명사" 사이에 위치해 있는 명사에 대해 살펴보겠다.

(35) 正在吃螃蟹的毛利人[게를 먹고 있는 모리인] 장면 층위 술어, 제한적>비제한적

(36) 習慣吃螃蟹的毛利人[게를 먹는 것에 습관이 된 모리인] 개체 층위 술어, 제한적=비제한적

(37) 去年吃過螃蟹的人[작년에 게를 먹었던 사람] 장면 층위 술어, 제한적>비제한적

(38) 敢吃螃蟹的人[(용기가 있어)게를 먹을 수 있는 사람] 개체 층위 술어, 제한적=비제한적

명사성 구의 유형론적 연구

(39) 不小心折了的鉛筆[부주의로 부러뜨린 연필] 장면 층위 술어,
제한적; *비제한적
(40) 不小心就會折的鉛筆[조심하지 않으면 부러지는 연필] 개체
층위 술어, 제한적=비제한적

이로 보아, 전반적인 추세는 관계절 중의 장면 층위 술어는 그 관
계절이 비제한적 관계절로 이해하기 어렵지만 개체 층위 술어는 그
관계절은 제한적 관계절 혹은 비제한적 관계절 둘 다 가능하다.

8.5. 관계절 술어와 핵어명사가 총칭을 나타낼 때의 내포의 상관도가 RC와 NRC의 해석에 미치는 영향

위 8.3.3절의 예문(21)−(24) 중에 제시된 하나의 매개변수를 소홀
시하면 안 된다. 그것은 관계절의 술어유형이다. 예문들을 통해 동일
한 핵어명사일지라도 장면 층위 술어(SL)를 갖는 관계절은 개체 층위
술어(IL)를 갖는 관계절에 비해 제한적 관계절로 되는 경향이 보다
강함을 알 수 있다. 예문(21)−(24)는 속성이 점차적으로 약화되고 사
건이 점차적으로 강화되는 과정이다.

핵어명사의 유형과 관계절의 술어유형이 모두 확정이 되었을 경
우, 그 관계절의 "내용" 즉 표시하는 명제와 핵어명사가 표시하는 류
(類)의 내포의 관련정도도 관계절의 제한적·비제한적 이해에 영향을
미친다.

우리의 이해에 의하면, "사람"이 총칭성분을 나타낼 때의 내포구조가 {사람|직립보행하고, 도구를 만들고, 언어능력이 있고……}이라 묘사할 수 있다면 "직립보행할 수 있는 사람"은 "인류"로 해석하는 경향이 있다. 즉 비제한적인 해석이다. 하지만 "잠수하고 양손으로 걷기" 등은 "사람"이 homo sapiens(인류)로서의 내포구조에 진입 가능성이 없기 때문에 "잠수할 수 있는 사람, 양손으로 걸을 수 있는 사람"은 "사람"과 동일한 관련성이 낮아짐으로 그 결과 "잠수가능"과 "양손 사용"은 제한적으로 해석하는 경향이 있다.

8.6. 여론

위에서 논의한 제한적·비제한적 관계절에 관한 논술에는 다음과 같은 전제가 있다.

(1) 핵어명사는 모두 원형명사이다.
(2) 이 원형명사는 총칭성을 나타낸다.
(3) 관계절구조가 명사구NP 자체로 되는 경우만을 논의하고 그 구조가 주절 중에 출현하는 현상에 대해서는 논의하지 않는다.

이 세 가지 전제를 가설한 이유는 중국어 원형명사가 다양한 문맥에서 서로 다른 지시기능을 지니기 때문이다. 중국어에서 한정사 더욱이는 정지지시사가 출현할 경우 중국어의 "Rel的N"는 형식, 악센트, 휴지 등의 면에서 제한적·비제한적의 화용론적 대립을 나타내지 않는다.

方梅(2004)는 北京話 구두어 말뭉치에 관한 연구에서 전치관계절은 "모두 한정성을 띠고 어떤 실체를 지시하거나 식별할 수 있다"고 지적하였다. 이와 같은 관찰은 일리가 있다. 우리는 중국어 핵어명사가 특정지시 의미를 표현할 때 [관계절-"的"-핵어명사]구조는 제한적·비제한적의 구분이 없다고 본다.

方梅(2004)의 北京話 구어 말뭉치에 관한 연구와 關中방언 구어 말뭉치에 대한 필자의 관찰에 근거하면 엄격한 관계절의 정의에 따르면 구어에서 출현하는 "관계대명사"형 후치관계절은 이미 北京話에서 검증되었는데 사용되는 관계대명사는 인칭대명사가 허사화된 "他"이다. 한편 關中방언의 후치종속절의 수식어는 흔히 경성의 "就是", "那個/兀個······的", "那個/兀個······那個/兀個" 혹은 영형식을 사용하여 표현한다. 하지만 일반적으로 "선상적인 정보량의 증가"에 사용되며, 통계에 따르면, 구어에서 꽤 길어도 허용하는 경우가 있다.

우리는 중국어에 있어 전치관계절이 "지배적인 지위를 점하는" 통사적 환경 중에 문법화 정도가 비교적 높고 문어 문체로의 삽입도 비교적 심한 후치관계절(예를 들면 형가리어)이 출현하였다면, 이와 같은 종속절과 전치된 종속절의 분업은 중국어 제한적·비제한적 관계절 형식 면에서의 대립적인 표지로 될 가능성이 있다고 본다. 하지만 이는 아직 본 장에서 깊이 논의할 수 있는 문제는 아니다.

方梅 2004《汉语口语后置关系从句研究》，载《庆祝〈中国语文〉创刊50周年学术论文集》，商务印书馆。

刘丹青 1983《亲属关系名词的综合研究》，《语文研究》第3期。

_____ 2002《汉语类指成分的语义属性与句法属性》，《中国语文》第5期。

_____ 2005《汉语关系从句标记类型初探》，《中国语文》第1期。

沈家煊 1999《转指和转喻》，《当代语言学》第1期。

_____ 2001《不对称和标记论》，江西教育出版社。

_____ 2004《语法研究的目的-预测还是解释？》，《中国语文》第6期。

唐正大 2005《关系从句的类型学研究》，中国社会科学院研究生院博士学位论文。

袁榆林 1994《一价名词的认知研究》，《中国语文》第4期。

_____ 1995《谓词隐含及其句法后果-"的"子结构的称代规则和"的"的语法、语义功能》，《中国语文》第4期。

张伯江、方梅 1996《汉语功能语法研究》，江西教育出版社。

朱德熙 1978《"的"字结构与判断词》，《中国语文》第1、2期。

_____ 1980/1956《现代汉语形容词研究》，《语言研究》第1期；又载《现代汉语语法研究》，商务印书馆，1980年。

Campbell, Geoage L. 2000 *Compendium of the world's languages*. New York: Routledge. 1-1854.

Carlson, G. N. 1977 *A Unified Analysis of the English Bare Plural, Lingguistis and Philosophy*. Dordrecht, Holland: Reidel Publishing Company. Pp. 413-457.

Chierchia, Gennaro 1995 Individual-level predicates as inherent generics. In Carlson etal. (eds.) *The Generic Book*. Chicago: University of Chicago Press. pp. 176-223.

명사성 구의 유형론적 연구

Comrie, Bernard 1989/1981 *Language Universals and Linguistic Typology.* 沈家烜 译《语言共性和语言类型》, 华夏出版社, 1989年。

Givón, Talmy 1972 Studies in ChiBemba and Bantu grammar. Studies in *African Linguistuics,* Supplement3.

_____ 1990 Syntax: *A Functional-typological Introduction.* John Benjamins B.V.pp.644-698.

Keenan, E.L. & B. Comrie 1977 Noun Phrase Accessibility and Universal Grammar. *Linguistic Inquiry*8:63-99.

Keenan, Edward L. 1985 Relative clauses. In T. Shopen (ed.) *Language Typology and Syntactic Description,* Vol. II: Complex Constructions. Cambridge: Cambridge University Press.pp.141-170.

Kratzer, Angelika 1995 Stage-level and individual-level predicates. In Carlson et al.(eds.) *The Generic Book.* Chicago: University of Chicago Press.pp.125-175.

저자:唐正大
《語法研究和探究(13)》에 게재하였음, 商務印書館, 2006년

중국어 형용사의 제한적과 비제한적 및 "的"자 구문의 생략규칙

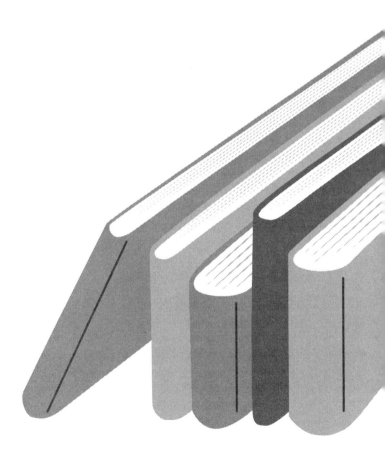

제**9**장.
중국어 형용사의 제한적과 비제한적 및 "的"자 구문의 생략규칙

9.1. 서론

"的"과 관련된 문제는 그동안 중국어 연구에 있어 주된 관심을 일으킨 문제였다. 朱德熙(1980/1961)는 중국어에는 세 가지 구별되는 "的" 즉 부사성 후치성분 "的1", 형용사성 후치성분 "的2", 명사성 후치성분 "的3"이 존재한다고 주장하였다. 그가 획분한 세개의 "的"에 대해 黃國英(1982)은 "的1"과 "的2"는 모두 앞에 놓이는 성분의 문법적 성질을 변화시키지 않기 때문에 한 부류로 합칠 수 있지만 "的3"은 앞에 놓이는 성분의 성질을 변화시키므로 따로 한 부류로 설정해야 한다고 지적하였다. 張敏(1998:234)은 "的"의 첨가는 수식어와 명사 간의 인지거리를 증가시켜 주는데 모든 "的"은 이와 같은 기능을 갖고 있다고 하였다. 郭銳(2000)는 "的"을 명사화 표지로 보는 것은 합당하지 못하다고 주장하면서 "的"자구문이 어휘적 측면에서는 수식성을 띠고 통사적 측면에서 지시성을 띠므로 세 개 "的"은 하나로 묶어서 다룰 수 있다고 하였다. 陸丙甫(2003)도 "的"의 각종 용법에 동일성이 있다는 점에 찬성하고 있다. 그는 "的"의 기본적인 기능은 묘사성 표지로 되는 것이고 변별성 혹은 지시변별성 기능은 묘사성이 일정한 조건 하에 파생하여 생성된 화용론적 기능이라고 보고 있다. 陸丙甫(2003)는 또 다음과 같이 제시하고 있다. 묘사성과 변별성은 모두 수식성에 속하는데 묘사성은 내포적인 각도에서 중심어 성분을 꾸며 주는 것이고 청자에게 "어떠한 것인가"를 알려 주는 반면에 변별성과 지시성은 그 지시하는 외연을 강조하고 "어떤 하나/것들"을 알려준다. 이러한 정의에서 보면 묘사성과 변별성은 두 측면에 속해 있으므로 충돌이 발생하지 않는다. 하나의 규정어는 의미적인 면에서 묘사성도 있고 화용론적인 면에서 변별성과 지시성도 지닐 수 있기 때문에 묘사성과 변별성은 한 규정어에 공존할 수 있다. 예를 들면 "白白的"[새하얀]과 "白的"[하얀]은 모두 묘사성과 변별성이 있는데 전자의 묘사성이 더 강하다. 陸丙甫(2003)의 중요한 기여는 규정어의 의미·화용론적 측면의 기능을 구분한 것과 묘사성과 변별성이 한 형용사 규정어에 있어 충돌하지 않는다는 것을 의식한 점이다.

하지만 朱德熙(1980/1961)에서 지적한 바와 같이, "X的"는 흔히 지시에 쓰이고, "XX的"는 일반적으로 NP성 구조로 간주할 수 없으며 흔히 어떤 지시대상의 성질에 대해 묘사할 때 쓰인다. 가령 묘사성과 변별성을 모든 규정어에 다 구비하는 두 측면의 기능이라고 본다면, 朱德熙가 지적한 이와 같은 선명한 대립을 해석할 수 없게 된다.

본 장은 다음과 같이 생각한다. 규정어의 기능은 응당히 의미론적 측면과 화용론적 측면을 구분해야 하고, 의미론적 측면은 묘사성과 변별성의 대립이고 화용론적 측면은 제한적과 비제한적의 대립이다.

변별성은 명사 중심어에 대한 분류이고 묘사성은 중심어의 성질에 대한 설명이다. 일반적인 경우에는 중심어에 대한 분류와 중심어의 성질에 대한 설명은 모순되지 않기 때문에 하나의 형용사 규정어는 흔히 변별성과 묘사성을 다 구비한다. 예를 들면, "白襯衣[하얀 셔츠]"와 "雪白的襯衣[새하얀 셔츠]" 중의 "白[하얀]"과 "雪白[새하얀]"은 모두 "襯衣[셔츠]"를 분류할 수 있는 동시에 모두 "襯衣[셔츠]"의 색상에 대한 설명이다. 다만 이들은 의미적 기능의 경향성에 차이가 있는데 사람들은 대체로는 "白襯衣[하얀 셔츠]"를 "襯衣中白的一類[셔츠 중 하얀 부류]"로 이해하는 경향이 있고, "雪白的襯衣[새하얀 셔츠]"는 기존 셔츠에 대한 묘사로 보는 경향이 있다. 이러한 현상은 가능하게 "白[하얀]"과 "雪白[새하얀]"이 응용 과정 중에 체현된 차이일 것이다. 이런 화용론적 차이는 반대로 의미적 측면에도 작용하여 여러 유형의 형용사로 하여금 서로 다른 의미적 경향을 지니도록 한다. 묘사성과 변별성은 형용사 규정어 자체의 기능을 강조하고 응용 중에 있는 NP의 지시범위에는 파급되지 않는다.

제한적과 비제한적은 실은 응용 중에 체현된 대립이고 문맥과 밀접히 관련된다. 제한적 수식어는 NP의 지시범위를 축소하고 삭제하면 지시하는 지시체를 식별하는 데 영향을 미친다. 즉 제한적 수식어는 NP의 지시대상을 식별하는 것을 돕는 데 쓰인다. 비제한적 수

명사성 구의 유형론적 연구

식어는 지시대상이 기타 조건에 의존하여 확정된 상황 하에서 그 지시대상을 묘사할 경우에 쓰인다. 비제한적 수식어는 지시대상의 식별에 도움을 주지 못한다.

본 장은 명사 수식어로 되는 것 혹은 단독으로 지시할 수 있는 "X的"에 대해 논의한다. "的"의 기능은 아주 복잡하다. 때문에 술어나 보어 위치에 놓이는 "X的"은 본 장의 연구범위에 속하지 않는다. 우리는 "這個孩子白白胖胖的[이 아이는 하얗고 포동포동하다]" 중의 "X的"을 논의하지 않는다. 그 외에 본 논제와 밀접히 관련되는 문제로는 즉 규정어표지 "的"이 어떠한 상황 하에 생략이 가능한가 하는 문제이다. 본 장은 주로 규정어의 기능에 대해 논의한다. 일부 규정어는 중심어를 꾸며 줄 경우 "的"을 첨가하지 않아도 되지만 만약에 그 규정어가 제한적 기능이 있다면 반드시 "的"을 첨가해야만 대용역할을 할 수 있다. 예를 들면, "紅衣服[빨간 옷]"은 "紅[빨간]"이 제한적 기능이 있을 경우 반드시 "紅的[빨간 것]"이라고 말해야 한다.

9.2. 제한적과 비제한적의 정의 및 표현

9.2.1 제한적과 비제한적의 정의

제한적(restrictive)과 비제한적(non-restrictive, NR이라 약칭함)에 관한 연구는 그간 이 한 쌍의 범주를 구별하는 문법적 수단이 있는 언어에서 많이 논의되었다. 예를 들면, 휴지와 문장부호는 영어의 제한적 관계절과 비제한적 관계절을 구별함에 있어서의 가장 유효적인 수단이다. 문어체에서 쉼표(구어에서는 음성에서의 휴지로 표현됨)로 분리되는 관계절은 비제한적이고, 중심어 바로 옆에 놓이는 것은 제한적이다.

Christensen(1957)은 규정어, 형용사, 병렬구조의 어느 한 병렬항, 문말상황어는 기능 면에서 모두 제한적·비제한적의 구별이 존재한다고 하였다. 하지만 R과 NR에 관한 연구는 모두 NP의 수식어에만 국한되었다. Givón(2001:10-11)에서는 제한적 수식어는 지시대상의 범위를 축소하고 기능 면에서 한정사(지시사, 소유어 혹은 정관사--인용자)와 유사하지만, 비제한적 수식어는 보다 많은 특징을 사용하여 지시대상에 대한 묘사를 풍부시켜 주므로 지시대상의 범위를 축소하지 않는다고 지적하였다.

(1)a. There were two men standing at the bar. One was tall, the other short... That is, until the tall man opened his mouth and said...

술집에 두 남자가 서 있었다. 한 명은 키가 크고 다른 한 명은 키가 작았다. …… 그러니까, 그 키 큰 남자가 입을 열고 말하기 전까지는……

b. There was a man standing at the bar. He was exceedingly tall, his head almost scraping the ceiling... That is, until the tall man opened his mouth and said...

술집에 두 남자가 서 있었다. 그는 거의 천장에 닿을 정도로 키가 엄청나게 컸다.…… 그러니까, 그 키 큰 남자가 입을 열고 말하기 전까지는……

예문(1a)의 tall은 제한적이지만 예문(1b)에서는 비제한적이다. 영어 (구어와 문어를 포함)에는 형용사의 제한적과 비제한적 대립을 구별해 주는 것이 존재하지 않기 때문에 기타 문맥의 영향을 받지 않을 경 우 다음 예문은 중의성을 가진다(Peterson 1997:232).

(2) The tired men ate strawberries.
그 피곤한 남자들은 딸기를 먹었다.

이 문장은 두 가지 해석이 있다. 1) tired은 비제한적으로 이 문장 의 뜻은 "남자들(일정한 범위 내의 모든 남자들)은 딸기를 먹었고 그들 은 모두 매우 피곤했다"이다. 2) tired은 제한적으로 이 문장은 "일정 한 범위 내의 남자들 중 피곤한 남자들만이 딸기를 먹었다"라고 해 석할 수 있다.

스페인어도 쉼표(음성 휴지)로 제한적 관계절과 비제한적 관계절을 구분할 수 있다.

(3) Los combatientes   que   son valientes deben ser respetados.
ART champion RELATOVE PRONOUN be brave ought to be respect−PPL
용감한 전사들은 존경 받아야 마땅하다(특별히 전사들 중 용감 한 일부를 지시함).

(4) Los combatientes,   que   son valientes, deben ser respetados.
ART   champion RELATOVEPRONOUN be   brave   ought to be

respect-PPL

이 전사들, 그들은 용감하므로, 존경 받아야 마땅하다(언급한 모든 전사들을 가리킴).

관계절의 R과 NR의 차이는 음성 수단에 의해 명시되는 외에, 스페인어에서는 어순에 의해 형용사의 R과 NR의 기능을 표기할 수 있는데 전치형용사의 기능은 비제한적을 나타낼 수 있다.[1]

(5) las   altas   torres
    ART   높다   탑

높은 탑, 어떤 특정적인 탑은 높은 특성이 있음을 묘사.

후치는 제한적이다.

(6) las   torres   altas
    ART   탑   높다

탑 중에서 높은 탑들, 높지 않는 탑과 구별된다.

---

1 陸丙甫는 필자에게 스페인어 및 그 밖의 로망스어(Romance)에서의 전·후치 규정어의 구별은 아주 복잡하여 각종 문헌의 표현은 일치하지 않는데 이는 아마도 구체적인 형용사와 관련이 있을 것이라고 지적해 주었다. 기본적인 경향으로 전치하는 것은 한정성이 보다 크다고 陸丙甫는 주장하고 있다(상세한 논의는 Lu 1998을 참조). 여기서 우리가 채택한 것은 스페인어 문법교재 중에서 광범위하게 사용되고 있는 설명이다(예를 들면 常福良 2004:67). 이 두 상반되는 표현이 반영하는 것은 동일한 현상이다. 다시 말해, 스페인어 중 형용사의 제한적/비제한적 기능은 어순에 의존하여 구별될 수 있는데 다만 어순 수단이 이 한 쌍의 화용론적 기능을 변별하는 고유적인 통사적 수단으로 문법화되지 않았다. 변별이 명확하지 않은 현상은 어순 수단이 아직도 변천 과정 중에 있음을 잘 설명해 준다.

명사성 구의 유형론적 연구

R과 NR의 차이는 여러 개의 수식어(多重修飾語)를 가지는 NP에서도 존재한다. 예를 들면, "the first edition of 1962"는 "1962년에 처음으로 출판한 (서적)"이라 해석할 수도 있고 기타 년도에는 몇 차례 출판했을 가능성이 있는 "1962년에 출판한 몇 개 판본 중의 초판"이라 해석할 수도 있다. 만약 전자와 같이 이해한다면 1962는 비제한적이고, 후자와 같이 이해한다면 1962는 제한적이다. 중국어의 이와 대응되는 "1962年的第一版(1962년의 초판)"도 역시 중의성을 가진다.

동일한 수식어는 다양한 문맥에서 서로 다른 기능을 가진다. 예를 들면, 예문⑴에서 tall은 a구문에서는 제한적 정보이지만 b구문에서는 비제한적 정보이며, 예문⑵ 중의 tierd는 구문에서 중의성을 띠고 있다. 이로 보아 우리는 제한적과 비제한적은 규정어 자체가 지니고 있는 의미적 특징이 아니라 실제 응용에서 체현된 수식어와 중심어 간의 일종의 화용론적 관계임을 알 수 있다. 핵어명사의 지시대상을 확정할 때 다른 수단 예를 들면 손동작, 상하문이 제공하는 정보 등 문맥 요인을 응용할 수 있는데 제한적 수식어의 기능이 바로 이러한 화용론적 요인의 기능에 해당한다.

중국어의 NP의 수식어에도 R과 NR의 대립이 존재한다. 강세는 중국어에서 사용하는, 수식어로 하여금 제한적 기능을 갖게 하는 유일한 수단이다. 이 현상은 해석하기 쉽다. 강세를 부가하면 수식어로 하여금 초점성분이 되어 같은 종류 대상의 다른 하위분류와의 대립을 구성하기 때문에 필연코 제한적이다. 하지만 강세는 중국어에 있어 R과 NR을 구분하는 특정 범주가 아니다. 왜냐하면, 강세를 부가한 수식어는 반드시 제한적이지만 강세가 없는 수식어는 여전히

제9장. 중국어 형용사의 제한적과 비제한적 및 "的"자 구문의 생략규칙

제한적과 비제한적의 대립이 존재하기 때문이다. 영어의 강세 수단
은 중국어와 유사하다(Givón 2001:10).

(7) The industrious Chinese did well in California.
   a. 모든 중국인은 모두 부지런하다. =NR
   b. 다만 일부분 중국인은 부지런하다. =R
(8) The INDUSTRIOUS Chinese did well in California.(대문자는
   강세를 표시−인용자)
   a. *모든 중국인은 모두 부지런하다. =NR
   b. 다만 일부분 중국인은 부지런하다. =R

R과 NR를 구분하는 문법적 수단 사이에는 다음과 같은 우선도
의 서열(优先度序列)이 존재한다.

통사적 수단 > 음성적 수단 > 기타 요인

통사적 수단은 강제성이 가장 강하다. 즉 기타 수단은 통사적 수
단을 사용하여 구분한 R과 NR를 변화시킬 수 없다. 음성적 수단(휴
지, 강세 등)이 그 다음이고, 기타 요인(규정어가 성질형용사인가 아니면
상태형용사인가 등과 같이, NP가 관여하는 사건의 상태 등)은 R과 NR을
구분함에 있어 일정한 역할을 하지만 강제성이 없고 통사적, 음성적
수단에 의해 개변할 수 있다.

9.2.2 제한적/비제한적을 확정하는 방법

생략법 혹은 변환법을 이용한다면 수식어의 성질을 확정지을 수 있다.

1) 생략법: 수식어 삭제 후 NP의 지시 범위에 영향을 미치는지 여부이다. 만약 영향이 있다면 그 수식어는 제한적이고, 영향이 없다면 비제한적이다.

(9) 遠處走過來一個女孩子, 這個(戴紅帽子的)女孩子顯然不是她要找的人。NR

멀리서부터 여자애가 걸어왔다. 이 (빨간 모자를 쓴) 여자애는 분명히 그녀가 찾고 있던 사람이 아니다.

(10) *(帶紅帽子的)女孩子是她妹妹。R

*(빨간 모자를 쓴)여자애는 그녀의 여동생이다.

2) 변환법: "X的Y(NP)"를 "Y中X的(那/一個/些)"격식으로 변환할 수 있는지 여부이다. 만약 변환이 가능하다면 X는 제한적 수식어이고, 불가능하다면 비제한적 수식어이다.

(11) 我想要一件漂亮的衣服。(=我想要(所有)衣服中漂亮的一件, R)

나는 예쁜 옷을 갖고 싶다.(=나는 (모든) 옷 중 예쁜 옷을 갖고 싶다)

(12) 我買了一件漂亮的衣服。(≠我買了衣服中漂亮的一件, NR)

나는 예쁜 옷을 샀다.(≠나는 옷 중 예쁜 것을 샀다)

변환법을 이용하면 그중의 차이점을 발견할 수 있다. 예문(12)는 "나는 옷 한 벌을 샀는데 이 옷은 매우 예쁘다"라는 뜻이다. 이는 하나의 사실에 대한 서술이다. 하지만 변환 후의 뜻은 "(특정된) 대량의 옷을 앞에 놓고, 나는 그중의 가장 예쁜 옷 한 벌을 샀다"이므로 일종 비교의 의미를 함의한다. 이로부터 우리는 "漂亮[예쁜]"이 예문(12)에서는 비제한적이고 예문(11)에서는 제한적임을 알 수 있다.

9.2.3 묘사성/변별성과 제한적/비제한적의 구별과의 연관

우리의 관점에서 볼 때, 陸丙甫(2003)에서 언급한 변별성은 의미와 화용적 기능이 혼합된 것이지만 묘사성은 우리가 말한 의미적 시각에서의 분류와 대응된다.

의미적 기능은 형용사 고유의 특징에 근거한 형용사에 대한 분류로, 형용사가 중심어의 분류로 될 수 있는지 여부를 보는 것인데, 중심어의 분류로 되는 수식어는 변별성을 나타내고 기존 대상에 대해 묘사를 하는 수식어는 묘사성을 나타낸다. 원칙적으로 보면, "雪白的[새하얀]"과 "白的[하얀]"은 명사를 꾸며 줄 경우, 모두 명사를 분류하는 기능이 있고 동시에 묘사성 기능도 있다. 변별성과 묘사성은 모든 형용사 자체가 동시에 구비하고 있는 기능으로, 분류하는 동시에 묘사하는 기능이 있다. "白的"과 "雪白的"은 두 가지 해독이 있다.

"白襯衣"(하얀 셔츠)　　"雪白的襯衣"(새하얀 셔츠)

　a. 셔츠 중 하얀 종류　　셔츠 중 새하얀 종류

　b. 어떤 셔츠에 대한 묘사　기존에 있는 어떤 셔츠에 대한 묘사

명사성 구의 유형론적 연구

하지만 오직 "수식어+명사"만 출현하고 그 외의 문맥이 없는 상황 하에서는 "白的"과 "雪白的"은 해독함에 있어 경향이 있다. "白的"은 분류로 이해하려는 경향이 있고 "雪白的"은 기정된 대상에 대한 묘사로 이해하려는 경향이 있다(위 문장의 강조한 부분은 그러한 해독 경향성이 있음을 나타낸다).

제한적이란 화자가 중심어에 대해 어떤 시각에서 분류하는지를 강조하는가 그렇지 아니한가 즉 중심어의 분류가 지시 범위에 영향을 미치는가 여부를 가리킨다. 비제한적이란 규정어가 기정된 지시 대상의 성질에 대해 묘사하는 것을 가리키는데 이때 중심어에 대한 분류 여부는 지시 범위에 영향을 미치지 않는다. 우리는 지시 범위에 영향을 미치는지 여부는 실제 응용에서 체현되는 것으로 제한적/비제한적이 묘사성/변별성보다 묘사함에 있어 더 적합하다고 본다. 제한적/비제한적은 묘사성/변별성과 다르다. 양자는 "이것이 아니면 저것이다"라는 관계이기에 한 문장이 기정된 해독이 있다면 수식어는 제한적과 비제한적을 동시에 나타낼 수 없다.

변별적인 특징을 체현하려는 경향이 있는 "白"은 제한적일 수 있고 다음과 같이 비제한적 용법도 있다.

(13) 她穿了件白襯衫, 下身配了條花裙子。

그녀는 하얀 색 셔츠에 밑에는 꽃무늬 치마를 입고 있다.

(14) 給我拿件白襯衫過來。

하얀 색 셔츠를 가져다 주십시오.

9.3. 형용사의 제한적과 비제한적

9.3.1 중국어 중의 형용사의 기능

기존의 논의(朱德熙 1956, 1980/1961, 沈家煊 1999:301-307)에 의하면, 중국어 형용사의 형식과 기능에는 대응 관계가 존재하는데 단음절 형용사는 전형적인 성질형용사이고 복잡한 형용사(중첩형, 뒤에 성분이 부가되는, 정도부사의 수식을 받거나 혹은 병렬구조를 이루는 형용사를 포함)는 전형적인 상태형용사이며 이음절 형용사는 성질과 상태 사이에 분포하고 있다고 한다. 성질과 상태는 "의미상의 구별에 속하지만 동시에 통사 기능에도 완벽하게 반응되고 있다"(朱德熙 1956:6). 즉 성질형용사가 나타내는 것은 명사의 온정적이고 장기적인 속성으로 분류 작용을 하고 상태형용사는 명사의 일시적인 상태를 묘사하므로 묘사 작용을 한다. 이와 동시에 성질과 상태의 구별은 통사적 기능의 대립에서도 체현된다. 예를 들면 "的"을 첨가하지 않고 직접 규정어로 될 수 있는지 없는지, 상용적인 통사 기능이 술어로 되는 것인지 아니면 규정어로 되는 것인지 등이다(朱德熙 1956, 沈家煊 1999:301-307). 성질과 상태의 차이는 형용사의 형식, 통사·의미적 특징의 분류를 혼합한 것인데 혼합할 수 있는 이유는 형용사의 형식, 통사·의미적 기능 간에 무표지 대응이 존재하기 때문이다.

형용사는 통사 기능에 의해 하위분류할 수 있다. 이는 중국어만이 갖고 있는 특유 현상이 아니다. Dixon(2004)에서는 Macushi어는 통사적 표현에 근거하여 다음과 같은 두 종류의 형용사를 구분할 수

명사성 구의 유형론적 연구

있다고 지적하였다.

	A류	B류
명사를 수식할 수 있는지 여부	명사화 표지가 필요	직접 명사를 수식할 수 있음
온전한 NP를 구성할 수 있는지 여부[2]	불가능	가능
계사의 보족어로 될 수 있는지 여부	가능	명사화 표지가 필요
부사의 기능이 있는지 여부	있음	없음

　통사적 기능으로 볼 때, A류 형용사는 대체적으로 중국어의 상태형용사에 해당하고 B류 형용사는 성질형용사에 해당한다.

　Genetti & Hildebrandt(2004)에서는 다음과 같이 지적하고 있다. Manange어(藏緬語의 일종)의 형용사는 단순형용사(simple adjectives)와 동사와 흡사한 형용사(verb-like adjectives) 두 가지로 나뉘는데 규정어로 될 경우, 동사와 흡사한 형용사는 명사화 표지 -pv를 첨가해야 하지만 단순형용사는 그럴 필요가 없다. 단순형용사와 동사와 흡사한 형용사는 대체적으로 중국어의 성질형용사와 상태형용사에 해당한다. 劉丹靑(2008)은 성질-상태라고 하는 문법범주의 대립은 동아시아 언어 예를 들면 藏緬語, 藏侗語, 알타이계의 언어에 광범위하게 존재한다고 지적하였다.

　朱德熙(1956:7, 17-18)에서 지적하기를 규정어로 될 경우 단음절

2　여기서의 저자의 소개도 매우 상세하지는 않다. 대체적인 뜻으로는 형용사에 어떤 종류의 접사를 첨가하여 NP를 구성할 수 있다는 것인데 이와 같이 고려한다면 이 접사는 중국어의 "的"에 해당된다.

제9장. 중국어 형용사의 제한적과 비제한적 및 "的"자 구문의 생략규칙

(즉 성질) 형용사는 제한적이고 복잡한(즉 상태) 형용사는 묘사성을 지니며 이음절 형용사는 복잡한 형용사에 가깝다고 하였다. 朱德熙 (1956)가 언급한 제한적과 묘사적이란 명사를 분류할 수 있는지 여부를 보는 것으로 이 한 쌍의 대립은 본 장절에서 말한 변별성과 묘사성에 해당하여 성질-형태 대립이 나타내는 일종의 의미적 특징이라고 볼 수 있을 뿐만아니라(沈家煊1999a:308-309) 한 쌍의 독립적인 의미 범주라고 여길 수도 있다.

우리는 형용사의 각 기능 간에는 다음과 같은 무표의 연관 패턴이 존재한다고 주장한다.

	무표 관련 1	무표 관련 2	무표 관련 3
형식	단음절형용사	이음절형용사	복잡한 형용사
형식-통사-의미	성질형용사	성질과 상태 사이에 분포	상태형용사
의미	제한적[3]	대다수가 묘사적임	묘사적

성질과 상태의 구별은 형용사의 형식, 통사·의미적 기능의 융합이고

---

3 陸丙甫는 필자에게 스페인어 및 그 밖의 로망스어(Romance)에서의 전·후치 규정어의 구별은 아주 복잡하여 각종 문헌의 표현은 일치하지 않은데 이는 아마도 구체적인 형용사와 관련이 있을 것이라고 지적해 주었다. 기본적인 경향으로 전치하는 것은 한정성이 보다 크다고 陸丙甫는 주장하고 있다(상세한 논의는 Lu 1998을 참조). 여기서 우리가 채택한 것은 스페인어 문법교재 중에서 광범위하게 사용되고 있는 설명이다(예를 들면 常福良 2004:67). 이 두 상반되는 표현이 반영하는 것은 동일한 현상이다. 다시 말해, 스페인어 중 형용사의 제한적/비제한적 기능은 어순에 의존하여 구별될 수 있는데 다만 어순 수단이 이 한 쌍의 화용론적 기능을 변별하는 고유적인 통사적 수단으로 문법화되지 않았다. 변별이 명확하지 않은 현상은 어순 수단이 아직도 변천 과정 중에 있음을 잘 설명해 준다.

변별성/묘사성은 성질/상태의 대립에서 분리되어 나온 의미적 기능이다. 형용사의 형식, 통사·의미적 특징 간에는 무표지의 관계가 존재하기 때문에 따라서 성질과 상태의 대립을 융합할 수 있다.

9.3.2 "的"자 구문의 대용규칙

朱德熙(1956,1980/1961)는 명사성인 "X的3"은 "X的+중심어"를 대체할 수 있고 이 구조는 "제한적인 것"이라 지적하였다. 范繼淹(1979)은 다음과 같이 지적하고 있다. "형용사+的"의 대용규칙은 변별성·묘사성과 연관이 있다. 단음절 형용사가 규정어를 충당할 경우 변별성을 띠기에 중심어를 대용할 수 있지만 형용사의 "생동" 형식은 묘사성을 띠므로 "的"을 첨가하여 중심어를 대용할 수 없다. 이음절 형용사는 양측에 속한다.

단음형	이음형 A	이음형 A	상태형
大的(蘋果)	重要的(問題)	奇怪的*(問題)	雪白的*(床單)
큰(사과)	중요한(문제)	기괴한(문제)	새하얀(침대시트)
好的(意見)	正確的(決策)	英明的*(決策)	熱騰騰的*(飯菜)
좋은(의견)	정확한(결정)	영명한(결정)	뜨거운(음식)

范繼淹(1979)의 관점에 의하면 상태형용사는 "的"을 첨가하여 대용 기능을 할 수 없다. 하지만 朱德熙(1956)는 정도부사 "最"[가장], "比較"[비교적], "更"[더]로 구성된 상태형용사가 규정어로 될 경우 제한적이고 상태형용사 중의 특수 현상이라고 지적하였다. 대용규칙

으로 테스트를 하면 일반적인 상태형용사와 같지 않음을 발견할 수 있다.

(15) 最貴的不一定是最好的。

가장 비싼 것이 결코 가장 좋은 것은 아니다.

(16) 那件比較新的是他的。

그 비교적 새로운 것이 그의 것이다.

(17) 別哭了, 我給你買一個更好的。

울지 마, 내가 꼭 더 좋은 걸 사 줄게.

전형적인 상태형용사 "很+A"도 다음과 같이 대용 중심어로 쓰일 수 있다.

(18) 我很喜歡毛毛熊, 昨天又買了個很大的。

나는 곰인형을 가장 좋아해서 어제 또 큰 것을 샀다.

(19) 哪件是張三的衣服?――床上那件很新的就是。

어느 것이 장삼의 옷인가? 침대 위에 있는 저 새 것이 바로 장삼의 옷이다.

위 예문과 같은 예외는 변별성/묘사성의 대립으로 해석할 수 없다.

沈家煊(1999a:293)은 姚振武(1996)의 관점을 인용하여 다음과 같이 지적하고 있다. "很+A" 외에 기타 형식을 취하는 상태형용사가 "的"을 부가하여도 일정한 조건하에서 명사화가 가능하다.

명사성 구의 유형론적 연구

(20) 那塊黃澄澄的是誰的金子。

저 누렇게 반짝이는 것은 누구의 금인가?

(21) 這件乾乾淨淨的給你穿。

이 깨끗한 것은 당신이 입으세요.

이와 같은 전형적인 상태형용사는 묘사성 특징을 위반하지 않고 특징 개체에 대한 서술을 나타낼 수 있으며 "的"을 첨가한 후 명사를 대용할 수 있다. 게다가 전형적 변별성을 지닌 단음절 형용사는 규정어로 될 경우 분류(구별)의 작용을 할 수 있지만 "的"을 첨가하여 중심어를 대용할 수 없다.

(22) 我五歲的時候, 媽媽給了我一個小盤子(*小的), 上面寫了一行 我不認識的字。

내가 다섯 살 때 어머니는 나에게 작은 접시를 하나 주었다. 그 위에는 모르는 글자가 한 줄 쓰여져 있었다.

예문(22) 중의 "M+N(小盤子)"(작은 접시)는 N(盤子)(접시)의 하위부류이고, M+N〈N, "小"는 구별(분류) 작용이 있지만 "的"을 첨가하여 NP를 대용할 수 없다.

이로부터 우리는 "형용사+的"이 NP를 대용할 수 있는지 여부는 묘사성, 구별성과 일정한 관련이 있지만 결정적인 조건이 아님을 알 수 있다.

우리는 수식어가 응용 과정 중에 표현되는 제한적과 비제한적 기능이야말로 "수식어+的"이 적격적인 NP로 될 수 있는지 여부를 결정하는 관건적인 요소이다. 변환법을 활용하여 테스트할 수 있다.

(23) *我五歲的時候, 媽媽給了我盤子中比較小的一個。[4]

내가 다섯 살 때 어머니는 나에게 접시 중 비교적 작은 것을 주었다.

단음절 형용사 "小"은 비록 변별성 특징이 있지만 기능은 제한적이지 않기 때문에 "的"을 첨가하여 명사를 대용할 수 없다.

앞선 연구를 종합하여, 우리는 중국어의 형용사는 형식, 통사, 의미, 화용 등 면에서 다음과 같이 하위분류할 수 있고 다음과 같은 조합의 무표지의 관련이 존재한다고 생각한다.

	무표지 관련 1	무표지 관련 2
형식-통사-의미	성질	상태[5]
의미	구별	묘사
화용	제한적	비제한적

성질형용사는 분류(구별) 작용이 있고, 주로 제한적 기능에 쓰인

---

4   예문(22), (23)의 밑줄 친 부분은 통사적으로는 아무런 문제가 없지만 변환후 문장의 의미가 바뀌었고 여기서는 화용론적으로 부적격인 문장이다.

5   여기서의 저자의 소개도 매우 상세하지는 않다. 대체적인 뜻으로는 형용사에 어떤 종류의 접사를 첨가하여 NP를 구성할 수 있다는 것인데 이와 같이 고려한다면 이 접사는 중국어의 "的"에 해당된다.

다. 반면에, 상태형용사는 흔히는 묘사 작용이 있고, 주로 비제한적 기능에 쓰인다. 언어에는 일부 유표지의 관련이 동시에 존재하는데 예를 들면, 성질형용사가 분류 기능을 유지하는 동시에 비제한적에 쓰이고, 묘사성을 띠는 상태형용사는 같은 부류에서 지시대상을 확정하는 데 쓰일 수 있어 제한적 기능을 한다. 변별성/묘사성과 제한성/비제한성을 다른 측면에의 두 쌍의 개념이라고 본다면 위에서 제기한 일련의 비대응을 설명할 수가 있다.

위에서 제시한 바와 같이, "的"자 구조가 NP를 대용할 수 있는 것은 형용사의 의미적 특징(변별성/묘사성)과 관련이 있지만, 의미적 특징은 대용규칙을 전적으로 설명할 수 없다.

"紅帽子"[빨간 모자]의 "紅"[빨간]은 성질형용사이고, 일반적으로 분류의 작용을 하며, 흔히 중심어를 생략하여 "紅的"[빨간 것]이라고 말할 수 있다. 하지만, 만일 그것이 문장에서 비제한적인 작용을 한다면, 중심어 명사는 결코 생략할 수 없다.

(24) 剛才我還看見她了呢, 她戴了一頂紅帽子(*紅的)。

방금 전에 나는 그녀를 만났었어. 그녀는 빨간 색 모자를(*빨간 것을) 쓰고 있었어.

(25) 我五歲的時候, 媽媽給了我一個小的, 上面寫了一行我不認識的字。

내가 다섯 살 때 어머니는 나에게 작은 것을 하나 주었다. 그 위에는 모르는 글자가 한 줄 쓰여져 있었다.

"小的"는 통사적으로 완전히 성립 가능하지만, 위의 예문의 "小的"이 중심어를 생략한 후 통사적으로 부적격인 것은 "小"가 문장에서 제한적 기능을 하지 않기 때문이라고 생각한다. 이는 생략법을 이용하여 증명할 수 있다. "小"은 생략할 수 있으나 지시 범위를 변화하지 않는다.

(26) 我五歲的時候, 媽媽給了我一個盤子, 上面寫了一行我不認識的字。

내가 다섯 살 때 어머니는 나에게 접시를 하나 주었다. 그 위에는 내가 모르는 글자가 한 줄 쓰여져 있었다.

중심어 명사가 생략 불가능한 것은 다른 측면으로부터 해석할 수 있다. 즉 명사 생략의 전제는 그 명사가 문맥에 있어 추적 가능한 선행사가 있어야 하는 것인데 이 문장에는 이와 같은 선행사는 존재하지 않는다. 따라서 예문(25)이 비문인 것은 의미적으로 생략을 허용하지 않는 것이지 제한적·비제한적과는 무관하다. 하지만, 비록 추적 가능한 선행사가 존재한다고 하더라도 수식어가 제한적이지 않다면 중심어는 역시 생략할 수 없다.

(27) 我五歲的時候, 媽媽給了我一個小盤子, 我用這個小盤子(*小的)盛了水, 端到屋裏去。

내가 다섯 살 때 어머니는 나에게 작은 접시를 하나 주었다. 나는 이 작은 접시(*작은 것)로 물을 담아 방으로 들고 갔다.

명사성 구의 유형론적 연구

이는 제한적/비제한적이라는 한 쌍의 화용론적 제한이 확실히 문맥 중의 NP가 수식어에 "的"을 첨가하여 지시 대용할 수 있는지 여부의 결정적 요인임을 설명해 주고 있다.

이는 문장이 화용적으로 비적격하다. 이로부터 우리는 수정적인 "的"자구문의 대용규칙을 제기한다.

오직 제한성 수식어만이 "的"을 첨가하여 NP를 대용할 수 있다.

"제한적"은 중심어를 생략하기 위한 필수적인 조건이다. 이 규칙은 袁毓林(1995)의 "的"자 구조 대용규칙에 대한 수정이다. 袁毓林은 의미적의 변별성과 묘사성은 "的"자 구조가 중심어를 대용할 수 있는지 여부의 근거로 충분하지 못함을 인식하였다. 그리하여 그는 최종적으로 "的"자 구조의 대용규칙를 다음과 같은 화용적 규칙으로 정리하였다.

구체적인 언어환경에 있어 가령 "X+的"이 명확하게 Y를 지시할 수 있다면 "X+的"은 Y를 대용할 수 있다.

하지만 이 화용적 규칙은 전항(조건을 나타내는 부분) 자체가 바로 증명이 필요한 부분으로 후항(전항에 결과를 나타내는 부분)과 동의·반복적이라는 의심이 있고, 전항 중에는 이미 "X+的"이 성립할 수 있다고 가정하고("명확하게 지시하고") 그 다음에 이로부터 "X+的"이 성립할 수 있다고 추정하고 있기 때문에 규칙으로 놓고 볼 경우 엄밀성이 결핍하다. "명확하게 지시한다"라는 표현 자체가 다음과 같이 상당히 모호적이다.

(28) 襯衫他要了一件紅的。

　　셔츠는 그는 빨간 것을 가졌다.

제9장. 중국어 형용사의 제한적과 비제한적 및 "的"자 구문의 생략규칙

(29) ?? 襯衫他穿著一件紅的。

　　?? 셔츠는 그는 빨간 것을 입고 있다.[6]

위의 두 예문 중 "紅的"은 "명확하게 지시하는" 정도에 있어 동일하고, 앞에 모두 선행사가 있지만 전자는 NP를 대용할 수 있는 반면 후자는 대용할 수 없다.

9.3.3 형식, 의미의 분류와 "X的"의 대용규칙

형식과 의미의 특징에 근거하여 형용사에 대해 획분한 유형도 "X的"의 발생에 일정한 영향을 미칠 것이다.

단음절 형용사는 흔히 분류에 쓰이고 다음절 형용사는 흔히 묘사에 쓰인다. 따라서 단음절 형용사가 "的"을 첨가하여 NP를 대용하는 것은 비교적 자유롭다. 이음절 형용사는 양자 사이에 놓여 있다. 음절의 형식은 형용사 고유의 특징에 근거한 분류이다.

의미상의 변별성과 묘사성은 형용사가 명사를 수식할 경우 형용사와 명사 사이에 체현되는 일종의 상호 작용적인 관계이다. 선배 학자들은 흔히 의미적 기준을 사용하 여 "X的"이 NP를 대용할 수 있는지를 판단하였다. 黃國英(1982)에서는 수식어에 "不"을 첨가하여 부정할 수 있는지 여부로 "수식어+的"이 중심어를 대용할 수 있는지를 검증할 수 있다고 제기하였다.

6　朱德熙(1956)가 제시한 제한적이라는 것은 의미적인 개념이고 우리는 변별성이라고 일컫는다.

명사성 구의 유형론적 연구

[不]新鮮的(蔬菜)   [*不]*單薄的(衣服)

신선하지 않은 (야채)   *얇지 않은 (옷)

[不]發達的(國家)   [*不]*寶貴的(生命)

발달하지 않은 (국가)   *귀중하지 않은 (생명)

그는 "不"을 첨가하여 부정할 수 있는 형용사는 "的"을 첨가하여 NP를 대용할 수 있고 그렇지 않으면 대용할 수 없다라고 주장하고 있다. 우리의 판단기준에 의하면, 수식어가 "不"을 첨가하여 부정할 수 있는 것은 동일한 범주 내에 상호 구별되고 대립되는 성원(분류)이 있음을 의미한다. 따라서 이것은 의미적인 기준이고 수식어는 중심어를 분류할 수 있고 필연적으로 변별적인 것이다. 이러한 형용사는 수식어로 될 필요가 없을 경우에도 "不"로 부정할 수 있다. 여기서 "不"을 사용하여 테스트하고 있지만 실은 변별성이 대용규칙에 영향을 미친다고 생각한다. 하지만 이 기준은 형용사에만 적용될 뿐 명사, 동사, 인칭대명사 등 그 외의 수식어에는 적용되지 않는다. 게다가 일정한 문맥에 있어서는 "不"을 첨가하여 부정할 수 없는 형용사도 "的"을 첨가하여 NP를 대용할 수 있다.

(30) 這些衣服厚點兒的你拿走, 單薄的就扔垃圾桶吧。

여기에 있는 옷들 중 좀 두터운 것은 당신이 가져가고 얇은 것은 쓰레통에 버리세요.

(31) 他認為生命有寶貴的也有輕賤的。

생명에는 귀중한 것도 있는 가하면 비천한 것도 있다고 그는 생각하고 있다.

의미가 대용규칙에 대한 영향의 또 다른 하나의 테스트 기준은
고유명사이다. 고유명사는 형용사의 수식을 받아 일반적으로 대용
할 수 없다.

(32) 漂亮的*(張小梅)　　富饒的*(中國)
　　아름다운*(장소매)　　풍요로운*(중국)

고유명사를 수식하는 형용사는 분류 작용이 없기 때문에 묘사적
이다. 그리고 그것이 중심어를 대용할 수 없는 것은 의미적 요소가
대용작용에 대해 영향을 미치고 있음을 증명하고 있다. 하지만 일정
한 상황 하에 고유명사를 수식하는 수식어도 "的"을 첨가하여 대용
작용을 할 수 있다.

(33) 你希望見到一個什麼樣的張小梅, 漂亮的還是優雅的?
　　당신은 어떠한 장소매를 만날 것을 희망하고 있는가? 아름다
　　운 사람인가 아니면 우아한 사람인가?
(34) 你想看到一個什麼樣的中國, 富饒的還是貧瘠的?
　　당신은 어떠한 중국을 보고 싶은가? 풍요로운 것인가 아니면
　　가난한 것인가?

"不"를 첨가한 부정과 고유명사라는 이 두 가지의 의미기준으로

명사성 구의 유형론적 연구

는 "的"자 구조의 대용규칙을 유효하게 설명할 수 없다는 것은 의미적 요인은 "X的"이 NP를 대용할 수 있는지 여부를 결정할 수 없음을 설명해 준다. 의미적인 변별성과 묘사성은 흔히 무표지로 각자 제한적과 비제한적에 대응된다. 따라서 의미적 요인은 "X的"의 대용작용에 영향을 미칠 것이다. 이 영향은 상술한 분석에서 이미 체현되었는데 기존 연구에서는 흔히 의미적 수단을 이용하여 "X的"이 NP를 대용할 수 있는지 여부를 판단하였다. 의미적 요인의 영향이란 즉 사람들이 어감으로부터 "X的"이 적격한 통사구조인지를 판단하는 것이다. "紅的", "好的"은 흔히 통사적으로 적격한 NP이라고 판단되고, 비록 의미적으로 온전하지 않지만 동시에 "紅形形的[붉디붉은]", "很好的[아주 좋은]"은 흔히 하나의 NP가 아닌 어떠한 대상에 대한 묘사로 보고 있다. 의미측면의 기능은 형용사가 "的"을 첨가하여 적격한 통사구조로 될 수 있는지에 영향을 미친다고 말할 수 있다.

(35) 那些紅形形的就是他從陝西運來的苹果。

그 붉디붉은 것들은 바로 그가 섬서에서 운반해 온 사과이다.

의미적인 시각의 영향과는 달리, 화용론적 시각의 제한적/비제한적은 "X的"이 구체적인 사용에서 NP대용에 응용될 수 있는지 여부에 영향을 미친다.

9.3.4 수정한 대용규칙의 응용적 가치

9.3.4.1 강조구조

(36) 小王今天也戴帽子了, 她戴著一頂紅帽子/??紅的。

소왕은 오늘도 모자를 쓰고 있다. 그녀는 빨간 색 모자를/??
빨간 것을 쓰고 있다.

(37) 小王今天也戴帽子了, 她戴的是一頂紅帽子/紅的。

소왕은 오늘도 모자를 쓰고 있다. 그녀가 쓴 것은 빨간 색 모
자/빨간 색이다.

선행사가 있는 것 혹은 화자와 청자 양측이 모두 알고 있는 주제
는 명사 중심어 생략 조건의 하나이다. 하지만 선행사의 출현은 "的"
자구문이 NP를 대용할 수 있는지를 확정할 수는 없다. 예문(36)과
(37)의 대립은 제한성의 "的"자구문에 대한 작용을 설명할 수 있다.
강조구조에 있는 수식어는 제한적이기 때문에 "的"자 구조를 사용
하여 대용할 수 있다.

9.3.4.2 강세 수식어

(38) 勤勞的中國人

부지런한 중국인

예문(38)은 한 가지 해독 밖에 없고 중국인 중 부지런한 그 일부
분의 사람을 가리킨다.

(39) 勤勞的中國人

　　부지런한 중국인

　예문(39)는 두 가지 해독이 가능하다. 하나는 중국인 중 부지런한 그 일부분의 사람을 가리키고 다른 하나는 모든 중국인을 가리키는데 "부지런함"은 중국인의 습성의 하나이다.

9.3.4.3 "대거"형식

　중심어가 동일한 대거(상대적 관계인 것을 열거하여 서로 돋보이게 하는 것) 혹은 병렬 등의 형식은 제한성이 강하다. 일반적으로 "的"자 구조로 대용할 수 없는 구조를 대거형식에 놓이게 하면 중심어는 마찬가지로 생략할 수 있다(沈家煊1999).[7]

　(40) 這裏有許多中動物的尾巴——兎子的、狐狸的、還有…

　　이곳에는 많은 종류의 동물의 꼬리가 있다-토끼, 여우 그리고……

7　이러한 것들은 전지(轉指)될 수 없다. 즉 이른바 일가명사란 예를 들면 "爸爸, 尾巴, 時間, 原因, 方法, 意見, 立場, 問題, 故事, 身份[아버지, 꼬리, 시간, 원인, 방법, 의견, 입장, 문제, 이야기, 신분]" 등이 있다. 唐正大(2006)에서 이는 일종의 "수식어 의존형" 명사에 속한다고 생각하고 있지만 실은 이와 같은 명사의 수식어는 "중심어 의존형" 수식어라고 할 수도 있다. 혹은 이 부류의 명사 수식어는 명사의 보족성분(complement)으로 일반적인 명사 수식어 흔히 부가성분(adjunct). 이 부류의 수식어는 비록 제한적이지만 중심어를 沈家煊(1999b)에서는 그 외 기타 규칙의 제약이 있는데 즉 중심어가 할 수 없는 이유는 이들이 같은 이상적인 인지모델(ICM)에 속해 있지 않기 때문이라고 지적하고 있다.

(41) 錢老人的理解是比祁老人和韻梅的高明得很多的。

전노인의 이해는 기노인과 운매보다 훨씬 뛰어나다.

이와 같이 단독으로 보면 중심어 생략이 불가능한 구조를 일단 문맥에서 사용하면 기타 동류의 성분과 구별적인 대립을 형성하여 즉 제한적 기능을 획득한 후에 중심어를 대용할 수 있다. 이는 우리가 귀납한 규칙을 가일층 증명해 주고, 동시에 묘사성이 아주 강한 상태형용사가 NP를 대용할 수 있는 원인을 해석할 수 있다. 즉 사용에 있어 이에 제한적 기능을 부여하기 때문이다.

제한성-변별성, 비제한성-묘사성의 대응은 각기 무표지의 조합을 이루기 때문에 변별성과 묘사성이란 이 의미적 특징의 조합은 대용규칙에 영향을 미칠 것이다. 이런 점에서 朱德熙(1956), 范繼淹(1979)에서 발견한 규칙은 여전히 유효하다. 또한 姚振武(1996), 沈家煊(1999b)의 발견에 의하면, 문맥을 떠나 실현이 불가능한 일부 대용은 사용(특히 대비의 의미를 표현하는 대등 형식 중에서)에 있어서는 아주 자연스러운데, 이는 대용규칙이 화용론적 요인과 보다 직접적인 관련이 있고 일종의 제한적/비제한적의 통제를 받는 화용론적 규칙임을 설명하고 있다.

형용사가 "的"을 첨가하여 대용할 수 있는지 여부는 제한적/비제한적의 제약을 받는다. 하지만 우리는 다음과 같은 구별을 명확히 해야 한다. 즉 상태형용사가 "的"을 첨가하여 중심어를 전지(轉指)하여도 지시대상은 일반적으로 어떤 개체이지 종류명(類名)이 아니다. 이는 그것이 단음절(성질) 형용사에 "的"을 첨가하여 중심어를 전지

명사성 구의 유형론적 연구

(轉指)하는 것과의 가장 큰 차이이다. "紅的[빨간 것]"은 흔히 한 부류를 지시하지만 "很大的[아주 큰 것]", "很新的[매우 새로운 것]"은 일반적으로 개체를 지시한다. 때문에 앞에 흔히 "一個[하나의]", "那個[저]" 등 특정지시 표지를 첨부한다. 陸儉明(1991)은 상태형용사에 "的"을 첨가하여 중심어를 대용할 경우 일반적으로 지시사와 같이 출현한다고 지적한 바 있는데 지금 우리는 이 관찰에 비교적 합리적인 해석을 부여하였다.

"的"자 구조가 NP를 대용할 경우 제한성의 제약을 받는 외에, 위의 글에서 제시한 선행사 조건과 같은 기타 조건을 필수로 한다. "的"자 구조의 대용규칙은 또한 규정어의 유형과도 관련이 있다. 중국어에서 규정어를 충당하는 경우 "的"을 첨가하지 않는 수식어로는 지시사, 양화사, 수량사 등이 있다. 이들은 현대언어학이론에서는 한정사(determiner)라고 불리고 생성문법의 DP이론에서는 이러한 성분을 DP의 핵심으로 보고 있다. 이 몇 종류의 성분이 수식어로 될 경우에 모두 중심어의 지시대상을 제한하는 역할이 있지만 "的"을 첨가하여 중심어를 대용할 수는 없다.[8] "的"을 첨가할 수 있는 그 외종류의 수식어 예를 들면 형용사, 명사, 관계절, 방위사구 등은 R 과 NR 두 가지 작용을 겸하지만 오직 제한적을 지닐 경우에만 "的"을 첨가하여 중심어를 대용할 수 있다. "的"자 구조의 대용규칙은 핵어

---

8 도량형양사로 이루어진 수량구조가 명사를 수식할 경우 "的"을 첨가할 수 있다. 하지만 "的"을 첨가하면 더 이상 수를 나타내는 수량구조가 아니라, 성질을 나타내는 수식어로 되기 때문에 일정한 조건 하에 중심어 명사를 대용할 수 있게 된다. 예를 들면 "給我來一條三斤的(魚)[서근 짜리(고기)를 주십시오.]"이다.

명사의 유형과도 관련이 있다(구체적인 논의는 각주[1]을 참조).

9.4. 중국어 형용사의 기능적 대응

9.4.1 형식, 통사·의미 간의 기능적 대응

(1) 비술어형용사, 분류에 사용된다(변별성).

(42) 廢紙[휴지], 副經理[부경리], 男教師[남성 교사], 中型企業
[중형기업], 重点中學[중점 중학교], 業餘愛好[여가 시간에 즐
기는 취미], 新生力量[새로운 힘]

(2) 단음절 성질형용사, 일반적으로 분류에 사용된다(구별).

(43) 白紙[하얀색 종이], 烈酒[강한 술], 長的棍子[긴 망방이], 好
的教育[좋은 교육]

단음절 형용사는 반드시 분류의 작용(구별)을 하는 것이 아니라
어떤 경우에는 다음과 같이 묘사의 기능에도 사용된다.

(44) 一位旅客走累了, 坐在堅果樹下休息, 他注意到前方一根
細藤上結了個巨大的南瓜。"自然界中的一些現象真是很荒
謬", 旅客暗自嘀咕, "如果讓我創造這個世界, 我會讓萬物
回到他們本來的樣子, 大南瓜長在結實的大樹上, 而堅果則

명사성 구의 유형론적 연구

應該結在細藤上面"。/這時, 一枚小堅果從樹上掉了下來, 打在他的腦袋上, 震驚之余, 遊客望著枝幹暗想, "天啊, 原諒我的傲慢自大吧!假如從樹上掉下來的是一個大南瓜, 我豈不是被砸死了?"

한 여객이 길을 걷다가 힘들어 견과 나무 밑에 앉아서 쉬고 있었다. 그는 앞쪽에 가는 덩굴에 커다란 호박이 달린 것을 보았다. "자연계에 있는 어떤 현상들은 참으로 터무니없구나." 여객은 혼잣말로 중얼거렸다. "만약 나더러 이 세상을 창조하라고 한다면 나는 만물을 그들의 본래 모습으로 되돌려 놓을 거야. 커다란 호박은 튼실한 나무 위에 달리게 하고 견과는 가느다란 덩굴에 맺히게 할 거야." 이때 작은 견과 한 알이 나무 위에서 떨어져 그의 머리 위에 부딪혔다. 놀란 나머지 여객은 나뭇가지를 올려다 보며 속으로 생각했다. "맙소사, 나의 자만을 용서하옵소서! 가령 나무 위에서 떨어진 것이 커다란 호박이었더라면 난 아마도 맞아 죽지 않았을까?"

(3) 이음절 형용사로 한 종류는 성질형용사에 가깝고 명사를 직접 수식할 수 있으며 일반적으로 분류 기능을 한다.

(45) 漂亮的(姑娘)[예쁜 (아가씨)]

普通的(衣服)[수수한 (옷)]

好看的(玩具)[보기 좋은 (장난감)]

다른 한 종류는 상태형용사에 가깝고 "的"을 첨가해야만 명사를 수식할 수 있고 일반적으로 묘사성을 체현한다.

(46) 漂亮的姑娘[예쁜 아가씨]

　　昂貴的首饰[비싼 장식품]

　　英明的决策[영명한 결정]

(4) 복잡한 형식의 상태형용사는 일반적으로 개체 혹은 특정 대상 (specific)에 대한 묘사이다.

(47) 笔直的馬路[곧은 도로]

　　湛蓝的天空[짙푸른 하늘]

　　密密麻麻的雨点[촘촘한 빗방울]

　　歪歪扭扭的字迹[비뚤비뚤한 글씨]

중국어 형용사의 형식, 통사·의미 간의 기능은 다음과 같은 조합을 이룬다.

	구별	묘사
비술어형용사	+	-
단음절형용사	+	-(+)[9]
이음절형용사	+	+
복잡한 형용사	-	+

---

9 괄호는 특정 상황 하에 이와 같은 특징을 가질 수 있음을 의미한다.

명사성 구의 유형론적 연구

변별성/묘사성은 수식어 자체에 내재하는 의미적인 특징으로서 다음과 같은 서열을 준수한다.

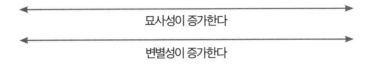

비술어 형용사 단음절 형용사 이음절 형용사 복잡한 형용사 술어로만 되는 형용사

묘사성이 증가한다

변별성이 증가한다

9.4.2 통사, 의미와 화용 기능의 대응

(1) 전형적인 성질 형용사는 다음과 같은 기능이 있다.

① 의미적 측면에서는 변별성이고, 화용론적 측면에서는 제한적이다.

(48) 好書是百讀不厭的。

좋은 책은 백 번 읽어도 질리지 않는다

② 의미적 측면에서는 변별성이고, 화용론적 측면에서는 비제한적이다.

(49) 他給我買了件花衣服。

그는 나에게 꽃무늬 옷 한 벌을 사 줬다.

③ 의미적 측면에서는 묘사성이고, 화용론적 측면에서는 비제한

적이다.

(50) 小鳥　　　小草　　　大樹[10]

　　작은 새　　작은 풀　　큰 나무

(2) 전형적인 상태형용사는 형용사의 "**生動(생동하게 표현하는)**" 형식이다.

① 의미적 측면에서는 묘사성이고, 흔히 비제한적을 나타내는 데 쓰인다.

(51) 漂漂亮亮的女孩子一旦嫁作人婦, 幾年下來就變了個樣子。

　　아름다운 여자애는 일단 시집가서 유부녀가 되면 몇 년이 지나 모습이 달라진다.

② 의미적 측면에서는 묘사성이고, 화용론적 측면에서는 제한적을 나타내는 데 쓰인다.

(52) 白白胖胖的那個孩子就是他弟弟。

　　하얗고 포동포동한 저 애가 바로 그의 동생이다.

10　도량형양사로 이루어진 수량구조가 명사를 수식할 경우 "的"을 첨가할 수 있다. 하지만 "的"을 첨가하면 더 이상 수를 나타내는 수량구조가 아니라, 성질을 나타내는 수식어로 되기 때문에 일정한 조건 하에 중심어 명사를 대용할 수 있게 된다. 예를 들면 "給我來一條三斤的(魚)[서근 짜리(고기)를 주십시오.]"이다.

(53) 黑糊糊的那個紅薯就是他烤的。

시커먼 저 고구마가 바로 그가 구운 것이다.

제한적 기능에 쓰일 수 있기 때문에 상태형용사도 역시 "的"을 첨가한 후 중심어를 대용할 수 있다.

(54) 你給我拿一塊乾淨點兒的紅薯, 我不要黑糊糊的。

나에게 좀 깨끗한 고구마를 꺼내 주십시오. 난 시커먼 것은 싫어요.

9.4.3 형용사 제한적/비제한적 기능에 영향을 미치는 요인

9.4.3.1 형용사의 형식 및 통사, 의미적 기능

단음절-성질형용사-변별성-제한적
복잡한 형용사-상태형용사-묘사성-비제한적

상술한 두 개의 관련 패턴은 형식 및 통사·의미적 기능의 제한적·비제한적에 대한 영향이다.

9.4.3.2 어순과 현실의 양태/비현실의 양태(realis/irreais)

文旭·劉潤淸(2006)에서는 중국어 관계절의 제한적과 비제한적 기능은 중심어의 유정/무정과 관련이 있는데 중심어가 유정이면 관계절은 제한적이고, 중심어가 무정이면 관계절은 비제한적이라고 지적하고 있다(그들은 묘사성 기능이라고 부르고 있다).

(55) 我一直想要借的那本書今天終于借到了。

내가 줄곧 빌리고 싶었던 그 책을 오늘 드디어 빌리게 되었다.

(56) 我買到了一本對我寫論文很有用的書。

나는 자신의 논문 작성에 아주 유용한 책 한 권을 사게 되었다.

하지만 중심어의 지시 성질이 변하지 않는 정황 하에, 한정사가 수식어에 대한 위치를 변환하여도 수식어의 기능은 선명한 변환을 가져온다.

(57) (終于有人把《野草》還回來了.)這本我一直想要借的書今天終于借到了。

(드디어 어떤 사람이『野草』를 돌려 주었다.) 이 내가 줄곧 빌리고 싶었던 책을 오늘 드디어 빌리게 되었다.

(58) 對我寫論文有很有用的一本書不見了。

나의 논문 작성에 아주 유용한 책 한 권이 보이지 않는다.

文旭·劉潤淸(2006)에서 열거한 예문은 중국어에 있어 한정사의 어순이 수식어의 기능에 영향을 미친다는 점을 잘 설명해 주고 있다. 한정사 뒤에 놓이는 수식어는 일반적으로 비제한적이고, 앞에 놓이는 수식어는 일반적으로 제한적이다(趙元任 1979/1968:148; 呂叔湘 1985:214; 陳玉洁 2007:제8장).

명사성 구의 유형론적 연구

예문(58)의 양태를 변화시키면, 동일한 NP중의 관계절은 제한적으로 될 수 있다.

(59) 我想買一本對我寫論文很有用的書。

　　나는 자신의 논문 작성에 아주 유용한 책 한권을 사고 싶다.

이는 양태와 어순은 모두 관계절의 제한적과 비제한적에 작용하는 요인임을 설명해 준다. 형용사의 기능에 대해 이 두 요소는 역시 유효하다. 현실 양태를 나타내는 문장에서, 형용사의 기능은 일반적으로 NR이고, 비현실 양태를 나타내는 문장에서는 일반적으로 R이다.

(60) 她穿了一件花衣服。(NR)

　　그녀는 꽃무늬 옷을 (한 벌) 입고 있다.

(61) 她想要一件花衣服。(R)

　　그녀는 꽃무늬 옷을 입고 싶어한다.

(62) 小李一來到辦公室, 大家就喜歡上了這個漂亮的姑娘。(NR)

　　이양이 사무실에 오자마자 모두들은 이 예쁜 아가씨를 좋아하게 되었다.

(63) 他喜歡上了漂亮的這個姑娘。(R)

　　그는 예쁜 이 아가씨를 좋아하게 되었다.

현실 세계의 기정 대상에 대한 묘사와 서술은 언제나 비제한적이고 규정어의 첨가 여부는 지시 범위에 영향을 미치지 않는다. 가령 비현실 세계에 요구를 제출한다면 규정어는 자연적으로 명사의 범위를 한정하는 데 많이 사용된다. 제한적과 비제한적 간의 차이는 실은 규정어가 강조의 중점에 있는지 여부이고, 강세로 표기할 수 있다. 때문에 우리는 이 한 쌍의 대립을 화용론적 대립에 귀속시킨다.

그 밖에 핵어명사의 성질, 여러 종류의 수식어의 유형도 형용사의 화용론적 기능에 영향을 미친다. 구체적인 논의는 唐正大(2006), 陳玉洁(2007)를 참조하기 바란다.

9.5. 결론

본 장은 명사의 수식어(주로는 형용사류의 수식어)가 어떠한 조건 하에 "的"을 첨가하여 명사를 대용할 수 있는지에 대해 고찰하였다. 변별성과 묘사성은 의미적인 시각에서의 형용사에 대한 분류로 형용사 고유의 의미적 특징이고 그 판단기준은 중심어를 분류할 수 있는지 여부이다. 형용사의 제한적과 비제한적은 형용사가 사용에서 체현된 기능으로 그 판단기준은 NP의 지시범위를 축소할 수 있는지 여부이다.

우리는 용법에서 볼 때, 다음과 같은 두 조합의 무표지 대응이 존재한다고 생각한다.

단음절 형용사-변별성-제한적
복잡한 형용사-묘사성-비제한적

명사성 구의 유형론적 연구

하지만 형용사는 변별성과 묘사성을 동시에 지닐 수 있기 때문에 활용에 있어 제한적 혹은 비제한적 기능을 체현한다.

陸丙甫(2003)는 "的"의 성질에 관한 분석에서 다음과 같이 지적하고 있다. "的"의 출현 여부는 변별성과 묘사성의 대립을 체현하는데 변별성 규정어는 흔히 "的"을 첨가하지 않지만 묘사성 규정어는 반드시 "的"과 결합한다. 따라서 "的"은 변별성 규정어와 어울리지 않지만 묘사성 규정어와는 매우 조화롭다. 우리의 고찰에 의하면, 묘사와 변별을 의미적 측면의 분류라고 보면 마침 陸丙甫가 언급한 묘사성 규정어가 "的"이 보다 조화를 이룬다는 관점에 부합된다. 왜냐하면, 묘사성 규정어는 일반적으로 "的"을 첨가하지 않으면 안 되는 반면에 단음절 형용사와 같은 변별성이 강한 규정어는 "的"을 첨가하지 않아도 되기 때문이다.

嚴辰松(2007)도 제한적 기능은 수식어가 "的"을 첨가하여 대용하는 필수적인 조건이라고 지적하고 있다. 또한 그는 문맥적 요인의 대용규칙에 대한 중요한 영향에 주목하고 있지만 제한적에 대해서는 위치 확정을 하지 않고 있다. 그는 문맥을 수식어 "X"와 중심어 명사 간의 상호 관계로 보고, 무릇 중심어를 분류하는 X는 모두 "的"을 첨가하여 중심어를 대용할 수 있다고 주장하고 있는데 이러한 관점에서 볼 때, 그가 말한 제한적이란 우리가 정의한 의미적 측면에서의 변별성에 해당한다. 하지만 우리는 제한적은 수식어가 사용에 있어 체현된 화용론적 기능으로 시시각각 문맥의 통제를 받고 있다고 주장한다. 여기에서의 문맥은 "수식어+중심어"구조 밖의, 더욱 큰 문맥으로 만일 상호 관계가 존재한다면 응당 전반 NP와 그가 놓여 있는 문장 간의 상호 작용일 것이다.

언어환경(문맥)에 있어 수식어가 제한적 기능을 실현하는 것은, 수식어에 "的"을 첨가하여 중심어를 생략할 수 있는 필수적인 조건이고 이는 제한적/비제한적을 구분하는 중요한 의미의 하나이다. 동시에 언어에서 문법화된 한 쌍의 범주로 이 대립의 확립은 형용사에 대한 연구를 한걸음 더 추진할 수 있다.

명사성 구의 유형론적 연구

常福良 2004《西班牙语语法新编》,北京大学出版社.

陈玉洁 2007《指示词的类型学考察》,中国社会科学院研究生院博士学位论文.

范继淹 1979《"的"字结构代替名词的语义规则》,《中国语文通讯》第3期.

郭锐 2000《表述功能的转化和"的"字的作用》,《当代语官学》第1期.

黄国营 1982《"的"字的句法、语义功能》,《语言研究》第1期.

刘丹青 2008《汉语名词性短语的句法类型特征》,《中国语文》第1期.

陆丙甫 2003《"的"的基本功能和派生功能——从描写性到区别性再到指称性》(世界汉语教学)第1期.

陆俭明 1991《现代汉语句法里的事物化指代现象》,《语言研究》第1期.

吕叔湘(著)、江蓝生(补)1985《近代汉语指代词》,学林出版社.

沈家煊 1999《不对称与标记论》,江西教有出版社.

_____ 1999b《转指和转喻》,《当代语言学》第1期.

唐正大 2006《汉语关系从句的限制性与非限制性解释的规则》,《语法研究和探索(十三)》, 商务印书馆.

文旭、刘润清 2006《汉语关系小句的认知语用观》,《现代外语》第2期.

严辰松 2007《限制性"X的"结构及其指代功能的实现》,《解放军外国语学院学报》第5期.

姚振武 1996《汉语谓词性成分名词化的原因及规律》,《中国语文》第1期.

袁毓林 1995《谓词隐含与"的"字结构的称代规则》,《中国语文》第4期.

张 敏 1998《认知语言学与汉语名词短语》,中国国社会科学出版社.

赵元任 1979/1968《汉语口语语法》,吕叔湘译,商务印书馆,1979年.

朱德熙 1956《现代汉语形容词研究》,《语言研究》第1期.

_____ 1980/1961《说"的"》,载《现代汉语语法研究》,商务印书馆,1980年.

Christensen, Francis 1957 Restrictive and non-restrictive modifiers again. *College English* 1. 27-28.

Dixon, R. M. W. 2004 Adjective class in typology perspectives. In R. M. W. Dixon & Alexandra Y. Aikhenvald (eds.) *Adjective Classes: A cross-linguistic Typology*. Oxford: Oxford University Press. pp 1−49.

Genetti, C. & K. Hildebrandt 2004 The two adjective classes in Manange. In R. M. W. Dixon & A. Y Aikhenvald (eds.) *Adjective Classes: A Cross-linguistic Typology*. Oxford: Oxford University Press. pp74−96.

Givon, T. 2001 *Syntax: An Introduction*, Vol 2. Amsterdam: John Benjamins Publishing Company.

Lu, Bingtu 1998 *Left-right Asymmetries of Word Order Variation: A Functional. Explanation*. PhD. Thesis, University of Southern California.

Peterson, Philip L. 1997 *Fact Proposition Event*. Dordrecht: Kluwer Academic Publishers.

저자: 陳玉洁
《世界漢語教學》2009년 제2기에 게재하였음.

연계자 어중 원칙과
N1VN2(NP) 구조의 형성

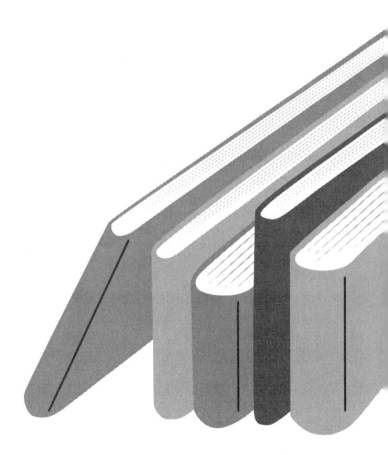

제 **10** 장.
연계자 어중 원칙과 N1VN2(NP) 구조의 형성

현대중국어에는 어순이 특수한 일련의 명사구가 존재하고 있다. 규정어절이 핵어명사를 수식하여 명사구를 구성할 때에 일반적인 상황은 "的"에 의한 접속이 필수적이 지만 "的"에 의한 접속이 필수적이지 않는 명사구인 "N1+V+N2"(본 장에서는 N1VN2(NP)구조라고 표시)구조가 있다. 劉云·李晋霞(2002)에서는 이 구조의 연원 및 제한 조건을 상세하게 연구하고 V의 동사성의 강약, N1와 N2의 절대적 및 상대적인 생명도가 이 구조의 발생에 영향을 미친다고 지적하였다. 하지만 그들이 제시한 이러한 제한 조건에는 아주 많은 반례가 출현하고 있다. 우리는 의미적 제한과 "연계자 어중 원칙"이 공동으로 이 구조의 형성을 촉진하고 있다고 생각한다. "연계자 어중 원칙"은 중국어의 발전 관정에 있어 간과할 수 없는 원칙으로 중국어 구조조사 "的"의 근원과 발전 동기를 포함하여 모두 연계자의 작용과 연관이 있다. 중국어 구조조사의 발전과 연계자의 관계에 대해서는 별도의 지면을 통해 살펴보도록 한다.

명사성 구의 유형론적 연구

10.1. 지시대상의 속성이 N1VN2(NP) 구조에 대한 제한

중국어에는 일종의 N1VN2(NP)구조가 존재하는데 그중의 일부분은 규정어절을 수반한 NP구조로부터 전환되어 온 것이라 볼 수 있다. 예를 들면 "服裝加工企業"[의류가공기업]과 "加工服裝的企業"[의류가공의 기업]은 전환관계가 존재한다고 볼 수 있다. 음절수 등은 N1VN2(NP)형성에 큰 영향을 미치지만 본 장절은 통사적·의미적 관점에서 이 구조의 제약요인을 연구할 것이며 운율적인 요소는 고려하지 않기로 한다.

10.1.1 V가 이음절동사인 N1VN2(NP)구조(이를 NP1이라 일컫는다)

劉云·李晋霞(2002)는 N1VN2(NP)의 제한 조건에 대해 논술하였는데 N1은 V와 "동빈"(동사+목적어)관계를 형성할 수 있으면 V는 N2과 "편정"(수식어+중심어)관계를 형성할 수 있고 V는 동사성이 비교적 약한 동사일 것을 요구하지만 단음절동사는 일반적으로 동사성이 비교적 강하기 때문에 이러한 구조에 출현할 수 없다고 지적하였다. 朱德熙(1985), 石定栩(2005)는 "V+N"이 구성하는 NP구조는 V의 동작성이 너무 강해서는 안 된다고 주장하고 있지만 石定栩(2005)는 동시에 이 규정은 결코 위반해서는 안 되는 것이 아니라고 지적하였다. 이 점에 대해서도 우리는 다음과 같이 설명할 것이다.

N1VN2(NP)구조 중에서 V는 단음절동사이거나 동작성이 비교적 강한 이음절동사일 수도 있는데 이것은 이 구조의 전체적인 의미가 일반적인 상황 하에 동사성이 강한 동사가 이 구조에 진입하는 것을 제한하고 있는데 가령 이 구조에 진입할 수 있는 동작성이 강한 동사가 있더라도 그 동작성은 약화되기 때문이다.

劉·李(2002)은 또한 N1VN2(NP)구조 중에서 N1과 N2은 모두 생명도가 비교적 낮은 명사이이지만 곧바로 일부 예외가 출현한다고 지적하였다. 그들의 관찰은 일리가 있고 이 구조의 모종의 경향성을 밝혀 주었지만 실은 명사의 생명도의 높고 낮음은 N1VN2(NP)구조의 형성에 영향을 미치지 않는다.

N1이 높고 N2이 낮음:　總統選擧方案　[대통령선거초안]
　　　　　　　　　　　軍馬飼養方法　[군용마필사육방법]
　　　　　　　　　　　大熊猫保護計劃 [판다보호기획]
N1이 높고 N2이 높음:　博士生指導敎師 [박사생지도교수]
　　　　　　　　　　　貴宾陪同人員　[귀빈수행인원]
N1이 낮고 N2이 높음:　古籍整理專家　[고적정리전문가]
　　　　　　　　　　　南極考察隊員　[남극고찰대원]
N1이 낮고 N2이 낮음:　污水處理系統　[오수처리시스템]
　　　　　　　　　　　服裝加工企業　[의류가공기업]
　　　　　　　　　　　科學硏究能力　[과학연구능력]

이러한 구조에서 N1은 반드시 V의 논항이어야 하지만 "古籍整理

專家", "服裝加工企業"과 같이 N2은 V의 논항일 수도 있고, "軍馬飼養方法", "科學研究能力"과 같이 V의 논항이 아닐 수도 있다.

劉·李(2002)는 N1VN2(NP)가 "VN1的N2"에서 변화되어 온 것이라 생각하고 있지만 N1VN2(NP)구조에서 만일 N2가 V의 논항이 아니라면 N1V와 N2 사이에는 여전히 "的"의 첨가가 가능하다. "總統選擧的方案"[대통령 선거에 관한 초안], "軍馬飼養的方法"[군용 마필 사육에 대한 방법], "大熊猫保護的計劃"[판다 보호에 대한 기획]은 적격한 문장이다. 만일 N2가 V의 논항이라면 N1V와 N2 사이에는 "的"의 첨가가 불가능하다. "博士生指導的教師"[박사생지도의 교수], "南極考察的隊員"[남극고찰의 대원], "服裝加工的企業"[의류가공의 기업]은 비문이 된다.

의미적 속성으로부터 보면, N1VN2(NP)구조의 N1과 N2는 모두 총칭 의미를 지닌다. N1VN2(NP) 전체는 어떤 구체적인 사물/사건 혹은 개인이 아닌 한 부류(총칭)를 가리킨다. 즉 다음과 같이 특정 (specific)의 의미를 표시할 수 없다.

飼養軍馬的老王[군용마필을 사육하는 왕 씨]——*軍馬飼養老王
飼養軍馬的方法[군용마필을 사육하는 방법]——軍馬飼養方法
[군용마필사육의 방법]

"飼養軍馬的老王"은 "관계절/한정성분+핵어명사"의 형식을 사용하여 어떤 특정의 사람을 표시하고 N1VN2(NP)구조로 변환할 수 없다. 표면적으로 N1VN2(NP)의 형성은 N1, N2의 생명도와 관계가 있어 생명도가 높은 명사를 배척 실은 N1VN2(NP)의 지시의 의미(총칭)가 N1, N2의 지시대상을 결정하는 것이지 생명도가 제한하는 것이 아니다. 劉·李(2002)에서 말하는 생명도가 높은 명사가 출현하지 못하지만 우리는 위의 예문을 통해 지시적 의미가 부합되면(총칭 명사) 생명도가 높은 명사 N1VN2(NP)구조에 출현할 수 있는데 이는 바로 劉·李에서 지적한 예외이다.

다음에 우리는 N1VN2(NP)구조는 총칭성을 나타내는 하나의 명사성 구고 그 총칭 의미가 N1, N2의 위치에 놓이는 명사형식의 범위를 제한하고 있음을 증명한다.

N1, N2의 위치는 양화성분(quantifier)과 한정사(determiner)가 붙는 명사형식을 배척한다. 양화형식과 한정사가 전체 N1VN2(NP)구조를 수식하거나 또는 다른 설명이 있는 경우을 제외하고는 N1, N2의 위치의 명사 형식에는 "一個", "所有" 등 양화형식을 붙일 수 없고, "這", "那" 등 한정사도 붙일 수 없다.

熊貓保護計畫——*所有熊貓保護計畫——*熊貓保護所有計劃
[판다보호기획]
博士生指导教師——*一個博士生指导教師——*博士生指导一個教師
[박사생지도교수]
黃河治理工程——*這條河流治理工程——*河流治理這項工程
[황하정비공사]

N1, N2 위치는 또한 인칭대명사도 배척한다.

명사성 구의 유형론적 연구

N1, N2 위치에 출현하는 명사형식은 기본적으로 원형명사형식인데 원형명사형식의 전형적인 의미는 총칭을 나타내는 것이다(劉丹青2005). 인칭대명사, 양화구와 한정사가 붙는 명사형식은 모두 언어에 있어 특정(specific) 성분을 표시하는 성분에 속하고 그 의미는 N1VN2(NP) 구조의 총칭 요구와 모순되기 때문에 N1, N2 위치에 출현할 수 없다. 하지만 위의 예문으로부터 N1위치는 고유명사를 배척하지 않고 있음을 알 수 있다.

故宮修繕方案[고궁보수초안]　　　黄河治理工程 [황하정비공사]

"神六"研製過程["神州六號"연구제작과정]　本·拉登抓捕計劃[빈라덴포획계획]

南極考察隊員[남극관측대원]　　　月球登陆計劃[달 착륙계획]

이러한 고유명사를 수반한 N1VN2(NP) 구조는 여전히 총칭 의미를 표시하고 양화성분 또는 한정성분, 양화성분과 한정성분을 첨가하여 범위를 한정하는 것으로 특정 의미를 표시할 수 있고 일반적인 원형명사의 표현과 동일하다. "一係列故宮修繕方案[일련의 고궁보수초안]", "這几項黄河治理工程[몇 페이지의 황하정비공사]", "三個南極考察隊員[세 명의 남극관측대원]" 중의 N1VN2(NP)구조와 대응하는 일반원형명사 "方案, 工程, 隊員"은 지시적인 의미로부터 말하면 특별한 차이가 없고 모두 하나의 부류를 표시한다. 하지만 만일 고유명사를 첨가한 후 인류의 인지기능 등 원인으로 말미암아 N1VN2(NP) 전체 구조에 특정 의미를 부여하여 어떤 특정의 사람 혹은 사물을 표시하기 때문에 이와 같은 고유명사는 N1위치에 출현할 수 없다.

博士生指導教師──*張明指導教師(張明是一名博士生)
(박사연구생 지도교수)　　　　　(장명은 박사연구생이다)

고유명사와 총칭을 나타내는 원형명사구가 의미적으로 모순되지 않는 것은 Carlson(1977:413,442)이 지적한 바와 같이 영어에서는 총칭 의미를 나타내는 원형복수 명사형식(bare plural NPs)은 실은 주로 사물의 고유명사(proper names)이라는 것을 표시한다. Carlson은 총칭 의미의 원형복수명사형식과 고유명사는 유사한 의미 표현을 가지지만 한정성분과 양화성분이 붙는 명사구조와 대립을 구성한다고 지적하고 있다(Carlson 1977:442-455). 이 관찰은 중국어의 지시대상 문제의 연구에 대하여 역시 의의가 있는 것이다. 총칭 의미를 지닌 명사형식과 고유명사가 일치성을 가지는 또 다른 표현은 그러한 것이 전체=부분(전체로 부분을 명시할 수 있다)이라는 내재적 특징을 지니고 있다고 우리들은 생각한다. 사람, 사물을 가리키는 고유명사는 일련의 상이한 시간 단계에 놓여 있는 어떤 개체에 의해 구성되었다고 볼 수 있고, 장소 고유명사는 상이한 공간위치에 있는 개체에 의해 구성되었다고 볼 수 있다. "童年的張三"[동년 시절의 장삼]과 "老年的張三"[노년의 장삼]은 모두 "張三"이고 황하의 임의의 한 부분

명사성 구의 유형론적 연구

을 가리키면서 "這是黃河"[이것은 황하다]라고 말할 수 있다. 마찬가지로, 총칭 개념 하에 있는 모든 개체도 총칭 형식으로 지시할 수 있는데 어떤 양 한 필을 가리키면서 "這是羊"[이것은 양이다]라고 말할 수 있다. 하지만 양화와 한정 성분이 붙는 명사형식 부분은 전체로서 지시할 수 없다. "這些人"[이 사람들] 중의 어떤 사람을 "這些人"으로 지시할 수 없고 "兩個苹果"[두 개 사과]로 "兩個苹果中的一個苹果"[두 개 사과 중의 한 개 사과]를 지시할 수도 없다.

N1VN2(NP) 구조의 N2위치에 고유명사를 배치할 수 없는 것은 "한정성분+고유명사"가 특정의 의미만 표시하기 때문이다. 예를 들면 위에 열거한 "軍馬飼養老王"의 예가 그러하다.

우리는 다음과 같은 결론을 얻어 낼 수 있다. N1VN2(NP) 구조는 총칭 의미를 나타내는 명사성 구조로, N1, N2 위치가 반드시 총칭을 표시하는 원형명사형식이어야 하거나 전체 총칭의 의미와 모순되지 않는 고유명사이어야 하지만, 구조 전체의 의미는 반드시 총칭을 표시해야 한다. 양화성분과 한정성분이 붙는 명사성 구조는 하나 혹은 일부의 사람과 사물을 지시하는데 그것이 지니는 특정 의미와 구조의 총칭 의미의 의미적 요구가 모순되기 때문에 이러한 성분은 N1, N2 위치에 출현할 수 없다. 劉·李(2002)는 생명도 요인이 N1, N2 위치의 명사의 출현에 대해 영향을 미친다고 생각하고 있다. 그의 이 관찰은 의의가 있다. 특정 의미를 갖는 인칭대명사와 구조 전체로 하여금 총칭의 의미를 상실하게 하는 고유명사는 생명도의 위계에서 모두 높은 층위에 위치하고 있다. 하지만 지금까지의 분석을 통해 생명도는 N1, N2 위치에서 어구의 출현을 제어하는 결정적인 요인이 아니고 총칭적 의미의 요구야말로 진정한 제약조건이라는 것을 발견할 수 있다.

N1VN2(NP)이 현장성이 비교적 강한 특정 의미를 나타내는 경우도 있는데 그렇다고 할지라도 N1, N2 는 흔히 원형 형식으로 출현한다. 예를 들면, "證件遺失證明"[증거서류분실증명], "車輛丟失現場"[차량분실현장]과 같이 다만 현장 지시작용이 N1VN2(NP)으로 하여금 특정의 의미를 갖게 하는데 이와 같은 특정 의미는 단지 문맥에 의해 생성된 것이다.

劉·李(2002)도 N2의 위치에 출현하는 것은 대부분은 "人員, 集體, 方法, 思想" 등 추상명사라고 말하고 있다. 이는 추상명사에는 일반적인 특정 상황이 존재하고, 총칭적 의미의 특정과 일치한 것이 있기 때문이다. 바로 그러하기 때문에 N1VN2(NP)의 N1, N2가 모두 생명도가 낮은 추상명사일 경우, N1VN2(NP)의 조합은 가장 자유롭다.

10.1.2 V가 단음절동사인 N1VN2(NP)구조

"肉夾饃[고기소를 넣은 찐빵], 蔥花炒鷄蛋[다진 파와 달걀 볶음], 刀削面[칼국수]"와 같이 V가 단음절인 N1VN2(NP)구조는 식품 명칭에 대량으로 출현한다.

1.2.1 "肉夾饃[고기소를 넣은 찐빵],鷄蛋灌餅[계란을 부친 전병]"와 같은 V가 단음절동사인 N1VN2(NP)구조는 V가 이음절인 N1VN2(NP)와 유사한데 모두 "VN1的N2"구조로 전환할 수 있다. 또한 N1은 V의 수동자 논항이고 "동빈구조"로 전환할 수 있다. 하

지만 이와 같은 구조에서 VN2가 "편정구조"를 구성할 수 없는 것은 VN2가 "편정구조"인 것이 이러한 N1VN2(NP)구조를 형성하는 필수 조건이 아니라는 것을 설명하고 있다. 이와 같은 구조를 우리는 NP2 라고 일컫는다.

"肉夾饃"류의 N1VN2(NP)구조는 일종의 식품명칭이고, 상응하는 "VN1的N2"는 이러한 식품에 대한 설명이라고 볼 수 있다.

肉夾饃——夾肉的饃   [고기소를 넣은 찐방]
鷄蛋灌餅——灌鷄蛋的餅   [계란을 부친 전병]

1.2.2 또 다른 N1VN2(NP)구조가 있는데 "VN1的N2"와 상호 전환이 불가능하고 위의 방법으로도 설명할 수 없다. 이와 같은 N1VN2(NP)구조를 우리는 NP3라고 일컫는다. NP3은 N1과 N2가 모두 V의 수동자 논항으로 된다.

香菇燜鷄塊——*燜香菇的鷄塊——燜香菇和鷄塊
(표고버섯닭고기 조림)   (표고버섯과 닭고기를 조린다)
冬瓜燉排骨——*燉排骨的冬瓜——燉排骨和冬瓜
(동아갈비 찜)   (동아와 갈비를 삶다)
西芹炒百合——*炒西芹的百合——炒西芹和百合
(파슬리백합 볶음)   (파슬리와 백합을 볶다)

1.2.3 "刀削面, 砂鍋燉豆腐"[두부뚝배기조림]와 같은 V가 단음절

인 구조는 NP3과는 달리, N1은 V의 논항이 아니라 N2가 V의 수동자 논항이다. 이와 같은 구조의 전환과 설명은 앞에서 열거한 여러 N1VN2(NP)구조와 다르기 때문에 우리는 이를 NP3라고 일컫는다.

刀削面——*削刀的面——*削刀和面——(用)刀削的面
(칼국수)   (반죽된 밀가루 덩어리를) 칼로 깎아내는 국수
紅酒燉排骨——*燉紅酒的排骨——*燉紅酒和排骨——(用)紅酒燉的排骨
(갈비 와인 조림)   (와인으로 조린 갈비)

10.1.3 N1VN2(NP)구조의 명명성과 총칭성 의미

위의 글에서 제기한 네 가지 N1VN2(NP) 구조의 형성은 모두 호칭성과 직접적인 관계가 있다. Chao(1956:218)의 관찰에 의하면, 속격구조인 "我的父親"는 "묘사성 구"(descriptive phrase)의 경향이 있지만, "我父親"은 "지시적명명"(designative term)의 경향이 있다. 邢福義(1994)는 "軍馬飼養方法"와 같은 구조의 용도는 "명명"으로 전체가 하나의 특정의 명목을 표시한다고 명확히 지적하고, 이러한 구조를 "NVN명명구조"라고 일컫었다. 張敏(1998:236-237)는 여러 학자들의 관점을 종합하여 중국어 명사구에 있어 "的"을 붙이는 것과 붙이지 않는 것에는 아주 큰 차이가 있는데 "的"을 첨가하지 않는 구문은 호칭성이 강하고 "的"을 첨가한 구문은 호칭성이 약하다고 지적하였다. 陸丙甫(2003)도 "的"이 붙는 명사성 구는 묘사성이 강하지만 변별성, 호칭성은 약하다고 지적하였다. 張敏(1998:237)은 "호칭성은 하

명사성 구의 유형론적 연구

나의 분류명을 구성하여 어떤 혹은 어떤 유형의 사물을 호칭할 수 있는 '수식어+중심어'구조의 속성이고, '的'이 붙지 않는 DN(수식어+명사)의 호칭성은 실은 일종의 '명명가능성'이라고 일컬을 수 있다. 즉 DN의 언어형식을 사용하여 어떤 사물에 분류명을 부여하는데 그 작용은 총칭을 표시하는 단독 명사와 같다"고 지적하였다. 이는 전에 우리가 언급한 N1VN2(NP) 구조의 의미 특징과 일치하다. 따라서, N1VN2(NP) 구조의 형성은 바로 의미적인 면에서 강한 호칭성과 명명성을 표현하는 구조가 필요하기 때문인데 이와 같은 구조에서 "的"은 출현할 수 없다. 다음에 우리는 중국어의 "的"은 실은 중개 역할을 하는데 의미 축적이 중국어의 "的"이 붙는 명사구로 하여금 일정한 형식(호칭성은 약하지만 묘사성은 강한) 의미를 가지게 한다고 밝힌다. 만일 의미적인 면에서 명사성 구가 강한 호칭성을 표현할 것을 요구할 경우 "的"은 출현해서는 안 되고 연결 작용(연계자 작용)을 표현할 수 없게 되므로 언어는 새로운 제어 방식을 사용하고 새로운 접속 수단을 탐색한다. 의미적인 면에서의 요구는 통사적인 면에서 새로운 제어 수단이 생성하도록 하였고 동사가 새로운 연계자로 되게 한다. N1VN2(NP) 구조는 의미가 영향을 미치는 통사적인 이동의 결과이다.

위 글에서 언급한 네 가지 유형의 N1VN2(NP) 구조에서 2, 3, 4 유형은 요리명칭이고 모두 호칭성, 명명성이 강한 분류명칭이다. 뒤에 "這種菜"를 첨가하여 전방조응 할 수 있는 것은 그 전형적인 총칭 특징을 명시하고 있다. 제1유형은 일반명사구인데 이와 같은 명사구도 총칭 특징을 구비하고 특정 의미를 갖는 명사가 N1, N2 위치에 출현하는 것을 배척하는 것은 중심어인 N2위치에 출현하는 것은 거의 총칭 의미가 강한 추상명사에 불과하고 일반적으로 상위개념어가 없기 때문에 "這種N"로서 전방조응할 수 없지만 N2에 상위개념어가 놓이는 구조는 그 것이 가능하다.

(1) 污水處理係統這種設備是工廠必需的。
　　오수 처리 시스템과 같은 설비는 공장에서 꼭 필요한 것이다.

지시적 의미로부터 볼 때, NP1은 전칭양화를 표시하지만, 이것도 총칭 의미의 속성의 하나이다(劉丹靑2002b).

N1과 N2의 위치가 만일 한정성 성분이 붙는 명사성 구((지시사)(수사)(양사)+명사)이라면, "VN1的N2"도 총칭을 표시할 수 있지만, N1VN2(NP) 구조는 의미적인 면에서 총칭을 표시할 것을 요구하므로 한정적인 어구가 이 구조에 진입하는 것을 배척한다. 총칭을 표시하는 "VN1的N2"구조가 아니라면 N1VN2(NP) 구조로 전환할 수 없다는 점에 대해서는 이미 서술하였다. 마찬가지로 총칭을 표현하는 N1VN2(NP)구조는 명명성/호칭성이 강하여 하나의 전체로 한 유형의 사물을 명명하기에 더 적합하고 반면에 N1VN2(NP) 구조의 "VN1"은 흔히 핵어명사를 묘사·제한하는 작용을 하기에 이와 같은 구조는 수식관계를 보다 강조하고 두드러지게 한다.

명사성 구의 유형론적 연구

10.2. 연계자 어중 원칙과
N1VN2(NP) 구조의 형성

10.2.1

우리는 N1VN2(NP)구조의 형성은 의미가 영향을 미치는 통사적 이동으로부터 생성된 것으로 "연계자 어중" 원칙의 작용에 제어된다고 생각한다.

Dik(1983:274)는 개사(전치사[adposition]와 후치사[preposition]를 포함), 명사 접미사, 종속절 표지(보문표지)는 문장 혹은 구문 측면의 연계자이고, 연계자는 일반적으로 그와 접속되는 그중의 한 성분과 관계가 더 밀접하다는 것을 지적하고 있다. Dik는 이 성분을 직접연계성분(immediate relatum)이라고 하고 연계자의 위치는 일반적으로 다음 두 가지 원칙을 준수한다고 한다.

1. 연계항은 흔히 피 연계성분의 외곽에 놓인다. 다시 말해, 연계자는 흔히 그중의 피연계성분과 어떤 한 구조를 형성하는 두 개의 직접성분이 있지만, 일반적으로 피연계성분의 내부에 진입할 수 없다.
2. 연계자는 흔히 두 피연계성분 사이에 놓인다.

구조조사 "的", "地", "得"은 바로 전형적인 연계자에 속하고,

"的"의 연계자로서의 작용은 唐正大(2005)에서 이미 설명하고 있다. NP1-NP4구조의 형성도 "연계자 어중" 원칙이 추진한 결과라고 생각한다.

어순유형론에 있어 "동빈"(동사+목적어)구조, "개빈"(개사+목적어) 구조의 시각에서 보면, 중국어는 중심어전치의 언어에 속하고 명사와 그 수식어와의 상대적인 어순으로부터 말하면 중심어후치 언어에 속한다. "NP(VP)的N" 구조 중에서 "的"은 연계자로 수식어와 핵어명사를 접속하고 앞의 수식성 성분과 직접관계를 구성한다. 전통적인 중국어 문법학계에서는 "的"을 "연계접속성어구"(張敏 1998:232)라고 부르지만 실은 그 연계자에도 착안하고 있다. "的"의 가장 주요한 기능은 소속관계를 표시하고 언어의 공통성이라는 시각에서 보면 Rijkhoff(2002:198-199)는 소속구조에 있는 도입작용의 기능을 possessive preposition이라고 일컫는데 그 명칭과 실질은 전통적인 "的"에 대한 분석과 일치한 것이다. 朱德熙 이래, 중국어의 "的"은 접사성 성분으로 불려 왔지만, 이것은 그것을 연계자 신분으로 보는 것과는 모순되지 않는다. 연계자도 전치와 후치로 나뉜다. 예를 들면, 일본어에서 병렬관계를 표시하는 연계자는 후치하지만, 중국어의 "和"는 전치한다(劉丹靑 2002a). 하지만 "的"은 후치하는데 후치하는 성분은 쉽게 접사화되기 때문에 연계접속작용의 "的"을 접사성 성분으로 보는 것도 당연한 것이다.

10.2.2

N1VN2와 상호 전환할 수 있는 "VN1的N2"구조 중에서 VN1은

명사성 구의 유형론적 연구

규정어절에 속하고 "的"은 절과 핵어명사를 접속하는 연계자 작용을 한다. 의미적인 면에서 구문의 호칭성을 강조할 것을 요구할 경우, "的"은 출현해서는 안 된다. 이렇게 되면 절과 중심어의 사이에는 연계자의 접속이 결여되고 만다. 따라서 의미의 영향을 받아 어구 내부에는 새로운 연계자를 탐색하는데 V가 연계자를 담당하기엔 가장 적합하기 때문에 N1VN2구조가 형성되었다. V와 N2가 논항 관계를 가지지 않을 경우, N1VN2구조의 사이에 "的"을 삽입하여 연계자가 중복되는 상황을 구성할 수 있다. "的" 삽입 후의 N1VN2구조는 일반적인 "的"자 구조와 같이 여전히 강한 호칭성을 지닌다. 하지만 상응하는 "的"이 붙지 않는 구조와 비교한다면 그 호칭성(혹은 명명성)은 비교적 약하다.

(2) 語言研究的能力很重要。

언어 연구의 능력은 아주 중요하다.

(3) 總統選擧的方案已經提出很多了。

대통령 선거의 대책은 이미 많이 제기되었다.

(4) 歇後語使用的範圍很廣。

헐후어의 사용범위는 아주 넓다.

하지만 V와 N2가 논항관계를 가질 경우, N1VN2구조에 "的"을 첨가할 수 없다. 이 문제에 대해서 우리는 규정어성의 절 수식어가 관계절로 될 수 있는가 하는 시각으로부터 분석을 시도한다. 劉丹靑 (2005b)은 모든 규정어를 충당하는 종속절이 관계절이 되는 것은 아니라고 주장하면서 만일 종속절에 의해 수식된 중심어가 종속절 내에 동일지시된 공범주 혹은 대명사를 가지지 않으면 예를 들면 "我們旅游的計劃"(우리들의 여행의 계획)과 같이 그 종속절은 관계절이 아니라 동일성의 규정어라고 지적하였다. N2가 V의 논항으로, 즉 N2가 수식성의 절 내에 공범주를 보존한다면 수식성의 절은 관계절이다.

古籍整理專家(고서정리전문가)——[t$_i$]整理古籍的專家$_i$
汽車修理工人(자동차수리공)——[t$_i$]修理汽車的工人$_i$

이러한 유형의 N1VN2(NP) 구조는 관계절이 수식어인 "VN1的N2(NP)" 구조로부터 전환한 것이기 때문에 N1V도 하나의 관계절이라고 볼 수 있다. 이 유형의 관계절의 작용은 바로 중심어의 의미를 제한하는 것인데 중심어와 비교적 가까운 개념 거리를 가진다. 의미적인 제한에 의해 V가 "的"을 교체하여 관계절과 중심어의 사이의 연계자로 될 경우, "VN1的N2(NP)" 구조 중의 VN1는 관계종속절이 아니고, 상응하는 N1VN2(NP) 구조 중의 N1V도 관계절이 수식어로 되는 것이라고 꼭 생각할 필요가 없으며, 동일성의 규정어라고 생각할 수 있다. 동일성 규정어와 중심어는 동일지시이고 중심어를 설명해 주는 작용을 한다. 관계절에 비해 중심어와 비교적 먼 개념 거리가 존재하기 때문에 V가 연계자를 충당한 후에도 여전히 새로운 연계자를 삽입할 수 있다.

명사성 구의 유형론적 연구

汽車修理技術──修理汽車的技術──汽車修理的技術

(자동차 수리 기술)──(자동차를 수리하는 기술)──(자동차수리의 기술)

"통사적 거리는 개념 거리를 반영한다"(Haiman 1983, 張敏 1998:222
에서 재인용)라는 것은 통사적인 면에서 달리 나타내는 표현은 N1V
와 중심어 N2 사이의 긴밀도가 다름을 명시해 주고 있을 뿐만 아니
라, 동일성의 규정어 절과 관계절을 구분할 필요성도 명시한다.

동사의 논항으로 되지 않는 성분도 관계화될 수 있지만, 다만 개
사구조가 절 내에 동일지시 성분을 보존하는 방법만 활용하고 있다.
예를 들면, 영어의 the way by which I solved that problem(내가 그 문
제를 해격한 방법)과 같은 구조에서는 관계화된 중심어 성분은 전치
사의 목적어(prepositional object)의 형식으로 관계절 내에 일정한 위치
를 점하고 중심어와 동일지시 관계를 형성함으로 관계절의 형성을
보증하고 있다. 유형론적 시각에서 볼 때, 절 내의 성분이 중심어와
동일지시 관계를 가지지 않는 수식성 절(동일성의 규정어 절)은 적어도
엄격한 의미 상의 관계절이 될 수 없다. "研究語言的方法"(언어를 연
구하는 방법)과 "用[ti]來研究語言的方法i"(언어연구에 사용하는 방법)
은 다른 것이고 동시에 이러한 동일성의 규정어 절과 일반적인 관계
절의 구별은 언어에 있는 기타의 통사적 환경 중에서 구체화된다.

10.2.3

NP3과 NP4 유형의 구조는 "VN1的N2" 구조와 상호 교환할 수
없기 때문에 상기의 원리로 해석할 수 없다. NP3은 의미적인 면에서

볼 때 오직 "VN1和N2"에서 유래된 것이라고 말할 수밖에 없다. 예를 들면, "冬瓜燉排骨"(동아갈비찜)은 "燉冬瓜和排骨"(동아와 갈비를 삶는다)에서 유래되었다고 볼 수밖에 없고, "霉干菜燒肉"(말린 갓김치와 돼지고기 볶음)은 "燒霉干菜和肉"(말린 갓김치와 돼지고기를 볶는다)에서 유래되었다고 볼 수밖에 없다. 중국어 "VN"배열의 이해요소는 비교적 복잡한데 "遺失聲明"(분실신고)처럼 "수식어+중심어"관계일 수도 있고, "看書"(책을 보다)처럼 대부분이 "동빈"관계일 수도 있으며, "參考文件"(참고문헌/문헌을 참고하다)처럼 중의성을 지닐 수도 있다. 하지만, 만일 N이 복잡한 NP이라면 이 NP 내부에 어떠한 관계가 존재하든 VN는 "동빈"구조로만 이해할 수밖에 없다. 즉 "편정"관계로 이해할 수 있는 VN의 V와 N에 "동작-수동자" 관계가 있을 경우, N에 대해 엄격한 제한이 있다. 다시 말해, N은 기본위계범주에 있는 원형총칭명사 형식만이 가능하고, 수량구조, 한정구조 혹은 기타 형식의 복합구를 허용하지 않는다.

다의	동사+목적어	동사+목적어	동사+목적어	동사+목적어
烤紅薯	烤一隻紅薯	烤紅薯和白薯	烤大紅薯	烤香甜的紅薯

"燉冬瓜和排骨"(동아갈비조림/동아와 갈비를 조리다)와 같은 복잡한 관계를 가지는 구문이 총칭 의미를 지니는 지시 특징을 명시할 경우, 부득이 다만 "동빈"관계를 구성하는 "VN1和N2" 구조를 포기하고 V가 연계자 "和"의 위치를 점한다. 한편으로는, V가 N1과 N2의 연계자를 충당한다고 말할 수 있다. 다른 한편으로는 형성된

N1VN2 구조를 놓고 볼 경우, VN2는 편정구조를 구성할 수 있지만 N1은 이 NP 밖으로 배제된다. 때문에 N1 위치에 놓이는 성분은 일반적으로 요리명칭에서 그다지 중요하지 않은 강조되지 않는 성분이다. 이와 같은 결과는 V가 "和"를 대체하여 N1과 N2 사이에 이동되었다고 볼 수도 있고, N1이 외곽으로 이동한 후에 "和"가 사라지고 V가 마침 연계자를 충당하였다고 볼 수도 있다.

劉丹靑(개인 교류에 의하면)은 "연계자 어중" 원칙 외에 "중심어 근접" 원칙(The principle of head proximity)도 N1VN2(NP) 구조의 형성에 적극적인 영향을 미친다고 지적하였다. "중심어 근접" 원칙은 Dik(1997:402)가 제기한 중요한 어순 원칙으로 그 후 그의 학생인 Rijkhoff가 이 원칙을 명확히 하여 "하위영역(subordinate domain)의 주요부 성분의 우선적인 위치는 상위영역(superordinate domain)의 주요부 성분에 가까이 위치한다"고 진술하였다(Rijkhoff 2002:264). "VN1的 N2" 구조가 의미적 수요에 의해 수식어 "VN1的" 구조로서의 주요부의 "的"이 사라진 후 남은 "VN1N2"는 더 이상 "중심어 근접"원칙을 준수하지 않고, 동사 V는 규정어 절의 주요부(하위/종속영역 중의 새로운 주요부)로 NP의 주요부가 되는 핵어명사에 근접하는 경향이 있다. 그리고 "VN1N2"구조 중의 N1과 N2는 병렬관계이고 이와 같은 의미 표현이 총칭 의미를 지닌 NP구조를 형성하려고 하는 것이다. 즉 N1과/혹은 N2를 주요부로 하는 가장 적절한 표현방법은 V가 N1과 N2 사이에 놓이게 하는 것이고 N1VN2(NP)구조는 중심어 근접 원칙을 최대한으로 체현하고 있다. "중심어 근접" 원칙과 "연계자 어중" 원칙은 역할을 모아 합력하여 N1VN2(NP)구조의 형성을 촉진하였다.

陸丙甫(개인 교류에 의하면)는 "前緊後松"[앞이 긴밀하고 뒤가 느슨하다](종속어가 전치하는 경우는 주요부와의 결합이 긴밀하고, 종속어가 후치하는 경우는 주요부와의 결합이 느슨하다)란 유형론 원칙(陸丙甫 2003)[1]이 N1VN2(NP)구조의 형성 과정에 적극적으로 작용한다고 지적하였다. OVN 중에서 OV과 (OV)N은 긴밀한 구조이다. 만일 VON를 사용하면 VO는 느슨한 구조이고 반면에 전체 (VO)N는 긴밀한 구조이다. 긴밀함이 느슨함을 감싸는 구조는 아마 언어 중에서 비교적 배척하는 구조일 것이다.

중국어에서 예를 들면 "電話聯係"(전화 연락)처럼 동사 앞의 명사는 개사의 도움을 빌어 혹은 단독적으로 VP의 수식성 성분 즉 상황어로 될 수 있다. 고대중국어에도 이와 같은 구조가 많은데 "人立"(사람의 직립) 등을 예로 들 수 있다. 이러한 구조의 유추 작용 하에 NP3 중의 N1을 접착성분으로 이해할 수 있고 그 부차적인 성질이 더 돋보이기 때문에 N1를 개사를 생략한 상황어 성분이라고 간주할 수 있다. 예를 들면 다음과 같이 해석할 수 있다.

蔥花炒鷄蛋(다진 파 달걀 볶음)——用蔥花炒的鷄蛋(다진 파로 볶은 달걀)

蛋炒飯(계란볶음밥)——用鷄蛋炒的飯(계란으로 볶은 밥)

---

1 唐正大(2005)도 후치와 비교했을 경우, 관계절전치는 중심과 보다 긴밀한 관계를 가지는데 그것은 "前緊後松"(앞이 긴밀하고 뒤가 느슨하다)란 원칙의 또 다른 증명으로 된다고 지적하였다.

명사성 구의 유형론적 연구

NP3 중의 N1과 N2의 지위는 실은 불균형하다. 예를 들면, "黃瓜拌蟄皮"(오이 해파리 무침)에서 "黃瓜"(오이)는 곁들여 넣는 요리에 속하고 "蟄皮拌黃瓜"(해파리 오이 무침)에서 "蟄皮"(해파리)는 곁들여 넣은 요리에 속한다. 때로는 반드시 양에 의해 중요성을 측정하는 기준에 국한하지 않고 "冬瓜燉排骨"처럼 요리명칭에서는 흔히 돋보이고자 하는 재료를 N2 위치에 놓는다.

NP4 에서 N1은 도구 등 방격 의미를 표시하는 명사로 앞에 개사가 생략되었다고 볼 수 있다. N1은 V의 논항이 아니고 N2가 V의 논항이다.

刀削麵——(用)刀削的面
油煎雞蛋——(用)油煎的雞蛋
紅酒燉排骨——(用)紅酒燉的排骨

이러한 구조에서 V와 "的"은 모두 연계자가 되는 자격을 구비하고 있기 때문에 의미적인 면에서의 총칭이 "的"의 출현의 제한을 요구할 경우 "燉"은 직접 연계자로 될 수 있지만 동사가 개사구(PP)의 수식을 받을 경우 동사의 동작성이 강하기 때문에 "PP+V+N"는 쉽게 "상황어+동사+목적어" 구조로 이해된다. 예를 들면, "用油煎鷄蛋"을 "油煎鷄蛋"처럼 명사성 구조로 이해하기 어렵다. 또한 동사성이 강한 동사는 연계자로 되는 자격을 구비하지 않고 있다. 다음에 우리는 지적하는 바와 같이 연계자 위치에 놓이는 동사는 실은 동사로서의 전형적인 특징을 상실하였기에 PP 중의 전치사가 탈락한다.

제10장. 연계자 어중 원칙과 N1VN2(NP) 구조의 형성

NP4 형식의 "水煮", "刀削" 등은 "淸蒸", "紅燒", "滑炒" 등의 전형적인 방식 상황어와 유사하다.

N1VN2(NP)형식의 NP3, NP4은 모두 호칭성이 강한 총칭 형식이고 N1과 N2은 모두 총칭의 원형명사이다. V은 두 개의 연계자 사이에 놓여 N2와 직접성분을 구성할 수 있으며 N1은 일종의 수식 작용을 하는 외부성분으로 간주할 가능성이 더 높다.

"燒餠夾油條", "烙餠卷大蔥"과 같이 식품명칭에는 다른 종류의 "주어+동사+목적어"형 구성이 있다. 이러한 구조도 N1VN2(NP)구조로 당연히 "연계자 어중" 원칙을 위반하지 않지만 본 장의 연구 범위에는 속하지 않는다.

10.3. 동사의 연계자 작용

N1VN2(NP) 구조에서 연계자는 동사에 의해 이루어진다. 劉丹靑 (개인교류에 의하면)은 다음 예를 열거하면서 일부 동사는 "的"과 같이 "的"을 대체하여 연계자 작용을 할 수 있다고 증명한 적이 있다.

姓張的女孩[성이 장 씨인 여자애] ~張姓女孩~*姓張女孩

언어에 있어 연계자가 되는 성분은 모든 품사 특징이 분명하지 못한 성분에 속한다. 즉 어떤 품사의 비(非)전형적인 성분에 속한다고 우리는 생각한다(연계자의 성질에 관해서는 별도로 논의한다). 동사의

명사성 구의 유형론적 연구

전형적인 의미는 동작을 표시하고 대부분 단음절동사와 많은 이음절동사는 모두 동작성이 강한 전형적인 동사이기 때문에 이 유형의 동사는 N1VN2(NP) 구조에 출현하는 연계자로 될 수 없다. 우리는 이미 앞에서 예문을 열거하여 이 점을 설명하였다. 다음 예문은 마찬가지로 동사의 동작성의 강약이 동사가 연계자로 되는 것에 영향을 미친다는 점을 증명할 수 있다.

a.VN1N2	b.N1VN2	c.VN1N2
養馬場 —	軍馬飼養基地 —	*飼養軍馬基地
(양마장)	(군용마필사육기지)	
製衣廠 —	服裝加工企業 —	*加工服裝企業
(복장제조공장)	(복장가공기업)	
割草機 —	小麥收割機 —	*收割小麥機
(제초기)	(밀 수확기)	
獲獎者 —	五一勞動獎章獲得者 —	獲得五一勞動獎章者
(수상자)	(5·1노동절훈장획득자)	(5·1노동절훈장획득자)

만일 우리가 이음절동사의 동작성이 유의어인 단음절동사보다 동작성이 약하다고 가정한다면, 연계자의 성질은 상술한 a와 b의 대립을 보다 잘 설명할 수 있다. "养", "割"와 같은 어휘는 이음절어 "飼養", "收割" 등과 비교할 때 동작성이 너무 강하여 연계자로 될 수 없다. 위 글에서 지적한 바와 같이, 단음절동사 "姓"은 "的"을 대체하여 연계자 역할을 할 수 있지만 "姓"은 비(非)전형적인 동사에 속

하고 일반적으로 "是"와 한 부류에 귀속시켜 연결동사(繫詞) 혹은 속성동사라고 일컫는다. 이는 마치 연계자로서의 동사가 비전형성을 지닌다는 점을 다른 각도로부터 증명해 주고 있다.

a와 c는 동시에 "연계자 어중" 원칙과 "중심어 근접" 원칙을 위반하였고 같은 VN1N2 구조인데 왜 a는 성립되지만 c는 성립이 불가능할까? 陸丙甫(개인교류에 의하면)는 확신할 만한 설명을 제기하였다. 그는 이 문제에 있어 음절 등 운율적인 면에서의 제한이 가장 중요한 요인이고 그 외의 요인은 부차적이라고 지적하였다. N1이 단음절일 때, VN1N2의 V와 N2는 다만 하나의 음절만 사이에 두고 있어 (게다가 V와 N1은 여전히 여전히 하나의 음보 내에 있다) 거리가 그다지 멀지 않다. 이러한 무표지 어순의 VO가 직접 규정어로 되는 것은 주요부 근접성 원칙에 대한 위반이 그리 명확하지 않다.

우리는 N1VN2(NP) 구조 중의 V는 연계자로서 품사 특징이 비(非)전형적인 성분이라고 생각한다. 또한 단음절 동사는 동작성이 강하기 때문에 이와 같은 구조에 출현할 수 없지만 이 제한을 위반할 수도 있는데 "肉夾饃", "冬瓜燉排骨"과 같이 동작성이 비교적 강한 단음절 동사("姓"등의 동작을 표시하는 동사와는 달리)는 여전히 N1VN2(NP) 구조에 출현할 수 있다고 본다.

만일 일단 전형적인 동사가 연계자로 되면 전형성이 약해진다고 하면 필연코 순환론 의혹을 불러일으킬 수 있으며 "왜 기타 동작성이 강한 동사는 전형성을 약화하여 연계자로 될 수 없는가?"라는 또 다른 문제를 초래하게 된다. 동작성이 강한 단음절 동사가 연계자로서 주로 식품명칭에 출현하는 것을 고려하면 이러한 연계자로 될 수

명사성 구의 유형론적 연구

있는 단음절 동사는 어떤 상황을 표시할 뿐 더이상은 동사를 강조하지 않는다고 설명할 수밖에 없다. 예를 들면, "肉夾饃" 중의 "夾"는 일종의 상태만 표시하되 "夾"의 동작은 홀시한다. 바꾸어 말하면, "割草机"와 같은 구조에서 수식성 성분 "割草"은 동작의 주체인 "人"을 내재하고 있어 실은 "人割草的机器"이다. 동작의 주체가 참여하면 일반적으로 동사의 동작성이 강조되지만 동작의 주체 요소를 고려하지 않으면 사건 전체가 일종의 속성 사건으로 간주되고 동사의 동작성은 억제될 가능성이 있다. 예를 들면, "肉夾饃"와 "韭菜炒鷄蛋" 중에서 동사의 동작주는 무시되고 동사의 동작성이 일시적으로 억제되었다고 볼 수 있다. 여기에서 같은 동사가 다른 환경에서 다른 의미 특징을 부각시키고 있지만 명확한 해석은 보다 상세한 검토를 할 필요가 있다고 생각한다.

동시에 N2는 현대중국어에서 단어로 될 수 없는 형태소로 VN1N2(NP) 구조의 형성에 적극적인 영향을 미치는 듯하다.

동사가 연계자로 되는 다른 표현으로서는 다음의 것이 있다. 종속절이 전치하는 SOV언어가 관계절 구조를 구성할 경우 흔히 관계절과 핵어명사 사이에 어떠한 형태·통사적 특징을 지닌 연계자도 사용하지 않는다(唐正大2005). 이러한 verb-final언어는 관계절이 핵어명사를 수식할 때, 절 내의 동사는 자연적으로 수식어와 핵어명사 사이의 연계자로 된다. 한편, SVO언어가 관계절을 구성할 경우, 수식어는 중심어의 뒤에 놓이고 관계화하는 성분이 마침 주어일 때 동사는 동사에 직접 인접하여 연계자로 된다. 고대중국어에서는 "者"구조가 명사의 뒤에 놓일 경우 다음과 같다.

(5) 未至發所,道聞民有在草不起子者,回車往治之。(『世說新語·政事』)

현장에 도착하기 전, 도중에 아이를 생산한 이가 있다는 것 듣고 차를 돌려 이를 치료하였다. (『世說新語政事』)

(6) 佗小渠披山通道者,不可勝言。(其他披山通道的小渠不可勝言。)(『史記·河渠書』)

그 외 산을 개척하여 통로를 뚫은 작은 수로는 말로는 형용할 수 없다.

이러한 "者"자구조는 앞의 명사와 전방조응(複指:두 번 가리킴)하여 전방조응구(王力1990)를 형성한다. 하지만 王力는 동시에 이와 같은 "者"자구조는 후치하는 수식어와 동등하다고 주장하고 있다. 우리는 이를 연계자가 동사에 의해 충당된 후치관계절이라고 본다. 劉丹靑(2003a, 2005b)은 "使吏召諸民當償者悉來合券"와 "士卒堕指者什二三"과 같은 구조의 "NVP者"를 후치관계절 구조로 분석할 수 있다고 명확히 밝혔다. 董秀芳(2003)은 법률 언어에서 다음과 같은 표현이 일종의 후치관계절이라고 지적하고 있다.

(7) 司法工作人員私放罪犯的,處五年以下有期徒刑或者拘役。(《中華人民共和國刑法》第一百九十條)

사법인원이 범인을 몰래 놓아 줄 경우 5년 이하의 유기징역 혹은 구속 처분에 처한다.

명사성 구의 유형론적 연구

이 유형의 구조는 "者"자구조와 동일하다고 볼 수 있는데 일반적으로 주어를 관계화하고 동사는 수식어와 중심어 사이의 연계자를 겸임하고 있다. 하지만 만일 여기의 동사가 연계자를 충당한다고 본다면 우리는 다른 문제를 직면해야 한다. 즉 여기의 동사도 역시 전형적인 동사 특징을 구비하지 않은 동사인가라는 것이다. 이러한 동사에는 개사구 혹은 능원동사와 같은 상황어를 첨가할 수 있고, 자유롭게 목적어와 결합할 수 있으며, 중심어가 관계화되기 전의 구조와 비교했을 때 동사의 동작성에는 별다른 변화가 발생하지 않았다. 고찰을 통해 이와 같은 문장에서 중심어 뒤의 동사 혹은 동사구 앞에는 흔히 동사 "有"를 첨가할 수 있는 듯하였다. "有"는 비전형적인 동사에 속하는데 주요한 작용은 접속작용 즉 연계자로 되는 것으로 기본적으로 우리가 생각한 "연계자가 비전형성분이다"라고 예기한 상황에 부합되지만 이 문제는 앞으로의 논증이 필요하다. "者", "有"는 여기에서는 종속어를 표기하는 절 표지라고 판단된다.

SOV처럼 동사가 문말에 놓이는 언어는 만일 관계절마저 전치한다면 동사가 영원히 문말에 위치하기 때문에 관계절을 구성할 때 "N1,N2……NnVN"와 같은 구조를 형성하고 핵어명사와 동사는 동일 절 내의 성분이라고 생각되지 않는다. 하지만 중국어 "SVO者/的"구조는 종속절 표지 "者/的"이 출현하기 전에 SVO가 쉽게 "주어+술어+목적어" 구조로 이해되므로 새롭게 이해할 필요가 있어 이해 부담을 증가시키기 때문에 이러한 구조의 출현 빈도는 그다지 높지 않다. 고대중국어에서는 이와 같은 구조는 일반적인 문체에 아직도 존재하지만 현대중국어에서는 그 응용이 상당히 제한을 받는다.

중국어의 "的"은 전통문법에서는 "介接詞"라고 불렀다. 고대중국어의 구조조사 "之"는 "介詞"(王力1990), "介字"(馬建忠1898:246)라고 불리고 있다. 黎錦熙(1924:159)는 "的"이 후치개사이라로 생각하고 "領攝介詞"라고 일컫었다. 또한 錢乃榮(2001:182)은 전통문법의 관점을 답습하여 "的"을 "後置介詞"라고 불렀다. 唐正大(2005)는 기능주의 시각으로부터 "的"은 중심어와 수식어를 접속하는 연계자라고 볼 수 있다고 하였다.

중국어 "的"의 가장 중요한 기능은 구조조사로 되는 것이다. 즉 수식어와 주요부 사이에 놓여 접속 작용을 하는 것이다. 다시 말해, "的"의 주요기능은 바로 연계자로 되는 것이다. "和"의 가장 중요한 기능도 접속 기능으로 "連詞"라고 불리고 있으며 두 개의 병렬된 구조성분을 접속한다. 전형적인 연계자로서의 "的" 혹은 "和"가 의미적인 원인(위 글에서 이미 설명을 하였음)으로 말미암아 출현할 수 없을 경우 구조는 새로운 연계자가 나타날 것을 요구하는데 동사가 마침 이 조건에 부합되기 때문에 "연계자 어중" 원칙이 작용하여 비교적 특색 있는 N1VN2(NP)구조를 형성하였다. "연계자 어중" 원칙은 중국어에서는 "순종하는 자는 창성한다"란 원칙이지 "거역하는 자는 멸망한다"[2]란 원칙이 아니다. 즉 일부 조건 하에서는 이 원칙의 위반이 허용된다.

동사의 연계자 작용은 중국어에만 있는 것이 아니라 N1VN2(NP) 구조는 보편성을 지니는 구조이다. 영어와 같은 형태가 존재하는 언

---

2   "순종하는 자는 창성하고 거역하는 자는 멸망한다"는 비유는 唐正大(2005) 에서 인용한 것이다.

어에도 N1VN2(NP) 구조가 존재하지만 V는 반드시 분사 형식으로 출현해야 한다. 예를 들면, head-driven phrase, object-oriented system, place-denoting noun 등이 있지만 이러한 N1VN2(NP) 구조도 모두 총칭 의미를 표시하고 그중의 N1V구조를 관계절의 전치라고 볼 수 있으며, 분사를 표기하는 접미사 -ing 혹은 -ed를 필수적으로 한다. 우리는 이들의 작용은 바로 V의 동작성을 약화시켜 동사가 연계자 that처럼 새로운 연계자로 되게 하는 것이라고 생각한다. 또한 객관적으로 연계 작용을 일으키기 때문에 이러한 동사의 동사성을 약화시킨 접미사도 연계자라고 할 수 있다면(Dik,1983) N1V은 일종의 어순이 특수한 관계절이라고 생각할 수 있다.[3]

연계자가 품사 특징이 명확하지 않은 성분이라는 점에 관해서 方梅(2004)는 다른 유형의 증거를 제시하고 중국어 구어에 있는 후치관계절을 지적하고 있다.

(8) 你站在大街上總能看見那種不管不顧的人,他看見紅燈就跟不認得似的,照直往前騎,你當員警要愛生氣得氣死。

당신이 길거리에서 언제나 목격하는 빨간 신호등을 보고도 못 본 척하고 앞으로 질주하는 주변을 고려하지 않는 사람은 당신이 만약 경찰이라면 항상 노발대발할 것이다.

---

3 劉丹靑은 필자에게 Comrie & Smith(1977)는 비제한적 절을 조사 대상으로 하고 분사구 등을 비제한적 절의 하위분류로 보고 있다고 말씀해 주셨다. 비제한형의 절의 상세한 논의에 대해서는 劉丹靑(2005b)를 참조하시기 바란다.

제10장. 연계자 어중 원칙과 N1VN2(NP) 구조의 형성

方梅는 "他"는 관계화 표지이고, 전형적인 3인칭 대명사와는 다르다고 생각하고 있다. 이 비전형적인 "他"가 바로 중심어와 관계절을 접속하는 역할을 하는 연계자이다.

10.4. 여론

"연계자 어중"원칙은 중요한 어순 원칙이지만 각 언어에 대한 작용력은 같지 않고 한 언어의 변천단계 중의 여러 역사적 시점에 대한 작용력 또한 차이가 있다. 이 원칙은 한 언어 어순의 결정적 요인이 아니다. 실은 임의의 어느 원칙도 한 언어의 어순을 독립적으로 결정할 수 없다. Rijkhoff(2002:239)의 "언어성분의 선상배열은 여러 어순 원칙이 상호 작용한 결과로 그 작용력은 상반될 수도 있고 일치할 수도 있다"라는 말은 아마도 우리의 어순 연구에 하나의 힌트를 줄 수 있을 것이다.

"肉夾饃" 등과 같이, N1VN2(NP) 구조를 하나의 복합어로 볼 수 있지만 그 내부 구조를 놓고 보면 관계절 구조와 더 밀접한 관련이 있다. 우리는 N1VN2(NP) 구조가 일종의 구문이고 전형적인 의미 특징을 가진다고 볼 수 있다. 즉 N1, N2는 총칭성을 나타내는 명사이고 V는 특징이 선명하지 못한 동사이며 전체 구조는 일종의 총칭성 의미를 표시할 수 있다. 이는 다음과 같이 많은 비문을 해석하는 데에 쓰일 수도 있다.

學生書包丟失案件 ——— *小王書包丟失案件

학생 가방 분실 사건

    하지만 우리는 언어자료의 수집과정 중에서 극소수의 예외를 발견하였다. 예를 들면, "鄧小平同志遺體火化儀式"(등소평동지화장식)에서는 N1VN2(NP) 구조 전체가 특정적인 의미를 가진다. 이러한 구조는 그리 많지 않지만 예외적인 원인을 생각하기에는 충분하다. 陸丙甫(개인적인 교류)는 이와 같은 구조를 대체적으로 "鄧小平同志"가 전체 "遺體火化儀式"을 수식한다고 분석할 수 있는 것은 여기의 "鄧小平同志"는 변별지시성이 아주 강한 규정어(속격 수식어)로 속격 수식어는 흔히 "的"이 생략 가능하기 때문이라고 지적하였다. 우리는 이러한 설명이 위와 같은 예외에 대한 가장 적합한 해석이라고 생각한다. 하지만 위에 열거한 예문 중에서 "小王"도 마찬가지로 속격 수식어로 볼 수 있음에도 불구하고 왜 전체 구조는 성립할 수 없는가? 이 문제에 대해서는 향후의 고찰이 필요하다.

제10장. 연계자 어중 원칙과 N1VN2(NP) 구조의 형성

董秀芳 2003《"的"字短语做后置关系从句的用法——兼评法律文献中"的"字短语的用法》,《语言文字应用》第4期。

方　梅 2004《汉语口语后置关系从句研究》,载《庆祝〈中国语文〉创刊50周年学术论文集》, 商务印书馆。

黎锦熙 1992/1924《新著国语文法》,商务印书馆,1992年。

刘丹青2001《粤语句法的类型特点》,香港《亚太语言教育学报》第2期。

_____ 2002a《汉语中的框式介词》,《当代语言学》第4期。

_____ 2002b《汉语类指成分的语义属性和句法属性》,《中国语文》第5期。

_____ 2003a《试谈汉语方言语法调查框架的现代化》,見戴昭铭主编《汉语方言语法研究和探索——首届国际汉语方言语法学术研讨会论文集》, 黑龙江大学出版社。

_____ 2003b《语序类型学与介词理论》,商务印书馆。

_____ 2005a《汉语关系从句标记类型初探》,《中国语文》第1期。

_____ 2005b《语法调查与研究中的从属小句问题》,《当代语言学》第3期。

刘云、李晋霞 2002《"V双N1的N2"格式转化为粘合式偏正结构的制约因素》,《世界汉语教学》第2期。

陆丙甫2003《"的"的基本功能和派生功能——从描写性到区别性再到指称性》,《世界汉语教学》第1期。

陆丙甫 2005《语序优势的认知解释(下):论可别度对语序的普遍影响》,《当代语言学》第2期。

马建忠 1983/1898《马氏文通》,商务印书馆,1983年。

钱乃荣 2001《现代汉语》,江苏教育出版社。

石定栩 2005《动名结构歧义的产生与消除》,《语言教学与研究》第3期。

唐正大 2005《汉语关系从句的类型学研究》,中国社会科学院研究生院博士学位论文。

명사성 구의 유형론적 연구

王　力 1990《中国语法史》,载《王力文集》第十一卷,山东教育出版社。

邢福义 1994《NVN造名结构及其NV∣VN简省形式》,《语言研究》第2期。

张　敏 1998《认知语言学与汉语名词短语》,中国社会科学出版社。

朱德熙 1985《现代汉语书面语里的虚化动词和名动词》,《北京大学学报》第
　　　5期。

Carlson, Greg N. 1977 A unified analysis of the English bare plural. *Linguistics
　　　and Philosophy* 1,413- 457.

Chao, Yuan Ren 1956 Chinese terms of address. *Language* 32(1):217- 241.

Comrie, Bernard & Smith, Norval 1977 *Lingua Descriptive Studies: Questionnaire.*
　　　Amsterdam: North-Holland Publishing Company.

Dik, Simon C. 1983 Two constraints on relators and what they can do for us.
　　　In Simon C. Dik(ed.) *Advances in Functional Grammar.* Dordrecht: Foris
　　　Publications. pp267- 298.

_____ 1997 *The Theory o f Functional Gramma*(Second, revised edition). Berlin:
　　　Mouton de Gruyter.

Haiman, John 1983 Iconic and economic motivation. *Language* 59(4):781-
　　　819.

Rijkhoff, J.2002 *The Noun Phrase.* Oxford: Oxford University Press.

저자: 陳玉洁
《世界漢語教學》2006년 2기에 게재되었음

제**11**장
"양사+명사" 구조와 양사의
규정어 표지 기능

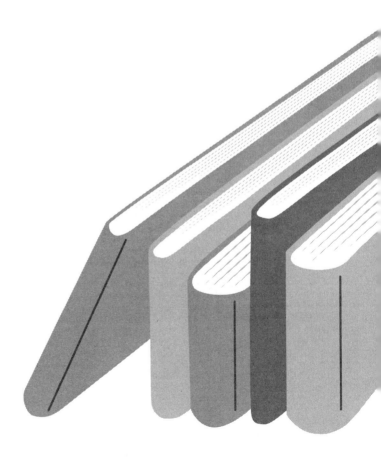

제11장.
"양사+명사" 구조와 양사의 규정어 표지 기능

11.1. 서론

규정어 표지로서의 양사와 "양사+명사" 구조의 독립적 사용 간 문제에는 일정한 관련이 있다. "양사+명사" 구조의 독립적 사용이란 "양사+명사" 구조가 하나의 적격한 통사적 단위로 기타 명사성 성분과 동일한 통사적 기능을 가지는 것을 가르킨다. 이러한 현상에 대하여 기존에 많은 연구가 진행되어 왔다. 유정 의미를 나타내는 "양사+명사" 구조의 연원은 주로 생략설, 기저설과 구조설 세 가지가 있다(王健·顧勁松 2006).

일부 언어와 방언에서 "양사+명사" 구조는 독립적으로 쓰일 수 있을 뿐만 아니라 유정 의미도 표현한다. 그중 양사는 기능과 규정어 표지 기능을 겸한다(石汝杰·劉丹青 1985, 劉丹青 1986, 劉丹青 2005, 施其生 1996, 周小兵 1997).

1. 蘇州방언: 我件衣裳(我的那件衣服)([나의 저 옷])(劉丹靑 2005)

    洪先生寫好副對聯(洪先生寫好的那副對聯)[홍선생이
    쓴 저 주련](劉丹靑 2005)

2. 廣州방언: 着紅裙個女人(穿紅裙子的這(那)個女人)[빨간 치마를
    입은 이(그) 여인](施其生 1996)

    你啲學生(你的那些學生)당신의 저 학생들(施其生
    1996)

본 장절에서는 주로 "양사+명사" 구조의 독립적 쓰임과 양사의 규정어표지 기능 간의 관계에 대해 논의를 전개할 것이며, "양사+명사" 구조의 독립적 쓰임과 양사가 발전하여 유·무정의 유별 관사 기능을 표시하는 것은 양사가 규정어 표지로 발전하는 전제라고 생각한다.

11.2. "양사+명사" 구조의 의미적 특징

11.2.1 중성 지시 및 그 통사적 환경

지시는 경우에 따라서는 원근을 구분할 필요가 없다. 담화 현장에 지시대상이 존재할 경우, 지시사(혹은 손동작을 첨부)에 의해 직접 변별이 가능하고, 지시사가 지니는 원근 거리의 의미에 의해 다른 대상과 구분할 필요가 없다. 이와 같은 지시를 우리는 "중성 지시"라고 한다. 중성 지시는 근칭 지시사 혹은 원칭 지시사를 차용하여 표현

할 수 있다. 예를 들면, 표준어에서는 흔히 "這"를 사용하여 중성 지시를 표시한다.

(3) 這是小王, 這是小李, 這是小張的媽媽。(손동작을 수반)
　　이분은 왕 선생이시고, 이분은 이 선생이시며, 이분은 장 선생의 어머님이시다.

"那"를 사용할 수도 있다.

　　那是我們的教學楼。(손동작을 수반)
　　저것은 우리들의 강의실 건물이다.

　중성 지시와 원근 의미는 결코 병존할 수 없는 것은 아니다. 상술한 예문과 같이, 비교적 가까운 대상을 지시할 경우에는 일반적으로 "這"를 사용하고, 비교적 먼 대상을 지시할 경우에는 "那"를 사용한다. 원근 의미는 "這", "那" 자체의 의미에서 획득한 것이다. 실은 직시적(deictic) 기능이 작용할 경우, 지시대상이 뚜렷이 구분되기 때문에 원근 정보는 지시대상의 구별에 있어서 그리 중요하지 않게 된다.
　언어에 있어 하나의 단어로 원근을 구별할 필요가 없는 지시 개념을 표시할 수 있다. 우리는 이와 같은 단어를 "중성 지시사"라고 한다.[1] 중성 지시사를 사용할 경우, 화자는 지시대상의 거리의 원근에

1　중성지시사는 중간지시사와는 다르다. 중간지시사는 거리 지시 계통에 속하는 지시사로 고정된 의미 특징이 있다. 중성지시사와 중간지시사에 대하여 별도로 상세하게 논의하도록 한다.

명사성 구의 유형론적 연구

대해 관심을 가지지 않기 때문에 이에 학자들은 이러한 단어는 "가까운 물건을 지시할 수도 있고, 멀리 떨어져 있는 물건을 지시할 수도 있다"(石汝杰 1999, 劉丹青 1995·2005)고 기술하고 있으며, 직시를 사용할 경우 흔히 그 장소에 존재하는 유일한 같은 종류의 대상을 가리킨다. 중성 지시사는 중국어의 방언과 기타 언어 중에 광범위하게 존재하고 있다. 예를 들면, 蘇州방언에 있는 "搿"(이것)은 바로 전형적인 중성 지시사이다.[2]

명사의 기타 수식어 예를 들면 소유성분, 관계절과 형용사성 수식어 등은 그 기능이 지시사와 비슷하여 모두 명사의 식별가능성(identifiability)을 증가시켜 준다. 지시사가 이러한 수식어와 핵어명사 사이에 놓일 경우, 일반적으로 중성 지시로 사용된다. 즉 특별하게 강조하는 경우를 제외하고는 일반적으로 거리를 구분하는 의미가 없다. 때문에 우리는 다음과 같이 추측한다. 중성 지시사가 존재하는 언어·방언에 있어 중성 지시사는 기타 지시사보다도 "수식어+중심어" 구조라는 구조에 출현하는 빈도가 높다. 蘇州방언이 바로 그러하다. 劉丹青(개인적 교류에 의하면)은 蘇州방언의 "수식어+지시사+양사+명사" 구조에는 중성 지시사 "搿"을 사용하는 것이 일반적이

---

2 小川環樹(1981), 劉丹青(1995), 錢乃榮(1997) 등 학자들의 기술에 의하면, 蘇州방언 중의 "搿"는 다음과 같은 용법이 있다.
  1) 근칭 지시사와 대립하여 원칭을 가리킨다.
  2) 원칭 지시사와 대립하여 근칭을 가리킨다.
  3) 단독으로 쓰여 일반적으로 전방 지시(조응형)에 사용되고 거리를 구분하는 의미가 없다.
  4) 원칭·근칭 지시사와 함께 출현하여 중간지시를 표시한다.

제11장. "양사+명사" 구조와 양사의 규정어 표지 기능

라고 한다.

11.2.2 "양사+명사" 구조의 독립적 쓰임

浙江義烏 방언에 있어 "양사+명사" 구조는 유정의 지시성분일 뿐만 아니라 무정과 순수한 수량 의미도 표시할 수 있다(陳興偉 1992).

  (5) 床被八年了。(這床被子八年了。)

     이 이불은 (사용한 지) 8 년이 되었다.

  (6) 阿住間屋。(我住這間房。)

     나는 이 방에서 잔다.

  (7) 幅画貼乜兒板壁。(一幅画貼在墙壁上 。)

     그림이 벽에 붙어 있다.

  (8) 個儂本書。(一個人一本書。)

     책은 한 사람에 한 권이다.

廣州방언에 있는 "양사+명사" 구조(周小兵 1997)는 무정을 나타낼 수 있고, 주어·목적어 위치에서 유정의 의미를 나타낼 수도 있다.

  (9) 上個禮拜先買咗本書,琴日發現本書唔見。(上個星期才買了一本
     書,昨天發現那本書不見了 。)

     지난주에 방금 책을 샀는데 어제 그 책이 없어 졌다는 것을 발
     견했다.

  (10) 好聲啲呀,條石梯好企,你摂實條鐵鍊呀。(小心點兒啊,這個石階

명사성 구의 유형론적 연구

很陡,你抓緊這條鐵鍊。)

조심하세요. 이 돌계단이 아주 가파로우니 이 쇠사슬을 꽉 잡
으세요.

新化방언(羅昕如 2004)에 있는 "양사+명사" 구조는 독립적으로 사
용하여 유정·무정과 전체 지시적 의미를 나타낼 수 있다.

(11) 只雞有好重唧？(這/那只雞有多重?)

이/저 닭은 무게가 얼마 나갑니까?

(12) 幫我抬下只桌子。(幫我抬一下這/那張桌子。)

이/저 책상을 드는 것을 도와주시겠어요?

(13) 我個票包逗只賊牯子偷咖去哩。(我的錢包被一個小愉偷走了。)

나의 지갑은 도둑에게 소매치기 당하였다.

(14) 只包子唧達唔幫我留,餓死我哩。(一個包子都不為我留，俄死
我了。

만두 한 개도 나에게 남겨 두지 않아서 배고파 쓰러질 것 같다.

유사한 방언에는 또 다음과 같은 것들이 있다.

廣東澄海방언(福建방언)(陳凡凡·林倫倫 2003)

(15) 伊叫個同學去買水。(他叫一個同學去買水。)

그는 한 친구에게 물을 사오라고 했다.

(16) 碗面五個銀。(一碗面五塊錢。)

면 한 사발에 5원이다.

(17) 杯水还食未了就着行。(一杯水還沒喝完就走了。)

물 한 잔도 다 마시지 못하고 떠나버렸다.

(18) 只般沉去。(那條船沉了。)

저 배가 침몰하였다.

漣水南祿방언(王健·顧頸松 2006)

(19) 個人沒來。(一個人也沒來/這/那個人沒來/有一個人沒來。)

한 사람도 오지 않았다./이/저 사람은 오지 않았다./ 한 사람

이 오지 않았다.

(20) 塊錢本書。(一塊錢一本書。)

책은 한 권에 1원이다.

金華湯谿방언(曹志耘2001)

(21) 個帽掛得釘兒上。(那個帽子掛在打子上。)

저 모자는 못에 걸려 있다.

(22) 個碗擺得椟上。(一隻碗放在椟於上。)

사발 한 개가 책상 위에 놓여 있다.

鄂東방언(汪化云 2004)

명사성 구의 유형론적 연구

(23) 個人落到河裏去了。(那個人掉到河裏去了。)

저 사람은 강에 빠졌다.

(24) 三角錢個油拼。(三角錢一個油拼。)

유병은 한 개에 삼십 전이다.

(25) 缸裏口水冒得,還不去挑!(缸裏一口水也沒有,還不去挑!)

독에는 물이 한 방울도 없는데 가서 물을 기르지 않고 뭐하

는가?

(26) 個跛腳兒怎麼樣跑ue? (跛子怎么樣跑呢?)

절름발이가 어떻게 뛸까?

(27) 個蚊蟲在帳子頂上。(一隻蚊子在蚊帳頂上。)

모기 한 마리가 모기장 위에 있다.

이상의 여러 방언에서 독립적으로 사용되고 있는 "양사+명사" 구조에는 유사한 의미 특징이 체현된다. 귀납하면 다음과 같다.

1) "지시사+양사+명사" 구조에 해당하고 유정의 NP이다.

2) "'―'+양사+명사" 구조에 해당하고 무정의 NP이다.

3) "'―'+양사+명사" 구조에 해당하고 수량구이다.

4) 전체 지시적 의미인 "'―'+양사+명사" 구조에 해당한다.

鄂東방언에 있어 "양사+명사" 구조는 또한 총칭 NP를 충당한다

(예문56을 참조).

石汝杰·劉丹靑(1985) 및 王健·顧勁松(2006)에서는 각각 다음과

같이 지적하고 있다. 蘇州방언과 漣水南祿방언에 있는 음성적 증거는 "지시사+양사+명사" 구조의 유정·무정 및 수량 의미를 표시하는 기능은 지시사와 수사 "一"이 생략된 결과이라는 것을 나타낸다.

중국어의 지시사와 양사는 일반적으로 단수의 의미를 함의하고 있다. "這"와 "這些"는 단·복수의 대립을 구성하고, "個", "根" 등 전형적인 양사는 가산명사 개체의 유형 표기이다. 따라서 "지시사+'一'+양사+명사" 구조 중의 "一"은 흔히 생략된다. 劉丹靑(2002)은 지시사와 양사는 두 개의 상호 관련된 매개변수라고 지적하였다. 그는 다양한 언어·방언 중에 있는 지시사와 양사와의 양자의 소장(消長)에 의하여 언어·방언을 지시사 발달형과 양사 발달형 두 종류로 분류하였다. 지시사 발달형의 언어에서 "지시사+'一'+양사+명사" 구조는 수사 "一"과 양사를 생략할 수 있고, "'一'+양사+명사" 구조는 "一"의 생략이 목적어 위치에 국한되어 있다.

浙江義烏방언, 廣州방언 등은 양사 발달형이고, "'一'+양사+명사" 구조 중의 수사 "一"을 생략할 수 있고, 주어와 목적어 등 다양한 통사적 위치에 사용되어 "양사+명사" 형식으로 본래의 무정, 수량 혹은 전체 지시적 의미를 표시한다.[3] 한편, "지시사+'一'+양사+명사" 구조에서 "一"을 생략하여 생성된 "지시사+양사+명사" 구조는 중성 지시적 문맥에서 거리적인 원근을 표기할 필요가 없기 때문에 지시사의 생략이 가능하다. 이와 같이, 남은 "양사+명사" 구조만이 유정의 의미를 표시할 수 있다. "양사+명사" 구조는 다양한 문맥

---

3   "'一'+양사+명사" 구조 중의 "一"이 탈락하는 의미적 제한은 각 방언마다 차이가 있다.

명사성 구의 유형론적 연구

하에 서로 같지 않은 성분(지시사 혹은 "一")이 생략된 구조로 유정의 의미를 나타낼 수도 있고, 무정을 나타낼 수도 있다. 이는 다른 성분이 생략된 결과이다. "양사+명사" 구조 중의 양사는 정관사와 부정관사 이 두 갈래의 발전 경로의 변천을 겪는다. 일부 藏緬語 중의 양사의 변천은 이 점을 설명할 수 있다(李云兵2005). 彝語의 양사는 부정관사로 쓰이고 있다.

(28) dzu²¹   dzi²¹
     젓가락   쌍
     젓가락   한 쌍
     ɬa⁵⁵   gu³³
     바지   벌
     바지 한 벌

한편, 畢蘇語와 桑孔語에서 양사는 유정 표지로 발전하였다(李云兵 2005:53).

(29) pe³³le³¹   maŋ⁵⁵
     양   마리
     이/저 양
     ti³¹la³¹ ti³¹
     끈   줄
     이/저 끈

11.2.3 "양사+명사" 구조의 현저한 의미

독립적으로 사용되고 있는 "양사+명사" 구조는 "一"이 생략되고 있는지 아니면 지시사가 생략되고 있는지, 혹은 둘 다 생략이 가능한지에 대해서는 방언에 의해 차이가 있고, "一"과 지시사가 모두 생략할 수 있다고 해도 "양사+명사" 구조의 현저한 의미가 유정의 의미를 표시하는지 아니면 무정의 의미를 표시하는지에 있어서도 각 방언은 다르게 표현된다. 예를 들면, 漣水방언에서 "양사+명사" 구조는 유정의 "지시사+양사+명사" 혹은 무정의 "一+양사+명사"에 해당하지만, 南通방언의 "양사+명사" 구조는 주로 유정의 의미를 표시한다. 王健(2005)은 일부 중국어 방언에 있는 "양사+명사" 구조의 독립적인 쓰임을 다음과 같이 관찰하고 있다.

1) 유정, 무정이 "一+양사"에 해당하는 "양사+명사" 구조의 독립적 쓰임 상황
   유정: 漣水, 阜寧, 泰州, 興化, 東臺(江淮방언)
   무정: 蘇州, 常州, 灣址(이상은 吳語), 績溪, 歙縣, 祁門(이상은 徽語), 合肥, 南通, 灌南, 揚洲, 樅陽, 六安(이상은 江淮방언)
2) 유정, 무정형 "양사+명사" 구조의 독립적 쓰임
   유정: 蘇州(吳語), 績溪, 歙縣(徽語), 阜寧, 東臺, 漣水, 南通, 興化, 泰州(江淮방언)
   무정: 常州, 灣址(吳語), 祁門(徽語), 灌南, 合肥, 樅陽, 六安, 揚洲(江淮방언)

명사성 구의 유형론적 연구

漣水, 阜寧, 泰州, 興化, 東臺 등 江淮방언에 있는 "양사+명사" 구조의 독립적 쓰임은 "一+양사+명사"에 해당하지만, 유정의 의미를 표시할 수 있다. 하지만 남부 지역에 보다 가까운 蘇州(吳語), 績溪, 歙縣(徽語), 南通방언에서는 독립적 쓰임의 "양사+명사" 구조는 유정의 의미만 표시한다.

위의 현상을 보면, 북방에 가까울수록 지시사는 보다 발달되고 한편으로 양사의 기능은 많은 제한을 받는다는 것을 알 수 있다. 즉 독립적으로 쓰이는 "양사+명사" 구조는 목적어 위치에만 출현할 수 있고 게다가 수사 "一"이 생략한 구조라고 취급할 수밖에 없으며, 주어 위치에서는 이와 같은 생략을 용인할 수 없다. 대체적으로, 北方官話에 있어서 "양사+명사" 구조는 독립적으로 사용할 수 없고, 중부 江淮官話 지역에서는 독립적 쓰임의 "양사+명사" 구조가 유정의 의미를 나타낼 수도 있고 무정의 의미를 나타낼 수도 있으며, 더 남부에 위치한 吳語, 徽語에서는 구조 형식과 의미의 대응이 보다 정연하여 "양사+명사" 구조가 주로 유정의 의미를 나타낸다고 볼 수 있다.

王健(2005)에서도 남방방언 중의 지시사 "個"는 양사 "個"에서 유래된 것이며 지시사가 생략된 결과이다고 지적하고 있다. "지시사+個"가 "지시사"를 생략하면 지시적 기능은 일시적으로 "個"로 전이된다. 이와 같은 현상이 장시간, 고빈도로 지속된 결과 "個"가 지시사로 발전하도록 하였다. 이 점에 대해서는 11.2.4.2에서 상세히 논의한다.

11.2.4 "양사+명사" 구조의 유정의 지시적 의미

11.2.4.1

"양사+명사" 구조가 유정의 의미를 나타내는 것은 중성 지시사 혹은 중성 용법을 가지는 지시사가 생략된 결과이다.

陳興偉(1992)은 浙江義烏방언에 있는 지시사의 생략에 대해 "결정적인 작용을 일으키는 것은 문맥 중에서 서로 명확히 알고 있는 그 상황이다"라고 지적하고 있다. 즉 문맥은 유정의 의미를 제공할 수 있기 때문에 거리의 원근을 명시할 필요가 없다.

周小兵(1997)에서 열거한 예문에 대한 고찰에 의하면, 廣州방언에 있는 유정을 표시하는 의미를 가진 "양사+명사" 구조는 모두 현장지시(담화 현장에 존재하는 대상을 지시), 전방조응, 문맥 또는 공유지식이 유정의 의미를 부여하는 유정의 지시 등에 사용된다. 모두 거리의 원근을 구분할 필요가 없고, 표준어의 "這"에 대등되거나 "那"에 대등된다.

湖南新化방언의 "양사+명사" 구조가 유정의 의미를 나타낼 때는 "쌍방이 모두 지시대상이 어느 것인가를 명확히 알고 있고, 원근은 문맥에 의해 결정된다"고 하는데(羅昕如 2004) 실은 원근 거리를 구분하지 않는 경우이다.

石汝杰·劉丹青(1985) 蘇州방언의 양사의 유정 지시 용법은 "지시사+양사" 구조(지시사는 아마 "㑚"일 가능성이 있다)에서 기원한 것이라고 지적하고 있다. "양사+명사" 구조의 의미는 기본적으로 "㑚+一+양사+명사"형식과 같고 수량을 강조하지 않고 지시 의미가 약하기 때문에 "辯"는 전형적인 중성 지시사이다(陳玉洁 2007:제3장).

　경제적 원칙의 요구로 인해 언어 중에서 두 개의 구조가 완전히 같은 의미 혹은 기능을 표현하는 것이 용인되지 않는다. 때문에 "지시사+양사+명사" 구조로부터 지시사가 탈락하여 형성된 것이라고 해도 "양사+명사" 구조의 기능은 "모체"와 다를 수 있다. "지시사+양사+명사" 구조는 현저한 지시사가 있기 때문에 흔히 직시를 표시하는 동시에 거리를 의미하는 경우가 많다. 한편, "양사+명사" 구조는 전방조응, 문맥 또는 공유지식이 유정의 의미를 제공하는 유정의 지시라는 기능으로 발전되기 쉽고 양사는 기능 면에서 정관사와 유사하다. 이와 같은 용법은 白語(王鋒 2002)에서 볼 수 있다. 白語의 "명사+양사" 구조는 앞 문장에서 이미 제기되었거나 혹은 담화 쌍방이 다 알고 있는 명확한 사물을 표시하는데 이는 일종의 유정을 나타내는 기능이다.

(30) tsɯ³¹ tsɯ³¹ nɯ²² xɔ⁵⁵ lɔ³²

　　樹　顆　倒　掉　了

　　그 나무가 넘어졌다.

총칭을 나타낼 수도 있다.

(31) pa³² tɯ²¹ meʅ⁴⁴ tsɯ³¹ meʅ⁴⁴ tɕhio⁵⁵ tɔ³³ lɯ⁴⁴

　　彪　只　爬　樹　爬　好　得 (助)

　　표범은 나무 올라타기 선수이다.

11.2.4.2

독립적으로 쓰이는 "양사+명사" 구조 중의 양사는 지시사라고 볼수 없다. 그 이유는 다음과 같다.

1) "양사+명사" 구조 중의 일부는 중성지시 문맥 중에서 지시사가 생략된 결과로 유정의 의미를 나타내지만, 그 외 일부는 수사 "一"이 생략된 결과로 무정, 수량 혹은 전체 지시적 의미를 나타낸다.

2) 설령 지시사를 생략하여도 유정의 의미를 표시하는 양사를 지시사라고 말할 수 없다. 비록 독립적으로 사용이 가능하고(蘇州방언, 義烏방언)[4], 동시에 특정 조건 하에는 직시 기능을 갖고 있지만 계통 중의 지시사와 대립하여 사용할 수 없고 거리를 구분하는 의미도 나타내지 않는다. 한편, 지시사는 설령 보통 거리를 구분하는 의미를 표현하지 않는 중성지시사일지라도(예를 들면, 蘇州방언의 "㑚"와 같이) 거리의 지시 계통에 진입할 수 있고, 그 외의 원근을 표시하는 지시사와 원근 상의 대립을 구성할 수 있다.

石汝杰·劉丹青(1985)는 蘇州방언에 있는 "양사+명사" 구조와 "㑚+양사+명사" 구조와의 차이를 분석하였다.

---

4   독립 사용은 양사가 지시사보다 더 발달하다는 유형 특징을 반영한다. 이러한 방언에서는 오히려 지시사가 독립된 통사적 성분으로 될 수 없다.

(32)a. 張紙頭啥場化來葛?

　　이/저 종이는 어디서 생겼는가?

　b. 辮張紙頭啥場化來葛?

　　이/저 종이는 어디서 생겼는가?

　石·劉는 "예문 a는 화자와 청자 쌍방이 모두 알고 있는 종이를 표시하거나 그 환경이 이미 어느 종이를 명확히 가리키고(예를 들면, 책상 위에 이 종이 밖에 없다) 있다"고 지적하면서 "양사+명사" 구조는 주로 공유지식과 문맥이 제공하는 유정의 의미에 쓰이고, 흔히 문맥 환경에 있는 유일한 존재대상을 가리키는데 이것은 정관사의 전형적인 기능이라고 설명하고 있다. 한편, 예문 b에 대해서는 "지시의 의미가 보다 명확하고 지시대상은 앞 문장에 출현하지 않은 신정보⋯⋯ 비교적 명확한 대비의 의미를 지닌다"고 지적하면서 "辮+양사+명사" 구조는 흔히 직접 지시에 쓰이고 그 외의 대상과 거리적인 대립을 구성하는데 이것은 지시사의 전형적인 기능이라고 설명하고 있다.

3) 유정의 의미를 표시하는 양사는 명사에 첨가될 수 있으며 "양사+형용사+명사" 구조에 출현할 수도 있다.

(33) 新化방언: 件乖太衣衫哪個咯?(周純梅2006)

　　저 예쁜 옷은 누구의 것인가?

(34) 漣水南祿방언: 瓶貴酒好喝。(王健·顧頸松2006)

　　그 비싼 술이 맛이 좋다.

제11장. "양사+명사" 구조와 양사의 규정어 표지 기능

하지만, 설령 이와 같은 용법의 양사일지라도 지시사라고 말할 수 없다. 왜냐하면, 양사가 존재하는 방언에 있어 "지시사+양사"는 "지시사+명사"에 비해 더 기본적이고 흔한 조합이고, 양사 발달형 언어 방언에서 "지시사+명사" 구조는 심지어 부적격한 통사적 구조이기 때문이다. 하지만 유정 의미를 표시하는 양사는 명사와만 결합하고 기타 양사와는 결합할 수 없다.

  4) "양사+명사" 구조가 유정을 표시하는 것은 계통적인 현상이다. 무릇 그 방언언어의 양사라면 모두 "양사+명사" 구조에 진입할 수 있다. 여기에는 전형적이지 않는 부정량의 양사 "些, 点兒"[약간, 조금], 도량형 양사 "斤, 米"[근, 미터], 심지어는 동량사 "次, 趟"[회, 차례]마저도 포함된다. 반면에 지시사 계통은 고도로 폐쇄되었다.

11.2.4.3

"양사+명사" 구조는 독립적으로 쓰일 경우, 양사는 일반적으로 명사에 인접하여 출현한다. 혹은 "수식어+명사"의 앞에 출현하여 부정을 표현할 경우에는 부정관사에 해당하고 유정을 표시할 경우에는 전방조응, 문맥과 공유 지식이 제공하는 유정의 의미를 표시하는데 많이 쓰인다. 즉 정관사로서의 전형적인 기능을 가지고 있지만 이것을 여전히 관사라고 보지 않는 이유는 다음과 같다.

  1) "양사+명사" 구조는 중성 의미의 지시사가 생략되었다. 중성지

시사는 직시에 많이 쓰이기 때문에 "양사+명사" 구조는 浙江
義烏방언 중의 "便是個儂"과 같이 직시를 표시할 수 있고 손
동작 등 신체 언어를 첨가할 수 있다. 한편, 정관사는 장면지시
에 사용되고 지향성 신체 동작을 첨가할 수 없을 뿐만 아니라
지시대상은 대체로 담화 현장의 유일한 같은 종류의 대상이다.

2) 양사발달형 언어에 있어 일정한 문맥이 존재하면 "지시사+양
사+명사" 구조는 양사만으로도 유정의 의미를 표시할 수 있다.
양사는 독립된 통사적 성분으로 출현할 수 있지만 관사는 명사
로부터 떨어져 독립적으로 사용할 수 없다.

(35) 甲：買雙鞋。　　　갑:신발을 주세요

乙：哪雙？　　　　을:어느 신발요?

甲：雙!　　　　　갑:이것입니다.

甲：儂哪只脚痛？　갑:당신은 어느 발이 아픕니까?

乙：只痛。(蘇州)　을:이 쪽이 아픕니다.

3) 관사는 언어에서 고도로 폐쇄적인 품사에 속하지만 이러한 언
어에 있는 양사는 거의 모두 "양사+명사" 구조를 구성하여 유
정 혹은 무정의 의미를 표시할 수 있기 때문에 계통성이 있는
현상이라고 볼 수 있다.

이러한 이유로 인해 이와 같은 양사를 관사라고 부르기에는 적합
하지 않지만 관사와의 통사의미적 기능이 유사한 점을 감안하여 우

리는 이와 같은 양사를 "유별관사"라고 일컫는다. 관사의 출현은 언어에서 유정 혹은 무정 범주의 형성을 의미하는데 통사적 강제성 외에도 일련의 제한조건이 있다. 상세한 논의는 Chen(2004)을 참조하시기 바란다.

"양사+명사" 구조가 유정의 의미를 표시하는 언어에 있어 NP의 유정의 이해가 여전히 화용적 요소에 의존하고 있다면 양사는 유정의 NP에 강제적으로 출현하지 않아도 되는데 이는 유정 혹은 무정의 범주로 문법화하지 않았음을 의미한다. 하지만 양사는 점차적으로 통사적 강제성으로 발전할 수 있다. 瑤族勉語(毛宗武 2004)에서는 고유명사를 제외하고는 유정의 NP는 모두 양사와 결합한 후에 통사구조에 진입하며, 만일 지시의 의미가 강하면 "지시사+양사+명사" 구조를 사용한다. 구체적 표현은 다음과 같다.

1) 주어의 위치에는 고유명사와 총칭을 표시하는 명사를 제외하고는 명사 앞에 보통양사를 첨가해야 한다. "양사+명사" 구조에는 유정의 의미가 있지만, 이것에 대응하는 표준어는 원형명사를 사용하여 번역된다. 이는 쌍방이 모두 가지고 있는 막연한 이해와 공유지식이 제공하는 유정의 대상이라는 것을 설명하고 있다.

(37) tiu³¹ łaŋ³³ taŋ²⁴ kwən⁵³

條 繩子 斷 了

밧줄이 끊어 졌다.

주어와 소유관계를 가지는 목적어는 반드시 양사를 첨가해야 하고 일반적으로 유정의 성분이다.

(38) nin³¹ pun⁵³bu²⁴tɔ⁴² tau³¹ŋa³¹

　他　去　告訴起　個　娘

　그는 자신의 어머니에게 알리러 갔다.

3) 명사를 소유성분으로 하는 속격구조는 소유성분과 중심어에 모두 양사를 첨가해야 한다. 毛宗武(2004)는 또한 속격구조가 복수 혹은 총칭을 표시할 경우에는 양사를 사용하지 않아도 좋지만, 반드시 구조조사 nin³¹를 사용해야 한다고 지적하고 있다. 이것은 구조조사가 유정을 표시할 경우에는 핵어명사에 반드시 양사를 첨가하지만 총칭 혹은 무정의 의미를 표시할 경우에는 양사가 출현하지 않는데 양사는 속격구조에서 유정을 명시하고 규정어표지의 역할을 겸하고 있음을 설명하고 있다. 반드시 양사를 첨가할 경우 예문은 다음과 같다.

(39) tau³¹ klu³⁵ tau³¹ kɒ⁴² dwai³⁵taŋ²⁴kwən⁵³

　個　狗　個　　尾巴　斷　了

　저/이 개의 꼬리가 끊어 졌다.

4) 인칭대명사가 소유성분으로 될 경우, 속격구조가 유정의 의미를 표시할 경우에는 양사가 규정어 표지로 된다. 속격구조가

무정 혹은 총칭을 표시할 경우에는 구조조사 nin³¹가 사용된다. 양사로 유정을 표시하는 용법의 예는 다음과 같다.

(40) nin³¹ nɔ³³ min³³ hɔŋ³¹ kwən⁵³

他 個 顔 紅 了

그의 얼굴이 빨개 졌다.

瑤族勉語의 속격구조에 있는 양사의 표현은 희랍어[5]의 정관사와

---

5 Lyons(1999:22-25)는 영어 중의 대명사적 소유성분(my, their 등)과 명사의 속격 형식(the woman's, Fred's 등)을 포함한 소유성분은 정관사와 기타 유정한정사(difinite determiner)의 위치를 점하고 있는데 이는 속격구조가 유정의 의미를 표시하고, 정관사와 동시에 출현할 수 없기 때문이라고 지적하였다. 그는 이를 "한정사-속격언어"(determiner-genitive language, DG언어라고 약칭)라고 부르고 있다. 한 편으로 이탈리아어, 고희랍어에서는 소유성분은 형용사 혹은 기타 위치를 점하고 속격구조 자체에는 유정, 무정의 정보가 전혀 붙지 않고 있어 유정, 무정을 표시할 경우 정관사 혹은 부정관사를 붙여야 한다고 지적하였다. 그는 이를 "형용사-속격언어"(adjective-genitive language, AG언어라고 약칭)라고 부르고 있다.

이탈리아어:
(I) il   mio   libro
    the   my   book (my book)
    나의 저   책
(II) un   mio   libro
     a   my   book (a book of mine)
     나의 한 권의 책
     고희랍어:
(III) ho   ton   andros   hippos
      the+NOM the+GEN man+GEN   horse+NOM (the man's horse)
      저 사람의 저 말

Chen(2004:1176)은 중국어의 속격구조의 표현은 이탈리아어, 고희랍어와 유사하지만 영어, 아일랜드어와 같은 속격구조가 유정을 나타내는 언어

명사성 구의 유형론적 연구

유사한데 속격구조 중의 유정의 소유성분과 가장 큰 NP는 모두 유정 지시성분을 첨가할 필요가 있다. 이러한 통사적 강제성을 가지는 것은 관사의 성격을 지니도록 촉진한다. 범용적인 양사 "個"는 문법화에 의해 진정한 유정의 범주 표지 즉 관사로 될 가능성이 있다.

11.3. 양사의 규정어 표지 작용: 탈락설과 함의설

11.3.1 탈락설

"양사+명사" 구조가 유정을 표시하는 방언에서 양사는 규정어표지를 충당할 수 있고 게다가 유정의 의미도 나타낼 수 있다. 예를 들면, 위 글에서 열거한 蘇州방언, 廣州방언 그리고 新化방언(周純梅 2006)이 있다.

(41) 我台電腦。

나의 (이/저) 컴퓨터

와는 다르다고 지적하였다. 하지만 표준어에서는 계열적인 유정과 무정의 범주가 형성되지 않았기 때문에 이탈리아어, 고희랍어와는 아직 다소 차이가 있고 표준어에 있어서는 범용적인 규정어표지 "的"으로 표기하거나 심지어는 무표적 속격구조 그대로 유정 혹은 무정을 직접 나타낼 수도 있어 대부분의 경우는 화용론적 지식에 의존하지만 중국어 방언에는 다양한 상황이 존재할 수 있다.

(42) 我剛買到只花瓶。

　　내가 방금 전에 산 저 꽃병

　양사발달형 언어에 있어, 중성 지시에 쓰일 경우, 지시사는 "지시
사+양사+명사" 구조로부터 탈락하여 유정의 "양사+명사" 구조로
된다. 그렇게 되면 양사는 유별관사로 발전될 가능성이 있다. 또한
지시사는 "수식어+지시사+양사+핵어명사"란 구조로부터 탈락하여
유정의 표지 겸 규정어표지로 될 가능성도 있다.

지시사+양사+명사 → 양사(유별관사, 유정을 표시하는 기능)+명사

수식어+지시사+양사+명사 → 수식어+양사(유정을 표시하는 기능 겸 규정어

표지)+명사

　다른 통사적 환경에 있어 지시사의 탈락이 동시에 발생하면 양사
는 통사적 강제성을 가져 유정의 NP 중의 필수적인 표지로 되기 때
문에 진정한 정관사라로 말할 수 있다. 이로 인해 언어 중의 유정의
범주가 형성하게 된다.

　唐正大(개인적인 교류)의 소개에 의하면, 關中방언의 범용적인 양
사 "個"는 규정어표지를 충당하여 명사의 무정(indefinte)의 의미를 표
시할 수 있는데 총칭을 표기하는 "的", 유정 지시 표지인 "□uo⁵¹"과
상호 보관의 관계에 있다고 한다.

(43) 我給你個書。

　　내가 당신에게 준 한 권의 책

(44) 我個書。

　　나의 한 권의 책

"個"는 규정어표지로 단수와 무정의 의미를 포함한다.

(46) 一個黑得很個人——*兩個黑得很個人——*那個黑得很個人

　　검은 한 사람

　"個"는 關中방언의 구어 중에서 가장 기본적인 양사이고 수식어와 중심어 사이에 위치할 경우, 무정을 표시하는 기능과 규정어표지의 기능을 겸하고 있다. 이는 "個"의 앞에 있는 "一"이 생략된 결과일 것이다. 왜냐하면, 關中방언에 있는 "소유성분/관계절+'一個'+중심어"는 하나의 NP일 수 있기 때문이다.

(47) 張三給老師一個書——張三給老師個書

　　장삼이 선생님에게 준 한 권의 책

(48) 張三一個書——張三個書

　　장삼의 한 권의 책

　이렇듯, 關中방언에 있는 "수식어+양사("個")+명사"는 하나의 무정의 NP이고 "一"이 생략된 결과이다.

　施其生(1996)은 廣東語에 있는 "수식어+양사+명사"는 언제나 하나의 유정의 NP로 만일 탈락설로 해석한다면 "수식어+양사+명사"

구조는 지시사가 탈락한 것이지 "一"이 탈락한 것이 아니라고 지적하고 있다. 그렇다면, 중성지시를 표시하는 환경에 있어 왜 關中방언에서는 "一"을 생략하고 廣東語에서는 지시사를 생략하는 것일까?

우리는 "수식어+양사+명사" 구조가 지시사가 생략한 것인가 그렇지 않으면 "一"이 생략한 것인가 하는 것은 방언에 있는 "양사+명사" 구조의 현저한 의미가 유정인가 아니면 무정인가와 관계 있다고 생각한다. 關中방언의 "個+명사"는 "把"의 목적어 혹은 일반동사의 목적어로 될 수 있고 사용빈도가 높으며 무정을 표시하고 있다. "個"는 양사로서의 빈도와 범용성이 높기 때문에 양사발달형 언어의 계통을 형성하여 유정/무정의 의미를 표시하는 많은 양사보다도 훨씬 관사와 유사하다.

한편, 남방의 양사발달형 방언에 있어서는 "지시사+양사+명사"와 "一+양사+명사" 구조의 지시사와 "一"은 모두 생략할 수 있고 "양사+명사" 구조만이 무정 혹은 유정의 의미를 표시한다(중국어에 있어 중부와 남부 방언에는 차이를 보인다. 상세한 것은 11.2.3을 참조). 유정의 의미를 표시할 경우, 독립 사용의 "양사+명사" 구조는 보다 현저하게 무표적인 의미로 된다. 이 현상은 다음과 같이 표현된다.

1) 유정의 "양사+명사" 구조가 주어/주제로 되는 경우

(48) 間屋分佢。(浙江義烏)

　　이 방을 그에게 나누어 준다.

(49) 只狗死咗。(廣州)

　　이/저 개가 죽었다.

명사성 구의 유형론적 연구

2) 유정의 "양사+명사" 구조가 전치사의 목적어로 되는 경우

(50) 拿張報紙翻來翻去看。(蘇州)

　　저 신문을 이리 저리 본다.

3) 유정의 "양사+명사" 구조가 규정어로 되는 경우

(51) 條魚個鱗刮刮脫。(蘇州)

　　이 고기의 비늘을 벗기십시오.

4) 유정의 "양사+명사" 구조의 목적어가 "수사+양사+명사" 구조인 VP의 목적어로 될 수 없는 경우

(52) 我去叫阿三來修一修扇窗。(蘇州)

　　나는 아삼을 불러 이 창문을 수리해달라고 했다.

5) 유정의 "양사+명사" 구조가 동사의 목적어로 되는 경우

(53) 再落廚房磨利把菜刀。(廣州)

　　다시 주방에 가서 그 칼을 잘 들도록 갈았다.

(54) 阿住間屋。(義烏)

　　나는 이 방에서 산다.

　　"양사+명사" 구조는 주어와 속격수식어, "把"의 목적어 등 유정의 의미가 강한 위치에 출현할 수도 있을 뿐만 아니라 동사의 목적어 위치에 출현할 수도 있다. 어쩌면 이러한 유정의 의미가 강한 통사적 위치에 "양사+명사" 구조가 고빈도로 사용되었기 때문에 유정의 의미가 현저한 의미로 되었을 가능성이 있고 양사 또한 이로 인해 유정을 표시하는 유별관사로 발전하였을 수도 있다.

일부 방언에 있어 "양사+명사" 구조의 유정의 의미와 무정의 의미가 똑같이 현저한 속격구조와 관계절 구조에서는 지시사를 생략해도 되고 "一"을 생략해도 되기 때문에 "수식어+양사+명사"는 유정의 의미를 나타낼 수 있을 뿐만 아니라 무정의 의미를 나타낼 수도 있고 심지어는 총칭적 의미를 나타낼 수도 있다. 鄂東방언을 예로 들면 다음과 같다.

(55) 塔裏棵樹把得人家起走了。

　　누군가가 그의 집의 나무 한 그루를 가져 갔다.

(56) 賣水貨的些人新恨得很，莫信他們糊。

　　밀수품 장사를 하는 그 사람들은 마음이 아주 독하니 그들의 속임을 곧이 듣지 말아라.

(57) 王師傅買的斤肉是我把的錢。

　　왕서방이 산 고기 한 근의 값을 내가 냈다.

양사가 규정어표지로 될 수 있는가, 규정어표지로 될 때 어떠한 의미적 속성을 표시하는가는 그 방언에 있는 "양사+명사" 구조의 독립 사용 및 독립 사용 시의 현저한 의미와 모두 관계가 있다.

명사성 구의 유형론적 연구

11.3.2 수식어의 복잡도와 규정어표지로서의 양사

劉丹靑(2005)는 蘇州방언에 있어 형용사의 "생동형식"(생생하게 표현하는 중첩형)과 반복상의 중첩형이 명사를 수식할 경우, 양사를 표지로 할 수 있지만 단순형식의 형용사의 경우에는 그것이 불가능하다고 지적하고 있다.

(58) 漂亮只面孔──*漂漂亮亮只面孔
　　　예쁜 얼굴

단독 술어(자동사, 타동사 등)가 명사를 수식할 경우, 양사가 유정의 표지로 될 수없지만 주어나 사건 발생의 시간을 첨가한 후에는 그것이 가능하다.

(59) *買本書窮好看。
　　　산 저 책은 재미있다.
(60) 俚買本書窮好看。
　　　그가 산 저 책은 재미있다.
(61) 昨日買本書窮好看。
　　　어제 산 저 책은 재미있다.

단순형용사 혹은 간단한 관계절에서 양사는 규정어표지로 될 수 없지만, 지시사를 첨가하면 NP는 문법적으로 적격한 문장으로 된다 (劉丹靑과의 사적인 교류).

(62) *買本書窮好看。| 買箳本書窮好看, 借箳本書勿好看。

예쁜 책은 재미있지만 빌린 책은 재미없다.

(63) *漂亮只面孔。| 漂亮箳只面孔(蠻熟悉)。

예쁜 저 얼굴을 잘 알고 있다.

중성지시사가 생략될 수 없는 현상은 양사를 규정어표지로 하는 NP는 수식어의 복잡도 등 요구조건이 있다는 것을 설명한다. 蘇州 방언에 있어 수식어의 복잡도는 규정어표지로서의 양사에 영향을 미친다. 우리는 이것은 수식어가 제공하는 식별가능성과 관련이 있다고 생각한다. 만일 식별가능성이 높으면 NP의 유정성이 확보되기 때문에 양사는 규정어표지를 담당할 수 있다. 반면에 수식어가 NP의 유정성을 확보하지 못할 경우 양사는 규정어표지를 담당할 수 없다. 형용사의 "생동형식"은 NP의 유정의 지시를 증가시켜 준다. 沈家煊(1995)에서는 다음과 같이 지적하고 있다. 성질형용사와 상태형용사에는 "無界", "有界"의 구별이 있는데 有界 성분의 수식을 받는 사물은 유정의 지시가 상대적으로 더 높다. 예를 들면, "漂亮衣服"[예쁜 옷]과 "漂漂亮亮一件衣服"[예쁜 옷]을 비교했을 때 후자의 유정의 정도가 전자보다 확연히 높다.

형용사의 "생동형식"과 반복상의 중첩형이 관계절로 될 경우에도 NP의 식별가능성을 증가시킨다. 단독 술어에 주어, 목적어 혹은 기타 한정 수식성분을 첨가하여도 핵어명사의 유정의 지시가 증가된다.

하지만 수식어가 제공하는 정보는 NP가 유정으로 이해될 수 있는 가능성을 제공해 주었을 뿐이다. 표준어에 있어 관계절은 여전히

명사성 구의 유형론적 연구

무정의 의미를 표시할 수 있다. 예를 들면, "我昨天剛買的一本書爛了一個角"[내가 어제 산 책은 모서리가 찢어졌다]이다. 반면에 蘇州 방언에서 규정어표지로서의 양사는 유정의 의미만 표시한다.

(64) 俚買葛書: "그가 산 그 책"이라는 뜻이고, "책"은 오직 한 권
　　　뿐이다.
(65) 俚買葛書: "그가 산 책"이라는 뜻이고, "책"은 한 권뿐이 아니다.

　이로 보아, 규정어표지로서의 양사는 이미 蘇州방언에서 새로운 표지 범주를 형성하였음을 알 수 있다.

　양사가 규정어표지로 될 경우 동시에 유정의 표지이기도 하고 게다가 수식어에 대해 특수한 요구조건이 있다. 즉 수식어가 비교적 많은 정보를 제공하는 NP에서만이 사용된다. 반면에 수식어가 간단한 NP가 유정의 신분을 확보하려면 예문(62), (63)과 같이 반드시 지시사를 첨가해야 한다. 지시사를 첨가하면 식별가능성이 높지 않은 NP가 유정의 대상으로 될 수 있도록 확보해 준다. 이럴 경우 수식어의 유무와 복잡도 등 조건에 좌우지되지 않기 때문에 지시사가 유정을 표기하는 기능이 양사에 비해 강하다는 것을 알 수 있다. 예를 들어 말하자면, 양사가 규정어표지로 되는 경우로서의 "只有警察才可以穿警服"[오직 경찰만이 경찰복을 입을 수 있다](식별가능성이 비교적 높은 NP만이 양사가 규정어표지로 될 수 있다)에서 "警服"(양사)는 고유속성을 표기하는 역할에 불과하다. 반면에 지시사가 규정어표지로 되는 경우로서의 "任何人都可以穿警服, 穿上警服的都是警察"

[누구든지 다 경찰복을 입을 수 있고 경찰복을 입은 사람은 모두 경찰이다](모든 NP는 모두 지시사를 규정어표지로 할 수 있고 규정어표지로서의 지시사를 가지는 NP는 모두 유정의 NP이다)에서 "警服"(지시사)는 신분을 확보하는 역할을 하고 있다. 지시사와 양사는 모두 유정과 규정어표지를 겸하지만 의미에 부여하는 영향력은 같지 않다. 이는 이들의 허사화 정도의 차이를 설명해 준다. 예를 들면, 영어에 있어 정관사는 원형명사에 쓰여 그 지시(조응) 속성을 변화시키고 the dog와 같이 유정을 표시할 수 있다. 하지만, 정관사를 고유명사에 결합시켜도 명사의 의미 속성에 영향을 미치지 않는다. 이는 정관사가 더 허사화된 결과이다. 蘇州방언에 있는 규정어표지로 되는 양사는 수식어의 복잡도에 요구조건이 있다. 이는 양사가 모든 NP에게 유정 신분을 제공하는 유력한 유정 표지가 아니라는 것을 설명한다. 하지만 그 관사화 정도가 상당히 추진되었기 때문에 직시 기능을 가지는 "양사+명사" 구조 중의 양사의 용법과는 차이가 있다.

형용사의 중첩형식이 수식어일 경우, 양사를 규정어표지로 사용할 수 있고 NP는 유정을 표시하지만 지시사를 더 삽입할 수는 없다.

(66) 漂漂亮亮只面孔。——*漂漂亮亮辯只面孔。
　　 예쁜 얼굴　　　　　 예쁜 이 얼굴
(67) 厚納納塊布。——*厚納納辯塊布。
　　 두터운 천　　　 두터운 이 천

같은 "수식어+중심어" 구조일지라도 단순관계절이나 단순형용사

명사성 구의 유형론적 연구

가 수식어로 될 경우에는 "舸"를 생략해서는 안 되고 양사가 직접 규정어표지로 될 수 없다. 반면에 수식어가 복잡한 형용사일 경우에는 양사가 규정어표지를 충당하고 지시사 "舸"를 첨가해서는 안 된다. 이는 양사가 규정어표지로 되는 것은 중성지시사가 직접 생략된 결과가 아니고, 복잡한 형용사가 명사를 수식할 때 양사를 규정어표지로 하는 것은 지시사가 생략된 결과가 아니라는 것을 말해 준다.

탈락설을 이용하면 또 다른 문제에 직면할 수 있을 것이다. "舸"를 첨가한 중성지시환경에 있어 수식어가 전형적인 관계절인 NP에서는 "舸"이 생략이 가능하지만, 수식어가 단순형용사나 단독 술어일 경우에는 "舸"이 생략할 수 없다. 이는 형식이 간단한 수식어가 NP에 비교적 높은 식별가능성을 제공할 수 없기 때문이 아니다. 왜냐하면, 이와 같은 수식어를 갖지 않는 "지시사+양사+명사" 구조가 중성지시 문맥에서 마찬가지로 지시사를 생략할 수 있기 때문이다. 따라서 유정의 의미를 표시하는 "양사+명사" 구조와 양사가 규정어표지로 되는 "수식어+양사+중심어" 구조는 중성지시사가 탈락한 결과가 아니다.

開平방언(余藹芹 1995)에 있어서는 명사구의 수식어가 동사구, 형용사의 "생동"형식, 형용사의 중첩형이면, 규정어 표지는 지시사에 의해 충당되고, 유정의 NP를 구성해야 한다. 이것은 蘇州방언에 있는 양사의 특징과 유사하다. 즉 蘇州방언에서는 복잡한 수식어를 갖는 NP에서는 흔히 양사가 규정어표지로 되기 때문이다.

關中방언에 있어서는 NP가 유정을 표시하면 규정어표지는 "지시사+양사"조합이나 그 결합음의 형식이어야 한다. 이는 NP의 의미속성이 규정어표지에 대한 제한을 즉 유정의 NP는 유정의 표지로 표기해야 한다는 점을 설명한다. 이 점에 있어서는 표준어와 다르다. 표준어에서는 유정, 무정의 NP는 모두 범용하는 규정어표지로 표시할 수 있다. NP의 유정의 해석은 여전히 화용적 요소(공유지식, 문맥 등)에 의존할 수 있고 꼭 특정적인 유정의 형식 표지에 의존하지 않아도 된다.

開平, 蘇州 등의 방언에 있어 지시사와 유정의 의미를 가지는 양사를 선택하여 규정어표지를 충당하는 것은 NP의 수식어가 아주 복잡하다는 점을 전제로 한다. 식별가능성이 높은 NP에 이와 같은 표지를 첨가하면 유정의 대상으로 확인된다. 복잡한 수식어와 유정 표지의 관계는 "상호 선택"의 관계이다. 유정의 표지는 수식어가 충족한 정보를 제공하는 NP를 선택한다. 반면에 수식어가 복잡한 NP는 유정의 신분을 확보하기 위해 유정을 표시하는 기능을 가지는 양사나 지시사를 그 형식적인 표지로 선택한다.

11.3.3 함의설

위 글에서는 "양사+명사" 구조가 독립적으로 쓰일 수 있는 것은 "一"의 생략 혹은 중성지시 하에 지시사가 생략한 결과라고 서술하였다. 일부 방언에서 양사는 동시에 규정어표지를 겸할 수 있지만 예를 들면 鄂東방언(예문 56, 57을 참조)과 같은 다른 방언에서는 중심어와 수식어 사이에 그 외의 규정어표지로 표시할 수도 있다.

어떤 방언에 있어서는 만일 양사(혹은 대부분의 양사)가 규정어표지를 충당한다면, 우선 유별관사의 기능으로 발전되어야 한다. 앞 글에서 열거한 방언 외에도 우리는 『漢語方言語法語料庫』(劉丹靑 주편 2006) 중의 21개의 방언을 고찰하였는데 예외가 보이지 않았다. 규정어표지인 양사와 유별관사인 양사의 사이에는 다음과 같은 관계가 존재하고 있을 것이다.

廣州, 蘇州, 新化: +유별관사, +규정어표지

鄂東방언: +유별관사, -규정어표지

北京話: -유별관사, -규정어표지

하지만, 양사가 규정어표지로 될 수 있지만 유별관사로서의 용법이 없는 방언은 존재하지 않는다. 총괄하면 다음의 표와 같다.

〈표 11-1〉

관사, 규정어표지	관사, -규정어표지
*-관사, 규정어표지	-관사, -규정어표지

또한 이 표는 다음과 같은 함의성 공통성을 총괄할 수 있다.

규정어표지 ⊃ 유별관사 기능

즉 어떤 언어·방언에 있어 만일 양사가 규정어표지의 기능으로의 발전하였다면, 우선 유별관사의 기능으로 발전되어야 한다.

함의설은 양사가 규정어표지로 되는 전제는 그 유별관사화라고 가정하고 있다. 蘇州방언에 있는 "양사+명사" 구조의 현저한 의미는 유정 지시이고, 양사는 우선 유정을 표시할 수 있는 유별관사이어야 한다. 규정어표지로 되려면 식별가능성이 높은 NP에 출현해야 하지만 단순 수식어가 붙는 NP는 그 유정성이 확보되지 않기 때문에 양사는 규정어표지로 될 수 없다. 탈락설로는 같은 "수식어+지시사+양사+명사" 구조인데 왜 어떤 경우에는 탈락할 수 있고 어떤 경우에는 탈락할 수 없는지를 잘 해석할 수 없다. 중성지시 조건 하에 지시사는 마땅히 계통적으로 탈락되어야 하고 이와 같은 상황이 출현해서는 안 된다. 때문에 양사의 규정어표지 기능은 지시사의 탈락에 의한 것이라는 설명은 근거가 없다고 생각한다.

蘇州방언에 있어서는 양사는 속격구조 중에서 유정을 표시할 수 있다. 예를 들면, "我件衣服"[나의 이/저 옷]이다. 이 점으로부터 다음의 내용들이 한층 더 입증이 된다. 양사가 규정어표지로 될 경우, 유정으로 이해되려는 경향이 강한 NP에만 출현하고 지시사처럼 단독으로 NP에 유정의 의미를 부여할 수는 없으며 양사는 오직 유정을 명시하는 관사성 성분에 불과하다. 이 또한 규정어표지로서의 양사는 지시사가 직접 탈락한 결과가 아니라는 것을 말해 주며 다른 시각으로부터 함의설을 뒷받침해 주고 있다.

함의설로는 마찬가지로 關中방언에 있는 "個"가 무정의 표지로 되는 원인에 대해서도 설명할 수 있다. 關中방언은 "一"을 생략하고 "個"를 보류한 결과, "個+명사"가 전치사의 목적어, 동사의 목적어로 될 수 있고 무정의 의미만 표시하며 부정관사와 유사하기 때문에 이로부터 무정을 명시하는 규정어표지로 발전하였다.

우리는 양사의 규정어표지 기능은 다음 두 개의 단계를 경유하였다고 생각한다.

1) 중성지시 용법을 가지는 지시사 혹은 수사 "一"이 "지시사/수

명사성 구의 유형론적 연구

사+양사+명사" 구조에서 탈락하여 양사가 각기 유정과 무정
을 표기하는 유별관사로 발전하였다.

2) "양사+명사" 구조의 현저한 의미가 유정인 경우, 양사는 유정
   NP의 규정어표지로 발전하였다(예를 들면, 吳語, 粵語와 일부 福
   建방언). "양사+명사" 구조의 현저한 의미가 무정일 경우, 양사
   는 무정 NP의 규정어표지로 발전하였다(예를 들면 關中방언).

開平, 蘇州, 關中방언은 Lyons(1999)가 제기한 AG언어(형용사-속
격언어)의 특징에 더 부합된다. 속격구조가 유정의 신분이어야 하는
강제성은 유정의 표지를 별도로 표기할 것을 요구한다. 관찰범위를
관계절 구조와 모든 "수식어+중심어" 구조에까지 확대시키면 이러한
방언에 있어 무릇 유정의 "수식어+중심어" 구조이면 모두 유정의 규
정어표지로 표기해야 한다. "수식어+중심어" 구조의 유정, 무정 혹
은 총칭적 속성은 각기 다른 형식으로 표기되고 있다. NP의 의미적
성질은 규정어표지로 표기되고 문맥 등 화용론적 요소에 의존하고
않는다. 즉 유정·무정의 의미는 이러한 방언에서는 이미 초보적인
문법적 범주를 형성하였음을 말해 준다. 만일 어떠한 수식어도 가지
지 않는 원형NP일지라도 그 의미 해석은 화용론적 요소의 관여에
의존하지 않고 같은 표지로 표기할 것을 요구한다면 그 언어·방언에
서는 이미 유정 혹은 무정의 범주가 형성되었다고 말할 수 있다. 만
일 유정 혹은 무정 표지가 어떤 특정한 형식에 고정되었다면 이 형
식을 정관사/부정관사라고 말할 수 있다.

11.4. 양사의 관사화, 규정어표지 기능 및 지시사로의 발전

11.4.1 양사의 관사화와 규정어표지 기능

양사는 "양사+명사" 구조 중에서 유별관사의 용법으로 발전하였고 그 후에 "수식어+중심어" 구조에서 규정어표지로 작용하며 NP의 의미특징을 명시하여 더 나아가 통사적인 강제력으로 발전하였다. 이로 인해 지시계열에 있는 유정, 무정, 총칭 등 여러 의미를 나타내는 NP가 서로 다른 표지 형식을 사용하고 새로운 표지계열을 형성하였다. 關中방언, 蘇州방언 등의 예가 그러하다. 양사는 유정의 표지로 발전할 수도 있고, 무정의 표지로 발전할 수도 있는데 이는 "양사+명사" 구조의 현저한 의미에 의해 결정된다.

유별관사로서의 양사는 규정어표지 겸 유정/무정 표지인 양사와 합력하여 형식 면에서 하나의 범용 양사로 통일될 경우 언어 중의 유정/무정 범주의 진정한 확립이 가능하다. 예를 들면, 瑤族勉語의 標敏방언(毛宗武 2004:211-214) 중의 양사는 규정어표지로 통사적 강제성을 보이고 유정 NP에서 강제적으로 출현하는데 중국어 방언의 상황과 비교했을 경우 한걸음 더 관사화된 결과이다. 양사가 관사로 발전하는 경로는 다음과 같다.

명사성 구의 유형론적 연구

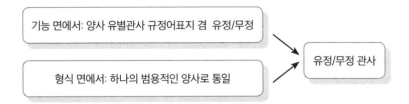

| 기능 면에서: 양사 유별관사 규정어표지 겸 유정/무정 |
| 형식 면에서: 하나의 범용적인 양사로 통일 |

유정/무정 관사

하지만 양사가 계통적으로 규정어표지로 될 경우 그중의 어떤 범용 양사에 기능적인 일반화가 발생하여 범용의 규정어표지로 될 가능성도 배제하지 않는다. 만일 이와 같은 추측이 성립된다면 다음과 같은 문법화사슬을 얻을 수 있다.

일반양사 → 유별관사 → 유별관사 겸 규정어표지 → 범용적인 규정어표지

石汝杰·劉丹靑(1985)는 蘇州방언 중의 양사 "個"는 범용적인 규정어표지 "葛"과 발음이 같고 모두 "keʔ⁵⁵"라고 읽으며 "個"의 용법은 기타 양사와 같은데 "양사+명사" 구조에 출현하여 유정을 표시하고 규정어표지로 될 경우 유정지시의 의미를 지닌다고 지적하였다. 劉丹靑(2005)에 의하면, 같은 규정어표지일지라도 "個"와 "葛"은 아주 큰 차이가 보이고 있는데 "個"를 사용할 경우 유정을 나타내고 핵어 명사는 "個"로 분류되어야 하며 기타 양사와 결합하여 쓰일 수 없는 반면에 "葛"을 사용할 경우 유정을 나타내지 않고 기타 양사와 같이 쓰일 수 있다고 한다.

(68)a. "生下來keʔ⁵⁵蛋"는 "蛋"이 양사 "個"와 결합할 수 있기 때문에 중의성을 띤 구조이다. "keʔ⁵⁵"가 양사 "個"일 경우에

는 유정 의미와 규정어표지 기능을 겸하고 있음을 표시하고 "生下來的這個/那個蛋"[낳은 이/저 알]이란 뜻을 나타내며, 범용적인 규정어표지 "葛"일 경우에는 "生下來的蛋"[낳은 알]이란 뜻을 나타낸다.

b. "長出來ke?⁵⁵草"(長出來的草)[자라난 풀]는 중의성을 가지지 않는다. 왜냐하면, "草"는 "ke?⁵⁵"로 분류할 수 없기 때문에 이 "ke?⁵⁵"는 "葛"일 수밖에 없기 때문이다.

c. "長出來(ke?⁵⁵)棵草"(長出來的那顆草)[자라난 저 풀]에서 "ke?⁵⁵"는 "葛"로만 해석되는데 그 이유는 양사 "個"가 양사 "棵"와 같이 쓰일 수 없기 때문이다.

예문c에서 보여지듯이, "葛"을 "수식어+양사+명사" 구조에 출현할 수 있지만, "葛"과 "個"는 병용할 수 없다. 예를 들면, "剛剛考大學葛個兒子"[의도하는 의미: 갓 대학교에 합격한 아들]이라고 말하지 않는다(石汝杰·劉丹靑1985). 우리는 "個"와 "葛"의 합병을 시도하여 양사 "個"는 기타 양사와 평행하는 기능을 보존하는 동시에 또한 의미 일반화를 거쳐 규정어표지로 될 때 유정 지시 의미를 상실하여 범용 규정어표지로 변화되었다고 볼 수 있다. 단계a는 일반화하는 중간단계이고 조건이 적합할 경우(핵어명사가 "個"로 분류할 수 있을 경우) 양사의 유정지시 의미를 보존한다. 하지만 유정지시 의미를 상실하였다고 이해할 수도 있다. 단계b, c는 특정 지시의미의 소멸과 응용범위의 확대를 나타내고 있다. 유정의미가 사라짐으로 인해 "個"로 분류할 수 없는 명사도 기타 양사와 같이 쓰일 수 있게 된다. 이

명사성 구의 유형론적 연구

것은 우리가 통사적 표현에 근거한 하나의 추측에 불과하다. 蘇州방언 중의 양사 "個"와 범용 규정어표지인 "葛"이 연원이 같은지 여부에 대해서는 더욱 많은 증거가 필요하겠다.

趙日新(2001)는 중국 동남부에서 많은 중국어 방언이 양사 "個"로서 범용 규정어표지를 구성하고 특정한 지시적 의미를 표기하지 않고 있다고 지적하였다. 하지만 동남방언에 있는 지시사의 대부분은 k-계사이고 "個"라고 쓰는 경우도 있어 규정어표지의 연원이 지시사인지 그렇지 않으면 양사인지는 자세하게 변별할 필요가 있다.

11.4.2 양사에서 지시사로의 발전

遊汝杰(1982)에 의하면, 臺灣語(閩南語), 중고(남북조·수·당대)중국어와 중국어 남부 방언에 있어서 "양사+명사" 구조는 독립적으로 사용될 수 있고, 양사는 지시 기능을 갖고 있는 동시에 양사는 명사구의 수식어와 중심어 사이를 연계하는 역할 즉 규정어 표지 기능을 한다고 지적하고 있다. 遊汝杰은 또한 중국어에 있는 양사의 이러한 통사적 특징은 臺灣語 양사의 기저에 잔여된 것이라고 생각하고 있지만 여기서 의혹을 일으키는 것은 만일 잔여라고 한다면 왜 상고중국어에는 이와 같은 흔적이 보이지 않는가라는 것이다.

李如龍(2001)은 동남의 여러 방언이 있어 "個"는 우선 양사를 충당하고 그 다음에 지시대명사와 구조조사의 용법으로 발전되었다고 제기하였다.

이에 우리는 다음과 같이 생각한다.

첫째, "명사+양사" 구조의 독립 사용과 양사의 규정어표지 기능은 반드시 臺灣語 기저에 잔여된 결과인 것이 아니고 아마도 양사가 비교적 발달된 점에 의해 후에 발전되었을 가능성이 높다. 遊汝杰 (1982)은 중국어의 양사 "個"는 臺灣語에 있는 총칭 혹은 사람을 헤아리는 양사와 음성 형식이 근사하기 때문에 근원이 같을 가능성이 있다고 지적하였다. 하지만 실은 일부 중국어 남부방언에 있어서는 거의 모든 양사("個"뿐만 아니라)는 명사를 첨가하여 "양사+명사" 구조로 독립 사용하고, 규정어표지 기능을 할 수 있다. 즉 이것은 개체를 표시하는 현상이 아니라 종류를 표시하는 현상이다.

둘째, 설령 지시사가 양사에서 유래될 수 있다고 하더라도 적어도 양사가 규정어표지로 발전하는 과정에 있어서는 우선 지시사로 발전하고 그리고 "지시사-구조조사"라는 문법화 경로를 따라 규정어표지로 발전할 필요가 없고 자신이 규정어표지로 발전하는 경로가 있다고 생각한다.

중국어사에 존재하는 유정의 의미를 가지는 "個"는 우리의 초보적인 관찰에 의하면, 명사 앞에 붙일 수도 있고 독립 사용할 수도 있으며 전방조응 혹은 문맥이 부여하는 유정의 의미에 자주 사용된다. 하지만 원근을 구별할 수 있는 거리적 의미는 발견하지 못하였고 지시사와 대립하여 사용되는 상황 또한 발견하지 못하였다. "個"는 양사발달형 언어/방언에 있는 양사의 용법과 유사하다.

만일, 양사가 매우 발달하면 "양사+명사" 구조는 독립 사용할 수 있고 일정한 문맥조건 하에 하나의 양사만으로도 유정의 NP로서 직시적 혹은 유정지시 기능을 할 수 있다. 이는 여전히 중성지시 문맥 중에서 "지시사+양사+명사" 구조의 생략이라고 볼 수 있다. 더 나아

명사성 구의 유형론적 연구

가 만일 어떤 범용 양사가 "양사+명사" 구조에 자주 사용되어 유정의 의미를 표현하거나 또는 문장의 주어, 목적어로 되어 직시적 혹은 유정 지시기능을 가진다면 이와 같은 양사는 이미 중성지시를 표지하는 지시사로 발전되었다고 말할 수 있다.

⑹ 個是一場春夢, 長江不住東流　(朱敦儒『朝中措』)

　　그것은 일장춘몽과도 같고 장강은 쉬지 않고 동으로 흐른다.

⑺ 白髮三千丈, 緣愁似個長　(李白『秋浦歌』)

　　백발이 삼천 장 길이로 자랐거늘, 이는 오직 슬픔 때문에 이렇듯이 길게 자랐으리라.

이 중성지시사는 또한 다음 언어성분과 조합하여 장소를 표시하는 지시사, 정도를 표시하는 지시사로 된다. 예를 들면, "個般"[이와 같은], "個裏"[이 중/그중] 등이 있다. 거리적 의미를 가지지 않는 중성지시사가 일단 그 거리적 의미를 가지는 지시사와 대립하여 사용할 수 있다면 거리적 의미를 지니게 되어 거리지시계열에 들어갈 수 있으며 심지어는 원래의 거리지시계열 중의 근칭지시사 혹은 원칭지시사를 배제할 수도 있다. 만일 남방방언의 지시사 "個"의 기원이 양사이라면, 이는 아마도 더 타당한 발전 노선이었을 것이다. 양사의 지시사로의 발전과 양사의 규정어표지로의 발전에는 전제와 결과의 관계가 존재하지 않지만 이들은 모두 공통적인 동기와 원인에 의한 것이다. 즉 중성지시 문맥에 있어 지시사를 생략할 수 있다는 것이다. 이는 두 갈래 구별되는 노선이다.

노선1: 양사의 규정어표지로의 발전

"양사+명사" 구조가 유정/무정 의미를 표시 → 유정/무정 NP를 표시하
는 규정어표지

노선2: 양사의 지시사로의 발전

"양사+명사" 구조가 유정 의미를 표시 → 중성지시사 → 거리지시사

문맥적인 조건이 있으면, NP 중에 오직 하나의 독립 양사가 남아
서 유정 NP⁄를 표시한다.

노선2의 발전 과정은 실은 지시사를 대체하는 과정이다. 때문에
우리는 지시사는 비록 언어에 있어 조기에 출현한 원생형(原生型)의
품사이지만 결코 발전할 수 없는 것은 아니고 그 또한 마찬가지로
다양한 연원이 있다고 생각한다. Diessel(1999)는 지시사는 많은 문법
성분의 근원으로 기타 문법성분에서 유래될 리가 없다고 지적했는데
우리는 이 관점에 동의하지 않는다.

11.5. 결론

양사의 규정어 표지로의 발전은 다음과 같은 몇 가지 제한 조건이
있다.

1) "양사+명사" 구조가 독립적으로 존재해야 한다. 즉 유정, 무정
에 상관없이 양사는 이미 유별관사의 기능으로 발전하였다.

2) 양사는 반드시 수식어와 중심어 사이에 위치해야 한다. 양측에

명사성 구의 유형론적 연구

놓일 경우 "양사+명사" 구조가 독립 사용할 수 있고 양사가 유별관사 심지어는 관사의 기능을 가지고 있더라도 규정어표지로는 발전할 수 없다. 彝語, 萊孔語가 바로 그러하다.

중간에 놓이는 것은 아주 특수하다. 어떤 성분이 일단 수식어와 중심어 사이에 놓이고 그 수식어가 그 중심어와 직접 인접하지 않을 경우 이 성분은 연계자(Relator, Dik1983) 기능을 겸할 가능성(꼭 그러하지 않음)이 있다. 동시에 지시사 "這"가 "我這本書"에서 여전히 직시 기능을 유지하고 있는 것과 같이 본래의 전형적인 기능도 보존한다. 규정어표지도 연계자의 한 종류이다. 접속하는 기능을 하면서 경계선 역할도 있기 때문에 수식어와 중심어를 분명히 구분할 수 있도록 한다.

3) "一"은 양사가 존재하는 언어에서 가장 탈락하기 쉽다. 이것은 전형적인 양사가 개체 의미를 함유하기 때문일 것이다. 양사가 존재하는 언어에 있어 "지시사+양사+명사" 구조는 모두 성립될 수 있다.

"지시사+양사+명사" 구조는 지시사가 비교적 발달된 언어에 있어 양사는 北京話 "這書"와 같이 탈락할 수 있는데 이와 같은 탈락의 "결점"은 문맥에 의존하지 않고 NP자체만으로 판단할 경우, 단·복수의 의미가 분명하지 못하게 된다. 양사발달형 언어에서는 중성지시의 문맥에 있는 지시사는 蘇州방언의 "本書"와 같이 탈락할 수 있는데 이와 같은 탈락의 결과 지시대상은 보통 담화현장에 존재하는 대상("지시사+양사+명사"가 현장 대상을 지시하는 것과 구별)이 아니고, 양사의 (유별)관사화를 초래한다. 도식으로 나타내면 다음과 같다.

양사발달형 언어: "一"의 탈락>지시사의 탈락

지시사발달형 언어: "一"의 탈락>양사의 탈락

　　4) "양사+명사" 구조의 현저한 의미는 유정/무정이다. 만일 중간에 위치하는 조건에 부합하면 양사는 유정/무정을 표기하는 NP의 규정어표지로 발전되고 더 나아가 범용 규정어표지로 발전될 가능성도 있다.

　　Hawkins(2004:87)는 정관사 및 그 외의 한정사는 NP에만 속하는 성분으로 NP의 중의성을 없애는 표지이다. 우리는 하나의 가설을 제기한다. NP를 표기하는 성분이 중앙에 위치할 경우 규정어표지로 발전될 가능성이 있는데 한편으로는 NP를 표기하고 다른 한편으로는 분계선 역할을 하여 수식어와 중심어를 더 명확하게 변별하게끔 한다. 중국어의 규정어표지 "的", 규정어표지로서의 지시사와 양사(유별관사)의 이 역할은 모두 그러하다. 이 가설의 검증은 더욱 많은 언어 사실을 필요로 한다.

　　관사는 명사의 유정과 무정을 표기하는 형식표지이다. 관사를 단독 명사에 첨가하거나 명사구에 첨가하여 대상의 유정 혹은 무정의 성질을 표시할 수 있고 어떤 경우에는 수식어와 중심어 사이에 배치

명사성 구의 유형론적 연구

하여 유정 지시의 역할을 하는 동시에 규정어표지(연계자 혹은 접속성 성분)의 기능을 겸할 수도 있다. 알바니아어에 있는 접속성 관사의 예가 바로 그러하다(劉丹青2006을 참조). 때문에 중국어에서 기타 수식어와 중심어 사이에 놓이는 지시성분은 직시 등 지시 기능이 사라져 접속 기능을 할 수 있고 유정을 표명하는 성분은 대체적으로 접속성 관사의 기능에 가깝다. 하지만, 표준어에 있어서는 기타 규정어를 갖는 유정의 NP는 꼭 지시성분과 결합하지 않아도 된다.

(71) 我昨天借你的書剛才還給你弟弟了。

　　내가 어제 너한테 빌린 책을 방금 너의 동생에게 돌려 주었다.

　표준어에 있는 지시사는 유정의 NP중에서 아직은 통사적 강제성을 지니지 않기 때문에 접속성 관사라고 부를 수 없다. 하지만 廣東信宜방언(唐志東 1986), 廣東開平방언(余藹芹 1995)에서는 복잡한 수식어를 갖는 유정 NP에는 규정어표지로 지시사를 첨가하는데 이는 이미 통사적 강제성을 지니고 있고 더 나아가 접속성 관사로 발전하고 있음을 말해 준다.

　施其生(1996)는 粵語에서 "수식어+양사+명사" 구조는 언제나 유정의 NP이라고 지적하였다. 劉丹青(1986, 2005)은 蘇州방언에 있는 양사의 용법에 대한 기술에서 양사가 규정어표지로 될 때 반드시 유정을 표시한다는 점만을 지적하고 형식이 복잡하고 유정성을 확보하는 수식어만이 양사가 규정어표지로 될 수 있다고 하였다. 이러한 방언에 있는 지시사(혹은 "지시사+양사" 구조) 역시 규정어표지와 유정 표지의 기능을 겸할 수 있고 양사는 수식어를 가지는 유정 NP의 전용적인 표지가 아닐 수도 있다. 粤語, 吳語 중의 양사의 역할은 표준어의 접속성 관사로 발전하는 지시사와 같다. 만일 한층 더 발전한다면, 이러한 방언 중의 유정의 "수식어+명사"류 NP 심지어는 모든 유정의 NP는 모두 강제적으로 양사를 첨가하여 유정의 표지를 충당해야 하고 양사는 철저히 정관사로 발전되었다고 말할 수 있다. 瑤族勉語의 양사의 용법은 이미 이 단계에까지 발전하였기 때문에 정관사라고 부를 수 있다.

명사성 구의 유형론적 연구

曹志耘 2001《金华汤溪方言中的"得"》,《语言研究》第2期。

陈凡凡、林伦伦 2003《广东澄海间方言量词的语法特点》,《汕头大学学报》
　　　(人文社会科学版)增刊。

陈兴伟 1992《义乌方言量词前指示词与数词的省略》,《中国语文》第3期。

陈玉洁 2007《指示词的类型学考察》,中国社会科学院研究生院博士学位论文。

金有景 1962《苏州方言的方位指示词》,《中国语文》第4期。

李如龙 2001《闽南方言的结构助词》,《语言研究》第2期。

李云兵 2005《中国南方民族语言名词性短语句法结构语序类型研究》,中国
　　　社会科学院博士后出站报告。

刘丹青 1986《苏州方言定中关系的表示方式》,《苏州大学学报》(哲社版)第
　　　2期。

　　　　 1995《吴江方言的指示范寿》,全国汉语方言学会1995年会(武汉)论文。

　　　　 2001《粤语句法的类型特点》,香港《亚太语言教育学报》第2期。

　　　　 2002《汉语类指成分的语义属性和句法属性》,《中国语文》第5期。

　　　　 2005《汉语关系从句标记类型初探》,《中国语文》第1期。

　　　　 2006《名词短语句法结构的调查研究框架》,《汉语学习》第1期。

刘丹青主编2006《现代汉语方言语法电子语料库》·中国社会科学院语言研
　　　究所、香港城市大学合作项目。

刘丹青、刘海燕2005《崇明方言的指示词》,《方言》第2期。

吕叔湘 1990《指示代词的二分法和三分法》,《中国语文》第6期。

罗昕如 2004《湘语的通用量词"只"》,第二届国际汉语方官言语法学术研讨
　　　会论文。

毛宗武 2004《瑶族勉语方言研究》,民族出版社。

钱乃荣 1997《上海话语法》,上海人民出版社。

沈家煊 1995《"有界"与"无界"》,《中国语文》第5期。

施其生 1996《广州方言的"量+名"组合》,《方言》第2期。

石汝杰 1999《苏州方言的代词系统》,载李如龙、张双庆主编《代词》,暨南
　　　大学出版社。

石汝杰、刘丹青 1985《苏州方言量词的定指用法及其变调》,《语言研究》第1期。

唐正大 2005《汉语关系从句的类型学研究》,中国社会科学院研究生院博士
　　　学位论文。

_____ 2007《关系化对象与关系从句位置－基于真实语料与类型分析》,
　　　《当代语言学》第2期。

唐志东 1986《信宜方言的指示词》,《语言研究》第2期。

汪化云 2004《鄂东方言研究》,巴蜀书社。

王锋 2002《白语名量词及其体词结构》,《民族语文》第4期。

王健 2005《苏皖区域方言语法共同特征研究》,北京大学博士学位论文。

王健、顾劲松 2006《涟水(南禄)话量词的特殊用法》,《中国语文》第3期。

小川环树 1981《苏州方言的指示代词》,《方言》第4期。

游汝杰 1982《论台语量词在汉语南方方言中的遗存》,《民族语文》第2期。

余蔼芹 1995《广东开平方言的"的"字结构－－从"之"、"者"分工谈到语法类
　　　型分布》,《中国语文》第4期。

赵日新 2001《绩溪方言的结构助词》,《语言研究》第2期。

周纯梅 2006《湖南新化方言量词的代、助用法》,《文教资料》1月号中旬刊。

周小兵 1997《广州话量词的定指功能》,《方言》第1期。

Chen, Ping 2004 Identifiability and definitenese in Chinese. *Linguistics* 42(6):
　　　1129−1184.

Diessel, Holger 1999 *Demonstratives: Form, Function, and Grammaticalization.*
　　　Amsterdam and Philadelphia: John Benjamins.

Dik. Simon C. 1983 Two constraints on relators and what they can do for us In
　　　Simon C.

Dik (ed.) *Advances in Functional Grammar.* Dordrecht: Foris Publications. pp
　　　267−298.

Hawkins, John A. 2004 *Eifficiency and Complexity in Grammar.* Oxford: Oxford

명사성 구의 유형론적 연구

University Press.

Lyons, John 1999 *Definiteness*. Cambridge: Cambridge University Press.

Rijkhoff. J. 2002 *The Noun Phrase*. Oxford: Oxford University Press.

저자: 陳玉洁

《中國語文》2007년 제6기에 게재되었음.

제11장. "양사+명사" 구조와 양사의 규정어 표지 기능

제 **12**장
인칭대명사 복수형식
단수화의 유형론적 의의

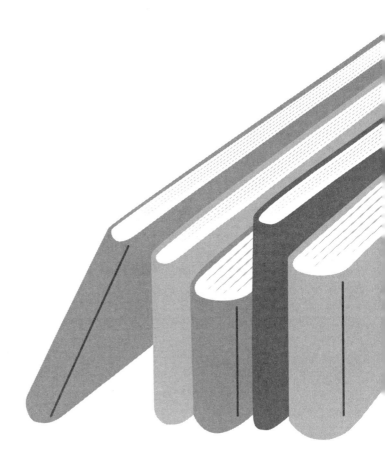

제 **12** 장.
인칭대명사 복수형식 단수화의 유형론적 의의

12.1. 서론

　복수는 단수보다 더 유표지의 형식을 취한다(Croft 2003). 중국어
인칭대명사의 복수형식 또한 단수형식을 기초로 어미(예를 들면 "們")
혹은 일련의 명사형식(예를 들면 "家") 등을 첨가하여 구성된다. 한편
언어 응용에서는 반대로 복수형식에서 단수형식으로 발전하는 흐름
도 있다. 우리는 이러한 현상을 복수형식의 단수화라고 일컫는다. 인
칭대명사의 단수화에 대해서는 이미 呂叔湘(1985), 甘于恩(1997), 施
其生(1999) 등 많은 연구가 있으나 이러한 현상 뒷면에 내재하고 있
는 동인에 관한 분석 연구는 아직 미흡한 현황이다. 이에 본 장절에
서는 하남 商水방언(중원관화)을 일례로 복수인칭대명사 단수화의 통
사적 환경과 의미적 동인을 고찰하고 단수화와 관련되는 등급서열을
밝히고자 한다. 본 장절의 연구대상은 주로 다음과 같은 두 유형의
단수화 현상이다.

1) 소유격 위치에서 시작된 단수화

2) 경칭에 의한 단수화

12.2. 복수 인칭대명사가 소유격인 속격구문

"복수 소유격+중심어"구조는 두 가지 해석이 가능하다. 하나는 복수를 구성하는 매개 개체의 대상의 합을 의미한다. 이럴 경우 복수 소유격은 개체 소유격으로 분해할 수 있다. 다른 하나는 여러 사람이 어떤 하나(혹은 일부)의 대상을 공유하는 것을 의미한다. 이럴 경우 그(혹은 그러한) 대상은 일반적으로 어떤 한 사람에게 전속되지 않고 집단 공유이기 때문에 복수 소유격은 개체 소유격으로 분해할 수 없다.

복수 소유격을 가지는 속격구문을 공식으로 표현하면 다음과 같다.

(1) $N=(a+b+c+\cdots+n)H$

N은 속격구문의 지시대상의 수로 $(a+b+c+\cdots+n)$은 복수 의미의 소유격을 표시하고 a, $b\cdots n$ 등은 복수 의미를 구성하는 개체를 표시하며 H는 핵어명사를 가리킨다.

복수 속격구문의 두 가지 해석을 각기 공식으로 표현하면 다음과 같다.

(2) 복수의미1: N1=aH+bH+cH+⋯+nH, 예를 들면, "我們的脑袋"[우리의 머리]

(3) 복수의미2: N2=(a+b+c+⋯+n)H, (a+b+c+⋯+n)은 하나의 전체로 분해할 수 없다. 예를 들면 "我們學校"[우리 학교]는 "我們所屬的學校"[우리가 소속되어 있는 학교]이지 "我的學校+你的學校+⋯⋯+X的學校"[나의 학교+너의 학교+⋯⋯+X의 학교]가 아니다.

비교해 본다면, 분해 가능한 복수의미1은 보다 전형적인 복수의미라 하겠다.

사유화 정도가 상당히 높은 명사와 복수 형식의 결합은 일반적으로 복수의미1로 해석할 수밖에 없다. 예를 들면, "我們的書包"[우리의 가방]은 "我的書包+他的書包+你的書包+⋯⋯+X的書包"[나의 가방+그의 가방+너의 가방+⋯⋯+X의 가방]을 표시한다. 한편 공유화 정도가 상당히 높은 명사는 일반적으로 복수의미2로 해석할 수밖에 없다. 예를 들면, "我們公司"[우리 회사]는 "(我+你+他+⋯⋯+X)的公司"[(나+너+그+⋯⋯+X)의 회사]라는 의미만을 표시한다. 속격구문 중 "的"의 첨가는 복수의미1로 이해할 가능성을 증가시킨다. 예를 들면, "我們學校"[우리학교]는 일반적으로 여러 사람이 공유하는 어떤 특정된 학교(복수의미2)로 해석되지만 "我們的學校"[우리의 학교]는 복수의미2로도 해석될 뿐만아니라 "我們各自的學校"[우리 각자들의 학교] (복수의미1)로도 해석된다. 복수의미1로만 해석 가능한

명사성 구의 유형론적 연구

속격구문은 "的"표지 첨가가 필수적이고 복수의미2로만 해석 가능한 속격구문은 "的"표지를 첨가하지 않는 것이 일반적이다. 예를 들면, "我們浙江省"[우리 절강성], "我們商水縣"[우리 상수현], "我們中國"[우리 중국]이 그러하다. 이와 같은 통사적 표현은 "的"과 속격구문의 복수의미 간의 연관을 제시해 주고 있다

복수의미2로 해석할 수 있는 구조만이 단수화 현상이 일어날 수 있다. 소유구문의 지시대상은 기정된 것으로 이 기정된 대상은 집단 소유로 해석될 뿐더러 특정 문맥 하에 어떤 한 사람의 소유로도 해석된다. 복수의미2는 복수형식 단수화의 의미적 기초이다. 복수의미1로만 해석할 수 있는 구조는 개개인이 가지고 있는 대상의 합을 나타내므로 단수화가 이루어질 수 없다.

12.3. 商水방언 중 인칭대명사 복수형식의 단수화 표현

商水방언의 1인칭대명사로는 "我"[나](단수)와 "俺", "咱"[우리](복수)가 있고 2인칭대명사로는 "你"[너](단수)과 "恁"[너희](복수)가 있다. 3인칭대명사로는 오직 단수형식인 "他"[그] 하나뿐인데 남성, 여성과 동물을 모두 지시할 수 있고 복수의미는 조합형식인 "他+(這/那)+수사+個"로 표현된다. "俺", "咱"은 단수로도 쓰일 수 있는데 단수의미를 표현할 경우 "我", "你"와 속격 구문에서 상호 보완적인 분포를 이룬다.

<표 12-1> 商水방언에서 속격 수식어가 단수 의미 속격 구문

속격 구문 순서	"我", "你"	"俺", "恁"	구조조사	핵어명사
1	+	−	li	手、胳膊、頭、腿、脚 (손, 팔, 머리, 다리, 발)
2	+	−	li	文具盒、大衣、書包、桌子、筆、帽子 (필통, 외투, 가방, 책상, 필, 모자)
3	−	+	*	爸(爹)、娘(媽)、爺、哥、弟、姐 (아버지, 어머니, 할아버지, 오빠, 동생, 누나)
4	−	+	(那)	老師、同學、班長、張經理、校長 (선생님, 학생, 반장, 장사장, 총장)
5	−	+	li	家、地、大門、堂屋、房子 (가정, 땅, 대문, 정방, 집)
6	−	+	(那)	河南省、縣、莊兒(村兒)、局裏、國家 (하남성, 현, 마을/촌, 기관, 국가)

사유화 정도가 높은 명사(첫째 칸과 둘째 칸)에 복수 소유격을 첨가할 경우 복수의미1만을 표시하고 복수 소유격은 "俺几個li書包"이나 "恁几個li胳膊"와 같이 강조 형식인 "俺/恁+수사+個"을 취하는 것이 일반적이고 "俺/恁"은 보통 쓰이지 않는다.

친족호칭, 일반호칭(셋째 칸과 넷째 칸)이 속격구문의 중심어로 될 경우 소유격은 반드시 복수형식인 "俺", "恁"만을 취한다. "俺/恁"은 복수의미2를 표시할 수 있고 단수의미도 표시할 수 있다.

(4) 叫恁家長來一趟吧。(叫你/你們家長來一趟吧。)

너/너희들의 보호자보고 오라고 하세요.

(5) ──誰給你打li電話ε？(誰給你打的電話？)

누가 너한테 전화했니？

명사성 구의 유형론적 연구

——俺(那)同學。(我同學)

내 동창이야.

집단, 사회단위(다섯째 칸과 여섯 째 칸)가 중심어로 될 경우 그들이 개인 소유로 될 수 없기 때문에 소유격 위치에는 복수형식만이 출현하고 복수의미2로 해석된다. 하지만 전형적인 대화 장면의 영향을 받으면 단수의미로도 해석할 수 있다.

⑹ 恁那局=你所在的局 你和其它所有職工的局

　당신의 단위=소속되어 있는 단위　나와 그 외 모든 직원들의 단위

⑺ 俺那縣=我所在的縣 我和其它所有群眾的縣

　나의 현 내가 있는 현 나와 그외 모든 현

"俺/恁"이 소유격이고 위 표의 3, 4, 5, 6란의 명사가 중심어인 속격구문은 복수의미2로 해석할 수 있고 단수의미로도 해석된다. "俺/恁"의 복수 기능은 이미 약화되었으므로 전형적인 복수의미—복수의미1을 표시하려면 반드시 강조 형식인 "俺/恁+수사+個"를 사용해야 한다. 예를 들면 "俺媽", "恁家"는 다만 단수 소유격 혹은 복수의미2를 표시하고 복수의미1을 표시하려면 "俺几個li媽", "恁几個li家"라고 표현해야 한다.

위 예문으로부터 商水방언의 속격구문은 복수의미1을 표시하려면 소유격대명사가 강조 형식을 취해야 함을 알 수 있다. 즉 "俺/恁"

제12장. 인칭대명사 복수형식 단수화의 유형론적 의의

의 복수 기능이 약화되어 전형적인 복수의미를 표시하기에는 "능력이 미치지 못함"을 설명해 준다.

"俺/恁"의 복수 의미의 약화는 또한 다음과 같은 경우 표현된다. "俺/恁"이 복수 의미를 표시할 때 주어, 목적어로 되는 능력이 약화되어 직시적(deixis) 장소 즉 단수와 복수의미가 아주 명확한 경우에만 사용된다.

(8) —恁弄啥去?(你們幾個幹什麼去?)
　　너희 몇이 뭐하러 가느냐?
　—俺上集買衣裳去li。(我們上街買衣服。)
　　우린 시장에 옷 사러 간다.

가령 직시적 조건이 구비되지 않을 경우 즉 "俺/恁"이 지시하는 여러 사람이 전부 현장에 있지 않을 경우, "俺/恁"는 주어나 목적어 위치에 출현할 수 없다.

(9) 他仗著他自己有勁兒, 光打俺*(幾個/倆)。(他仗著自己力氣大, 總是打我們幾個。)
　　그는 자신이 힘이 세 우리 몇을 때리곤 한다.

상술한 표현은 商水방언 중 "俺", "恁"의 복수 기능이 약화되었음을 설명한다. 하지만 "俺/恁"의 단수 의미는 속격구문에서만 나타나고, 주어와 목적어 위치에서는 단수의미를 표시할 수 없다.

명사성 구의 유형론적 연구

12.4. 단수화의 범위 및 기타 유형의 단수화

12.4.1 단수화의 중국어 방언에서의 표현

唐正大(劉丹靑 책임 편집 2006을 참조)에서는 西安話는 속격구문의 중심어가 친족명사나 집단명사일 경우, 속격 수식어 위치에 오직 복수 형식만 출현할 수 있는데 단수와 복수 의미를 모두 나타낼 수 있다고 하였다. 중심어가 일반명사일 경우, 단수의미의 속격은 단수 형식을 취하고 복수 의미의 속격은 복수 형식을 취한다.

(10) 1인칭   2인칭   3인칭

$[\text{ŋai}]^{21}$媽 $[\text{ŋi}]^{21}$媽 $[\text{t}^{\text{h}}\text{a}]^{21}$媽

$[\text{ŋai}]^{21}$(的)園子 $[\text{ŋi}]^{21}$(的)園子 $[\text{t}^{\text{h}}\text{a}]^{21}$(的)園子

단수$[\text{ŋy}]^{51}$的胳膊 $[\text{ŋi}]^{51}$的胳膊 $[\text{t}^{\text{h}}\text{a}]^{21}$的胳膊

복수$[\text{ŋai}]^{21}$的胳膊 $[\text{ŋi}]^{21}$的胳膊 $[\text{t}^{\text{h}}\text{a}]^{21}$的胳膊

汕頭방언(施其生1999)은 일반적인 호칭(직무, 직함을 나타내는 명사)이나 친족호칭이 중심어로 될 경우 1, 2인칭 속격 수식어는 복수 형식을 취하여 단수 의미를 표시할 수밖에 없다.

(11) 阮阿徒弟請我去食酒。(我徒弟請我去喝酒。)

나의 제자는 나한테 술을 사 주겠다고 요청했다

(12) 恁阿老分骹車撞著了。(你愛人被自行車撞了。)

당신 부인이 자전거에 치였다네.

劉丹靑(1999)에서는 吳江방언은 집식구, 친척, 집단, 단위 등 명사 앞에 놓여 속격 수식어를 충당할 경우 인칭대명사는 복수 형식만 취하는 것이 일반적인데 규정어가 한 사람일지라도 복수를 사용한다고 하였다.

(13) 吾堆/嗯那堆/夷拉爺(我/你/他爹)
　　　나/너/그의 아버지
　　　吾堆班级/嗯那公司/夷拉學堂(我班级/你公司/他學堂)
　　　나의 학급/너의 회사/그의 학교

李如龍(1999)에서는 다음과 같이 지적하고 있다. 閩南방언은 오직 인칭대명사의 복수형식만이 친족호칭과 집단명사의 속격 수식어로 될 수 있고 단수형식은 불가능하다. 만일 중심어가 방위사 혹은 단위명칭일 경우 복수형식은 단수와 복수를 가리키는 데 겸할 수 있으나 중심어가 친족호칭일 경우에는 단수만을 나타낸다.

厦門話(錢奠香, 劉丹靑2006책임 편집)는 친족 속격과 단위 속격에서 복수 "阮[gun]53", "恁[liŋ]53", "因[in]55"이 속격 수식어 위치에 놓일 경우 단수 의미뿐만 아니라 복수 의미도 나타낸다.

湘鄕방언(陳暉, 劉丹靑 2006책임 편집)은 친족 속격 중의 속격 수식어가 단수 형식이 아닌 복수 형식으로 단수와 복수 의미를 나타낸다.

甘于恩(1997)에서는 粤語 吳川話는 오직 한 쌍의 인칭대명사 "我、你,佢"만이 존재하고 단수와 복수의 의미를 겸하고 있다고 하였다. 그는 또 만약 인수가 많음을 강조하려면 뒤에 "几只"을 첨가하기만

하면 되는데 즉 인칭대명사와 수량사의 구성으로 복수를 표현한다고 하였다. 우리는 오천백화중 전에 있던 인칭대명사 단수 형식이 이미 전면적으로 사라짐으로 인해 단수와 복수의 동형을 초래하게 되었고 교제의 오해를 피하기 위해 새로운 복수 형식인 "인칭대명사+수량사"가 형성되고 있다고 추측한다.

太原話의 "俺", "尔"가 나타내는 단수 의미는 속격 수식어, 주어, 목적어 위치에 출현할 수 있고 복수 형식을 구성하는 형태소로 쓰여 새로운 복수 형식인 "俺們", "尔們"을 구성할 수도 있다(沈明, 劉丹靑2006책임 편집). 저자는 이러한 복수형식을 "我", "你"와 함께 1, 2인칭 단수에 포함시켰다. 따라서 太原話 1, 2인칭에는 각기 두 쌍의 단·복수 형식이 존재하게 된다. 즉 "我/俺"와 "我們/俺們", "你/尔"와 "你們/尔們"이다. 또한 저자는 "太原話 1인칭과 2인칭의 복수 형식이 소유 관계를 겸하여 표시할 경우 실질적으로는 단수 의미를 나타내는 속격 수식어로 쓰인다. 예를 들면 "俺媽/尔媽"이다. '俺[ŋœ̃]⁵³' 혹은 [ŋa]⁵³'는 '我們'의 결합음, '尔[nie]¹¹'은 '你每'의 결합음일 가능성이 있다"고 지적하였다. 이는 "俺", "尔"이 최초엔 복수 형식이었지만 다만 단수화가 비교적 철저히 이루어졌음을 설명한다.

산동 濰坊話(馮榮昌 1996:441) 중 "俺", "恁"은 단수를 나타낼 수 있고 복수도 나타낼 수 있다. 단수 의미는 친족속격, 집단속격에 쓰일 뿐만 아니라 중심어가 일반명사인 속격구문에도 쓰인다. 또한 "俺/恁"는 주어와 목적어 위치에 출현하여 단수 의미를 나타낼 수 있다.

(14) 這是俺的豬(這是我/我們的豬)

이 것은 나/우리의 돼지이다.

(15) 他骂俺(他骂我/我們)

그가 나/우리를 욕한다.

(16) 我把這些給恁(我把這些給你/你們)

내가 여기에 있는 것들을 너/너희한테 주겠다.

우리는 위에 열거한 방언에서 보여지는 현상을 통해 친족호칭을 중심어로 하는 속격 구문에서 단수화 정도가 가장 높다는 것을 알 수 있다. 친척은 모두가 공유하는 사람들로 구성되었기 때문에 자녀 가 많고 친척이 많은 가족 성원 중의 어느 한 사람을 표현할 경우 흔히 복수 속격 수식어를 사용한다. 하지만 회화에서는 1:1로 발화가 진행되어 복수 형식은 단수로 이해되기 쉽다. 집단, 처소명사는 집단 공동 소유이기 때문에 복수 형식의 속격 수식어만 쓰일 수밖에 없지만 담화기능의 영향을 받아 단수화가 이루어질 수 있다. 이는 소유 관계에 의한 단수화이다.

12.4.2 경칭에 의한 단수화

언어에는 경칭으로부터 발전되어 온 단수화 현상이 존재하는데 이런 단수화는 주로 2인칭 복수에 많이 나타난다. 구체적인 발전 경로는 다음과 같다.

- 제1단계: 2인칭 복수
- 제2단계: 2인칭 단수 존칭, 기존의 2인칭 단수 형식과 대립되어

언어 계통 중에 예절구분(Politeness Distinction)을 형성함
과 동시에 2인칭 복수 의미를 보존하고 있다.
- 제3단계: 일반 2인칭 단수, 기존의 2인칭 단수와 병존하지만 응
  용범위가 더욱 광범위한데 2인칭 복수 의미를 여전히
  보존하고 있다.
- 제4단계: 기존의 단수 형식을 대체함으로 2인칭 단수와 복수가
  동형이 되고 언어 계통 중의 예절구분이 사라진다.

프랑스어의 vous, 독일어의 Sie처럼 2인칭대명사의 복수형식으로
2인칭 단수 존칭을 나타내는 것은 세계 언어에서 보편적으로 존재
하는 현상이다. Helmbrecht(2003)에서는 2인칭 단수 존칭은 1/2/3인
칭 복수, 3인칭 단수, 지시사, 재귀대명사 심지어는 친족호칭어, 지
위를 나타내는 호칭어에서 유래될 수 있다고 지적하였다. 하지만 그
가 선택한 100개의 언어샘플 중에는 2인칭 예절구분이 존재하는 언
어가 25개이고 2인칭 복수에서 발전된 것이 16개로 절대적인 우세를
점하였다. Helmbrecht(2003)에서는 체면손상행위(face-threatening acts
즉 FTAS)이론을 이용하여 이러한 현상을 해석하였다. 대화에 있어
명령과 요구는 청자의 체면에 위협줄 가능성이 있다. 왜냐하면 발화
는 듣는 이로 하여금 구체적인 행동을 할 것을 요구하기 때문이다.
사회적 지위, 개인관계 등의 요인으로 말미암아 화자 X는 청자 Y에
게 FTAS를 실시할 권리가 없거나 혹은 해서는 안 될 경우 2인칭 복
수형식으로 Y를 지시하여 청자들이 여러 명이 있다고 가정함으로 Y
에게서 명령하여 실시할 의무와 책임을 해소 혹은 감소시킨다. 또한
이와 동시에 복수형식이 단일 개체 Y를 지향하는 의미가 문맥에서

쉽게 식별할 수 있기 때문에 대다수 언어가 이러한 책략을 사용하여 언어 교제를 진행한다. 이러한 용법이 만약 일정한 사용빈도에 도달하게 되면 언어 중에 일종의 전형적인 용법으로 되어 복수형식의 단수화를 초래하게 된다. 가장 전형적인 예로 영어를 들 수가 있다. you는 현대 영어의 초기단계에서는 2인칭 복수 형식으로 동시에 2인칭 단수 존칭을 나타내기도 했었다. 허나 그 뒤 단수 기능이 점차적으로 확대화되어 기존의 2인칭 단수 형식인 thou가 폐기어로 되었고 이로 인해 영어의 익숙/예절구분이 사라짐으로 2인칭 단수와 복수의 동형을 초래하였다.

중국어 방언 중에도 2인칭 경칭으로부터 발전하여 온 단수화가 존재한다.[1] 蔣希文(1957)은 贛榆話에 있어 2인칭 ꞔŋ은 경칭, 복수, 소유를 나타낸다고 하였다.

(17) 단수 2인칭 존칭를 나타냄, 예문: ꞔŋ多大年紀啦？[당신은 몇 살인가?]

(18) 일반 2인칭 복수를 나타냄, 예문: ꞔŋ都是來做什麼的？[당신들은 뭐하러 왔는가?]

(19) 소유를 나타내는데, ꞔŋ은 단수를 표시할 수도 있고, 복수를 표시할 수도 있음, 예문: ꞔŋ嫂子說的。[당신/당신들의 형수가 말했다.]

---

1   중국어의 "您"은 역사 상 복수를 나타낸 적이 있었다. 하지만 呂叔湘(1985)에서는 복수를 나타내는 "您"과 단수 존칭을 나타내는 "您"은 단지 쓰임이 같을 뿐 계승관계가 존재하지 않는다고 주장하였다. 이에 대해 본고는 잠시 의문으로 남겨 두겠다.

贛榆話의 경우는 존칭과 소유로부터 발전하여 온 두 부류의 단수
화 경로의 융합을 반영해 준다.

12.5. 단수화의 기능적 동인

12.5.1 교제 패턴

인류가 교제함에 있어 전형적인 대화 패턴은 두사람 간의 대화
(한 사람은 말하고 한 사람은 듣는 것)이다. 하지만 복수대명사는 복수
개념을 나타내는데 이러한 "하나"와 "다수"의 불균형성은 복수 형식
이 단수 표현으로 문법화하는 내재적인 의미 기초이다. 복수대명사
가 직시 혹은 전방조응에 쓰일 경우 복수 의미는 비교적 선명하지만
가령 지시하는 대상이 한 사람(화자 혹은 청자)만이 현장에 있을 경우
에는 복수 형식의 단수 의미로의 전환을 초래하게 된다.

12.5.2 사유화 등급

소유관계와 관련 있는 단수화는 중심어의 사유화 정도와 밀접한
관련이 있다. 각 유형의 명사의 사유화 등급은 다음과 같다.

1(기관, 신체부위) > 2(일반명사) > 3(친족호칭) > 4(일반호칭)> 5, 6(가족, 단
위 등 집단명사)

위에서 언급했듯이, 복수의미 2를 소유함은 단수화의 의미 기초
이다. 본래는 여러 사람이 어떤 하나의 특정된 대상을 공유함을 표

현하지만 전형적인 대화 패턴(일대일)이 이 특정 대상(청자 혹은 화자)이 한 사람의 소유로 이해하게끔 한다.

사유화 정도가 가장 낮은 두 등급(5, 6부류, 집단명사 혹은 처소명사)은 집단 공동소유로 단수 속격 수식어는 이와 의미상 부적합하기에 속격 수식어 위치에는 오직 복수 형식만이 출현 가능할 뿐만 아니라 복수의미 2로만 해석 가능하고 복수의미 1로는 해석 불가능하기 때문에 문맥 중에 한 사람만을 대상으로 할 가능성이 있으므로 단수의미로 이해될 가능성이 있다. 하지만 동시에 중심어의 의미적 속성으로 인해 이들의 복수 소유 형식의 단수화가 아주 철저하지는 못하다. 예를 들면 北京話 중 핵심이 사회단위일 경우 복수 형식의 속격 수식어 "**我們學校**"[우리 학교], "(我老公)**他們工厂**"[(저희 남편)그들의 공장]은 단수 의미를 나타낸다고 할 수 있다(方梅, 수업 강의). 하지만 복수 의미를 나타낸다고 해석할 수도 있어 단·복수 의미가 불분명하거나 또는 분명히 할 필요가 없겠다.

3, 4부류 명사의 속격 수식어가 복수 형식일 경우 복수의미 1 혹은 복수의미 2로 해석 가능하다. 그 이유는 이 두 부류 명사는 한 사람 소유일 수도 있고 여러 사람 공동 소유일 수도 있어 복수 형식은 철처한 단수화가 이루어지기 때문이다.

다른 사람과 공동 소유하는 대상에 대해 서술할 경우, 단수 형식의 사용은 정확성준칙(Quality Principle, Grice, 1967)을 위반한다: 분명히 여러 사람이 공유하는 물건을 한 사람 소유라고 하는 것은 허위 사실을 구성한다. 하지만 복수 형식을 사용하면 적당량 원칙(Quantity Principle, Grice, 1967) 중의 비과량준칙을 어느 정도 위반한

명사성 구의 유형론적 연구

다: 청자는 오직 화자와 관련 있는 소유 대상만을 알면 될 뿐 그 대
상의 기타 소유자는 동시에 알 필요가 없다. 정확성 원칙과 적당량
원칙 간의 모순은 복수 형식 단수화를 초래하는 중요한 동인이다.

1부류 명사의 사유화 정도가 가장 높은데 어떤 특정된 개체에만 속
하고 복수의미 2와 모순된다. 만약 속격 수식어 위치에 복수 형식이 출
현한다면 복수의미 1로만 해석되기 때문에 복수 형식은 복수 의미로만
해석 가능하고 단수화가 이루어질 수 없다. 가령 어떠한 복수 형식
이 이와 같은 구조에서 단수 의미로 해석된다면 꼭 그 복수 형식이
이미 단수 형식으로 변화되었고 복수 형식 단수화 후의 정상적인 용
법일 것이며 이 위치에서 단수화가 이루어진 것은 아니다. 때문에 가
령 복수 형식이 1, 2 부류의 일반명사 앞에 놓여 단수를 표시할 경우
그 복수 형식은 이미 진정한 단수화를 실현하였음을 설명해 준다.

〈표 12-2〉 속격구문 중 중심어 유형과 단수화 간의 관계

언어현상	복수형식의 속격구문에서의 표현	방언 예증
오직 5,6을 핵심으로 하는 속격 수식어의 복수형식	두 가지 해석이 다 가능. 단·복수 의미 병존. 심지어는 복수의미가 더 흔히 쓰임.	北京話
5,6에 해당하는 중심어를 제외하고도 3,4에 해당하는 명사의 복수 속격 수식어도 단수화가 발생	두 가지 해석이 다 가능. 단·복수 의미 병존.	西安話, 湘鄕 방언
	단수 의미가 주이지만 복수 의미도 나타낼 수 있음.	商水방언
	단·복수 의미를 겸할 수 있지만 친족 명사에 쓰일 경우 단수 의미만 나타냄.	閩南방언
3,4,5,6을 핵심으로 하는 복수 속격 수식어를 제외하고도 1,2를 핵심으로 하는 속격 수식어도 단수화가 완료되었음	단·복수 의미를 겸함.	濰坊話

단수화의 모든 유형의 중심어로의 확장 여부와 복수형식의 복수 의미의 상실 여부(단수의미만 남아 있음)는 단수화 정도의 높고 낮음을 판단하는 두 가지의 다른 매개변수이다. 이 둘은 모두 단수화의 정도를 설명할 수 있다. 〈표 18-2〉에서 보여지듯이, 이 두 매개변수의 발전은 결코 동보적이고 일치한것이 아니다. 예를 들면 중심어 유형을 놓고 볼 때 濰坊話의 단수화 정도는 閩南말보다 높지만 복수 의미의 상실 여부를 놓고 볼 때 閩南방언은 濰坊話보다 높다고 할 수 있겠다.

12.6. 단수화와 관련 있는 등급서열

12.6.1 단수화 정도 및 그와 관련 있는 등급서열

본 장절에서는 주로 복수 인칭대명사가 소유성분 위치에서 시작된 단수화 현상에 대해 논의한다. 복수 인칭대명사는 소유성분 위치에서 단수 의미를 획득한 후 점차적으로 주어, 목적어 등 통사적 위치로 확장하는데 확장정도는 단수화 정도를 반영한다.

속격 수식어 위치 ⟶ 주어, 목적어 위치

예증 北京話, 商水방언   濰坊방언

北京話 복수 인칭대명사는 오직 속격 수식어 위치에서만 일정한 단수화 경향을 체현하고 단수 의미로 해석하려면 엄격한 조건제한

명사성 구의 유형론적 연구

(중심어 유형의 영향을 받음)을 수반한다. 반면에 濰坊방언 중의 단수화는 이미 비교적 철저한데 복수 인칭대명사는 속격 수식어, 주어, 목적어 등 여러 통사적 위치에 출현하여 단수 의미를 나타낼 수 있다. 商水방언의 단수화 정도는 北京話과 濰坊방언 사이에 처해 있는데 복수 형식인 "俺/恁"이 속격 수식어 위치에서 복수 의미를 나타냄이 그리 자유롭지 못하고 주어, 목적어에 쓰이는 복수 기능도 이미 약화되었으며 새로운 복수 형식인 "俺/恁几個"가 형성 과정 중에 있다. 하지만 "俺/恁"이 소유성분으로 쓰일 경우 여전히 복수의미 2를 나타내고 주어와 목적어 위치에 쓰여 단수 의미를 나타낼 수 있어 단수화 정도가 아직은 철저하지 못함을 설명해 준다.

〈표 18-1〉과 〈표 18-2〉를 참조하여 우리는 다음과 같은 중심어 (head)와 관련 있는 등급서열1[2]을 총괄하였다.

집단과 사회단위, 일반호칭　＞　친족호칭　＞　일반명사

北京話　　　　　商水방언, 閩南話 등　　濰坊話

이 등급서열은 다음과 같이 해석할 수 있다. 가령 하나의 인칭대명사가 오른 쪽에 놓이는 임의의 한 항을 중심어로 하는 속격구문에서 단수화가 실현되었다면 왼쪽에 놓이는 임의의 한 항을 중심어로 하는 속격구문에서도 반드시 단수화가 실현되고 반대의 경우는 그

2　등급서열 중의 "〉"은 "보다 우선적이다"란 뜻이다. 뒤에 출현하는 기호도 이와 같다. 등급서열은 함의적으로도 표현할 수 있는데 서열 구성원의 순서는 정반대된다. 예를 들면 서열1을 함의적으로 표현하면 다음과 같다. 일반명사 ⊃친족호칭⊃집단과 사회단위, 일반호칭

제12장. 인칭대명사 복수형식 단수화의 유형론적 의의

렇지 않다. 예를 들면 太原話 중 인칭대명사 복수 형식은 일반명사를 핵심으로 하는 구조에서 단수화가 실현되었다면 반드시 친족호칭, 일반호칭, 집단단위명사를 핵심으로 하는 구조에서도 단수화가 실현된다. 이 등급서열은 실은 단수화의 여러 단계를 대표하는데 北京話는 가장 처음 단계에 처해 있고 濰坊話은 가장 마지막 단계에 처해 있다.

복수 단수화의 정도는 속격 수식어로 쓰이는 대명사의 성질과 관련 있어 등급서열2로 표현할 수 있다.

1, 2인칭 > 3인칭

1, 2인칭은 3인칭보다 더 쉽게 복수의 단수화가 이루어진다. 閩南話과 太原話처럼 1, 2인칭 복수형식이 단수화를 실현하였다고 해서 3인칭도 반드시 단수화가 실현되는 것은 아니다. 반면에 廈門話, 吳江방언처럼 만일 3인칭 복수의 단수화가 이루어졌다면 1, 2인칭도 반드시 단수화의 과정을 거쳤다. 왜냐하면 3인칭이 지시하는 대상이 일반적으로 담화 현장에 존재하지 않는 관계로 담화에 참여하지 않고 게다가 중의성을 초래할 가능성도 크지 않아 단수화가 쉽게 실현되지 않기 때문이다.

12.6.2 근대 중국어의 인칭대명사 복수 형식의 단수화

단수화는 근대 중국어에서 이미 출현하였다. 呂叔湘(1985)에서는 복수 "俺", "恁"은 단수로 쓰일 수 있는데 모두 예절 의미를 함의하지 않고 비속격보다 속격으로 쓰이는 용법이 훨씬 많이 나타난다고

명사성 구의 유형론적 연구

지적하였다(예문20-23은 呂叔湘 1985에서 인용한 것임).

(20) 對我曾說道, "俺娘乖。"(『劉知遠』15)

나는 말한 적이 있다. "우리 어머니는 현명하다"고.

(21) 你須身姓劉, 恁妻須姓呂。(『汰平广记』9.22)

당신은 본디부터 성이 유 씨이고 당신의 부인도 본디부터 성
이 려 씨이다.

동시에 중국어에는 비속격 단수의 용법으로 쓰이는 경우도 많지
만 주로는 사와 곡에서 많이 출현한다.

(22) 俺是個沒鑒愚迷漢, 枉為人怎不羞慚。(『劉知遠』25)

나는 본볼 데가 없는 어리석은 남자로 쓸모 없는 사람으로서
살아가는 것이 수치스럽다.

(23) 相國夫人恁但去, 把鶯鶯留下勝如湯藥。(『董西厢』180)

상국부인께서는 염려말고 가시라. 앵앵을 남겨 두면 탕약보다
나으니.

위 예문은 역사적으로 "俺", "恁"의 단수화가 이미 꽤 철저한 정도
에까지 이르렀음을 설명해 주는데 이들의 의미적 표현은 우리의 예
측을 한층 더 증명해 주고 있다.

인류 언어에는 다양한 단수화 현상이 존재한다. 예를 들면, 러시
아어 병렬구문중 앞에 놓이는 병렬항에도 복수의 단수화 문제가 존
재하고, Alanblak어(Rijkhoff 2002)는 3인칭 복수로 3인칭 단수를 나타

낼 수 있는데 이는 3인칭 단수가 지시하는 대상의 성별(성별을 확정할 수 없기 때문에)에 대한 설명을 회피하기 위해서이다. 언어 내부에 복수 인칭대명사의 단수화 현상이 얼마나 큰 범위 내에 존재하는가 하는 문제는 앞으로 더 깊이 연구할 만한 연구과제이다.

참고 문헌

冯荣昌 1996《山东潍坊话的人称代词》，载黄伯荣主编《汉语方言语法类编》，青岛出版社。

甘于恩 1997《广东粤方言人称代词的单复数形式》，《中国语文》第5期。

蒋希文 1957《赣榆方言的人称代词》，《中国语文》第8期。

李如龙 1999 闽南方言的代词，载李如龙、张双庆主编《代词》，暨南大学出版社。

刘丹青 1999 吴江方言的代词系统及内部差异，载李如龙、张双庆主编《代词》，暨南大学出版社。

刘丹青主编 2006《现代汉语方言语法电子语料库》，中国社会科学院语言研究所、香港城市大学合作项目

吕叔湘(著) 江蓝生(补) 1985《近代汉语指代词》，学林出版社。

施其生 1999《汕头方言的代词》，载李如龙、张双庆主编《代词》，暨南大学出版社。

Croft, William 2003 *Typology and Universals*(second edition). Cambridge: Cambridge University press.

Grice, H.P. 1967 *Logic and Conversation*: *The William James Lectures*. Harvard University, MS.

Helmbrecht, Johannes 2003 Politeness distinctions in second person pronouns. In Friedrich Lenz.(ed.) *Deictic Conceptualization of space, Time, and person*. Philadelphia: John Benjamins Publishing Company. pp.137-168.

Rijkhoff, J. 2002 *The Noun Phrase*. New York: Oxford University Press.

저자:陳玉洁

《語言敎學與硏究》2008년 제5기에 게재하였음.

연계자원칙 및 "裏"의 규정어표지 기능

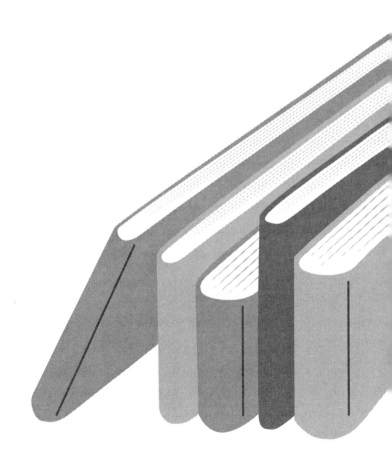

제 **13** 장.
연계자원칙 및 "裏"의 규정어표지 기능

———————
13.1. 서론

Dik(1983:274)에서는 개사, 명사접미사, 종속절 표지(보문표지) 등의 성분은 문장 혹은 구문의 연계자이고 연계자의 위치는 일반적으로 다음과 같은 두 가지 원칙을 준수한다고 지적한 바 있다.

(1) 연계자는 흔히 피연결성분의 외곽에 놓인다. 즉 연계자는 일반적으로 피연결성분의 내부에 진입하지 않는다.
(2) 연계자는 흔히 두 개의 피연결성분 사이에 놓인다.

劉丹青(2002, 2003, 2005)에서는 이 원칙은 중국어 개사유형의 발전 동인의 하나일 뿐만 아니라, 중국어 "개사+목적어"구문의 어순에 영향을 미치고 있다고 지적하였다. 또한 관계절과 핵어명사 사이의 중간 위치에 놓이기 때문에 중국어 표준어와 방언 중의 지시사,

"지시사+양사"구, 정관사 기능이 있는 양사 등은 모두 관계절 표지로 발전할 가능성을 가진다고 하였다.

현대중국어에서 흔히 쓰이는 범용적인 규정어 표지 "的"의 연원은 그다지 명확하지 않다. "者"에서 유래되었다고 주장하는 학자(呂叔湘1990, 袁毓林1997)가 있는가 하면 "之"에서 유래되었다고 주장하는 학자(王力1980, 梅祖麟1988)도 있다. 또한 江藍生(1999)에서 "的"의 전신은 "底"로 그 구조조사의 용법은 방위사 용법에서 발전하여 온 것이라 주장하고 있다. 儲澤祥(2002)에서는 安徽岳西(안휘악서)방언 중의 구조조사 "底"는 방위사 "底"에서 파생된 것으로 "N1+방위사+N2"란 통사적 환경에서 구조조사로 문법화되었고 그 문법화의 의미적 기초는 공간위치를 나타내는 "N1+방위사"가 "河底魚[하천의 물고기]"처럼 일종의 분류의 근거로서 공간속성으로 이해할 수 있는가 하면, "學校底課橐[학교의 책상]" (이럴 경우, 방위사의 의미는 이미 상당히 공허해졌고 추상적이고 비구체적인 장소를 표현하기 위해서만 사용된다)처럼 공간 소유로 이해할 수도 있는 것으로 보아 이 두 가지 해석의 가능성은 방위사가 구조조사로의 전환을 촉발하였다고 증명하고 있다.

본 장절은 주로 중국어사와 중국어 방언의 시각에서 "裏"의 규정어표지 작용에 대해 논의함으로 연계자 위치((잠재적인)수식어와 (잠재적인) 중심어 사이의 위치)에 놓이는 각 성분이 모두 규정어표지로 발전할 가능성이 있고 중국어의 모든 방위사는 명사 뒤에 부가되기 때문에 두 명사의 사이에 놓이기 쉽고 규정어표지의 근원이라는 점을 설명하고자 한다.

13.2. 방위사에서 규정어표지로 되기까지

劉丹靑(2006)은 다음과 같이 지적하고 있다. 방위사는 보편적인 의미적 기초가 있기에 매 언어에서 모두 "裏[안]", "外[밖]" 등 방위 개념을 표시할 수 있지만 방위사는 언어에 따라 나름대로 특색을 지니고 비보편성을 띠는 품사 명칭이다. 이는 실은 "명사〉방위명사/관계명사〉방위후치사〉상 표지"라는 문법화 사슬 위에 위치해 있는 어떤 부분이고 문법화 사슬에서의 위치는 앞으로 치우칠 수도 있고 뒤로 치우칠 수도 있기 때문에 방위사의 통사적 표현에 있어 비동질성을 형성하고 있다. Hopper & Traugott(1993:107)는 전에 "관계명사—부차적개사—주요개사—점합형접사—응합형접사"라는 문법화 사슬을 지적하고 더 나아가 이 여러 개의 발전 단계는 상호 분리된 범주가 아니고 이 문법화 사슬에 있는 대부분의 방위사는 어느 한 확정된 범주에 귀결시킬수 없고 다만 왼쪽에서 오른쪽으로의 문법화의 과정에 처해 있을 뿐이라고 언급하였다. 方梅(2003)에서는 현대 北京話의 "裏"는 이 문법화 사슬의 전 단계의 용법을 지니고 있는데 이른바 방위사 "裏"는 내부에 극히 큰 불일치성을 나타내고 있다고 지적하고 있다.

13.2.1 "裏"의 문법화 과정 및 규정어표지의 용법

江藍生(1999)에서는 "裏(안)", "上(위)" 등 방위사도 구조조사로 발전할 가능성이 존재하지만 현대중국어 표준어의 형성 과정에 있어

명사성 구의 유형론적 연구

방위사 "底"가 우세를 점하였다고 지적하고 있다. 중국어사의 자료를 통해 우리는 "裏"가 규정어 표지(구조조사)의 단서로서 우선 "NP 裏NP"라는 통사적 환경에서 문법화되었다는 사실을 발견하였다.

(1) 水裏芙蓉光照灼, 見者無不心驚愕。(『敦煌變文』35)
물 속의 연꽃이 빛에 아른거리는데 이를 목격한 사람 누구 하나 감탄치 않은 이가 없다.

(2) 銜茅花, 拾柳絮, 窠裏金針誰解取。(『敦煌變文』84)
모화를 물고, 버들가지를 줍는다. 보금자리 속의 금침은 누가 가져갔는가?

(3) 可惜未殃(央)宮裏女, 嫁來胡地碎紅妝。(『敦煌變文』6)
안타깝게도 미앙궁 안의 여인은 타지에 시집 와서 그 아름다운 옷차림이 어지럽게 흩어졌다.

(4) 師便喝雲:你也眠去摩?每日在長連床上, 恰似漆村裏土地相似!他時後日, 魔魅人家男女去在!(『祖堂集』卷七)
스승은 고래고래 외치면서 말했다. "너도 잠들 것인가? 매일 매일 침대에 누워 마치 칠촌의 토지와도 흡사하다! 그는 시일 후에 인가 남녀들을 매혹시킬 것이다!"

(5) 雷峰曰:"汝見蘇州城裏人家男女否?"(『景德傳燈錄』卷七)
설봉은 말했다. "당신은 소주성 안의 사람들은 본 적이 있는가?"

(6) 岩頭雲:"什麽處去也。"師曰:"布袋裏老鵐雖活如死。"(『景德傳燈錄』卷十七)

암두가 말했다. "어디로 갑니까?" 스승이 답하기를 "주머니 속
의 늙은 까마귀는 살아있지만 죽은 것 같다"고 했다.

"NP裏"는 그 뒤에 오는 명사의 지시대상이 존재하는 장소를 나타
내고 있다.

존재와 소유는 높은 관련성이 있고 "이들은 모두 추상적인 처소
개념을 나타낸다"(Lyons 1977:722). 세계의 수많은 언어 중, 존재를 나
타내는 동사와 소유를 나타내는 동사는 흔히 동일한 형식을 취하고
있는데 예를 들면 중국어의 "有"가 바로 그러하다. Freeze(1922)는 여
러 언어에 대한 연구를 통해 처소술어문, 존재문과 "소유"의 의미의
동사로 이루어진 문장은 실은 동일한 추상적인 통사구조로부터 생
성된 것이라고 밝힌 바가 있다. 어느 한 곳에 존재하는 것은 즉 어
느 장소가 소유하고 있다는 것인데 이는 일종의 인류의 보편적인 인
지심리이다. Heine(1991)는 아프리카의 대부분 언어는 흔히 "X가 Y에
존재한다"라는 구조로 "Y가 X를 소유한다"라는 소유 개념을 표시한
다고 지적하였다. 또한 吳語에는 "在"처럼 쓰이는 "有"의 용례가 있
다(錢乃榮 1992:1027)고 劉丹靑은 서술하고 있다.

湖州雙林: 王先生有辣哇/弗? 其有辣。(王先生在嗎? 他在這兒。)
　　　　　왕선생님 계십니까? 여기에 있습니다.
吳江蘆墟: 王先生屋裏阿有辣? 伊屋裏有辣。(王先生在家嗎? 他
　　　　　在家。)
　　　　　왕선생님 집에 계십니까? 집에 있습니다.

명사성 구의 유형론적 연구

위의 예문(1)과 (2) 중의 "NP裏"는 순전히 처소를 나타낸다고 이해할 수 있지만, 예문(3) 중의 "NP裏"는 이중적으로 이해할 수 있다. 즉 처소를 나타낸다고 볼 수도 있고 동시에 소유의 의미를 나타낸다고 볼 수도 있는데 현대중국어로 번역하면 "未央宮裏的女孩兒"(미앙궁의 여자애)이다.

"裏"는 "N1+裏+N2"의 구조에서 처소관계를 표시하는 기능으로 발전하였지만 이때 그의 방위의 의미는 아직 완전히 상실되지 않았다. 때로는 "裏"의 방위의 의미가 현저한데 예문(3)의 "宮裏"에는 "宮外"의 대립이 있는 것처럼 장소에는 현저한 "裏-外"(안-밖)이라는 대립이 존재한다. 또 때로는 N2의 존재 장소만을 뚜렷이 할 뿐 "裏"의 방위의 의미는 억제당하였거나 혹은 현저하지 못하다. 예문(4)의 "漆村裏土地"는 주로 "土地存在於漆村的"(토지는 칠촌에 있다)라는 것을 설명하고 "裏"의 방위의 의미를 뚜렷이 하지 않는다. 이는 儲澤祥(2002)이 언급한 이른바 "공간소유"로 이와 같은 환경 중에서 "裏"의 방위 지시의 의미가 점차적으로 쇠퇴해지고 기능어의 방향로 발전한 것이다.

일부 장소명사에는 "裏/外"(안/밖)의 구별과 대립이 없고 어떤 물건이 가령 그 지점에 있다면 일반적으로 그 지점 내에 존재하는데 즉 "裏"는 지점명사의 의미와 자연적으로 부합하고 그중에 함유되어 있다. 이와 같은 상황 하에서 "裏"의 의미는 잉여적이기 때문에 쉽게 약화되어 없어진다. 예를 들면 다음 예문의 "錢塘江裏"과도 같다.

(7) 僧曰："恁麼即喪身失命去也。"師曰："錢塘江裏潮。"(『景德傳灯彔』권21)

스님이 말하였다. "왜 즉시 목숨을 잃고 명을 다하였는가?" 사부가 말하였다. "전당강의 조수 때문이다."

여기에서 "裏"는 점차적으로 방위를 지시하지 않게 되고 소유 관계를 전문적으로 표시하게 되었다고 이해할 수 있다. 즉 이와 같은 구조 중에서 "裏"의 속격표지 기능은 점점 돌출되고 그 후에는 점차 일반적인 속격수식어의 표지로 확장하여 인칭대명사, 사람명사, 일반명사의 뒤에 놓여 소유관계를 표시하며 방위의 의미는 완전히 상실하고 단순한 문법항으로 발전함으로 다음과 같이 순수한 속격수식어 표지처럼 된다.

(8) 問 : "如何是道。"師曰 : "枯木龍吟。" 僧曰 : "學人不會。" 師曰 : "骷髏裏眼睛。" 玄沙別雲 : "龍藏枯木。"(『景德傳灯彔』 권11)
　　묻기를 "어떠한 것이 도(道)입니까?"하자 스승이 답하기를 "고요함에 큰 소리가 들리노라"하였다. 스님이 말하기를 "수행자는 모르옵니다"라 하자 스승이 답하기를 "해골의 눈이니라"라 하였다. 현사가 말하였다. "큰 소리는 고요함을 감싸고 있노라."

(9) 我國裏軍人廝殺八九年 收了苦辛不少, 方得西京。
　　우리 국가의 군인들이 8, 9년을 맞서서 싸워 많은 고생 끝에 서경을 공략해냈다.

(10) 是前世裏債, 宿世的怨, 被你擔閣了人也張解元。
　　전생의 빚, 전생의 원한, 당신 때문에 시기를 놓친 것도 장해

명사성 구의 유형론적 연구

원이다.

(11) 這四句分明是說了我裏姓名。

이 네 마디는 분명히 나의 이름을 말하고 있다.

"裏"는 우선 "장소명사+"裏"+명사"의 환경 중에서 속격표지로 문법화되었고, 그 뒤에 "인칭대명사/사람명사+裏+명사"구조 중에서 속격표지를 충당할 수 있게 되었다. "존재=소유"라는 인지시스템이 아직도 여기에서 작용을 하고 있고, 어떤 사람이 어떤 물건을 소유한다는 것은 실은 어떤 물건이 어떤 사람에게 존재하고 실은 사람이 곧바로 존재의 지점이기 때문에 "裏"가 인칭대명사와 사람명사 뒤에 부가할 수 있는 것이다.

맨처음 "裏"로 속격관계를 표시한 구조에 있어 중심어는 구체적이고 유형의 사물인데 유형의 사물이어야만이 어떤 장소에 존재 가능하고 본래의 의미의 제약을 받는다. "烏鴉[까마귀]", "金針[금속 침]" 등 위에 열거한 예문을 통해서도 이 점을 설명할 수 있다. 그 후는 의미가 일반화됨에 따라 본래의 의미 제약이 더는 존재하지 않아 핵어명사에는 점차 "債[빚]"와 "姓名[성명]" 등과 같은 추상명사도 가능하게 되었다. 이와 같은 기능어화는 초점정보 여부와도 관련이 있기 때문에 일반적으로 "지점명사+방위사"는 사물의 존재 지점을 표시하고 뒤의 사물에 대한 설명이며 배경정보를 제공하기 때문에 수식성 성분으로 기능화하기 쉽다.

"上", "底" 등의 단어도 충분히 동일한 인지 시스템으로 동일한 방향을 거쳐 구조조사로 기능어화할 가능성이 있다. 蘇州語 중 문법화 정도가 가장 높은 후치사 "浪上", "裏" 등이 규정어 표지를 겸하는 상황에 대해(劉丹青 2003：222-223)에서는 다음과 같이 지적하고 있다.

(12) 耐你看我馬褂浪爛泥馬褂上的泥巴 要俚賠個喲!(『海上花列傳』)
    이 마고자의 흙을 좀 보시오. 변상 받아야겠소.

(13) 一只嘴張開仔了了/著, 面孔浪皮才牽仔攏去臉上的皮都抽攏了。(『海上花列傳』)
    입을 크게 벌리자 얼굴의 피부가 죄다 입 주변으로 모여 주름 잡혔다.

(14) 有個米行裏朋友米行裏的朋友, 叫張小村。(『海上花列傳』)
    쌀가게의 친구인데 장소촌이라 한다.

지금까지 우리는 "裏"가 관계절 표지로 기능어화한 예문을 발견하지 못하였다. 하지만 18세기에 쓰여진 저명한 백화문 소설인 『岐路灯』은 당시의 河南話를 기초로 하였는데 그중의 구조조사 "哩"는 방위사 "裏"에서 생성된 것이라고 보고 있다(傅書灵·鄧小紅 1999). "哩"는 소유성분과 관계절을 표기하는 기능이 있다.

(15) 姓譚的也像一個人家, 為甚攔住我的箱, 扭我的鎖, 偷我哩衣服?
    담 씨는 체면적인 사람 같기도 하는데, 왜 내 상자를 가로막고 자물쇠를 뜯어서 나의 옷을 훔치는 것일까?

(16) 第三張是在星藜堂書坊借哩『永樂大典』十六套
    세 번째 테이블 위에는 성리당서재에서 빌린 영락대전 16집이

명사성 구의 유형론적 연구

놓여 있다.

河南話(하남경내의 中原官話를 가리킨다. 일일이 명시 않기로 한다.)은 지금까지도 "裏"를 구조조사로 사용하고 있는데 이로 명사구문 내부의 성분을 접속할 뿐만 아니라 동사구문의 수식성분도 접속한다 (다음 예문은 필자가 작성한 것임).

(17) 你拿裏書是誰裏嗳?(你拿的書是誰的?)

당신이 들고 있는 책은 누구의 것입니까?

(18) 她裏衣裳比你裏好看。(她的衣服比你的好看。)

그녀의 옷은 당신의 것보다 예쁘다.

(19) 樹上裏(柿子)你摘完吧。(樹上的(柿子)你全摘了吧。)

나무 위의 감을 모두 따십시오.

(20) 你要貴裏還是要便宜裏?(你要貴的還是要便宜的?)

당신은 비싼 걸 가지겠는가 아니면 싼 걸 가지겠는가?

(21) 她走路快裏很。(她走路很快。)

그녀는 발걸음이 빠르다.

(22) 我今兒個看見她慌慌張張裏走了。(我今天看見她慌慌張張地 走了。)

오늘 그녀가 황급하게 나가는 것을 보았다.

이른바 구조조사란 실은 수식어와 중심어를 연결해 주는 하나의 연계자이다. 중국어 표준어의 속격수식어 표지와 관계절 표지는 연계자 기능이 "的"으로 통일되어 있는 것에 주목하지만, 河南방언에서는 "규정어+중심어", "상황어+중심어", "동사+보어" 등의 "수식어+중심어"형 구조의 연계자 기능은 "裏"로 통일되어 있다.[1] 郭熙(2005)에서는 "哩/裏"는 河南話에서 적어도 구조조사, 시제조사, 어기조사, 조어형태소 등 4개 이상의 기능을 갖고 있고, 표준어의 "的", "地", "得", "呢", "吧", "啊" 등의 각 기능을 겸비한다고 지적하고 있다.

Foong Ha Yap 등(2004:161)에서는 일본어의 "no"와 말레이시아어 (em)punya의 문법화 경로를 다음과 같이 서술하고 있다.

속격표지-관계절표지-보문표지(말레이시아어는 "보문표지" 이 부분이 결여되어 있다)-문말긍정어기사

동일성분이 규정어표지 기능, 보문표지 기능과 문말어기조사 기능을 겸비하는 것은 적어도 언어에서는 고립적인 현상이 아니다. 중국어의 "的"도 상황어표지와 문말어기조사의 기능을 겸하고 있고 동원관계가 아닌 "裏"도 동일한 기능으로 발전하였으며 게다가 "裏"는 "的"에 없는 기능도 갖고 있다(郭熙 2005).

(23) 俺媽說哩她晌午不回來吃飯了。(我媽說的是她中午不回來吃飯。)
어머니께서 말씀하신 것은 점심을 돌아와서 먹지 않는다는 것

---

1   景頗語에서 "裏", "處" 등 의미를 표시하는 te?^{31}, ko?^{55} 등도 상황어 표지의 기능으로 발전하였다(戴慶廈 1998).

명사성 구의 유형론적 연구

이었다.

(24) 他先前計畫哩每人出10塊錢。(他以前計畫的是每人出10塊
錢。)

그가 예전에 계획한 것은 매 사람 당 10원을 내는 것이었다.

(25) 老師教俺哩誰也不能說瞎話。(老師教我們的是誰也不能說謊。)

선생님께서 우리에게 가르쳐 주신 것은 누구도 거짓말을 해서
는 안 된다는 것이었다.

여기의 "哩"는 표준어에 상응하는 어휘와 대응되지 않고 삭제할
수도 있으며 삭제하여도 문장의 의미를 변화시키지 않는다.

(23′) 俺媽說她晌午不回來吃飯了。(我媽說她中午不回來吃飯。)
(24′) 他先前計畫每人出10塊錢。(他以前計畫每人出10塊錢。)
(25′) 老師教俺誰也不能說瞎話。(老師教我們誰也不能說謊。)

郭熙(2005)에서도 여기의 "哩"가 표준어의 "的"과 동등하지 않고
표준어의 "了"와도 다른 것은 첫째 河南話에는 "了"가 존재하고, 둘
째 "了"로 바꾼 후 문장구조가 개변되었다고 하였다. 우리는 "哩"는
"說道"의 "道"와 같이 통사적 기능에 작용하고(劉丹靑 2004) "VP哩"
는 뒤에 반드시 V의 내용목적어가 되는 보문을 필수로 한다고 본다.

(26) 他跟我說了今個兒哩事兒。(他跟我說了今天的事情。)

그는 나에게 오늘의 일을 말하였다.

(26′) 他跟我說哩今個兒哩事兒*(不怨他)。(他跟我說今天的事情
不怪他。)

그는 나에게 오늘의 일은 자기 잘못이 아니라고 말했다.

(27) 信上寫了他哩難處。(信上寫了他的難處。)

편지에는 그의 고충이 적혀 있었다.

(27′) 信上寫哩他哩難處*(多哩很)。(信上寫的是他的難處很多。)

편지에 쓰여 져 있는 것은 그의 고충이 아주 많다는 것이다.

"哩"를 첨가하지 않을 경우, 동사 V의 절목적어와의 결합 여부가
자유롭지만 "哩"를 첨가할 경우 동사 V는 반드시 절목적어와 결합해
야 한다. 게다가 "V哩"에 가장 적합한 표준어 대역으로는 "V的是"처
럼 이러한 절목적어의 결합을 필수로 하는 분열식 구조이다. 우리는
여기서 "哩"는 아마도 목적어절 보문표지일 것이고 "哩"의 발전은 일
본어 규정어 표지의 발전과 아주 일치한다고 생각한다.

송대 언어 자료 중 "裏"는 이미 다음과 같이 보문표지 기능으로
발전하였다.

(28) 怕裏早鶯啼醒(此犹云怕的是被鶯啼醒也:괄호 안의 내용은
張相의 해석이다. 이하 같음), 问杏鈾誰点愁紅。(周密『露華』)
아침에 꾀꼬리의 울음소리에 깰까 두려워(여기서 근심하는 건
꾀꼬리의 울음 소리에 깨어나는 것이다.), 살구꽃에 묻노라, 누가
수심에 잠기게 하였는가?

(29) 還怕裏, 簾外籠鶯, 笑人醉語(此犹雲怕的是被人笑人也)。(周

명사성 구의 유형론적 연구

密『一枝春』)

두렵구나, 커튼 밖 새장 안 꾀꼬리여, 비웃음당하고 조롱당할까

봐.(여기서 근심하는 건 다른 사람들한테서 비웃음당하는 것이다.)

(30) 琴上曲, 休彈秋思. <u>怕裏, 又悲來老却蘭台公子</u>(此猶雲怕的是

身老興悲也). (馬庄父『月華淸』)

거문고 위의 노래는 추사를 연주하지 않노라, 두렵구나, 또 늙

어서 슬프구나, 난대공자(역자주: 전국시대 초나라 송욱을 일컬음)

여.(여기서 근심하는 건 몸이 늙어 슬픔을 주체할 수 없는 것이다.)

張相(1995)에서는 위의 예문 중의 "裏"는 "底" 혹은 "的"으로 해석

할 수 있다고 주장하고 있다. 하지만 "怕裏" 뒤에 결합한 것은 절목

적어이고 張相은 절목적어의 결합이 필수적인 분열식구조로 "怕裏"

구문을 해석하고 있지만 "怕裏"에 대응되는 것은 "拍的是"이지 "怕

的"가 아님을 발견할 수 있다. 따라서 우리는 여기서의 "裏"는 중심

어에 부착된 보문표지인데 이는 전술한 河南話의 자료와도 서로 조

응할 수 있는데 河南話의 "裏"도 중심어에 표기된 보문표지라고 생

각하다.

"裏"의 어기조사로서의 용법이 맨처음 출현한 것은 당대이다[2](太

2   유형적인 비교를 통해, "裏"의 발전 경로는 마땅히 "규정어표지-보문표지-
    어기사"이어야 하지만 여기에서는 시간적으로 비대응되는데 본래는 가장 마
    지막 단계에 놓여야 할 어기사의 용법이 코퍼스에서 가장 일찍이 출현하고
    있다. 이러한 현상은 역사적 자료가 온전하지 못하여 초래된 것으로 추정되
    고 본 장절의 주요관점에는 영향을 미치지 않는다. 이와 같이 코퍼스와 발전
    경로가 다른 하나의 가능성은 당조 시대에 오늘날의 하남 경내의 방언이 당
    시의 통용적인 언어가 아니었기 때문에 언어 상황이 문학작품에 극히 적게

田辰夫 2004:345).

(31) 幸有光嚴童子裏。(『維摩變文』)

다행히도 광엄동자가 있다.

송사에도 "裏"의 어기조사 용법이 출현하였다(원본에는 "裏"이라 적혀 있음).

(32) 這淺情薄幸, 千山萬水, 亦須來裏。(張先『八宝妝』)

이 박정한 사람은 길이 멀고 험난해도 또 분명히 온다.

(33) 春意, 春意, 只怕杜鵑催裏。(吳潛『如禁令』)

봄기운, 봄기운, 두견새가 재촉할까 두려울 뿐이다.

이와 같은 예문 뒤에 오는 "裏"에 대해 張相(1995:96)에서는 "'裏'는 어기조사로 "哩"와 같거나 "呢"와 같다고 해석하고 있다.[3]

반영되었고 "裏"의 어기사 용법이 당대의 문헌에서 몇몇 용례만 발견되었을 뿐 규정어표지, 보문표지 등 용법은 보이지 않고 있다. 송대의 수도는 開封 (개봉)인데 개봉 및 인근 지역의 방언은 당시 통용 언어의 기초 방언이었기 때문에 "裏"가 기능화한 후의 용법이 각종 문학작품에 대량으로 출현하게 되었다.

3 "裏"가 보문표지와 어기조사로 발전한 또 하나의 간접적인 증거는 장소명사의 "處"의 발전과 동등하다는 점이다(예문은 江藍生 1999에서 인용한 것임).
   I. 雖得身榮, 一事不全處, 兄嫂堪恨如狼虎, 把青絲剪了盡皆汙(尢)。(금간본『劉知遠諸宮調』권2, 雖然得到榮幸, 但有一樣不圓滿的, 就是頭頭被凶狠的兄嫂剪去)
   비록 영화를 얻었지만 한 가지가 원만하지 못한 것이 있는데 바로 머리카락이 흉악한 형수한테 잘린 것이다.

명사성 구의 유형론적 연구

개사가 동사의 논항을 이끄는 것인지 아니면 명사의 수식성분을 이끄는 것인지에 대해서는 다른 언어에서는 중국어에서처럼 그다지 명확히 구분하지 않고 명사의 수식성 성분을 이끄는 대부분의 어휘를 다른 언어에서는 역시 전치사(중국어의 "개사")라고 한다. 예를 들면 영어의 in, within 및 전형적인 속격수식어 표지 of와 같이 동일한 전치사가 장소역할을 이끌 수 있는가 하면 명사의 수식성분도 이끌 수 있다.

(34) The table in the house is very beauiful.

집에 있는 그 테이블은 아주 깨끗하다.

(35) He is playing the violin in the house.

그는 집에서 바이올린을 연주하고 있다.

"裏"는 발전 과정에 있어 동일한 기능을 갖고 있다.

(36) 水裏芙蓉光照灼, 見者莫不心驚愕。(『敦煌變文』35)

II. 交人難忘**處**, 把俺夫妻薄賤。(출처는 위와 같음, 让人難忘的是,兄嫂把我們夫妻侮辱)

잊혀지지 않는 것은 우리 부부가 형수한테 욕당한 것이다.

III. "主人家哥, 休怪, 小人們這裏定害。""有什麼定害處? 吃了些淡飯, 又沒什麼好茶飯。"(『老乞大諺解』77, 有什麼打擾的)

"주인 형아, 노여워하지 말라, 우리들은 여기서 폐를 끼치노라." "무슨 폐를 끼칠 데가 있던가? 변변찮은 밥뿐이고 좋은 반찬도 없다."

"處"는 예문 I, II에서 절목적어를 가지는 보문표지로 볼 수 있고 예문 III에서는 어기사라고 볼 수 있다.

물 속의 연꽃이 빛에 아른거리는데 이를 목격한 사람 누구 하나 감탄치 않은 이가 없다.

(37) 也因圭實泥中沒, 好似明珠水裏沉。(『敦煌變文』47)

보물이 진흙 속에 잠긴 것은 마치 명주가 물에 빠진 것과 흡사하다.

예문(36)의 "명사+裏"는 사물이 존재하는 위치를 설명하고 예문(37)의 "명사+裏"는 사건이 발생한 위치를 기술하고 있다. 핵심의 존재 장소를 가리키는 "裏"와 동사의 "방향·처소"(의미역할)을 이끄는 개사 "裏"는 아마도 서로 다른 두 갈래 노선을 따라 개사와 접사성 성분으로 보조를 맞추어 기능어화한 것인데 "裏"의 방위지시 의미가 부분적 혹은 완전히 상실한 후에 전자의 "裏"는 접속기능만 갖는 규정어 표지로 발전하여 한 단계 더 기능어화하였고 후자는 논항을 이끄는 작용을 일으키는 후치사로 발전하였다.

河南話에서는 규정어 표지 "裏"의 문법화 정도가 꽤 높고 기타 방위후치사구의 뒤에 부가하여 규정어의 역할을 할 수 있다.

桌子上*(裏)書 (桌子上的書) (책상 위의 책)
樹上*(裏)鳥窩 (樹上的鳥窩) (나무 위의 새 둥지)

심지어는 방위후치사도 다음과 같이 "裏"일 수도 있다.

河裏(裏)水(河裏的水) [하천의 물]

鍋裏(裏)飯(鍋裏的飯) [가마의 밥]

盆裏(裏)魚(盆裏的魚) [대야의 고기]]

방위후치사가 "裏"일 경우, 규정어 표지 "裏"는 사용해도 좋고 사용 안 해도 좋지만 기타 상황에서는 생략할 수 없다. 郭熙(2005)에서는 河南話에는 어느 쪽에 분류하면 좋을지 분명하지 못한 "哩"가 있다고 지적하고 있다.

(38) 本該一處的錢卻用到兩下哩。(本該一處的錢卻兩處用)

본디 한 곳에다 써야 할 돈을 두 곳에 쓰고 있다.

(39) 俺一直兩下哩住。(我一直兩處住)

나는 줄곧 두 곳에서 거주하였다.

(40) 一碗飯分三下哩, 誰吃飽了嗳?(一碗飯分三處, 誰能吃飽啊?)

한 공기 밥을 세 몫으로 가르면 누가 배불리 먹을 수 있겠는가?

표준어의 대역으로부터 "哩"는 이곳에서 "處"의 의미를 나타내고 아직도 선명한 명사의 특징을 보존하고 있어 "裏"라고 적는 것이 아마 더 적절할 듯 싶고 이는 "裏"의 문법화하기 전의 명사 용법이라는 것을 알 수 있다.

13.2.2 기타 방언 중의 증거

貴陽話에서는 "裏頭, 裏邊, 裏面"에 방위·장소의 의미를 가지는 "裏"가 있고 [li⁵³]라고 읽지만 구조조사로 쓰일 경우는 [lə⁵⁵]라고 읽으

며 "규정어+중심어"구조, "상황어+중심어"구조에 쓰일수 있고 의문
문, 부정문 뒤에 놓여 어기사로 쓰일 수 있다(汪平 1994).

買醬油lə⁵⁵錢(買醬油的錢) 간장을 사는 돈

紅lə⁵⁵(紅的) 빨간

一個一個lə⁵⁵寫(一個一個地寫)하나하나 쓰다

(41) 家頭亂起八糟lə⁵⁵。(家裏亂七八糟的。)

　　　집 안이 엉망진창이다

(42) 你說買哪件lə⁵⁵？(你說買哪件呢？)

　　　어떤 것을 사면 좋을까?

成都방언에서는 "裏頭, 裏邊, 裏面"의 방위·장소를 표현하는
"裏"는 [ni⁵³]라고 읽고 구조조사로 쓰일 경우는 [ni⁵⁵]라고 읽는다(李
榮 2002).

死魚ni⁵⁵眼睛(死魚的眼睛)

죽은 고기의 눈알

姜是老ni⁵³辣(姜是老的辣)

생강은 여문 것이 더 맵다(나이 먹은 사람이 더 노련하다)

또한 成都방언에는 의문을 나타내는 어기조사 nə⁵⁵가 있다.

(43) 你咋走了nə⁵⁵？

　　　당신은 왜 갔는가?

(44) 他nə⁵⁵?

그는?

	장소어 "裏"	구조조사	어기조사
成都	ni⁵³	ni⁵⁵	nə⁵⁵
貴陽	li⁵³	lə⁵⁵	lə⁵⁵

成都방언과 貴陽방언에서는 n, l를 구분하지 않고 있다. 구조조사는 문법화의 정도와 사용빈도가 꽤 높은 기능어이다. 방언에서는 경성 혹은 평성으로 읽는 경향이 있고 모음중앙화 현상이 나타나는 것은 정상적이다. 어기조사는 구조조사가 더 문법화된 결과이다. 때문에 우리는 즉 成都방언과 貴陽방언의 구조조사는 아마 방위사 "裏"에서 생성되어 어기조사의 용법으로 한 걸음 더 발전하였을 것이라는 가설을 제기할 수 있다.

최근 북경대학교 "中文論壇" 네티즌이 지적한 바에 의하면, 成都話의 구조조사 lə?4는 아마 표준어의 "的"과 관련이 없는데 그것은 成都의 음운체계 중에 설두음성모가 설상음성모로 변화되는 현상이 지금까지 보이지 않고 있고 게다가 이 nə?/lə?는 방위사을 구성할 수 있기 때문이라 하였다.

李宇鳳(重慶시 사람)은 重慶방언에서 규정어 표지는 li⁴⁴라고 읽고 河南話의 "哩"와 유사한 용법이 있다고 지적하고 있다.

---

4   같은 成都話의 구조조사로 모음을 i이라 표기하는 사람이 있는가 하면 중앙 모음인 ə라고 표기하는 사람도 있는 것으로 보아 양자 간의 계승 관계를 분명히 알 수 있다.

(45) 我哩書著別個拿起走老。(我的書被人收走了。)

내 책은 다른 사람이 가져 갔다.

(46) 朋友托哩事, 只有恁個辦老。(朋友托的事兒, 只好這樣辦了。)

친구가 부탁한 일이라 이렇게 할 수밖에 없었다.

(47) 他慢騰騰哩走過來老。(他慢騰騰地走了過來。)

그는 느릿느릿 걸어 왔다.

(48) 他還是10年前來南京哩, 現在啥子都不曉得老。(他還是10年前來南京的, 現在什麼都不記得了。)

그래뵈어도 그는 10년 전에 남경에 왔지만 지금은 아무 것도 기억 못 한다.

(49) 我媽在外頭等倒起我哩。(我媽在外面等著我呢。)

엄마가 밖에서 나를 기다리고 있어.

또한 그녀 "哩"는 "說"[말하다], "計劃"[계획하다] 등 동사 뒤에 첨가할 수도 있는데 "哩"를 첨가한 후의 동사는 반드시 절목적어와 결합해야만 하고 일반적인 명사적 성분과는 결합하지 않는다고 지적하고 있다. 이로부터 우리는 四川話의 "哩"는 河南말과 기원이 같은데 모두 방위명사 "裏"에서부터 발전된 것이라고 추측한다.[5]

---

5 仡央語 群仡佬語에서는 관계절이 핵어명사를 수식할 경우 西南官話 貴州 지역 사투리에서 차용한 구조조사로 규정어 표지를 충당하고 이 표지를 li^{55}이라 읽는다(李云兵 2005:138). 이 현상은 西南官話 중의 구조조사가 "裏"에서 유래되었음을 방증할 수 있을 듯 싶다. 다른 민족언어에 차용된 구조조사는 역사가 비교적 유구하다. 비록 西南官話는 n, l를 거의 구분하지 않고 있지만 차용된 구조조사가 li라는 것은 그 원시적인 흔적을 명시하고 이러한 구조조사의 차용 현상은 n, l를 구분하기 전에 발생한 것일 가능성

중국어의 연구에서 "的"을 "介詞(개사)"라고 하는 학자도 있다. 가령 "的"이 규정어 표지 기능만 한다면 이와 같은 호칭은 아주 합리적이다. 하지만 "的"은 흔히 한층 복잡한 기능, 예를 들면 명사화 기능, 어기기능 등으로 발전되고 있기 때문에 介詞란 용어로 이를 포괄하기 어렵다. 河南話에서는 "裏"는 "的"의 기능에 해당하지만 사용범위가 보다 넓고 공시적인 면에서 명사부터 접사까지의 문법화 단계의 각종 용법을 갖고 있어 기능의 복잡함으로 인해 이에 대한 명확한 품사적 획분이 어렵다.

Aimmu어에서는 후치사를 소유성분에 접속하여 존재 지점을 표시하고, 유래가 있는 속격구조에서 연계자의 작용을 한다(Campbell 1991:24).

(50) Kim   un   kamny

那座山   後置詞   神仙

那座山上的神仙(저 산의 신선)

다만 이 후치사는 중국어의 "裏"와 "的"처럼 상당히 기능어화되지 않았다. 저서에서는 un의 기원에 대해 소개하지 않고 있지만 후치사의 의미는 소유성분의 의미에 대해 여전히 제한 작용이 있고, 소유성분은 중심어 명사의 위치와 처소만을 표시할 수 있다는 점으로 보아 un는 장소명사를 이끄는 개사라고 추측할 수 있다.

이 높다.

13.3. 결론

13.3.1 규정어표지의 연원

馮春田(2004)의 고찰에 의하면 『岐路灯』 중의 "哩"는 "地", "得", "呢"를 한데 집결한 형식인데 이는 역사적으로 "地", "得", "呢"가 방언에서 음운변화에 의한 동음의 결과이지 방위사 "裏"로부터 발전해 온 것이 아니고 어기조사 "哩"는 다른 원인이 있다고 한다. 우리는 방위사 "裏"는 중국어 규정어표지의 근원의 하나이고 더 나아가 보문표지, 어기사 등 각종 기능으로 발전할 수 있다고 논증하였다.

우리는 방위명사 "裏"가 규정어표지로 발전된 문법화 과정에 대해 고찰하였다. 최소한 북송 시기에 "裏"는 이미 방위의 의미를 포함하지 않는 규정어 표지 기능으로 발전하였고 명사 혹은 인칭대명사를 속격 수식어로 하는 속격구문에서 연결작용을 하였다. 우리의 초보적인 관찰에 의하면 四川話 중의 구조조사는 "裏"와도 일정한 관련이 있다. 때문에 우리는 "裏"에서 발전된 방위사는 中原官話에만 국한되지 않는다고 추정한다.

규정어표지의 연원은 실은 매우 복잡한데 그 주요 기능인 연결기능은 마침 연결 위치에 놓이는 단어의 끊임없는 문법화를 촉진하는 주요 동인이다.

중앙 위치는 아주 특수한 위치이기 때문에 한 성분이 일단 수식어와 중심어 사이에 놓이면 그 수식어가 직접적으로 그 중심어와 인접할 수 없게 되고 이 성분은 가능하게(절대적이 아님) 연계자 작용

명사성 구의 유형론적 연구

을 겸하는 동시에 성분 고유의 전형적인 기능도 보존하고 있다. 예를 들면, 지시사 "這"(이)가 "我的這本書"(나의 이 책)에서 여전히 직시적(deictic) 기능을 보존하고 있다. 중앙 위치는 연계자/표지 기능의 성분을 겸하고 형식이 비교적 짧은 등 운율적의 몇 가지 특징을 구비함과 동시에 기능 면에서 다른 수식어와 구별이 되는 점은 설명이 가능하다. 왜냐하면, 표지가 한편으로는 연결작용을 하지만 가장 주요한 기능은 여전히 분할선의 작용이고 수식어와 중심어를 명확하게 구분하게끔 하기 때문이다.

13.3.2 규정어표지와 처소주의(Localism)

언어학자들의 가설에 의하면 의미와 문법 측면에서 공간 표현은 비공간 표현보다 더 기본적인데 그것은 인류의 인식에 있어 공간 조직이 가장 중요하기 때문이고 이는 바로 "처소주의(localism)"이다 (Lyons 1977:30). Heine(1991:118)에서는 문법화 시각에서 출발하여 처소범주는 인류 언어 중에서 가장 기본적인 관계 범주로 기타 여러 범주의 문법화의 근원이라고 지적하였다. 劉丹靑(2003:82)에서는 처소주의는 개사, 접속사 등 연계자에 대해 유력한 해석력을 갖는다고 지적하고 있다.

규정어표지는 중국어에 있어 수식어와 중심어 명사를 접속해 주는 연계자이다. 江藍生(1999)에서는 역사적인 시각에서 출발하여 北方官話 중의 범용적인 규정어표지 "的"이 "底"에서 유래되었음을 증명하고 있다. 儲澤祥(2002)에서는 방언의 시각에서 출발하여 이 관점을 한층 더 증명하였다. 본고에서의 河南話 "裏"에 대한 고찰을 종합해 보면 官話(표준어의 옛 명칭)에 속해 있는 대부분의 방언 중, 규정어표지의 연원은 모두 방위·처소 의미와 관련이 있다. 중국어 규정어표지의 연원과 발전은 처소주의 가설을 뒷받침해 주고 있다.

명사성 구의 유형론적 연구

储泽祥 2002《"底"由方位词向结构助词的转化》,《语言教学与研究》第1期。

戴庆厦 1998《景颇语方位词"里、处"的虚实两重性一兼论景颇语语法分析中的"跨性"原则》,《民族语文》第6期。

方梅 2003《从空间范畴到时间范畴——说北京话中的"动词一里"》,载吴福祥、洪波主编《语法化与语法研究(一)》,商务印书馆。

冯春田 2004《〈歧路灯〉结构助词"哩"的用法及其形成》,《语官科学》第4期。

傅书灵、邓小红 1999《〈歧路灯〉句中助词"哩"及其来源》,《殷都学刊》第2期。

郭熙 2005《河南境内中原官话中的"哩"》,《语言研究》第3期。

江蓝生 1992《处所词的领格用法与结构助词"底"的由来》,《中国语文》第2期。

李荣主编 2002《现代汉语方言大词典》,江苏教育出版社。

李云兵 2005《中国南方民族语言名词性短语句法结构语序类型研究》,中国社会科学院语言研究所博士后出站报告。

刘丹青 2002《汉语中的框式介词》,《当代语言学》第4期。

　　　2003《语序类型学与介词理论》,商务印书馆。

　　　2004《汉语里的一个内容宾语标句词——从"说道"的"道"说起》,载《庆祝〈中国语文〉创刊50周年学术论文集》,商务印书馆。

　　　2005《汉语关系从句标记类型初探》,《中国语文》第1期。

　　　2006《汉语词类间题的类型学盘点》,北京师范大学演讲稿。

吕叔湘 1990《论底、地之辨及底字的由来》,载《汉语语法论文集》,商务印书馆。

梅祖麟 1988《词尾"底"、"的"的来源》,《史语所集刊》。

钱乃荣 1992《当代吴语研究》,上海教育出版社。

太田辰夫 2004《中国语历史文法》,蒋绍愚、徐昌华译,北京大学出版社。

汪平 1994《贵阳方言词典》,江苏教育出版社。

王力 1980《汉语史稿》, 中华书局。

袁毓林 1997《"者"的语法功能及其历史演变》,《中国社会科学》第3期。

张相1955《诗词曲语词汇释》, 中华书局。

Anderson, J. M. 1971 *The Grammar of Case: Towards a Localistic Theory*. London Cambridge University Press.

Campbell, George L. 1991 *Compendium of the World 's Language*. London and New York: Routledge.

Dik, Simon C. 1983 Two constraints on relators and what they can do for us In Simon C. Dik (ed.)*Advances in Functional Grammar*. Foris Publications.

Freeze, Ray 1992 Existentials and other locatives *Language 3*.

Heine, Bernd, Ulrike Claudi Friederike Hiinnemeyer 1991 *Grammaticalization. A Conceptual Framework*. Chicago: University of Chicago Press.

Hopper, Paul J. Elizabeth Closs Traugott 1993 *Grammaticalization*. Cambridge Cambridge University Press.

Lyons, John 1977 *Semantics*. Cambridge: Cambridge University Press.

Yap, Foong Ha Matthews Stephen Horie Kaoru 2004 From pronominalize to pragmatic marker—implications for unidirectionality from a crosslinguistic perspective. In Olga Fischer(ed.) *Up and Down the Cline: The Nature of Grammaticalization. Philadelphia*: John Benjamins Publishing Company.

저자:陳玉洁

《語言研究》2007년 제3기에 게재하였음.

명사성 구의 유형론적 연구

제 **14**장

병렬구조의 통사적 제약 및
이에 대한 기초적인 해석

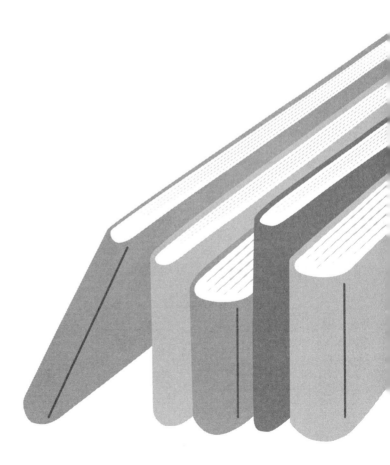

제 **14** 장.
병렬구조의 통사적 제약 및 이에 대한 기초적인 해석

14.1. 병렬구조: 자유 교체가 불가능한 향심구조

병렬구조는 구조주의 언어학의 의미상의 내심구조(블룸필드 Leonard Bloomfield 1980:239-240)로, 전반적인 통사적 기능은 그중 임의의 하나의 병렬항과 동등하다. 예를 들면, "工人和農民"[노동자와 농민]과 "工人"[노동자]는 동일한 기능을 가지고 있다.[1]

실은 병렬구조의 통사적 기능은 이처럼 간단한 것에 그치지 않고 이들의 출현은 흔히 두 방향으로부터의 제한을 받는다. 그중의 하나

---

1 이러한 인식에 기초하여 문법책에서는 통사적 규칙을 서술할 경우 병렬구조와 그 구성 부분을 구분하지 않고 있다. 예를 들면 어떤 구문의 위치에 있어 명사성 성분을 사용할 수 있다고 지적했을 경우 동시에 명사의 병렬구조도 포함하고 있다.

명사성 구의 유형론적 연구

가 병렬적 제한인데 즉 여러 곳의 통사적 위치에 어떤 한 문법범주는 자유적으로 출현이 가능하지만 그 문법범주의 병렬형은 배척하는 것이다.

(1)a. **小明**丢了帽子, **小偉**丢了帽子

　　소명은 모자를 잃어 버렸고, 소위도 모자를 잃어 버렸다.

→b. **小明小偉**都丢了帽子

　　소명과 소위는 모두 모자를 잃어 버렸다.

(2)a. 你去**唱**, 你去**跳**

　　너는 노래하러 가고, 너는 춤 추러 가라.

→b. *你去**唱跳** ｜ c. ?你去**唱和跳**

예문(1)의 "小明"과 "小偉"는 단문 중의 등위구문으로 합병이 가능하지만 예문(2)의 "唱"과 "跳"는 단문 중의 등위구문으로 합병하기 어렵다. 문헌에는 이와 같은 제한에 대하여 언급한 적이 있지마는(예를 들면 儲澤祥 등 2000) 전문적인 연구는 아직 부족한 상황이다. 다른 하나는 "卦單"(단독으로 표현할 수 없는 것)제한인데 즉 어떤 위치에 있어 등위구문은 용인하나 등위구문을 구성하는 그중 하나의 병렬항은 받아들일 수 없는 것을 가리킨다. 예를 들면 다음과 같은 것들이다(예문 3-4는 劉丹靑 1982에서 인용함).

(3) a. 上面沾了紅一塊綠一塊的油彩

　　　빨간 색과 파란 색의 도란이 위에 얼룩덜룩 묻혀 있다.

　b. *上面沾了紅一塊的油彩

제14장. 병렬구조의 통사적 제약 및 이에 대한 기초적인 해석

⑷a. 星星們你碰我我碰你的黑空中亂動

　　별들이 서로 반짝이고 움직이며 어두운 밤하늘에 속절없이 빛을 발산한다.

　b. *星星們你碰我的黑空中亂動

　이와 같은 단독 표현이 불가능한 병렬성분의 향심구조의 신분에 대해서는 이미 의심을 하고 있었기에 문헌에서는 "대칭격식"(劉丹靑 1982) 또는 "대거격식" 등 병렬구조와 구별되는 명칭을 사용하여 이를 명명하곤 하였다.[2] 본 장은 병렬적 제한만을 연구대상으로 정하여 그 통사적 제약에 관해서는 흔히 볼 수 있는 일련의 유형들을 정리하고 이러한 제한 뒷면에 내재하고 있는 원인에 대해 초보적인 검토를 하고자 한다.

　"병렬"이란 개념은 중국어 문법학계에서 비교적 모호한 개념이다

2　朱德熙(1982:36)에서는 "你一句我一句[당신이 한 마디 말하면 나도 한 마디 말한다]" 등과 같은 구조를 "병렬식 복합어"에 귀속시키고 이와 같은 구조는 여전히 "연합구조"에 속한다고 주장하면서 이에 대해 "병렬구조의 문법기능은 그 구성 성분의 문법적 기능과는 반드시 일치하지 않아도 된다"라 설명하였다. 이들을 "복합사"로 간주하면 향심구조의 모순은 피할 수 있다. 왜냐하면 "동사+목적어"결합인 "司令[사령관]"이 명사이듯이 복합사는 기능 면에서 중심어와 일치하지 않아도 되기 때문이다. 하지만 임시적인 조합으로 구성된 것도 많기에 이와 같은 구조를 모두 단어로 보기는 어렵다. 예를 들면 "紅一塊綠一塊[빨갛고 파란 덩어리]"가 바로 그러하다. 朱德熙는 또한 이와 같은 구조의 표의적인 특징에도 주목하여 이들은 의미적으로 특정적인 것(實指)이 아니라 비황성(比況性)이다고 언급하였다. 하지만 (劉丹靑1982)에서 논의한 역방향 제한의 대칭격식에는 "穿着件短不够短,長不够長的棉襖[짧다면 짧지 않고 길다면 길지 않은 솜옷을 입고 있다]"와 같은 것도 적지 않다. "복합사" 혹은 "비황성"은 모두 이러한 현상을 총괄할 수 없다.

명사성 구의 유형론적 연구

(馬淸華 2005의 서론을 참조). 본 장절은 이에 대응(coordinate)하여 중점적으로 그 통사적인 의미를 취한다. 구문 측면에서 대체적으로 "연합(聯合)"에 해당하므로 복문 측면에서 상위개념인 "연합복문"과 하위개념인 "병렬복문" 간의 갈등은 본 논문과 관련이 없다. 병렬은 원형(협의적), 비원형(광의적), 주변 세 유형으로 세분할 수 있다. 비원형 병렬은 점층·선택 등 관계(중국어 복문체계에서는 병렬이 아닌 연합에 귀속하고 있음)를 포함한다. 주변의 병렬은 연동·등위 등을 포함한다.[3] 비원형과 주변의 병렬을 배제한 후 남은 것이 원형의 병렬(필요시 "등립"이라고 함)이다. 배제법을 이용하여 원형의 병렬을 확정짓는 이유는 원형의 병렬이 반드시 동질적이어야 하지 않고 하위범주도 적지 않기 때문이다. 예를 들면 馬淸華(2005§2.1.4)에서 언급한 "합병, 교합, 미점층, 미전환, 대비" 등이 있다. 비록 馬淸華는 하위범주 중의 일부를 병렬복문이라고 주장하고 있지만 "沈着而堅强[침착하고 견강한]"(미점층), "聰明而懶散[총명하지만 산만한]"(대비) 등과 같이 실은 구문측면의 원형 병렬에도 존재하고 있다.

본 장은 연구중점을 원형 병렬에 두고 비원형 병렬도 같이 다루겠지만 주변 병렬은 고려하지 않기로 한다.

---

3 "연동(연속술어)"과 "동위(동격)"는 여전히 구문론에 있어 기본적인 통사 관계의 하나인 병렬관계에 분류할 수 있다. 앞에서 인용한 블룸필드의 저서에서는 co-ordinative(병렬성)과 serial(연동성)을 향심구조의 일종으로 명확히 분류하고 있다(다른 한 종류는 "편정(수식관계)"이다). 물론 일부의 연동형식은 편정에 더 가깝다(高增霞 2005:114~115를 참조). "연동"에 대응하는 순접복문과 "동위"에 가까운 해설복문은 모두 연합복문으로 간주되고 있다.

14.2. 병렬구조의 품사 제한

14.2.1 병렬에 대한 허사화 정도의 제약

서로 다른 품사로 구성된 병렬구조의 기능은 크게 차이가 있는데 가장 큰 차이점은 허사와 실사 간에 체현된다. 대체적으로 허사화 정도가 높을수록 병렬이 어렵다.

(5)a. 果樹的上面(和)下面

　　　과수나무의 위쪽(과) 아래쪽

　b. 果樹上下

　　　과수나무의 위아래

　c. *果樹上和下/*果樹的上和下

(6)a. 大門的裏面(和)外面

　　　정문의 안쪽(과) 바깥쪽

　b. *大門裏外/*大門裏和外/*大門的裏和外

(7)a. 大門的上面(和)外面

　　　정문의 위측(과) 바깥쪽

　b. *大門上外/*大門上和外/*大門的上和外

예문(5a)와 (5b)를 보면 "上面"과 "下面" 또는 "上"과 "下"는 모두 병렬할 수 있는 듯 하다. 하지만 예문(5a)는 병렬접속사 "和"를 첨가

명사성 구의 유형론적 연구

할 수 있지만 (5c)에서 보여지듯이 (5b)는 앞에 놓이는 "的"의 출현 여부와 상관없이 "和"의 첨가가 불가능하다. 이는 (5b)의 "上下"가 통사적 병렬이 아님을 제시해 준다. 그렇지 아니하면 왜 "和"를 첨가할 수 없는가를 해석할 수 없게 된다. 또한 예문(6)에서 볼 수 있듯이 (5b)와 같은 병렬은 동일한 의미적 범주를 지닌 "裏外" 등 기타 단어를 유추할 수 없다. 예문(5b)에서 "上下"의 용법은 단지 복합어로서의 특례일 뿐이다. 통사적 결합으로 구성된 병렬구조는 이처럼 유추 불가능할 수 없다. 예문(7)은 "上下"가 단지 하나의 어휘적 특례임을 증명해 주는데 마찬가지로 병렬관계로 구성된 "上外"는 어떠한 통사적 환경에서든 성립이 안 된다. 이런 제한은 통사적인 것이다. 왜냐하면 의미적으로 의미가 같은 "上面和下面"은 완전히 성립되기 때문이다.

"裏面"과 "外面"이 자유롭게 병렬할 수 있는 것은 이 두 단어가 여전히 방위명사이기 때문이다. 반면에 "上, 下, 裏, 外" 등은 방위후치사로 허사화되었으므로 이미 명사의 카테고리에 부합되지 않(탈범주화:decategorized)기 때문에 병렬이 어렵다. "大門上下"와 "大門內外"라고 말할 수 있는 것은 "上下"와 "內外"가 이미 복합어로 어휘화되었고 또한 명사에 후치하는 기능을 갖고 있기 때문이다. 하지만 자유롭게 등위구문을 이룰 수는 없다. "裏外"는 비록 성립이 되지만 이 어휘는 "上下"나 "內外"와 같은 후치적 기능을 가지고 있지 않고 "裏外不是人"과 같은 통사적 환경에서만이 쓰일 수 있다. "下上, 上外, 下裏, 上裏, 上內" 등의 조합은 단어가 아니기 때문에 출현할 기회도 없다. 다음은 의미적으로는 "上下"와 같은 부류에 속하고 후치도 가능한 "左右(좌우)"를 살펴보도록 한다. 그 어휘화에는 "卦單"(단독으로 표현할 수 없는 것)제한이 출현한다.

(8)a. 大門左右

    b. *大門左/*大門右(하지만 "大門左邊/大門右邊"(정문의 좌측/정
       문의 우측)이라고 말할 수 있음)

이로 보아, "左右"는 "左"와 "右"의 임시적 조합이 아님을 알 수
있다.

하지만, 이론적으로 실사는 모두 병렬이 가능하고 허사는 모두
병렬이 불가능하다고 단언지을 수 없다. 예를 들면, 영어의 전치사는
병렬이 가능하다.

(9) You can travel by bus *to and in* Beijing.

    당신은 버스로 북경으로, 그리고 북경에서 관광할 수 있다.

(10) There were lots of tourists *in* and *outside* the museum.

    수많은 관광객들이 박물관의 중앙과 밖에 있다.

병렬을 제한하는 허사화의 임계점(즉 병렬에 관한 허사화의 경계선)
은 언어마다 다르다. 다양한 언어 간 관련 어휘의 허사화 정도를 비
교하기는 어렵지만 한 가지 언어 내부에 대해서는 허사화 정도를 테
스트할 수 있다.

영어에서 대부분 허사는 병렬이 가능하다. 접속사의 병렬로는 예
를 들면 What should we do before and when you arrive? (당신이 도

착하기 전과 도착할 때 우리는 무엇을 해야 합니까?)가 있다. bigger or biggest(보다 큰 것 혹은 가장 큰 것)은bigger-or-est처럼 병렬할 수 없 듯이 접미사 등의 형태요소로 허사화되어야만이 규칙적인 병렬이 불가능하다. 하지만 중국어는 개사(전치사)든 접속사든 모두 영어처럼 병렬할 수 없다. 예를 들면, 영어 "to travel *to and in* Beijing"을 중국어로 표현할 경우 문자 표면의 뜻인 "往和在北京旅行"으로 직역할 수 없고 문장을 두 개의 병렬 술어문인 "往北京旅行和在北京旅行"으로 나누어 표현해야 한다. 중국어에서 조사, 어기사 등 허사화 정도가 높은 성분일수록 더 병렬이 어렵다(조사의 연속 쓰임 또는 어기사의 연속 쓰임은 모두 병렬이 아니다). 심지어 실사 내부 허사화 정도가 약한 어휘항도 병렬이 불가능하다. 예를 들면 부사 중 허사에 가까운 단음절 부사 "就, 也, 才, 只, 可, 太, 很, 都" 등은 모두 병렬의 기능을 지니지 않는다. 시간을 좀 더 거슬러 올라가 보면 중국어는 조동사마저도 병렬이 어려웠다. 王力(1985/1943:353)에서는 다음과 같은 "가능식의 배우(다항 접속 병렬과 상대 병렬)" 혹은 가능조동사와 비조동사의 병렬을 모두 "서구화된 문법"이라고 일컫는다.

(11) 我**不能, 也不該**離開他。

나는 그이를 떠날 수 없을 뿐더러 떠나서도 안 된다.

(12) 你依然像在特別包廂裏看戲一樣, 本身**不曾, 也不必**參加那出戲。

당신은 여전히 특별석에서 극을 감상하고 있는 것마냥 본신이 그 연극에 참가한 적이 없고, 할 필요도 없다.

실은 이러한 문장은 "不"의 어떤 도움 하에 병렬 능력을 증가한
것으로, 단음절 조동사는 병렬이 어렵다.

(13) *我能, 也該離開他

이상의 초보적인 고찰을 통해 우리는 다음을 증명할 수 있다. 즉
품사 면에서 볼 때, 영어는 병렬구조 느슨형 언어이고 중국어는 병렬
구조 제한형 언어이다. 영어의 경우는 단어 내부의 형태성분으로까
지 허사화되어야 병렬이 불가능하지만 중국어의 경우는 허사화가 시
작되기만 해도 병렬이 어렵다.

문법화 정도 및 이와 관련된 음절수가 병렬에 대해 갖는 제한은
주로 통사적인 제한이다. 의미가 가까운 단어의 병렬 기능은 꽤 다
를 수도 있다.

(14) *小張很或太敏感

   小張非常過於敏感

   소장은 매우 혹은 지나치게 민감하다.
(15) *他常並只喝綠茶

   他經常並僅僅喝綠茶

   그는 언제나 게다가 녹차만 마신다.

이러한 제한은 글자수 요인이 작용을 한 결과이지만 단순한 운율
적 제한이 아니다. 왜냐하면 "大家一窩蜂喝綠茶"[사람들이 우르르

명사성 구의 유형론적 연구

녹차를 마신다]처럼 상황어 위치에는 세 글자 조합을 배척하지 않기 때문이다. 위의 예문은 접속사가 있는 병렬이다. 접속사가 없을 경우 "他常只喝綠茶"[그는 흔히 녹차만 마신다]처럼 층차가 다른 부사의 연속 쓰임으로 구조와 의미가 모두 바뀌어 더이상 병렬이 아니다. 다음 기원 관계가 있는 품사를 살펴보면 허사와 실사의 차이가 있기 때문에 글자수가 동일하더라도 병렬 능력은 서로 다르다.

(16) *往並在北京旅行(比較(9))

　　　(請你)看並開這款新車

　　　(당신은) 이 새 차를 보고 그리고 운전하십시오.

중국어의 전치사는 모두 동사에서 유래되어 온 것이기 때문에 지금도 동사의 성격이 어느 정도 남아 있다. 하지만 상술한 "往, 在"[로/으로, 에서]처럼 개사로서는 병렬할 수 없지만 같은 단음절인 "看, 開"[보다, 운전하다]는 동사이기 때문에 병렬할 수 있다. 이 또한 단순하게 운율적 제한만 받고 있지 않음을 설명해 준다.

14.2.2 명사와 동사의 병렬기능의 차이

설령 단어부류의 하나인 명사와 동사라도 병렬의 기능에 있어 선명한 차이를 보이는데 그중 동사의 병렬은 보다 많은 제한을 받는다. 다음 우리는 주로 그들의 고유 속성을 가장 잘 반영하는 각자의 전형적인 통사적 위치의 상황을 비교해 보도록 한다. 명사의 전형적인 통사적 위치는 논항을 충당하는 것으로 주로는 주어, 목적어 및 개사목적어가 있지만 동사의 전형적인 통사적 위치는 술어로 되는 것이다(莫彭齡·單靑 1985, Croft 2000 참조). 품사의 전형적인 통사적 위치에 있어 중국어의 명사가 논항으로 되는 병렬은 동사가 술어 중심어로 되는 병렬보다 더 자유롭다.

논항위치에서 명사는 직접 조합(일부 의미나 숫자의 제한 조건에 관해서는 儲澤祥 등 2002:25-30을 참조)할 수 있을 뿐만 아니라 병렬접속사의 첨가도 가능하다(직접적인 조합보다는 많이 자유롭다).

(17) 鐵(和)不銹鋼都能做炒鍋|我買了些傢俱(和)電器|對嫌犯和服刑人員也要講人權

철(과) 스테인리스강으로 모두 프라이팬을 만들 수 있다.|나는 가구(와) 전기제품들을 좀 샀다.|용의자(와) 수형자에 대해서도 인권을 보장해야 한다.

하지만 술어의 위치에 있어 중국어의 동사 병렬은 보다 많은 제한을 받는다. 술어의 위치가 상대적으로 자유로운 것은 주변의 병렬을 구성하는 연동구문이고 단일 동사의 조합은 여전히 제한이 따른다. 그것은 연동구문에서 흔히 볼 수 있는 것은 동사구문의 조합이기 때문이다. 예를 들면 "他走過去買份報紙看~*他走買看"[그는 걸어 가서 신문을 사서 보았다~*그는 가서 사서 보았다]이다.[4] 주변의

4　일부분 藏緬語의 연동은 더 자유로운데 중국어보다 더 전형적인 연동자유형 언어이다. 구체적인 논의는Matisoff (1991)을 참조.

명사성 구의 유형론적 연구

병렬은 본 장절의 연구중점이 아니다.

연동구문 외에 술어위치에 출현할 수 있는 병렬에는 직접 조합, 휴지 첨가와 접속사 사용 등 몇 가지가 있다. 다음은 직접 조합과 접속사 사용, 이 두 가지 현상에 대해 살펴보고자 한다.

동사 간에 휴지 없이 직접 조합하여 술어로 이루어질 경우 매우 강한 어휘화 경향성을 지닌다. 단음절어의 조합은 거의 어휘화의 응고 조합에 국한되었다. 반면에 이음절 동사의 조합은 상대적으로 자유롭지만 논항위치에 있는 이음절 명사의 조합보다는 보다 많은 제한을 받는다. 儲澤祥 등(2002:77-95)은 일찍이 동사 병렬의 조합 능력에 대해 자세한 연구를 전개하였는데 그들의 기술과 해석을 통해 이러한 병렬의 어휘화 성질 혹은 경향을 쉽게 발견할 수 있다. 儲澤祥(2002)에서 열거한 $V_{1단}+V_{2단}$의 병렬에는 다음과 같은 것들이 있다.

(18) 爭搶[쟁탈하다], 死傷[사상하다], 接送[맞이하다], 期滿[만기되다], 賠贏[손해를 보고 이익을 얻다], 涂抹[칠하다], 擦抹[문지르다], 拆洗[뜯어서 빨다], 捆綁[줄로 묶다], 揉搓[주무르다], 摟抱[껴안다], 接听[받다], 剪裁[재단하다], 耙梳[빗질을 하다], 拼爭[있는 힘을 다해 싸우다], 摸捏[쓰다듬어 만지다], 搶攬[빼앗아 손에 넣다], 挑揀[고르다], 收賣[회수하여 팔다], 攪割[휘저어 섞고 자르다], 挑送[골라서 보내다], 翻挖[뒤집어 파내다], 揪扯[잡아당기다]

또한 예로 열거한 것에는 "分拆(稿件), 刨挖(墓穴)[(원고를) 분할하다, (무덤을) 파내다]" 등이 있다. 의문점을 고려하지 않고 당분간 이러한 조합을 모두 병렬관계라고 인정한다면 분명히 그중의 대부분 조합은 두 글자 간의 위치를 바꿀 수 없다.

(19) *搶爭, *傷死, *送接, *瞞欺, *抹塗, *綁捆, *抱摟, *揀挑……

"攪割, 賠贏, 摸捏"처럼 두 글자 조합의 일부는 비록 어순이 고정적이지 않지만 그 자체가 성립할 수 있는지 여부에 대해서는 아마 중국어 원어민의 어감에 따라 다소 차이가 있다고 생각한다. 통사적 결합으로 이루어진 병렬구조는 의미적인 제약을 받는 어순이 일부 존재하지만 원칙적으로는 자유롭게 위치를 바꿀수 있고 이와 같이 큰 비중의 고정적인 어순이 출현하지 않는다. 더욱 중요한 것은 위치를 바꿀 수 없는 예는 "接送"을 "送接"(어린이의 통학에 관해서 먼저 "보내고" 그 다음 "맞이하는" 것이 더 도상성에 부합되기 때문임)이라 표현하지 않고, "摟抱"를 "抱摟"이라 표현하지 않는 것처럼 의미적 근거를 필수로 하지 않는다. 儲澤祥(2002)에서는 "이러한 조합은 응고성이 강하고", "병렬형 복합어의 신분으로『現代漢語大詞典』(현대중국어대사전)에 수록된 것이 적지 않다"라고 지적하였다. 상술한 것은 모두 그들의 어휘화 성질 혹은 경향을 나타낼 뿐 진정 자유로운 통사적 결합으로 보기는 어렵다. 단음절 동사가 여러 개 항의 병렬로 되는 경우에 관해서는 보다 엄격하게 고도로 어휘화된 조합에 국한되기 때문에 임의로 위치를 바꾸어서는 안 된다.

명사성 구의 유형론적 연구

(20) 鬼子進村燒殺搶掠/*殺燒搶掠/*掠燒殺搶/*搶燒殺掠……

　　왜적들이 마을에 들어와서 불지르고 죽이고 빼앗고 강탈하

　　였다.

　실은 중국어의 상용 동사는 근거가 있지만 부적격한 예를 대량으

로 조합할 수 있다.

(21) *唱跳/*跳唱：*他們在歌舞廳~。(他們在歌舞廳唱唱跳跳。)

　　그들은 나이트클럽에서 노래도 부르고 춤도 춘다.

(22) *借送/*送借：*我以前~他很多東西。(我以前送他很多東西, 也

　　借他很多東西。)

　　나는 예전에 그에게 많은 물건을 주었고 또 그한테서 많은

　　물건도 빌렸다.

(23) *打吵/*吵打：*你們別在教室裏~。(你們別在教室裏打啊吵啊。)

　　너희들은 교실에서 때리거나 떠들지 말라.

(24) *寫畫/*畫寫：*退休以後他每天在家~。(退休以後他每天在家

　　寫寫, 畫畫。)

　　퇴직한 후 그는 매일 집에서 글을 쓰거나 그림을 그린다.

(25) *說罵/*罵說：*他們老在背後~老張。(他們老在背後說老張, 罵

　　老張。)

　　그들은 늘 뒤에서 장 씨를 험담하거나 욕한다.

　술어의 위치에 있어 이음절 동사가 직접 병렬하여 구성된 조합은

단음절 동사보다는 자유롭지만 본질적으로 놓고 보면 여전히 자유롭지 못하다. 儲澤祥 등(2002)의 연구를 살펴보면 이 책에서 귀납한 $V_{1이}+V_{2이}$식의 첫 번째 특징이 바로 "구조가 균일하고, 응고성이 강하다"이다. 이 두 특징은 이음절동사의 병렬구조의 응고성―즉 어떤 정도의 어휘화를 표시한다. "구조가 균일하다"라는 것은 "일반적으로 V_1V_2의 구성성분이 동일하다"라고 표현이 되는데(儲澤祥 등2002:79) 즉 "동빈(동사+목적어)+동빈", "병렬+병렬", "편정(수식어+중심어)+편정"을 가리킨다. 비록 구조가 비대칭적인 "혼합식"도 존재하지만 "같은 성분으로 구성된 병렬형식이 절대적인 우세를 점하고 혼합식의 수가 많지 않다". "응고성이 강하다"라는 것은 필자는 형식면에서 성어와 같다고 본다. 실질적으로도 어휘가 고정적이고 어순이 고정적인 등의 특징으로 표현된다. 병렬구조는 통사구조로서 이론적으로 단어 내의 구조에 대해 제한을 하지 않는다. 명사와 비교를 하면, "司令軍長警衛一起合影[사령관, 군단장, 호위대장이 같이 사진을 찍는다]"에서 주어는 동빈, 편정, 병렬 3개를 포함한 복합사이지만 이들의 병렬에 아무런 영향을 미치지 않는다. 반면에 단어 내 구조, 성어 등은 대칭하려는 경향이 있다. 그 외에 대부분 이음절 동사의 병렬은 두 개의 이음절 어휘로 구성된 네 글자이기 때문에 성어와 유사하다. 하지만 통사적 병렬은 병렬항의 수를 제한하지 않을 뿐더러 이론적으로 음절의 수를 제한하지도 않는다. 설령 어떠한 운율적 제한이 따른다 하더라도 선택범위가 이처럼 협소하지 않을 것이다. 다시 한 번 명사와 비교를 해 보자. 위에서 열거한 예문을 가령 더 확장하여 "司令軍長參謀長警衛一起合影[사령관, 군단장, 참모총장, 호위대장이 같이 사진을 찍는다]"이라고 한다면 병렬항이 4항으로 증가되고 글자수도 2, 3, 4글자 세 가지가 존재하게 된다. 하지만 조합은 여전히 성립한다. 이러한 현상은 동사의 결합에서는 아주 보기 드문 현상이다. 이로부터 우리는 전형적인 위치에서의 동사의 직접 병렬은 보다 많은 제약을 받고 있지만 전형적인 위치에서의 명사의 병렬은 보다 자유롭다는 것을 알 수 있다. 명사의 이음화 정도가 동사보다 아주 우월하기 때문에 단독으로 쓰일 수 있는 단음절 명사가 명사에서 차지하는 비중이 단음절 동사가 동사에서 점하는 비중에 미치지 못한다(劉丹靑 1996). 하지만 무릇 단독으로 쓰일수 있는 단음절 명사라면 직접 병렬하는 능력은 단음절 동사보다 더 강하여 "雨衣傘都帶上[비옷과 우산 모두 챙기십시오]", "房間裏面人狗鸚鵡一起在叫[방 안에서는 사람, 개, 앵무새가 같이 소리지르고 있다]", "我買了桃苹果香蕉梨哈密瓜[나는 복숭아, 사과, 바나나, 배, 멜론을 샀다]"처럼 다른 음절 간의 병렬도 허용할 뿐만 아니라 두 개 이상의 단어의 병렬도 허용한다. 반면에 동사는 두 개의 단음절이 결합하여 병렬을 이루는 것이 일반적이다.

다음에는 표지를 첨가한 병렬을 살펴보기로 하자. 중국어의 명사를 놓고 볼 때, 병렬구조에 표지가 첨가되면 '맹호에게 날개를 단 격'마냥 통사적, 음운적 지위는 의미적인 면에서의 제한이 대폭 완화된다. "請听袁隆平和雜交稻的故事[원륭평과 교잡 벼에 관한 이야기를 시청하십시오]", "魏晉風度及文章與藥及酒之關係(魯迅篇名)[위진 풍도 및 글과 약 및 술의 관계;노신이 쓴 문장의 제목]" 등을 예로 들 수가 있다. 하지만 중국어의 동사를 놓고 볼 때, 병렬구조에 표지가 첨가되면 '호랑이가 길을 막는 격'이라 할 수 있겠다. 중국어 표준어에는 동사를 연결해 주는 범용(그 밖의 의미를 가지지 않는)적인 병렬접속사가 존재하지 않는다. 일반적으로, 인구어에 있는 범용적인 병렬접속사는 영어의 and, 독일어의 und, 프랑스어의 et, 러시아어의 и [i]처럼 각기 명사·동사·형용사 등 각종 품사와 각종 구, 절에 적용된다. 일부 언어에는 전문적인 동사 혹은 술어 전용의 범용적인 병렬접속사가 존재하는데 예를 들면 한국어에는 모든 병렬 동사의 뒤에 후치하는 연결접속사 ko가 있다(劉英綠 1999:13). 실은 표준어에 있는 범용적인 동사의 병렬접속사의 결핍 현상은 중국어의 보편성을 반영하지 않고 있다. 廣州話의 "同埋"와 옛 上海話의 후치접속사 "咾"[lɔ](劉丹靑 2003:238-251을 참조) 및 蘇州語의 인 "勒"[ləʔ]는 모두 각 품사, 구, 복문에 쓰일 수 있을 뿐더러 동사의 병렬에도 쓰인다.

(26) 你同埋我 ┃ 唱同埋跳 ┃ 聽啲音樂, 同埋睇下電視(聽些音樂, 看一下電視)。
당신과 나┃ 노래 부르거나 춤을 춘다┃ 음악을 듣고 텔레비전을 본다(음악을 좀 듣고, 텔레비전을 본다)

(27) 儂咾我 ┃ 唱咾跳 ┃ 聽眼音樂咾, 看看電視。
당신과 나┃ 노래 부르거나 춤을 춘다┃ 음악을 듣고 텔레비전을 본다

표준어의 "幷"(및 문언문 색체를 띠는 "且")은 예를 들면 "你可以躺着休息幷思考[당신은 누워서 휴식과 사고할 수 있다]", "會議討論幷

通過了決議[회의에서 결의를 논의 및 통과하였다]", "他有時間且願意帮忙[그는 시간이 있을 뿐더러 또한 도와 주기를 원한다]"처럼 실은 약한 점차적인 서술관계를 나타내는 접속사이기 때문에 범용적인 동사의 병렬접속사로 되는 조건을 구비하고 있지 않다. 여러 문법책에서는 흔히 동사 의 병렬에 있어 "并"을 사용할 수 있다고 언급되고 있기 때문에 명사구에 놓이는 "和"("并"을 열거할 경우 "跟", "同", "與"를 포함하고 있음. 이하 같음.) 등의 접속사와 대등하다는 이미지를 주지만 이는 실은 착각이다. 병렬접속사 "并"의 사용빈도는 극히 낮고 "和"와 함께 취급하여 논해서는 안 된다. 우리는 王小波의 소설『黃金時代』를 조사·통계하였지만 3.2만 여 글자의 소설 문장 전체에는 병렬의 접속사로 "并"을 사용한 용례는 단 한 번도 출현하지 않았다(절 접속사로서의 "并且"(게다가·나아가·동시에)의 용법은 한 번 출현함). 그리고 老舍의 『駱駝祥子』를 조사·통계한 결과 13.5만 여 글자를 초과하는 문장 전체에 "并"을 한 번만 사용하여 동사 술어를 접속하고 있었다.

(28) 好象刺開萬重的黑暗, 透進並逗留一些乳白的光。(제6장)
   겹겹이 싸인 암흑을 뚫고 몇 가닥의 우윳빛 빛줄기가 스며들어 머무르고 있다.

표준어에 있는 그 외의 병렬동사의 접속사는 모두 원형의 병렬로부터 멀리 떨어진 접속사이고 선택과 전환 등 비원형적인 혹은 주변적인 병렬관계를 나타내고 있다. 점차적인 의미가 강한 "并且" 외에도 "或(者)"[혹은](선택), "而"[나/으나](약한 전환), "一方面, (另)一方面"[한편, 다른 한편](대비, 열거) 등이 있다. 본래는 일부 원형의 병렬식 술어에 접속사를 첨가할 필요가 없지만 거기에 상대적 중성의 접속사인 "并"을 첨가한다면 적격성이 크게 떨어지게 된다.

(29) 小明在房間裏不停地開燈 (*並) 關燈。

소명은 방안에서 끊임없이 불을 켰다가 껐다가 한다.

(30) 老王昨天又在公園裏打拳 (??並) 舞劍。

노왕은 어제 또 공원에서 권술을 연마하고 검무를 추었다.

(31) 他們要去農村調查 (*並) 研究。

그들은 농촌에 조사하고 연구하러 간다.

(32) 他感冒不愛吃藥, 就一個勁兒喝水 (??並) 睡覺。

그는 감기에 걸렸는데도 약 먹기 싫어하고 다만 줄곤 물만 마시고 잠만 잔다.

병렬 동사를 접속하는 접속사로는 "和"도 있지만 "和"는 동사에 쓰일 경우 보다 많은 제한을 받는다. 朱德熙(1982:157)에서는 "'跟, 和, 與, 及 등의 접속사로 술어성 성분을 접속하여 형성된 등위구조는 체언성을 띤다'고 언급한 바 있다. 실제의 상황은 이처럼 절대적이지 않지만 "和" 등을 사용하여 연결된 병렬구조는 확실히 많은 동사성을 상실하고 있다(儲澤祥 등 2002를 참조). "和"로 접속된 것은 대부분 논항 위치의 동사이지 비술어 위치의 동사가 아니다. 논항 위치의 동사는 어느 정도 명사화되었는데 예로 "工作和休息都重要[작업과 휴식은 모두 중요하다]"와 "你負責打掃和整理[당신이 청소와 정돈을 책임지세요]"를 들 수 있겠다. 이러한 현상은 본 장이 주목하는 연구대상이 아니다. "和"가 술어 위치에 있어 병렬동사를 접속하는 용례는 절대적이지 않지만 그것은 아마 서구화된 문법의 영향을 받은 문어적인 표현일 뿐 구어 표현에서는 보기 드물다.

범용적인 동사의 병렬접속사가 결핍하고 게다가 직접 조합도 엄격한 어휘화의 제한을 받기 때문에 표준어에 있어 동사의 병렬은 제한을 많이 받는 구문구조로 "和"로 접속된 조합이 술어를 충당하기 어려운 것처럼 설령 병렬이 이루어져도 흔히는 카테고리에 부합되지 않(탈범주화)는 효과를 가지기 마련이다. 따라서 단일 동사가 자유롭게 등위구문으로 확장하기 어렵고, 동사의 병렬구조의 기능도 단일 동사와 너무 달라 향심구조의 이상적인 속성에 부합되지 않는다. 이는 명사의 병렬이 상대적으로 자유로운 현상과 선명한 대조를 이룬다.

또한 병렬의 수단으로 휴지가 있다. 그렇지만 병렬 명사 사이의 휴지는 명사 조합의 논항 지위를 변화시키지 않지만, 병렬 동사 사이의 휴지는 그 통사적 지위를 변화시킨다. 중국어는 주어의 생략이 비교적 자유로운 언어로 의미적으로 유추 가능한 주어는 출현하지 않아도 무방하기 때문에 단문과 복문의 경계선을 긋기가 비교적 어렵다. 1950년대의 단문과 복문에 관한 논의를 통해 문법책에서는 일반적으로 휴지로 분리된 술어를 분절로 처리하고 있는데 이는 가장 활용성과 일치성을 구비한 분석법이라 할 수 있겠다. 그렇지 않으면 단문과 복문의 경계선은 훨씬 획분하기가 어려웠을 것이다. 예를 들

면, 呂冀平(1985:114)에서는 다음과 같은 예문(33)은 3개의 절(분절)로
구성된 복문이라고 분석하고 있다.

(33) 車上的人跳下來, 繞到車後, 幇忙推車。

차 안의 사람들이 뛰어 내려 차 뒤로 돌아 가서 같이 차를 밀
어 주었다.

상술한 내용에 의하면, 휴지는 중국어에 있어 병렬동사구를 형
성하는 기본적인 수단으로 되기 어렵다. 게다가 실제로 단음절 동사
사이에 있어 휴지를 사용하여 병렬하는 것이 아주 드물다.

(34) a. *他對犯錯的下屬罵、吼、打、關。

   b. 他對犯錯的下屬責罵、吼叫、毆打、關押。

      그는 잘못을 범한 부하를 질책하고, 고함치고, 구타하고,
      수감한다.

   c. 他對犯錯的下屬又罵、又吼、又打、又關。

      그는 잘못을 범한 부하를 질책하거나 고함치거나 구타하거
      나 수감한다.

   d. 他對犯錯的下屬會罵、會吼、會打、會關。

      그는 잘못을 범한 부하를 질책할 수 있고, 고함칠 수 있고,
      구타할 수 있고, 수감할 수 있다.

   e. 他把犯錯的下屬罵了、吼了、打了、關了。

      그는 잘못을 범한 부하를 질책하였고, 고함쳤고, 구타하였

명사성 구의 유형론적 연구

고, 수감하였다.

이상의 예문은 휴지를 이용하여 분리된 동사 술어는 분절의 성질을 가져야 하고 게다가 단음절 동사가 독립적으로 문장이 되는 능력이 아주 낮음을 증명해 준다. 그 밖의 (34)b~e와 같은 병렬은 주어를 공유하는 병렬로 동일한 상황을 목적어 공유로 한다면 어색한 문장 혹은 비문이 된다. 예를 들면 다음과 같다.

(35)a. *他洗了,炒了,吃了一些菜。

　　　　그는 약간의 야채를 씻고, 볶고, 먹었다.

　　b. ??他會賺,會花很多錢。

　　　　그는 많은 돈을 벌 줄도 있고 쓸 줄도 안다.

여기에서의 차이는 다음과 같다. 예문(34)b~e의 휴지 뒤에 놓이는 각 술어는 앞에 오는 주어를 생략하고 있기 때문에, 문두의 주어와 전방조응하는 공주어가 존재한다고 이해할 수가 있다. 하지만 예문(35)의 몇 개 술어는 뒤에 놓이는 목적어를 생략하고 있고 앞에는 선행사가 없는데 이와 같이 선행사를 가지지 않는 공목적어는 분절의 논항구조를 만족시키기가 어렵다. 이로 보아, 중국어의 어감 중에는 휴지를 이용하여 분리된 병렬술어를 분절로 간주함이 분명하다는 것을 알 수 있다. 한편으로 구문의 내부 성분으로서의 명사의 병렬은 이와 같은 제한이 존재하지 않고 있어 "他的家屬,朋友,同事[그의 가족, 친구, 동료]"는 규정어를 공유하는 명사의 병렬이고, "家屬,

朋友.同事的事情[가족, 친구, 동료의 일]"은 병렬 규정어가 뒤에 놓이는 중심어 명사를 공유하는 것으로 모두 자연스러운 문장이다.

14.3. 음절의 제한

위에서 논의한 품사 제한에 음절 제한이 언급된 바 있지만 이 장은 음절 제한에 관한 문제들을 집결하여 중점적으로 다루고자 한다.

술어 위치에서 단음절 동사의 직접병렬이 이음절 동사의 직접병렬보다 더 많은 제한을 받는다. 여기서 음절수는 당연히 유효적인 요인에 속하지만 유일한 요인은 아니다. "$V_단$+$V_단$"의 결합으로 구성된 두 글자 조합은 표준어에서 가장 자유로운 운율단위로 두 글자 조합이 술어 위치에 출현하는 것을 제한하는 규칙은 존재하지 않는다. 때문에 이 제한에는 틀림없이 다른 원인이 있을 것이다.

단음절 동사의 직접병렬은 하나의 운율사 구성 현상과 더 흡사하다. 馮勝利(2005:7)에서는 다음과 같이 제시한 바가 있다. "중국어의 표준 운율사는 일반적으로 이음절 형식을 취한다. 중국어의 합성어는 우선 반드시 하나의 운율사(馮勝利 1996)이어야 하기 때문에, 중국어의 합성어는 필연코 운율사의 음보 형식을 취한다." 운율사란 일종의 운율과 어형론적·통사론적인 부분의 현상이다(馮勝利 2000 제2장 참조). 운율사는 비록 형태론적 어휘, 통사론적 어휘와 지 않지만 "어휘"라고 대응되는 것 중국어의 단어(주로는 합성어)이기 때문이다. 상술한 관찰을 통해 단음절 동사의 병렬이 강한 어휘화 경향을 지니

명사성 구의 유형론적 연구

고 있음을 명확히 할 수 있다. 운율사 이론을 결부하여 말한다면 이는 기본적으로 엄격한 운율사 형성 과정에 속하기에 따라서 운율의 엄격한 제한에 따라 두 개 이상의 단음절 동사의 병렬을 배척하는가 하면 단어 구성(구문 구성보다 더 엄격함)의 요구에 의해 구문의 병렬을 이룰수 없을 수도 있다. 이를 "엄격한 운율사"라고 일컫은 이유는 일반적인 운율사보다 더 많은 제한을 받기 때문인 것이다. 馮勝利(2000:78; 2005:7)에 의하면 삼음절 성분도 "초음보"에 의해 형성된 "초운율사"를 구성할 수 있다("總統府[총통부]"와 같은 형태론적 어휘와 "小雨傘[작은 우산]"과 같은 통사론적 어휘를 포함한다). 하지만 단음절의 병렬은 이와 같은 "초운율사"를 강하게 배척하고 기본적으로 두 개의 단음절로 형성된 하나의 이음절 형식만 용인한다. 한편으로, 운율사는 "小樹、小魚、小猫、大猪、大熊、大鳥[작은 나무, 작은 고기, 작은 고양이, 큰 돼지, 큰 곰, 큰 새]" 등과 같이 꽤 많이 자유롭고 임시적인 조합을 용인하는 반면에, 단음절 동사의 직접 병렬은 전술한 바와 같이 기본적으로 아주 고정적인 조합만 용인하므로 대부분 의미적으로 적격한 배열이 배척의 대상으로 된다. 그럼 왜 이음절 동사의 직접 병렬이 단음절 동사보다 더 자유롭고 구문구조에 더 접근하는가? 그 이유는 동사의 전형적인 어휘 길이는 단음절과 이음절이어서(劉丹靑 1996) 이음절어가 병렬구조에 가입하면 필연코 구문급의 단위를 구성하기 때문이다. 게다가 "삼음절을 초월하는 조합 예를 들면 사음절 형식은 필연코 두 개의 음보(따라서 두 개의 표준적인 운율사)의 조합"(馮勝利 2000:78)이기 때문이다. 이음절 동사의 병렬이 운율적으로 단어 구성의 단위가 되지 않는 이상, 더욱 쉽게 어휘화의 제한에서 벗어나 구문 구성의 방식대로 진행되기 때문이다.

통사론에 있어 단음절 동사와 이음절 동사의 지위는 평등해야 하지만 실은 단음절 동사가 운율의 원인으로 말미암아 통사 규칙으로부터 "구별"당하고 부득이 어휘화의 방식으로 활용되고 있다. 아시다시피, 동사의 이음절화의 진행 과정은 명사보다 훨씬 느리고 단음절 동사의 출현 빈도는 여전히 우세를 점하고 있다(劉丹青 1996). 단음절 동사에 대한 엄격한 제한은 가장 전형적이고 가장 활약적인 대량의 동사의 병렬 기능이 제한 받고 있음을 의미하고 있다. 이는 일종의 가장 현저한 유형론적 현상이다.

하지만 이음절 동사의 직접병렬도 상대적으로 자유로운 편이고 여전히 운율 제약을 받고 있다. 이론적으로 이음절어의 병렬은 두 개의 어휘, 세 개의 어휘에서 N개의 어휘까지도 참여 가능하고 글자 수가 다른 동사 간의 병렬도 허용한다. 하지만 실은 절대다수가 두 개의 이음절어로 구성된 네 글자 형식에 국한되어 있다. 이와 같은 형식은 모든 기타 가능한 형식의 총합을 초과하였고 게다가 이음절어와 단음절어의 직접 병렬은 거의 불가능하다. 이러한 현상은 "V이+V이"이 아닌 네 글자 형식의 이음절 동사의 병렬이 여전히 음절수라고 하는 운율적인 요인의 강한 제약과 제한을 받고 있음을 설명해 준다.

다음은 형용사에 대해 간략하게 살펴보도록 하자. 형용사의 전형적인 통사적 위치는 규정어를 충당하는 것이다. 직접 병렬에 대한 제한도 주로 단음절 형용사에서 나타나는데 규정어 위치에 있어 두 개의 단음절 형용사는 병렬이 어렵다. 중국어에는 확실히 "矮胖(的)男人[키가 작고 뚱뚱한 남자]"과 같은 예문이 존재한다. 하지만 이 예

명사성 구의 유형론적 연구

문은 유추할 수 없다. 이를 모방하며 만들어 진 "矮瘦/胖矮/瘦矮/高胖/胖高(的)男人[키가 작고 약한/뚱뚱하고 키가 작은/약하고 키가 작은/키가 크고 뚱뚱한/뚱뚱하고 키가 큰 남자]" 등은 모두 성립이 안 된다. 때문에 오직 "矮胖[키가 작고 뚱뚱하다]"만 응고된 어휘항임이 분명하다. 이음절 형용사의 병렬은 어느 정도 자유로운데 예를 들면 "矮小瘦弱的男人、肥胖矮小的男人、聰明調皮的孩子、調皮聰明的孩子[키가 작고 여위고 허약한 남자, 뚱뚱하고 키가 작은 남자, 총명하고 장난이 심한 아이, 장난이 심하고 총명한 아이]" 등은 모두 성립된다. 이로 보아, 형용사의 병렬에 있어서도 단음절의 "구별"이 존재하고 있다는 점을 알 수 있다. 그리고 일부는 겉보기엔 병렬 구조와 비슷하지만 실은 겹겹이 충첩된 것일 뿐 병렬 규정어가 아니다.예를 들면, "大紅苹果[크고 빨간 사과]"의 계층은 "大[紅[苹果]]"이다. 물론 이음절 형용사도 여전히 글자 수에서 일정한 제약을 받는데 예를 들면 두 글자 조합은 두 글자 조합과만 병렬이 가능하다. "矮小瘦/瘦矮小的男人[키가 작고 어리고 약한/약하고 키가 작고 어린 남자]"과 "皮聰明/聰明皮的孩子[장난끼가 많고 똑똑한/똑똑하고 장난끼가 많은 아이]" 등은 모두 부적격한 조합이다.

14.4. 통사적 위치

위에서 이미 언급했지만 이 장절에서는 통사적 위치의 차이가 병렬제한에 미치는 영향에 대해 잡중적으로 논의하고자 한다.

14.4.1

동사의 원형적인 통사적 위치는 술어를 충당하는 것이고 기타 위치는 부차적인 위치이다. 위에서 우리는 범용적인 접속사 "和"로 연결된 동사가 술어 위치에서는 많은 제한이 따르지만 논항 위치에서는 매우 자유롭다는 점을 지적한 바 있다. 다음과 같은 예를 더 들 수 있다.

(36)a. (第一首歌和預選賽時的表現一樣,) 唱和跳都不整齊。(인터넷에서 발췌)

(첫 번째 노래는 예선 경기 때의 표현과 마찬가지로) 춤과 노래가 모두 일치하지 못하다.

b. 做過這事和喜歡這事大不一樣。(王小波의 『黃金時代』에서)

이 일은 한 적이 있는 것과 이 일을 좋아한다는 것은 크게 다르다.

(37)a. 要以一種冷靜的態度去面對推銷和降價。(인터넷에서 발췌)

냉정한 태도로 판촉과 세일에 직면해야 한다.

b. 我打著請一位老學究, 專為教漢文, 跟講一點兒經書……
(『京語會話·薦擧』에서)

난 늙은 훈장 한 분을 모셔서 전문적으로 한문을 가르침 받고 동시에 경서도 좀 배우고 싶다.

(38) 那時我……對每次親吻和愛撫都貫注了極大的熱情。(王小波의 『黃金時代』에서)

그때 나는 매번의 키스와 애무에 지극히 큰 열정을 주입하였다.

명사성 구의 유형론적 연구

술어 위치와 논항 위치에서의 병렬 기능 차이는 명사·동사 간의 병렬 기능의 차이와 대응된다. 논항 위치에 있어 동사는 지시 작용을 하는데 기능 면에서 명사와 비슷하다. 때문에 명사의 병렬 수단을 자유롭게 이용할 수 있다. 이러한 병렬 동사는 지시사로 한정(예문38의 "每次"[매번]하거나 "他同時從事教書和演出這兩項工作"[그는 동시에 교수와 연출 두 직업을 종사하고 있다]처럼 명사성을 띠는 등위어로 중복지시하여 그 지시성을 정확하게 나타낼 수 있다. 그밖에도 "釣魚和遊泳的人很多"[낚시와 수영을 하는 사람들이 많다]와 "要挣出吃和穿的花銷"[먹고 입는 데 쓰는 돈을 벌어야 한다]처럼 규정어 위치에서 동사는 자유롭게 "和"를 사용하여 병렬성분을 연결할 수 있다. 이러한 것은 형용사가 아닌 명사에 더 접근하는데 왜냐하면 규정어 위치에서 명사도 "和"를 사용하지만 형용사는 흔히 "又A又B"(구어) 혹은 "A而B"(문어)로 연결을 하기 때문이다.

동사의 직접 병렬도 논항 위치에서 보다 더 자유롭다. 다음의 예문들은 인터넷 혹은 문헌자료에서 발췌한 것들인데 병렬식 단음절 동사의 술어 위치를 변화시키기가 어렵다.

(39) 米蛋魚价格回落**吃穿用**上海人日均花銷近7亿元 (뉴스 제목)
쌀·계란·고기의 값이 하락하였다. 의식주에 상해인의 매일 평균 소비가 근 7억원에 달한다

(40)a. XXXX獨家推薦**吃穿用玩**。(광고)
XXXX가 단독으로 의식주와 오락을 추천

b. 海南省最新調査显示 : 石油涨价影响**吃穿用行** (신문)

하남성의 최근 조사에 따르면: 석유의 가격 상승이 의식주와 교통에 영향을 미친다고 한다.

(41) **聽讀抄背**不同於**聽說讀寫**, 它不是四種英語技能, 而是四個學習程式。(신문)

듣기·읽기·베껴 쓰기·외우기는 듣기·말하기·읽기·쓰기와는 달리 영어의 네 가지 기능에 속하지 않고 다만 네 가지 학습 절차에 불과하다.

14.4.2

주어와 목적어는 모두 논항 위치에 속하고 통사적인 기술에 있어서도 흔히 같은 종류의 통사적 기능에 속해 있어 문법책에서 어떤 성분은 "주어와 목적어를 충당할 수 있다" 혹은 "주어와 목적어를 충당할 수 없다" 등과 같은 설명이 적지 않다. 실은 주어와 목적어는 여러 가지 통사적인 면에서의 비대칭 표현이 존재하고 있다(沈家煊 1998:제9장을 참조). 조사자료에 의하면, 주어·목적어 위치에 있어 병렬구조가 받는 제한도 다른데 목적어 위치에 놓이는 병렬이 보다 많은 제한을 받는다. 이 점에 대해서는 1998년에 실시한 吳語 지역의 통사론에 관한 조사 중 寧波話에서 처음으로 발견하였다. 당시 그 발화자는 목적어 위치에 놓이는 병렬을 특히 배척하고 있었는데 설문조사지 예문 중의 목적어 위치에 놓인 병렬구조를 복문으로 표현하고 병렬항을 동사의 앞으로 옮기어 대조적수동자 주제를 충당하도록 하였다.

	표준어	寧波話(괄호 안의 내용은 직역임)

(42)a. 我買了一些**桌子和椅子**。　　b. 我買眼**榟凳**買眼**矮凳**。

　　　나는 **책상과 의자**를 좀 샀다.　　(我買些桌子買些凳子。)

　　　　　　　　　　　　　　　　　　　나는 **책상**을 좀 사고 **의자**를
　　　　　　　　　　　　　　　　　　　좀 샀다.

　　　　　　　　　　　　　　　c. 我**榟凳**也買眼, **矮凳**也買眼。

　　　　　　　　　　　　　　　　　(我桌子也買些, 凳子也買些。)

　　　　　　　　　　　　　　　　　나는 **책상**도 좀 샀고 **의자**도
　　　　　　　　　　　　　　　　　좀 샀다.

(43)a. 老王昨天已經碰到過我和他了。b. 老王昨麼子已經我也碰著其
　　　　　　　　　　　　　　　　　也碰著過㗒。

　　　노왕은 어제 이미 **나와 그**를

　　　만난 적이 있다.　　　　　　　(老王昨天已經我也碰到了他也碰著過了)

　　　　　　　　　　　　　　　　　노왕은 어제 이미 **나**와도 만났
　　　　　　　　　　　　　　　　　었고 **그**와도 만났었다.

　　이 두 개의 설문조사 중 유일하게 분리 가능한 병렬식 목적어문
(목적어를 의미적으로 두 개의 독립적인 NP로 분해할 수 있음)에 관해서
발화자는 모두 병렬 목적어의 형식을 회피하고 있다.[5] 寧波話은 주

5　이 발화자도 병렬형 목적어문을 말한 적이 있다. 설문조사지의 예문인 "那
　　些東西已經交給了老王和老張"[그런 거는 이미 노왕과 노장에게 건네 주었
　　다]에 대응하여 이 발화자는 "該眼東西啦我已經拔老王老張㗒(직역: 這些
　　東西我已經交給王老張了)"[이 물건들은 난 이미 노왕노장한테 건네 주었
　　다]이라고 표현하였다. 여기에는 다음과 같이 다른 통사적·의미적인 제약이
　　있다. 1)이 두 개의 목적어를 취하는 행위의 객체는 유정성 주제로 되어 통

제를 우선으로 하는 경향이 아주 강하고 VO구조가 그다지 발달하지 못하였지만 두 개의 VO로 분해된 예문(42b)는 발화자가 문장의 형식을 변환시킨 목적은 목적어 위치에 병렬구조가 놓이는 것을 회피하기 위한 것이지 VO를 회피하려는 것은 아님을 알 수 있다. 설문조사지에 있는 주어의 병렬에 대해 寧波話의 화자는 언제나 병렬주어문을 제공하는데 때로는 병렬주어문만 제공하고 때로는 병렬주어문을 제공하는 동시에 절로 분해된 성분을 보충하는 경우도 있다.

(44) 〈표준어〉老王和老張都是我的同事。

　　　　노왕과 노장은 모두 나의 직장 동료이다.

　　〈寧波話〉老王老張和總是我同事。(老王老張都是我同事。)

　　　　노왕(과) 노장은 모두 나(의) 직장 동료이다.

(45) 〈표준어〉桌子和凳子都坏了。

　　　　책상과 의자가 모두 망가졌다.

　　〈寧波話〉桌子矮凳和總弄壞唻。(桌子凳子都弄坏了。)

　　　　책상과 의자를 모두 망가뜨렸다.

　　〈寧波話〉桌子也弄坏唻, 矮凳也弄坏唻。(桌子也弄坏了, 凳子也弄坏了。)

　　　　책상도 망가뜨렸고 의자도 망가뜨렸다.

합성이 강하다. 수령인으로서의 병렬 목적어는 하나의 결합체가 되려는 경향이 있어 "拔老王, 拔老張"(노왕에게 건네 주고, 노장에게 건네 주었다)와 같은 두 개의 분절로 분해하기 어렵다. 2)이 문장의 목적어는 생명도가 높은 목적어이기 때문에 寧波話에서도 주제화하기 어렵다.

명사성 구의 유형론적 연구

寧波話의 구어 중에 주어가 목적어에 비해 병렬구조를 더 쉽게 허용하는 현상은 吳語에만 존재하는 특이한 현상이 아니다. 이와 유사한 경향은 北京話/표준어에도 존재하고 있다. 이에 우리는 두 종류의 北京話/표준어 코퍼스에 대해 고찰하였다. 하나는 20세기 십, 이십년대에 완성된 北京話 교재인 京語會話(이하 京이라 약칭, 이 책은 "和"가 아닌 "跟"을 접속사로 하고 있음)이고, 다른 하나는 王小波의 중편소설『黃金時代』(이하 黃이라 약칭, 1994년, 주로는 "和"를 병렬 접속사로 하고 있음)이다. 京에서 "跟"으로 연결된 병렬구문과 黃에서 "和"로 연결된 병렬구문이 절 주어와 목적어 위치에 출현하는 횟수와 다른 위치에 출현하는 횟수에 대해 열거하면 다음과 같다.

京 NP"跟"NP: 주어27, 목적어12(그 외에 겸어5, 서술어1, 개사목적
어5, 규정어4,술어1)
黃 NP"和"NP: 주어41, 목적어13(그 외에 개사목적어5, 규정어6)

접속사가 있는 병렬성분에 대해 말하자면, 京에서는 주어의 위치에 놓이는 용례가 목적어 위치에 놓이는 용례의 2.25배(27:12)이고, 黃에서는 3.15배(41:13)이다. 이로 보아, 통사적으로 병렬구조는 주어 또는 목적어의 위치에 놓일 수 있지만 北京話 혹은 표준어의 담화에서 주어 자리는 목적어 자리보다 병렬구조를 더 쉽게 받아들인다는 점을 알 수 있다. 이러한 경향성은 寧波話와 일치하다.

14.5. 병렬관계에 속하는 하위 분류

병렬기능의 강약은 병렬관계의 하위 분류와도 관련이 있다. 앞 장절에서 서술한 목적어보다도 주어가 병렬하기 더 쉬운 현상은 실은 원형의 병렬 혹은 대등 관계를 말한 것이었다. 흥미로운 것은, 동일한 吳語의 조사 자료 중에서는 선택을 나타내는 병렬성분은 주어의 위치보다 목적어의 위치에 놓이는 편이 더 자유롭다. 이는 吳語에 대한 대규모적인 조사를 통해 발견한 것이다. 설문조사지의 예문에는 각기 주어와 목적어의 위치에 "還是"[아니면]을 사용한 2개의 선택의문문이 있었는데 주어가 선택의문을 취한 "老王還是老陳先退休?"[노왕 아니면 노진이 먼저 정년 퇴임을 하는가?]란 문장에 관해서는 12곳의 吳語 샘플 조사 지역에 있는 13명의 발화자 중 6명의 발화자가 구조를 변환시킨 문장을 사용하였다. 게다가 그중의 대부분 사람들은 문장을 복문으로 분해하였고 또 일부는 주어를 대등 주제로 변화시켜 의문대명사 주어로 주제를 전방조응하여 선택의문을 나타내었다(즉 예문47a와 48이 있으나, 47a은 선택의문 주어 형식의). 8명의 발화자(두 가지 용법을 모두 사용하는 소주의 발화자를 포함)가 설문조사지의 선택의문 주어의 형식을 사용하였다. 구조가 변환된 구문은 다음과 같다.

⑷6) 上海 발화자 A: 老王先退休還是老陳先退休?

노왕이 먼저 정년퇴임하는가 아니면 노진이 먼저 정년퇴임하는가?

명사성 구의 유형론적 연구

(47) 蘇州: (a. 老王還是老陳先退休?)

　　　　　노왕과 노진은 어느 쪽이 먼저 정년퇴임하는가?

　　　　b. 老王勒老陳, 啥人先退休?(老王和老陳, 誰先退休?)

　　　　　노왕과 노진은 어느 쪽이 먼저 정년퇴임하는가?

(48) 无錫: 老王搭老陳, 啥人先退休?

　　　노왕과 노진은 어느 쪽이 먼저 정년퇴임하는가?

(49) 紹興: 老王先退休還是老陳先退休?

　　　노왕이 먼저 정년퇴임하는가 아니면 노진이 먼저 정년
　　　퇴임하는가?

(50) 樂淸大荊: 老王先退休還是老陳先退休?

　　　　　노왕이 먼저 정년퇴임하는가 아니면 노진이 먼저
　　　　　정년퇴임하는가?

(51) 溫州: 老王退休先還是老陳退休先?

　　　노왕의 정년퇴임이 먼저인가 아니면 노진의 정년퇴임
　　　이 먼저인가?

　　설문조사지의 예문이 방언 중에 자연적으로 대응하는 문장이 존
재할 경우 발화자는 보통 우선적으로 원본의 예문과 일치하는 문장
의 형식을 선택한다. 지금 여러 명의 발화자가 문장을 변환시킨 것
은 선택의문 형식의 주어가 상당히 배척받기 쉽다는 것을 말해 준
다. 게다가 설문조사지의 예문대로 말한 발화자는 단지 설문조사지
의 예문의 표현을 받아들였을 뿐 실제로 구어에서 여전히 선택의문
형식이 주어를 충당하는 것을 회피하는지는 배제할 수 없다. 이와

대조를 이루는 것은, 목적어 위치에 선택의문형식을 사용한 "你想要大号還是小号"[당신은 큰 사이즈가 갖고 싶은가 아니면 작은 사이즈가 갖고 싶은가]란 설문조사지의 예문에 관해서는 12곳의 샘플조사지역에 있는 13명의 발화자가 모두 설문조사지의 병렬구조대로 서술하였고 복문으로 변화시킨 발화자는 단 한 사람도 없었다는 점이다. 이는 선택의문의 형식에 대한 용인도를 놓고 본다면 목적어의 위치가 주어의 위치에 비해 용인도가 높다는 것을 설명해 준다. 진술문의 선택구조 즉 "或(者)"[혹은]을 사용하여 접속한 주어·목적어문에 관해서는 설문조사지에 비교 가능한 예문이 빠짐으로 인해 아직은 총괄할 수 있는 코퍼스를 얻지 못한 상황이다. 그리고 선택병렬 문제에 대해서 우리는 北京話/표준어의 상황을 뒤집어 보았다. 전반적으로, 중국어의 선택 접속사는 주로 술어 위치에 사용되고 있고 주어·목적어 위치에 쓰이는 것이 아주 적다. 때문에 우리는 편폭이 보다 많은 老舍의 『駱駝祥子』를 조사하였는데 결과는 다음과 같다(술어는 통계하지 않음).

"或(者)": 주어5, 목적어17(그 외에 개사 목적어9, 규정어9)
"還是": 주어1, 목적어4(그외에 술어6)

이 소설에는 선택서술문의 예가 비교적 많고 주어·목적어의 비가 5:17이고 목적어는 주어의 3.4배이다. 하지만 선택의문문의 예는 비교적 적은데 주어·목적어의 비가 1:4이고 목적어는 주어의 4배이다. 이 통계 숫자는 吳語에 대한 조사의 구조와 꽤 일치한다. 이러한 사실은 병렬관계의 하위 분류는 병렬구조의 용인가능성에 현저한 영

명사성 구의 유형론적 연구

향을 미치고 있고 대등과 선택에 대한 통사적인 위치의 재한이 정반대라는 것을 설명해 준다. 沈家煊(1997)의 표지모델을 빌려 다음과 같은 정합패턴(匹配模式)을 구축할 수가 있다.

주어	목적어	
대등	무표지	유표지
선택	유표지	무표지

이 패턴은 통사적 위치와 병렬관계에 속하는 하위 분류가 병렬구조에 대해 미치는 제한 유형을 종합적으로 반영하고 있다.

14.6. 병렬구조의 통사적 제약에 대한 기초적인 해석

병렬구조는 중국어에서의 쓰임이 여러 가지 제한을 받고 비록 향심구조에 속하지만 흔히는 그에 포함된 병렬항을 자유롭게 교체할 수 없다. 이러한 현상과 요인에 대해서 우리는 기존의 의견을 이용하여 이미 초보적인 해석을 발견할 수 있는 것도 있는가 하면 아직 향후 이 분야의 탐구가 필요한 것도 있다. 다음은 몇 가지 생각나는 해석에 대해 요약하여 살펴보도록 한다.

중국어의 명사와 동사는 전형적인 글자 길이에 있어 차이가 있다. 명사의 전형적인 길이는 2-3글자이지만 동사의 전형적인 길이는 1-2글자이다. 이러한 구조를 형성하게 된 원인의 하나는 중국어 문장이 논항 위치와 술어 핵심의 길이 면에서 서로 다른 제한을 받고 있기 때문이다. 술어의 핵심은 긴 단위를 강하게 배척하는데 설령 긴 단위가 출현한다고 해도 그 향심력과 타동성을 저하시킨다. 예를 들면 목적어를 가지는 능력이 상실되거나 약화된다(劉丹靑 1996; Lu & Duanmu 2002/1991를 참조). 이 원인은 동사가 직접 병렬이 어려운 원인의 하나이기도 하다. 왜냐하면 병렬은 어휘 길이를 증가하고 중심어의 향심력을 약화시키기 때문이다. 범용적인 접속사의 결핍으로 인해 표준어 동사가 접속사를 첨가하여 병렬하는 능력이 일정한 제한을 받는 것은 다소 우연적인 현상이라 말할 수 있겠다. 왜냐하면 吳語, 粤語에는 모두 이와 같은 접속사가 결핍하지 않을 뿐더러 접속사를 가지는 동사의 병렬도 꽤 자유롭기 때문이다. 왜 표준어에는 장기간 이와 같은 중요한 접속사의 빈 자리를 용인하고 있는지에 대해서는 앞으로의 해석을 기대해 본다. 최근 몇 년간 코퍼스 중에는 "和"를 이용하여 접속된 술어 동사의 병렬식이 증가하는 경향이 보이는데 이는 "서구화"의 결과인지, 그렇지 않으면 방언의 영향인지, 혹은 표준어 자체의 수요에 의해 추진되었는지에 대해서는 전문적인 고찰이 필요하겠다.

단음절 동사가 이음절 동사에 비해 직접병렬이 어려운 것은 상술한 어휘 길이의 해석에 부합되지 않는 듯하다. 이 점에 대해서 앞 장절에서 이미 운율사이론을 이용하여 설명하였다. "$V_단+V_단$"으로 구성된 두 글자 조합은 전형적인 중국어의 운율사의 어휘 길이로 이는 단음절 동사의 병렬을 어휘 등급에 기입시켜 어휘화의 제한을 받게 끔 한다. 하지만 "$V_이+V_이$"는 이러한 제한을 받지 않는다.

명사성 구의 유형론적 연구

중국어의 주어 위치에는 아주 강한 유정성이 요구되지만 무정 주어의 출현도 허용한다. 徐烈炯(Xu 1997)의 연구에 의하면, 명사 수식어의 증가 즉 명사구의 정보량이 증가함에 따라 지시성의 증가를 가져오기 때문에 무정 주어문의 용인 가능성 또한 증가한다고 하였다. 陸丙甫(2004)의 용어로 설명하면 규정어의 증가가 "가별도(변별 가능성)"의 증가를 초래하였다. 게다가 가별도가 높은 성분은 전치하는 경향이 있기 때문에 주어 위치에 가장 적합하다. 이 점에서 병렬항의 첨가는 수식어 첨가의 역할과 흡사한데 모두 가별도의 효과를 증가시켜 주므로 따라서 주어 위치에 놓이는 것이 가장 적합하다. 반면 목적어 위치의 자연적 경향은 한정성(definitenes)이 낮은 성분(Bernard Comrie 1989:158)으로 지시성 또는 가별도를 증가시키는 수단을 환영하지 않는다. 이는 주어 위치보다 목적어 위치에 놓이는 병렬(대등)성분이 더 많은 제한을 받는 현상을 설명하고 있다. 한편으로, 선택의문문 중 선택의문구(A 還是 B)는 의문초점이기 때문에 물론 목적어의 문말 초점 위치에 더 적합하고 주어 위치는 주제를 환영하고 초점을 배척한다. 이 또한 주어 위치에 놓이는 선택의문 병렬구가 목적어 위치에 놓이는 것보다 더 많은 제한을 받는 현상을 잘 설명해 주고 있다. 진술문 중의 선택 병렬구조에 관해서는 대등 병렬구조의 지시-정보기능과 정반대로 선택 병렬구조는 명사구의 지시성을 증가하지 않을 뿐더러 불확정성 때문에 지시성과 가별도를 절감하기 때문에 주어 위치로부터 배척당한다. 이 또한 선택성 구문이 목적어 위치보다 주어 위치에서 더 많은 제한을 받는 현상을 설명해 주고 있다.

제14장. 병렬구조의 통사적 제약 및 이에 대한 기초적인 해석

본 장에서 관찰한 현황을 놓고 볼 때, 병렬구조에 대한 제한은 주로 품사성·통사적인 위치라는 통사적 조건의 제약과 음절수라는 운율조건의 제약에서 온 것으로 그 뒷면에는 또 지시와 정보구조와 같은 텍스트 요인의 제약도 받고 있다. 이는 우리들이 지금까지의 연구에서 인식하여 온 중국어의 화용우선이란 유형론적 특징(劉丹青 1995)과 중국어 문법에 있어 음성 레벨이 중요하다는 유형론적 특징과 일치한다.

명사성 구의 유형론적 연구

布龙菲尔德(Leonard Bloomfield 1933) 1980《语言论》, 袁家骅等译, 北京：商务印书馆。

储泽祥等 2002《汉语联合短语研究》, 长沙：湖南大学出版社。

冯胜利 2000《汉语韵律句法学》, 上海：上海教育出版社。

_____ 2005《汉语韵律语法研究》, 北京：北京大学出版社。

科姆里(Bernard Comrie 1981)1989《语言共性和语言类型》, 沈家煊译, 北京：华夏出版社。

陆丙甫 2004 汉语语序的总体特点及其功能解释－－从话题突出到焦点突出,《庆祝〈中国语文〉创刊50周年学术论文集》, 北京：商务印书馆。

高增霞 2006《现代汉语连动式的语法化视角》, 北京：中国档案出版社。

刘丹青 1982 对称格式的语法作用及表达功能,《语文知识丛刊》第3辑, 北京市语言学会编, 北京：地震出版社。

_____ 1995 语义优先还是语用优先－－汉语语法学体系建设断想,《语文研究》第2期。

_____ 1996 词类与词长的相关性－－汉语语法的"语音片面"丛论之二,《南京师大学报》(社会科学版)第2期。

_____ 2003《语序类型学与介词理论》, 北京：商务印书馆。

柳英绿 1999《朝汉语语法对比》, 延吉：延边大学出版社。

吕冀平 1985《复杂谓语》, 上海：上海教育出版社。

吕叔湘 1956《中国文法要略》, 北京：商务印书馆。

马清华 2005《并列结构的自组织研究》, 上海：复旦大学出版社。

莫彭龄、单青 1985 三大类实词句法功能的统计分析,《南京师大学报》(社会科学版)第2期。

沈家煊 1997 形容词句法功能的标记模式,《中国语文》第4期。

_____ 1999《不对称与标记论》, 南京：江西教育出版社。

王 力 1985[1943]《中国现代语法》, 北京：商务印书馆。

朱德熙 1982《语法讲义》, 北京：商务印书馆。

Croft, William. (2000). Parts of speech as language universals and as language-particular categories. In Petra Vogel & Bernard Comrie (eds.) *Approaches to the Typology of Word Classes.* Berlin: Mouton de Gruyter.

Lu, Bingfu & San Duanmu (2002). Rhythm and Syntax in Chinese: A Case Study, *Journal of the Chinese Language Teachers Association.* Vol.37, No.2. Originally a IACL conference paper submitted in 1991.

Matisof, James. (1991). Areal and universal dimensions of grammatization in Lahu. In Elizabeth Traugott & Bernd Heine (eds.) *Approaches to Grammticalization,* Vol.II, Amsterdam: John Benjamin Publishing Company.

Xu, Liejiong (1997). Limitation on subjecthood of numerically quantified noun phrases: A pragmatic approach. In Xu (ed.) *The Referential Properties of Chinese Noun Phrases.* Paris: Ecole des haude Studes en Sciences Sociales.

저자:劉丹靑
『語法硏究與探索(14)』, 商務印書館, 2008년에 게재하였음.

명사성 구의 유형론적 연구

명사성 구의
유형론적 연구

역자 후기

『명사성 구의 유형론적 연구』는 중국국가사회과학기금 중점 프로 젝트(번호:03AYY002)인 "명사성 구 통사구조의 유형 비교"의 연구 성 과물(검증 등급은 "우수") 중의 시리즈 논문으로 이루어졌다. 이 책은 중국 국내에서 중국어 명사성 구의 유형 특징을 전문적으로 다룬 첫 번째 저서로 중국언어학계에 영향력이 있는 몇몇 학자들의 논문 을 수록하였는데 머리말과 22편의 시리즈 논문으로 구성되었다.

이 책은 중국어의 범방언적인 자료와 민족어의 범언어적인 자료 를 바탕으로 명사성 구에 대한 총체적인 주목과 일부 현상에 대한 중점적인 분석이 포함되어 있는데 어순 유형, 관계절, 규정어표지 유 형, 지시사 및 그와 관련된 조합, 양사 및 그와 관련된 조합 등 몇 개 의 중요한 선제로부터 착수하여 중국 경내에 있는 언어 그중에서도 중국어에 있는 명사성 구를 상세하고 심도있게 살펴보았다.

어순은 당대언어유형론 연구의 시발점이자 유형론자들이 장기적 으로 관심을 갖고 접근하는 중심 의제이기도 하다. 보편적으로 형태 가 그리 발달하지 못한 언어는 어순의 중요성이 더 현저하다. 어순의 특징은 중국어 및 중국 경내 민족어의 명사성 구의 유형 특징에도 현저한 영향을 미치었다.

우선, 이 책에서는 중국어 명사성 구의 어순 유형 특징을 규정어가 일률적으로 전치하는 것이라고 개괄하고 이러한 보기엔 "극히 자연스러운" 언어 현상이 중국어 규정어표지로 하여금 통사 속성 면에서 다양성을 지니게 하였을 뿐더러 중국어 각 항 규정어 간의 관계를 복잡하게 하여 중국어 특유의 문제 및 중국어 특색을 지니는 중의성 구문(예를 들면, "張偉這個助手[장위라는 조수/장위의 이 조수]"와 "咬死了獵人的狗[사냥꾼을 물어 죽인 개/사냥꾼의 개를 물어 죽였다]")을 생성시켰음을 한층 지적하고 있다. 그 다음으로 이와 관련있는 현상들의 통사적 표현과 의미적 작용에 대해서도 심도있는 연구를 진행하였고 나아가 언어처리와 통사적 분석의 시각으로부터 두 가지 어순의 다양한 조건을 밝혔으며 기존의 논의와는 달리 새로운 각도로 해석을 하였다.

관계절은 명사성 구에 있어 가장 복잡한 구성성분이자 유형론적 연구에 있어 핵심적인 문제이기도 하다. 하지만 중국어에 관한 기존의 연구에서는 이에 대해 관심이 적었다. 이 책은 12개에 걸쳐 중점적으로 관계절을 논의하고 있으며 기존 중국어 연구에 있어 관계절에 관한 연구의 결핍을 보완하였다. 그 주요 내용에는 관계절의 문법적 위계와 판단기준, 술어 유형과의 관계, 북경 구어에서 정보구조원칙과 언어처리책략이 갖는 중국어 관계절의 보편성에 대한 제약, 관계절의 의미적 범주와 화용론적 기능 등이 포함되어 있어 향후 관계절 연구에 있어서도 중요한 의미를 지닌다.

이 책은 또한 상해 崇明방언의 지시계통, 關中방언의 3인칭 지시형식, 속격구조로부터 유래된 인칭대명사 복수 형식의 단수화, 苗瑤語 양사의 유형론적 특징도 다루고 있어 유형론이 개별 사례에 있어서의 연구 깊이와 범위를 한 단계 더 높은 수준으로 확장시켰다.

이 책은 다음과 같은 학술적 가치와 사회적 영향이 있다.

첫째, 명사성 구를 범언어·범방언적인 배경 하에서 연구하였다. "서로 같은 것에서 다른 점을 찾고 서로 다른 것에서 공통점을 탐색하는" 과정 중에서 무질서하고 계통이 없는 언어 현상에서 많은 내재 규율성을 발굴해 내었다. 이와 같은 연구방법은 향후 관련 연구에 있어 참고할 가치가 크다.

둘째, 방언과 언어 간의 통사적 표현에는 차이가 크다. 기존 연구는 한 가지 혹은 두 가지 언어에 관한 대조 연구가 대부분이었고 언급된 어종도 너무 적었다. 이 책은 처음으로 언어유형론적 배경과 범언어적 비교의 기초 하에 중국어 명사성 구의 기본적인 유형 특징에 대한 총괄이었다.

셋째, 언어 사실을 존중함과 동시에 언어 다양성과 보편성을 중요시하는 문법방법론을 택하였고 중국 경내 언어에 있는 명사성 구의 유형론적 특징 뒷면에 내재하고 있는 인류 언어의 보편적인 원칙을 탐구하였다.

넷째, 중국어 및 중국 경내 민족어 명사성 구의 유형적 특징에 대한 인식을 심화시켰고 인류 언어에 관한 관련 과제의 일반언어학적 연구를 한 단계 더 촉진시켰다.

이 책의 총편집장이신 劉丹靑 교수님은 현재 중국심천대학교 초빙교수이시고 심천시 공학붕성(孔雀鵬城)학자이시며, 박사생 지도교수이시다. 劉丹靑 교수님은 전에 중국사회과학원 언어연구소 소장, 『中國語文』등재지 총편집장, 국제중국어언어학회회장, 중국중국어방언학회회장 등을 역임하셨고, 중국에서의 언어유형론 연구의 보급과 발전에 있어 주요한 추진자 중의 한 분이시기도 하다. 劉丹靑 교수님은 일찍이 중국어 방언 문법 영역을 개척하셨고 음성 리듬의 중국어 문법에 대한 영향을 주목한 학자이시기도 하다. 이미 출판된 주요 저서로는 『語序類型學與介詞理論』, 『語法調査研究手冊』, 『話題的結構與功能』 등 여러 권이 있고 그중 일부는 한국어, 일본어로 번역되어 한국과 일본에서 출판되었다. 『名词性短语的类型学研究』도 그 번역본이 일본에서 출판되었다. 이 책의 작성에 참여한 연구자들(方梅, 李云兵, 唐正大, 陳玉洁 등)은 중국 국내 유형론 연구 분야에 있어 영향력을 지닌 저명한 학자들로 그들의 명사성 구 내부에 대한 계통적인 정리와 심도있는 논의는 역시 기념비적인 의의를 지닌다.

『명사성 구의 유형론적 연구』의 한국어 번역본은 내용 선택에 있어 일본어 번역본과 거의 비슷하다. 이 책의 한국 국내에서의 발행은 한국 독자들로 하여금 중국어 명사성 구의 유형 특징을 인식함에 있어 도움을 줄 수 있을 뿐만 아니라 유형론에 입각한 한국어 연구에 있어서도 가히 참고할 만한 방법론과 관찰 시각을 제공해 줄 수 있고 더 나아가 한국어와 중국어의 대조 연구 성과를 촉발할 수 있을 것이라고 믿어 의심치 않는다.

译者后记

《名词性短语的类型学研究》内容选自国家社科基金重点项目(批准号:03AYY002)"名词性短语句法结构的类型学比较"结项成果(鉴定等级为"优秀"), 为其中的系列论文部分。作为国内第一本汉语名词性短语类型特征的专题性著作,《名词性短语的类型学研究》汇集了中国语言学界具有影响力的诸位学者的经典性研究论文, 由前言和二十二篇系列论文组成。

《名词性短语的类型学研究》一书以汉语的跨方言材料和少数民族语言的跨语言材料为主要语料, 包括名词性短语的总体关注和部分现象的重点关注, 从语序类型、关系从句、定语标记类型、指示词及相关组合、量词及相关组合等几个重要选题着手, 详细而深入地解析了中国境内语言尤其是汉语的名词性短语。

语序是当代类型学的出发点和长期被关注的中心议题。对于形态不丰富的语言来说, 语序的重要性尤为突出, 语序的特征也对汉语和少数民族语言的名词性短语的类型特征产生了显著的影响。首先, 本书概括了汉语名词性短语的语序类型特征为所有定语一律前置, 并进一步指出这一看似"极其自然"的语言现象导致汉语的定语标记在句法属性上的多面性, 也使汉语不同种类定语之间的关系非常复杂多样, 形成了汉语特有的问题和具有汉语特色的歧义结构(例如,"张伟这个助手","咬死猎人的狗")。之后对相关现象从句法表现和语义作

名사성 구의 유형론적 연구

用进行了深入分析, 再从语言处理和句法分析的角度, 揭示了两种语序不同的条件, 并对相关现象做了新角度的解释。

关系从句在名词性短语中是最复杂的组成成分, 是类型学研究中的核心问题, 而汉语以往对此关注较少, 本书用12章的篇幅重点讨论了关系从句, 弥补了以往汉语研究对关系从句关注的欠缺。主要内容为关系从句的语法地位和界定、与谓语类型的关系、北京口语中信息结构原则和语言处理策略对汉语关系从句其共性的制约、关系从句的语义范畴和语用功能问题, 对深化关系从句研究有重要价值。

本书还描写了上海崇明方言的指示系统、关中方言的第三人称指称形式、始于领属结构的人称代词复数形式的单数化、苗瑶语量词的类型特征等问题, 进一步推动了类型学在个案研究中的深度和广度。

本书具有以下学术价值和社会影响:

第一, 将名词性短语置于跨语言跨方言的背景下进行研究, 在同中求异、异中求同的论证过程中, 从表面看起来似乎杂乱无章的语言现象中找出大量带有规律性的语言特点, 这一研究思路非常值得我们去借鉴。

第二, 方言和语言间的句法表现差别较大, 以往研究大多为一至两种语言间的比较, 语种覆盖面太小。本书首次在类型学背景和跨语言比较的基础上概括了汉语名词性短语的基本类型特征。

第三, 尊重语言事实的同时兼顾了语言多样性和普遍性的语法框架, 寻求中国境内语言名词性短语类型特点背后的人类语言的共同机制。

第四, 加深了汉语和少数民族语言名词性结构的类型特点的认识,丰富和进一步推动了人类语言相关课题的普通语言学研究。

　　本书的主编刘丹青教授为深圳大学特聘教授、深圳市孔雀鹏城学者、博士生导师, 曾担任过中国社会科学院语言研究所所长、《中国语文》主编、国际中国语言学会会长、全国汉语方言学会会长等职务, 是语言类型学在中国普及发展的主要推动者之一。刘丹青教授是较早开拓汉语方言语法领域和较早关注语音节律对汉语语法影响的学者之一, 主要专著为《语序类型学与介词理论》《语法调查研究手册》《话题的结构与功能》等, 多本著作先后被翻译成韩国语、日语在韩国、日本出版,《名词性短语的类型学研究》一书也已被翻译成日语出版。参与编写该书的研究团队(方梅、李云兵、唐正大、陈玉洁等)也都是国内语言类型学研究领域中具有影响力的著名学者, 他们对名词性短语内部的系统梳理、深度探讨与理论升华的基础性研究成果, 同样具有里程碑式的意义。

　　《名词性短语的类型学研究》韩译本所选取内容大致与日译本相同。《名词性短语的类型学研究》翻译本在韩国内的推介不仅有助于韩国读者加深对汉语名词性短语类型特征的认识, 还可以对类型学视角下的韩国语研究提供一个值得借鉴的研究思路和观察视角, 可以进一步催生韩汉语对比研究成果。

명사성 구의 유형론적 연구